LA LÉGISLATION CIVILE

DE

L'ALGÉRIE

ÉTUDE

Sur la condition des personnes et sur le régime des biens en Algérie

PAR

Emmanuel BESSON

Sous-chef à la Direction générale de l'Enregistrement
Membre de la Société de Législation comparée

OUVRAGE COURONNÉ PAR LA FACULTÉ DE DROIT DE PARIS
Prix ROSSI de 1893

PARIS

LIBRAIRIE MARESCQ AÎNÉ

CHEVALIER-MARESCQ et Cⁱᵉ, ÉDITEURS

20, RUE SOUFFLOT, 20

1894

LA LÉGISLATION CIVILE

DE

L'ALGÉRIE

DU MÊME AUTEUR

DE L'IMPOT SUR LE REVENU. *Étude historique et critique.* Paris, 1884, in-8°
(Marchal et Billard), épuisé.

TRAITÉ PRATIQUE DE LA TAXE DE 3 0/0 SUR LE REVENU DES VALEURS MOBI-
LIÈRES. Paris, 1887, in-8° (J. Delamotte).

ANDRÉ THEURIET, *sa vie et ses œuvres.* Paris, 1889, in-18, 3e édition
(Alphonse Lemerre).

LES LIVRES FONCIERS ET LA RÉFORME HYPOTHÉCAIRE, *ouvrage couronné par
la Faculté de droit de Paris* (Concours Rossi de 1890). Paris, 1891,
in-8° (J. Delamotte).

LES FRAIS DE JUSTICE. Paris, 1892-1894, in-18, 3e édition (5e mille)
(L. Larose).

COMMENTAIRE DE LA LOI DE FINANCES DU 28 AVRIL 1893. Paris, 1893,
2e édition.

UN CHAPITRE DE NOTRE HISTOIRE FINANCIÈRE. *L'enregistrement et la ferme
générale.* Paris, 1893, in-8° (Guillaumin et Cie).

EN PRÉPARATION :

LES DESTINÉES DE L'ARBITRAGE INTERNATIONAL.

LA LÉGISLATION CIVILE

DE

L'ALGÉRIE

ÉTUDE

Sur la condition des personnes et sur le régime des biens en Algérie

PAR

Emmanuel BESSON

Sous-chef à la Direction générale de l'Enregistrement
Membre de la Société de Législation comparée

OUVRAGE COURONNÉ PAR LA FACULTÉ DE DROIT DE PARIS
Prix ROSSI de 1893

PARIS

LIBRAIRIE MARESCQ AÎNÉ
CHEVALIER-MARESCQ et Cᵢₑ, ÉDITEURS
20, RUE SOUFFLOT, 20

1894

AVANT-PROPOS

Faculté de droit de Paris.

EXTRAIT DU RAPPORT

Sur le concours pour le prix du comte Rossi, lu dans la séance publique du 2 août 1893, par M. PLANIOL, agrégé.

La fondation Rossi comporte deux concours distincts ; l'un porte sur la législation civile, l'autre sur le droit constitutionnel. Ce sont des concours d'un ordre élevé, dont la Faculté tient à maintenir le niveau aussi haut que possible et pour lesquels elle demande des œuvres de maître.

Pour le concours dont le sujet est emprunté à la législation civile, la Faculté demandait une étude sur la condition des personnes et le régime des biens en Algérie.

En 1830, dès le début de la conquête, la capitulation d'Alger assurait aux indigènes le respect de leurs coutumes ; depuis lors, jamais la France n'a songé à violer sa parole et elle n'y aurait aucun intérêt. Arabes, Kabyles, Mozabites, obéissent encore, sous des rites divers, à la législation coranique. Seuls, les Israélites, devenus citoyens français en 1870, ont cessé de suivre la loi de Moïse, qui constituait leur statut personnel.

D'autre part, nous avons cherché à attirer en Algérie les immigrants de toutes nationalités qui nous apportaient le concours de leurs bras, de leur industrie, de leurs capitaux, et qui nous aidaient à assurer la prépondérance nécessaire de l'élément européen sur l'élément indigène. Nous nous sommes donc montrés hospitaliers, et nous avons fait à ces collaborateurs utiles divers avantages dont ne jouissent pas les étrangers qui habitent la France.

Il est résulté de là une grande complication dans la législation applicable aux personnes : chacun suit sa loi nationale. L'Algérie ressemble un peu, à cet égard, aux anciens royaumes barbares fondés sur les ruines de l'empire romain : toutes les races s'y mêlaient si bien qu'il n'était pas rare de voir des réunions de sept ou huit personnes parmi lesquelles il n'y en avait pas deux soumises à la même loi.

Cette situation n'est pas seulement intéressante à connaître en elle-même et pour le moment actuel : nous avons un intérêt évident à en atténuer la diversité, à préparer une fusion ou tout au moins un rapprochement. Pour les étrangers de race européenne la chose est facile ; rien ne nous force à leur offrir en Algérie un traitement meilleur qu'en France. Quant aux indigènes, nous devons tout attendre de leur libre adhésion ; nous devons nous efforcer de leur faire apprécier les avantages de nos lois, et pour cela nous avons besoin de bien connaître les leurs.

Ce n'est pas tout : la propriété foncière est soumise elle-même à un régime de transition. Nous n'avons pas trouvé en Algérie une propriété individuelle comparable à la nôtre ; la terre faisait en général l'objet d'une propriété collective, et beaucoup de tribus vivaient sur des territoires qu'elles occupaient sans titre en vertu d'une possession immémoriale. Des actes législatifs nombreux ont eu pour but de substituer à cet état primitif un régime, sinon de tous points semblable au nôtre, du moins plus conforme aux besoins des peuples civilisés.

Notre possession est maintenant assez ancienne, notre expérience assez longue pour qu'il soit permis d'apprécier les efforts déjà faits et les résultats acquis. Un inventaire bien dressé, des conclusions sérieusement motivées, seraient de nature à préparer et à faciliter l'avenir en répandant des idées exactes. La Faculté est heureuse de constater que son appel a été entendu.

Le mémoire n° 2 porte pour devises : « *Quid leges sine moribus* » et « La forme sociale d'un peuple n'est pas livrée à son arbitraire, mais déterminée par son caractère et son passé ». Ce mémoire se distingue par les qualités qui manquent au premier : des idées personnelles, un remarquable esprit de généralisation et de synthèse.

L'auteur de ce travail est M. Emmanuel Besson, sous-chef à la Direction générale de l'Enregistrement.

Ce n'est pas la première fois que M. Besson affronte avec succès les concours Rossi. En 1890 déjà, un mémoire sur la publicité des transmissions immobilières lui avait valu une récompense. Cette fois son triomphe est plus complet encore.

Dès les premières lignes, M. Besson montre qu'il est maître de son sujet. Dans son introduction, il définit la question algérienne ; il signale les obstacles que rencontre l'œuvre de la colonisation, il explique l'influence que doit exercer sur elle la législation civile.

Le reste du mémoire est divisé en deux parties, la première pour les personnes, la seconde pour les biens.

Les pages consacrées à la condition des personnes sont des plus intéressantes. Toute la population bigarrée de l'Algérie, Européens de nationalités diverses, Israélites naturalisés français ou Mozabites, Musulmans des différents rites, défilent sous les yeux du lecteur, et les particularités législatives qui les séparent sont analysées avec beaucoup de finesse. L'organisation de la famille indigène surtout, avec le mariage islamique ou kabyle, avec la polygamie et la répudiation, avec la tutelle perpétuelle des femmes, le lévirat et d'autres singularités, attache par son étrangeté même. La langue colorée, élégante, ajoute un charme de plus à ces descriptions.

Cependant, tout n'est pas à louer sans réserves dans cette première partie. Sans parler de quelques menues erreurs, trop minimes pour être relevées ici, plus d'une solution importante est tout au moins contestable. Ainsi l'auteur affirme que les tribunaux français de l'Algérie n'ont aucune compétence pour connaître des questions d'état entre étrangers (1).

---

(1) Nous aurions voulu faire notre profit de cette bienveillante critique ; mais, après mûr examen, nous ne croyons pas pouvoir modifier notre thèse, d'ailleurs conforme à la jurisprudence souveraine de la Cour de cassation. Les motifs qui justifient la doctrine de l'incompétence des tribunaux français entre étrangers, dans les litiges concernant les questions d'état, sont développés au chapitre VII, § 1er, de la première partie de cet Essai.

La seconde partie du mémoire ne mérite que des éloges : c'est l'histoire de la propriété foncière en Algérie, et cette histoire est tracée de main de maître. Le régime des biens avant la conquête est expliqué avec un souci constant de l'exactitude, et avec une grande richesse de détails toujours puisés aux meilleures sources. Et ceci n'est qu'une sorte de préface : le morceau capital, celui sur lequel M. Besson a surtout concentré ses efforts, c'est l'exposé des transformations que la propriété algérienne a subies depuis 1830. Les tâtonnements de l'administration française, ses essais répétés pour constituer la propriété individuelle, l'échec de toutes ces tentatives, sont étudiés avec une hauteur de vues peu commune. M. Besson ne ménage pas ses critiques aux systèmes qu'il expose ; si la Faculté ne peut ni discuter ni faire siennes les idées qu'il développe, elle se plaît du moins à reconnaître sa parfaite intelligence de la situation. Cette partie est la plus neuve et la plus originale de tout le mémoire.

La conclusion, qui termine dignement l'ouvrage, est remarquable de netteté et de vigueur. Aussi la Faculté n'a pas hésité à attribuer à ce mémoire le prix Rossi de législation civile.

Il est impossible de parler de l'Algérie et de son assimilation progressive à la France, sans se rappeler les pages éloquentes de Prévost-Paradol. Dans le grand silence de l'Empire, à une époque où la France aveuglée se croyait intangible, il jeta tout à coup un cri d'alarme.

Il voyait dans l'avenir quarante millions de Français, abrités dans leur modeste demeure, encore vains de leur gloire évanouie, mais dominés en Europe par la puissance militaire de l'Allemagne unifiée, et supprimés dans le reste du monde par la race anglo-saxonne. A la place de cette France amoindrie, au milieu de ses anciens rivaux remplissant le globe entier de leur langue, de leurs usages, de leurs affaires, il rêvait à une double France, solidement assise sur les deux bords de ce merveilleux bassin de la Méditerranée, unique au monde, et qui sera longtemps encore le lieu de prédilection des peuples. Là du moins, la France pourrait encore faire grande figure, être quelque chose de plus que ce que fut Athènes dans le monde romain.

Prévost-Paradol s'exagérait à la fois notre infériorité en Europe et notre effacement au dehors. Il n'avait pas prévu le partage de l'Afrique, qu'il croyait, comme tout le monde, impropre à la colonisation. D'autre part, les nationalités européennes paraissent douées d'une vitalité indestructible, et destinées à vivre en contact sans s'effacer. L'Amérique déjà, et bientôt l'Afrique, reproduiront la diversité de l'Europe, chaque nation étant jalouse de sa langue et de ses institutions, fière de son nom et de son passé, et voulant avoir un peu partout sa place au soleil. L'avenir anglo-saxon du monde n'est pas encore assuré, et l'Angleterre a aujourd'hui bien d'autres concurrents que la France.

Si l'Algérie n'est pas notre unique chance de salut, il n'en est pas moins vrai que sa possession a pour nous des avantages incomparables et que nous devons nous attacher à en faire une terre vraiment française, qui soit à nous autrement que par l'administration et par l'armée. Deux choses peuvent nous la donner : la langue et le droit. C'est par ce double moyen, bien plus que par ses légions, que Rome a rendu sa domination si durable. Malheureusement les conditions ne nous sont pas favorables; les indigènes, qui prospèrent depuis la conquête et qui formeront peut-être toujours la grosse part de la population, sont séparés de nous par un abîme : une religion réfractaire à nos idées, et à laquelle nous ne pouvons pas songer à porter atteinte. La tâche est donc ardue, et si la France en vient à bout, ce ne sera pas dans l'avenir une de ses moindres gloires.

LA LÉGISLATION CIVILE

DE

L'ALGÉRIE

CHAPITRE PRÉLIMINAIRE

Le droit civil dans ses rapports avec la colonisation.

§ 1er. — *La question algérienne.*

L'Algérie est un pays agricole par excellence. Par la richesse de son sol, elle ouvre le champ le plus vaste aux espérances de la colonisation. Il semble qu'il ne tiendrait qu'à nous d'achever par la charrue l'œuvre de civilisation si glorieusement commencée par nos armes : « Cette terre est féconde, écrivait, il y a vingt-cinq ans, Prévost-Paradol ; elle convient, par la nature du sol, à une nation d'agriculteurs... Cette terre est assez près de nous pour que le Français, qui n'aime pas à perdre de vue son clocher, ne s'y regarde pas comme exilé et puisse continuer à suivre des yeux et du cœur les affaires de la mère-patrie (1). »

Il s'en faut cependant que, par la mise en valeur complète de ses ressources naturelles, l'Algérie soit devenue pour la France ce qu'elle fut pour Rome antique, une source d'abondance et de prospérité. Certes, depuis le jour où la France a planté son drapeau sur le rivage de l'ancienne Numidie, de grands efforts ont été faits pour arriver à fonder cette France africaine dont Prévost-Paradol nous laissait entrevoir, dans

(1) *La France nouvelle*, 1868, p. 415-416.

une page inoubliable, les hautes destinées. Comme l'a dit M. Burdeau, il serait contraire à la réalité des choses de prétendre que « l'Algérie a absorbé inutilemement l'or et le sang français » (1). Les résultats obtenus jusqu'à ce jour ne sont pas de ceux qu'on dédaigne. Ce n'est pas peu de chose que d'avoir en soixante ans, sur un immense territoire, plus vaste que celui de la France, parmi des populations fanatiques, à peine sorties de la vie barbare, assuré le respect des personnes et des propriétés, élargi de proche en proche la zone des défrichements et couvert le pays d'un vaste réseau de routes et de chemins de fer. Si la vitalité d'un établissement colonial doit se mesurer sur l'intensité de la production et de la circulation, sur le mouvement commercial, les correspondances postales et la navigation, on peut dire qu'à tous ces égards, l'Algérie donne lieu aux plus rassurantes constatations.

Ainsi, il y a un quart de siècle, à l'époque même où Prévost-Paradol se demandait, avec une angoisse patriotique, si nous saurions fonder cet empire méditerranéen qui sera, dans l'état futur du monde, notre chance suprême, « la dernière ressource de notre grandeur », la production agricole de l'Algérie, en céréales, oscillait de 6 à 10 millions de quintaux; elle est aujourd'hui presque doublée, puisque la dernière moyenne quinquennale dépasse 16 millions de quintaux (2). Le vignoble algérien qui, en 1868, fournissait à peine 100,000 hectolitres de vin, s'étend aujourd'hui sur une surface de 150,000 hectares environ et donne plus de deux millions et demi d'hectolitres (3). L'exportation qui, en 1868, se chiffrait par 80 millions, a presque triplé.

A cet accroissement de production, qui, par lui-même, donne déjà une idée satisfaisante de notre action colonisatrice en Algérie, correspond un remarquable développement du trafic des routes et des chemins de fer. Sur le réseau des routes et des chemins vicinaux (près de 10,000 kilomètres), le

____

(1) Rapport au nom de la commission du budget de 1892 (service de l'Algérie), p. 81.

(2) 16, 960,861 quint. m. pour 1891.

(3) Rapport au nom de la commission du budget de 1891, par M. Pourquery de Boisserin, p. 25, note 1.

mouvement des marchandises approche de 150 millions de tonnes kilométriques. Quant aux chemins de fer algériens, leur longueur exploitée, qui n'excédait pas 750 kilomètres en 1878, atteint aujourd'hui 2,816 kilomètres ; dans la même période, la recette du trafic a progressé de 7 millions à 27 millions (1). Enfin, le revenu net imposable de la propriété bâtie s'est élevé de 28,400,000 francs, en 1886, à 47,500,000 francs en 1891.

Ces données statistiques montrent, sans qu'il soit besoin d'y insister, que les sacrifices (2) faits par la France pour la civilisation de l'Algérie ne sont point restés infructueux. Loin de là, on peut dire que l'Algérie a franchi aujourd'hui la période de premier établissement et qu'elle poursuit sa croissance, peut-être moins rapidement que ne pourrait le désirer notre patriotisme, mais enfin avec une régularité et une continuité qui doivent nous rassurer sur l'avenir. Il n'y a pas de chauvinisme à prendre note de ces indices de progrès économique, alors que les étrangers eux-mêmes, qu'on ne saurait suspecter de partialité à notre égard, attestent la grandeur et la stabilité des résultats obtenus : « Quiconque a pu voir les prodigieux travaux exécutés par les Français en Algérie, écrit un explorateur allemand, n'éprouvera que de la pitié pour ceux qui, en présence de toutes ces œuvres admirables, oseraient prétendre que les Français ne savent pas coloniser (3). »

Mais s'il est vrai que, d'ores et déjà, l'Algérie joue un rôle notable dans la vie générale du pays, s'il est vrai que la France n'ait pas à regretter les efforts qu'elle consacre depuis un demi-siècle à la consolidation et au développement de son domaine africain, il est également certain, pour les esprits les moins prévenus, que, depuis quelques années, des symptômes de lassitude semblent se manifester dans l'exécution du vaste programme que la France s'est imposé vis-à-vis de l'Algérie.

(1) 27,037,293, en 1890.
(2) D'après le relevé des dépenses de l'Algérie, publié par le ministère des finances, le total des dépenses militaires et des dépenses de garantie imposées à la métropole par cette colonie montait à 3 milliards 902 millions, à la date du 31 décembre 1890.
(3) RHOLFS, *Mittheilungen* de *Petermann*.

Cette conquête économique, agricole et commerciale que nous avons si courageusement entreprise fait trop attendre, au gré de la génération présente, la réalisation intégrale de ses promesses. Après avoir surmonté les grosses difficultés du début, maintenant qu'il s'agit de déterminer l'orientation à suivre, il se produit des incertitudes, des hésitations. A mesure que nous progressons vers le but à atteindre, nous voyons surgir des obstacles imprévus, de nature à déconcerter les prévisions de la première heure. On commence à s'apercevoir, à la lumière de l'expérience, que l'assimilation de l'Algérie à la mère-patrie n'est pas une de ces questions qui se décident en un jour, par la seule puissance d'un texte législatif.

Les auteurs qui ont étudié de près les mœurs des indigènes ne nous laissent guère d'illusion à cet égard : « L'assimilation du Kabyle, écrivait, en 1889, un Algérien dont nous ne saurions récuser le témoignage, est encore bien lointaine, sinon chimérique. Ni le contact journalier avec les fonctionnaires français, ni la confiance témoignée, ni les services rendus, ne peuvent transformer des natures foncièrement rebelles. Tout comme l'Arabe, le Kabyle est de la race du chacal, qui paraît se résigner à la servitude, mais ne s'apprivoise jamais (1). »

La lecture des documents officiels n'est pas plus encourageante. De toutes les discussions qui se sont élevées récemment autour de la question algérienne, de tous les rapports présentés, au cours de la législature précédente, au nom de la commission du budget, se dégage une conclusion identique, à savoir que l'assimilation de l'Algérie, telle que la conçoivent certains esprits généreux, portés par l'ardeur de leur tempérament à prendre leurs désirs pour des réalités, n'est pour le moment qu'une chimère.

Que les théoriciens de l'assimilation immédiate en prennent leur parti : l'heure n'est pas encore venue où, selon une expression souvent répétée, la terre algérienne sera le prolongement de la mère-patrie. Si, comme nous en avons la légitime espérance, cette fusion doit un jour s'accomplir, ce

____

(1) CHARVÉRIAT, professeur à l'école de droit d'Alger : *A travers la Kabylie,* Paris, 1889, p. 112.

ne sera que graduellement, par une suite de transformations insensibles dans les mœurs, l'esprit et les coutumes des indigènes. Appelés à reprendre, à treize cents ans de distance, l'action civilisatrice de Rome, n'oublions pas que les nombreux monuments laissés en Algérie par les Romains sont l'œuvre de plusieurs siècles. L'histoire est là pour nous apprendre que le progrès social, l'émancipation intellectuelle des races humaines, loin d'être le produit d'une sorte de génération spontanée, se réalisent et s'accumulent peu à peu, sous l'influence de cette loi universelle de l'évolution, qui étend également son empire sur le monde physique et sur le monde moral.

Mais s'il importe de barrer la route à la théorie décevante et dangereuse de l'assimilation à court terme, il ne s'ensuit pas que la France doive laisser les choses aller d'elles-mêmes, et pratiquer à l'égard de notre colonie africaine une politique d'indifférence et d'abstention. L'Algérie n'est point un champ d'expériences pour les sociologues et les philosophes humanitaires ; c'est une terre française dont les destinées sont liées pour jamais à celles de la mère-patrie. Puisque la civilisation des indigènes, leur fusion définitive avec l'élément français, ne nous apparaissent que comme le terme d'une longue évolution, notre objectif le plus immédiat doit être de multiplier les points de contact entre les Musulmans et les Français, d'imprégner graduellement les indigènes de notre esprit et de nos habitudes, de transformer sans violence leurs institutions dans le sens de nos idées. De là la nécessité impérieuse d'accroître l'élément national, le nombre des colons français. Il est clair que si nous n'arrivons pas, suivant l'heureuse expression de M. Burdeau, à mélanger les indigènes « à une proportion grandissante d'Européens » (1), à les encadrer dans l'élément français, notre entreprise sera manquée en une de ses parties vitales. « La France, disait le maréchal Pélissier, n'aura accompli son œuvre que lorsqu'elle sera parvenue à y attirer et à y fixer une population européenne assez dense pour faire contrepoids à l'élément indigène, lequel ne saurait rester toujours prépondérant sans devenir un danger pour l'avenir. »

(1) *Op. cit.*, p. 22.

Or, sans entrer dans des détails statistiques qui ne seraient pas ici à leur place, on peut affirmer que le peuplement européen de l'Algérie ne se développe qu'avec une extrême lenteur. Sans doute, la population de notre colonie a fait, dans ces vingt dernières années, un progrès appréciable. De 2,400,000 habitants, chiffre constaté lors du recensement de 1872, la population algérienne s'est élevée à 3,310,412 en 1881, puis à 4,125,983 en 1891. Mais cette progression provient surtout de l'augmentation de la population indigène, qui compte actuellement 3,559,000 unités, réalisant ainsi depuis 1872 un accroissement de près de 1,600,000 individus. Quant à la population française, s'il est vrai qu'elle dépasse aujourd'hui de 81,000 unités le nombre des étrangers vivant dans la colonie (1), il est également certain que les indigènes musulmans, comparés aux colons européens, sont encore dans la proportion de sept contre un. A ce compte-là, et en supposant le maintien de la progression signalée, le Tell pourrait contenir, dans cinquante ans, trois millions d'Européens, mêlés à sept millions d'indigènes. Mais nous ne saurions faire fond sur de telles conjectures. A l'heure actuelle, un fait est hors de doute, c'est que l'élément européen et, à plus forte raison, le groupe français sont débordés de tous côtés par la population indigène de l'Algérie. Sans se montrer pessimiste, on peut affirmer que l'élément d'origine française est encore loin d'avoir la prépondérance numérique qui lui serait nécessaire pour attirer dans notre orbite les races indigènes.

Cette situation inquiétante n'a point échappé à la vigilance de nos hommes d'État. Il y a longtemps qu'on se préoccupe, dans le monde économique, dans les milieux politiques et parlementaires, des moyens propres à établir entre les côtes de l'Algérie et celles de la France un courant d'émigration plus puissant. Le Français ne s'expatrie pas volontiers. C'est presque une banalité de dire qu'il est retenu en France par

---

(1) En 1891, les Français d'origine ou naturalisés étaient, y compris les Israélites naturalisés par le décret du 24 octobre 1870, au nombre de..... 315.131
à la même époque, la population étrangère se chiffrait par.......... 233.169

Excédent en faveur de l'élément français...   81.962

la douceur de la vie et la facilité relative de l'existence. Il ne se détermine à émigrer que si on lui offre des avantages exceptionnels.

On a cru que, pour attirer et retenir en Algérie l'immigration française, le mieux est de concéder des terres aux nouveaux venus, à des conditions particulièrement favorables, et de créer, de toutes pièces, des villages français par voie administrative. C'est là le système de la colonisation officielle. Au moyen des terres distraites de son domaine ou acquises des indigènes, l'État constitue un territoire suffisant pour l'installation de 40 à 400 familles françaises. L'Administration y trace le plan d'un village, délimite les emplacements à bâtir et les jardins, ouvre les rues, construit la mairie, l'école et les autres édifices publics. La portion du territoire non affectée aux constructions est sectionnée en lots d'une trentaine d'hectares. Après quoi, ces lots de terre sont concédés gratuitement à des pères de famille, français d'origine ou européens naturalisés, sous la condition de résider pendant cinq ans sur le lot dont ils sont ainsi attributaires et de mettre le sol en valeur.

La concession gratuite est la règle. Par exception, elle a lieu aux enchères, pour les lots d'une étendue moyenne de 100 hectares, dits lots de ferme. A l'égard des lots de cette catégorie, la résidence personnelle du concessionnaire peut être remplacée par l'installation d'une ou de plusieurs familles ayant les mêmes qualités d'origine et de nationalité que lui et par l'engagement de dépenser 150 francs par hectare en améliorations utiles et permanentes. Ajoutons que les étrangers, exclus des concessions gratuites, sont admis aux adjudications. Quant aux indigènes, ils ne peuvent prendre part aux concessions qu'à titre de récompense pour services exceptionnels.

Sans condamner la colonisation officielle, on peut craindre que ce système n'ait pas entièrement répondu aux espérances de ses partisans. Dans son magistral rapport sur le budget de 1892, M. Burdeau a dû constater que, sur les 215 centres créés administrativement depuis 1871, 134 seulement sont en voie de développement et 81 restent stationnaires ou même sont en décroissance. Il a été implanté dans ces villages, lors de leur création, 38,000 colons; on y trouvait en 1886 50,400 habitants. L'augmentation se réduit à 12,000 personnes en vingt ans (1). Il est permis d'en conclure que l'attrait des concessions gratuites n'a pas eu sur l'afflux des colons une action des plus marquées. Comment en serait-il autrement, s'il est vrai que les concessions faites en vue du peuplement soient en général, pour nous servir des expressions de M. le sénateur Boulanger, « fantaisistes et fictives » ? « J'ai constaté en Algérie, déclarait cet orateur, dans une discussion récente, que des colons qui avaient obtenu des superficies considérables n'étaient même jamais venus dans la colonie » (2).

On aime à se représenter les centres de colonisation créés en Algérie par la Providence gouvernementale comme des ruches affairées et laborieuses, tout occupées à construire et à défricher. Mais écoutons M. Charvériat : « La politique, dit-il, constitue, dans la plupart des nouveaux centres, l'unique occupation des colons. Dotés par la munificence du Gouvernement de confortables habitations et d'avances importantes, ils commencent ordinairement par louer leurs terres à des indigènes qui, bien souvent, ne sont autres que les anciens propriétaires » (3). Il arrive même, plus d'une fois, que le concessionnaire, simple prête-nom, s'empresse de rétrocéder son lot à un adjudicataire antérieur qui ne poursuit d'autre but que l'accaparement de la terre et la spéculation.

Ainsi détournée de son but, la colonisation d'État n'est qu'une expérience coûteuse, sans influence décisive sur le peuplement de l'Algérie, et à laquelle l'intérêt bien entendu de nos finances publiques commanderait de renoncer. C'est M. Burdeau qui nous l'atteste, la France ne saurait « persévérer dans une politique qui, de 1871 à 1881 seulement, a absorbé 57 millions pour installer en Algérie 3,600 familles françaises comprenant 14,000 personnes, soit un peu plus de 13,000 francs par famille installée (4). »

(1) *Op. cit.*, annexes, p. 318 et suiv.
(2) Sénat, discussion du projet de la loi sur la colonisation de l'Algérie, séance du 10 décembre 1889, p. 1201, col. 2.
(3) *Op. cit.*, p. 195.
(4) *Op. cit.*, p. 42.

Le Gouvernement a si bien compris le peu d'efficacité des errements actuels qu'il a cru devoir saisir le Parlement d'un projet de loi, réglementant sur de nouvelles bases la matière de la colonisation. Mais ce projet, dont le dépôt remonte au 20 avril 1886, n'a franchi que les premières étapes de la procédure parlementaire; la discussion en est suspendue depuis 1889 et rien n'indique qu'elle doive être reprise prochainement.

Aussi bien, quel que soit le sort réservé à ce projet, que le Parlement l'adopte ou le repousse, nous ne croyons pas qu'il puisse en résulter un changement notable dans la situation présente. Quoi qu'il fasse dans cet ordre d'idées, l'État ne jouera qu'un rôle secondaire dans la complexe question du peuplement de l'Algérie par des colons français. Il faut que la colonisation libre vienne en aide à l'État, si l'on veut arriver à implanter en Algérie une population française suffisamment compacte pour faire souche et servir de contrepoids aux races indigènes.

Mais, pour détourner vers notre colonie les 15,000 Français qui émigrent annuellement vers des contrées moins fertiles et plus lointaines, ce n'est pas assez de maintenir l'ordre et de développer la prospérité commerciale de l'Algérie. Ce que demande avant tout la colonisation agricole, c'est la possibilité d'acquérir facilement les terres dont elle a besoin et, en second lieu, la certitude de ne pas être dépossédée du sol qu'elle a fécondé par ses capitaux et par son travail.

En Algérie, les transactions immobilières ne sont ni faciles ni sûres. Ainsi qu'on le verra au cours de cette étude, la propriété foncière, presque entièrement aux mains des indigènes, est organisée dans des conditions qui la rendent tout à fait impropre à sa fonction économique.

Par suite de la constitution de la famille arabe, qui vit groupée autour de son chef, du produit de ses pâturages et de ses troupeaux, l'indivision règne en maîtresse sur la terre islamique. La propriété individuelle, bien qu'admise en droit n'est généralement pas pratiquée en fait. C'est même une question que de savoir si dans certaines tribus indigènes, dont les vastes territoires font de temps immémorial l'objet d'une jouissance collective, le régime du sol ne serait pas encore de nos jours le communisme agraire, tel qu'on le retrouve chez tous les peuples, dans la période patriarcale.

On conçoit combien un tel régime, si éloigné de nos idées, si mal défini, doit opposer d'obstacles au progrès de la colonisation. L'Européen qui débarque en Algérie, dans le dessein d'y fonder un établissement agricole et d'employer ses capitaux en acquisitions immobilières, se trouve tout d'abord arrêté par la difficulté d'acheter aux indigènes la terre dont il a besoin. Tant qu'elle ne se sera pas dégagée du collectivisme de la tribu ou de la famille, la terre indigène sera, de fait, inaliénable, elle ne se prêtera à aucune transaction. Tout ce que le colon pourra acheter c'est un droit indivis, une fraction, indéterminée quant à sa situation et quant à sa contenance, du territoire occupé par la collectivité. Encore est-il qu'il aura à compter avec le droit de retrait dont la loi islamique ou la coutume arme la communauté musulmane, pour empêcher l'accession de l'étranger à la tribu et maintenir l'antique indivision du patrimoine familial.

Comment donc entamer cette indivision dans laquelle la terre indigène est en quelque sorte emprisonnée ? Par quelle voie arrivera-t-on à affranchir du collectivisme agraire où elle n'existe qu'à l'état latent la propriété individuelle ? Telle est la question complexe que le législateur et l'Administration, les jurisconsultes et les hommes d'État ont, depuis longtemps, retournée sous toutes ses faces, sans parvenir à la résoudre. En dépit des essais méritoires tentés à diverses reprises pour constituer la propriété indigène et la rendre disponible, les neuf dixièmes de la surface du Tell restent toujours aux mains de leurs possesseurs indigènes, en dehors du mouvement des échanges, immobilisés dans l'indivision de la tribu, du douar ou de la famille. Malgré vingt ans d'efforts, on en est réduit à désespérer presque du succès de cette colossale entreprise. Après avoir été appliqués à grands frais, les systèmes d'organisation foncière votés en 1873 et en 1887 n'ont donné, de l'aveu même du rapporteur de la commission du budget de 1893, ni au domaine de l'État les terres qu'il espérait reprendre sur les indigènes, ni aux colons européens la sécurité des transactions, ni aux indigènes un titre sérieux et réellement utile. Le plus clair résultat de ces expériences mal conçues et mal dirigées a été de favoriser des licitations désastreuses pour les propriétaires et ruineuses pour le Trésor : « Arrivé à son quinzième million, le Gouvernement général s'est avisé que les quatorze autres avaient peut-être été dépensés à tort (1). » Aussi, la législation existante est-elle condamnée par tout le monde, même par l'Administration algérienne, qui a fini par reconnaître qu'avant de franciser la propriété, il fallait franciser les hommes.

Il devient donc nécessaire, si l'on ne veut pas fermer aux immigrants français l'accès des territoires indigènes et enrayer la marche du peuplement européen, de reprendre sur de nouvelles bases l'œuvre que ces mesures, condamnées par l'expérience, laissent à peine ébauchée. Mais pour prévenir le retour des fautes commises et s'orienter sûrement vers le but à atteindre, il importe au préalable de rechercher et de mettre en lumière les causes générales ou particulières qui frappent d'impuissance la législation foncière actuelle. Avant de songer à reconstruire le régime immobilier que réclament les colons algériens, il est bon de s'assurer de la solidité du terrain qui doit porter le poids de cette réfection législative et de vérifier soigneusement la qualité des matériaux qui doivent y entrer.

Pour conduire à bonne fin cette enquête délicate, il ne suffirait pas d'envisager en lui-même le régime foncier de l'Algérie. Nous n'aurions qu'une vue superficielle et incomplète du problème à résoudre, si nous séparions l'étude des questions relatives à la propriété de celles qui intéressent l'état des personnes. L'insuccès des réformes législatives tentées jusqu'à ce jour provient en grande partie de ce qu'on n'a pas tenu compte du milieu social qui leur a servi de champ d'expérience. On a légiféré d'après des idées européennes, sans trop se mettre en peine de savoir si les projets qui ten-

(1) BURDEAU, *op. cit.*, p. 120.

daient à émanciper la terre indigène et à la rendre apte à la vie économique ne rencontreraient pas un obstacle infranchissable dans le statut personnel des musulmans, dans leur droit familial, si différent de celui des peuples occidentaux. On a paru oublier que les lois qui déterminent la condition juridique des biens sont, à plusieurs égards, sous la dépendance de celles qui règlent la constitution de la famille.

Peut-être serions-nous moins surpris de la résistance que nos sujets algériens opposent à la civilisation européenne, si, nous dégageant de toute idée préconçue, nous cherchions à voir l'indigène tel qu'il est, à étudier sur le vif la physionomie de ces communautés guerrières et sauvages où semblent revivre, trait pour trait, les formes sociales que l'on discerne vaguement dans la pénombre de notre propre histoire. En constatant que maint détail de la vie publique ou familiale de la tribu arabe et du village kabyle correspond aux diverses phases de croissance que les peuples de l'Occident ont parcourues à l'aube de leur civilisation, nous renoncerions au chimérique espoir d'introduire, brusquement et de toutes pièces, chez les indigènes de l'Algérie, un état social dont la formation a demandé, chez nous, une longue suite de siècles. Par cette étude comparative, nous serions amené à comprendre que les réformes législatives qui ne sont pas la résultante et l'expression du milieu auquel on les destine, loin de hâter la marche du progrès humain, sont de nature à provoquer un mouvement de réaction et de recul.

L'étude de la condition juridique des personnes en Algérie forme donc le préliminaire obligé des explications que nous aurons à présenter sur le régime des biens. Ce sera là l'objet de la première partie de cet Essai. Nous examinerons, à ce propos, dans quelle mesure et à quelles conditions les étrangers et les indigènes présents sur le territoire algérien peuvent se prévaloir des droits politiques et privés dont jouissent nos nationaux, et d'après quelle législation ils sont admis à exercer les facultés dont le bénéfice leur est garanti par notre loi. Nous serons naturellement conduit, par le développement du sujet, à nous demander jusqu'à quel point le courant de l'immi-

gration européenne en Algérie est influencé par les dispositions de faveur qui accordent aux étrangers résidant en cette
colonie la jouissance de tel bénéfice légal refusé aux étrangers par le droit commun de la métropole. Il nous restera
ensuite à rechercher si les avantages attachés à l'acquisition
du droit de cité sont assez manifestes, et, d'autre part, si les
inégalités de droit existant entre le Français et l'étranger
algérien sont assez sensibles pour suggérer à celui-ci le
désir de se faire naturaliser, pour accélérer l'accession définitive
des colons européens à la patrie française. Enfin, une analyse
approfondie des lois et des coutumes locales qui gouvernent
chez les Arabes et les Kabyles la constitution de la famille
nous livrera sans doute le secret de la résistance que la race
indigène a, jusqu'à ce jour, opposée à toutes nos tentatives
d'assimilation.

Après avoir ainsi esquissé la condition des habitants de notre
colonie, nous consacrerons la seconde partie de ce Livre à
l'histoire si mouvementée de la propriété foncière en Algérie.
Notre attention se concentrera sur le régime des biens avant
la conquête, sur l'organisation de la propriété en territoires
de tribus, sur les transformations que cette propriété a subies
depuis 1830, sur les expériences législatives renouvelées à
plusieurs reprises, mais toujours inutilement, pour dégager
le droit de l'individu du collectivisme familial ; en même
temps, nous nous appliquerons à discerner les causes de cet
insuccès.

Mais ce n'est pas tout d'avoir mis au jour les défectuosités,
les lacunes et les dangers de la législation actuelle de l'Algérie,
d'avoir démontré la nécessité et l'urgence d'une réforme au
double point de vue de la condition des personnes et du régime
des biens. Il faut, de plus, s'expliquer sur la nature et sur
l'étendue des modifications que réclame l'organisation existante. Comment arriverons-nous à rapprocher graduellement
les indigènes de nos mœurs et de nos institutions juridiques ?
Par quelle voie nous sera-t-il permis d'assurer, dans tout le
territoire de notre grande colonie, le respect des contrats, la
sécurité et la facilité des transactions immobilières, et, par

surcroît, d'ouvrir aux capitaux et aux bras des colons français
l'accès des territoires de tribus ? A ces questions si importantes et si ardues, nous tâcherons de répondre dans la troisième et dernière partie de cet Essai.

Toutefois, avant de commencer notre enquête sur le régime
civil de l'Algérie, il nous paraît à propos d'indiquer les principales sources du droit algérien et de procéder en quelque
sorte à une classification générale des matières législatives
qui sont justiciables de notre critique.

§ 2. — *Sources du droit algérien*.

La législation qui régit l'Algérie est très complexe, très
étendue et parfois très confuse ; elle se compose d'une foule
de textes émanés de sources multiples, qui se complètent et,
trop souvent, se contredisent. Ainsi que le constatait, en 1848,
le ministre de la guerre, dans son rapport au président du
Conseil, en date du 7 décembre, « les intérêts qui ont été
réglés l'ont été si souvent, à des points de vue si différents
et par des autorités si diverses, suivant la mobilité des
choses et des hommes, qu'il en résulte, pour les administrateurs comme pour les magistrats, des embarras et des difficultés d'application qui ont donné lieu très fréquemment à
des réclamations plus ou moins fondées. Un tel état de choses
appelle une réformation et demande un terme ».

La revision législative, que réclamait en ces termes le général de Lamoricière, s'accomplira peut-être un jour, sous l'action
du temps, à mesure que les populations hétérogènes de
l'Algérie, rapprochées de nous par la solidarité des intérêts
économiques, sentiront la nécessité de se rallier définitivement
à nos mœurs et à nos institutions. Mais, pour l'instant, cette
codification si désirable ne saurait être tentée utilement, puisque l'éducation des races indigènes, qui doit servir de base à
cette unification législative, n'existe encore qu'à l'état de desideratum. Aujourd'hui, comme au lendemain de la conquête,
nous nous trouvons en présence de groupes ethniques nettement tranchés, que tout sépare les uns des autres, la langue,

la religion, la race et les usages. Tant que ces divers éléments de la population ne seront pas absorbés dans la nationalité française, les lois de la métropole ne pourront leur être imposées que dans la mesure permise par les circonstances de temps et de lieu.

L'Agérie appartient à la France par droit de conquête. Sa réunion définitive à la France, virtuellement opérée par l'ordonnance du 22 juillet 1834 (1) a eu pour effet d'y introduire, par le fait même de la proclamation d'annexion, les lois de la métropole en vigueur à cette époque. Du reste, la réunion de l'Algérie à la France a été, depuis lors, législativement consacrée par la Constitution républicaine du 4 novembre 1848, dont l'article 109 déclare territoire français le sol de cette colonie.

Mais, en apportant avec eux leurs lois en Algérie, les Français ont entendu respecter la religion, les droits et les coutumes des indigènes. Aux termes de la capitulation d'Alger, « l'exercice de la religion mahométane restera libre. La liberté des habitants de toutes les classes, leur religion, leurs propriétés, leur commerce et leur industrie ne recevront aucune atteinte ». Maintenir la religion de l'Islam, c'était par là même décider que les indigènes resteraient sous l'empire de leurs lois. Le droit islamique, étant de pure révélation, fait partie intégrante de la religion. Ses sources exclusives sont le livre sacré du Coran et la *Sounna*. On peut dire sans métaphore avec Sawas-Pacha (2), que « Dieu et le Prophète sont les législateurs des musulmans ».

La survivance de la religion mahométane en Algérie a donc eu pour conséquence directe, dès le début de notre conquête, de conserver aux indigènes musulmans le bénéfice de leurs institutions juridiques. Il a d'ailleurs été reconnu, par une

(1) Antérieurement à cette ordonnance, l'Algérie était simplement *occupée* par les armées françaises. Or, c'est un principe du droit des gens, consacré par une jurisprudence constante, qu'un pays ne change pas de législation civile par le seul fait de l'occupation du vainqueur ; pour que ce résultat se produise, il faut que le pays conquis soit annexé ou possédé. AUBRY et RAU, § 72, I, p. 258 ; Cass., 8 janvier 1862 ; req., 16 mars 1861 ; DALLOZ, *Jur. gén.*, v° *Lois*, n°° 101 et suiv. ; Nancy 29 août 1872, D. P. 72.2. 195.

(2) *Étude sur la théorie du droit musulman*, p. 4, Paris, 1892.

interprétation libérale de l'acte de la capitulation, que les dispositions qu'il consacre s'appliquent à la population indigène tout entière, aux Israélites (1) comme aux Musulmans, aux Kabyles comme aux Arabes.

Ainsi, au moment même où s'est établie la domination française en Algérie, ou, plus exactement, à partir de l'ordonnance du 22 juillet 1834, qui a changé l'occupation en possession française, quatre statuts différents se sont trouvés en présence : la loi française, la loi mosaïque, la loi musulmane et les coutumes berbères, sans parler du statut personnel des individus de nationalité étrangère. Mais ni l'une ni l'autre de ces lois n'a pu, on le conçoit, être appliquée à la lettre ; elles ont dû subir, sur nombre de points, des modifications plus ou moins profondes, nécessitées par les intérêts économiques de la colonie, et ces changements ont été réalisés, soit par des actes du Gouvernement, soit par des lois spéciales. Aux diverses sources du droit algérien que nous venons de distinguer, il convient donc d'ajouter l'ensemble des dispositions législatives ou réglementaires qui ont été successivement édictées depuis la conquête, pour régler sur les points non prévus par le droit général, les rapports juridiques que l'annexion de l'Algérie à la France a fait naître entre les indigènes et les colons européens.

La législation française a pénétré en Algérie, sans avoir besoin d'être promulguée, par le seul fait de la proclamation d'annexion contenue dans l'ordonnance du 22 juillet 1834. Toutes les lois métropolitaines existantes à cette époque, à commencer par le Code civil, y sont devenues exécutoires en bloc et d'un seul coup, ne souffrant de réserves qu'à l'égard des indigènes et en ce qui concerne les droits garantis à ceux-ci par l'acte de la capitulation. C'est là une application directe des principes du droit des gens, que la Cour de cassation a explicitement consacrée à plusieurs reprises, notamment au sujet du Code forestier et du Code pénal : « La protection de la loi française, lit-on dans un de ses arrêts, accompagne nos

____

(1) Jusqu'au jour où ils ont été naturalisés collectivement par le décret du 24 octobre 1870.

armées dans leurs opérations militaires sur les territoires étrangers; la conquête et l'occupation de l'Algérie, devenue possession française, y ont introduit virtuellement les lois de la métropole alors existantes, destinées à protéger les Français dans leurs personnes et leurs propriétés, dans la mesure où les circonstances de temps et de lieu en permettaient l'application, sans qu'il y ait été besoin d'une promulgation locale (1). »

A l'inverse des lois en vigueur lors de la conquête, pour lesquelles la déclaration d'annexion a valu promulgation, les lois métropolitaines édictées depuis cette époque ne sont devenues exécutoires en Algérie que si elles y ont été expressément et spécialement promulguées. C'est ce qui résulte de l'article 18 de l'arrêté ministériel du 1er septembre 1834, suivant lequel le Gouvernement général de la colonie a, entre autres attributions, celle de « promulguer les lois et de publier les ordonnances, arrêtés et règlements ».

Cette règle, qui a reçu en jurisprudence de fréquentes applications (2), se justifie d'elle-même. Au début de la conquête, le Gouvernement se trouvait en présence d'un ensemble de lois métropolitaines dont les mérites et les défauts avaient été révélés par l'expérience. Instruit par la pratique qui en avait été faite en France, le Pouvoir était parfaitement à même d'apprécier la portée et les conséquences de ces diverses lois, de voir si elles convenaient à l'Algérie. Dans cette situation, il devenait sans intérêt de promulguer une à une et séparément chacune des lois comprises dans le corps de notre législation métropolitaine. Le procédé le plus simple et le plus juridique était, comme on le fit à cette époque, de s'en remettre au

---

(1) Cass., 17 novembre 1865; Conf.: Cass. crim., 17 novembre 1849, D. P. 50, 5, 19; Civ., 1er décembre 1864, D. P. 64, 1, 124; req. 4 février 1863, D. P. 63, 1, 806; Crim., 17 août 1865; Civ., 15 juillet 1867, D. P. 68, 1, 373, etc. — V. DALLOZ, *Jur. gén.*, v° *Organ. de l'Alg.*, n° 820; BÉQUET, *Rep. dr. adm.*, v° *Algérie*, n° 68, *ad notam*; Cass., 5 janvier 1871, J. P. 71, 182; 4 août 1881, J. P. 81, 1008; 25 janvier 1883, J. P. 83, 671.

(2) Cass. crim., 17 novembre 1849, D. P. 50, 5, 19; Civ., 1er décembre 1864, D. P. 64, 1, 124; Crim., 9 janvier 1871; req., 28 janvier 1874, D. P. 74, 1, 219; Civ., 5 mars 1879, D. P. 79, 1,193; 4 août 1881, Sir., 81, 1, 137; 5 novembre 1884, Sir., 85, 1, 265; 27 mai 1886, Sir., 87, 1, 228.

principe général qui impose *de plano* le droit du vainqueur au pays ennemi, sauf à publier spécialement, avec les réserves et les remaniements nécessaires, les lois dont l'application pure et simple ne pouvait être tentée raisonnablement dans notre colonie.

Mais à étendre aux lois à venir ce système de promulgation implicite, il y aurait eu de sérieux inconvénients. Au moment où une loi vient d'être promulguée en France, le Gouvernement peut très bien ne pas être en mesure de discerner jusqu'à quel point cette loi, élaborée en vue des besoins de la métropole, conviendrait à l'Algérie. Pour se faire une opinion à cet égard, il a besoin d'être éclairé par la pratique; ce n'est qu'après un essai plus ou moins long, lorsque le temps aura permis de juger la loi par ses résultats, que le Pouvoir central arrivera à se rendre compte de son degré « d'applicabilité » à la colonie ; c'est donc seulement à l'expiration de cette période d'épreuve, que la loi métropolitaine devra, s'il y a lieu, être publiée en Algérie et y devenir obligatoire.

S'il en était autrement, si les lois édictées en France depuis la conquête devenaient, de plein droit et dès la première heure, exécutoires en Algérie, le Gouvernement se verrait fréquemment dans la nécessité d'intervenir après coup, pour soustraire l'Algérie à une loi qui ne s'adapterait pas à son état social, ou pour y introduire les changements indiqués par les circonstances. C'est pour éviter ces tâtonnements et ces incertitudes que s'est établie la règle d'après laquelle les lois de la France ne sont, depuis 1834, applicables en Algérie que lorsqu'elles ont été l'objet d'une promulgation spéciale, dans les termes et avec les réserves stipulées dans l'acte de promulgation.

Cette règle comporte, toutefois, dans l'état actuel de la jurisprudence, une notable limitation. Il a été décidé, à plusieurs reprises, par la Cour suprême (1), qu'à l'égard des lois métropolitaines déjà exécutoires en Algérie, les modifications partielles, ultérieurement apportées à ces lois, deviennent

____

(1) Cass., 5 novembre 1884, Sir., 85, 1, 265 ; 7 et 23 mars 1887, S. 87, 1, 265 ; 23 juillet 1888, Sir., 88, 1, 407.

applicables à cette colonie, de plein droit et sans promulgation particulière.

On a essayé de justifier cette exception par la nécessité de maintenir la concordance entre les Codes de l'Algérie et ceux de la métropole (1). Mais cette explication ne nous paraît guère concluante. Si l'assimilation de la France et de l'Algérie était d'ores et déjà un fait accompli, nous comprendrions que, dans un but d'unité législative, les modifications introduites dans les Codes métropolitains eussent *de plano* leur répercussion immédiate sur la législation de l'Algérie. Mais on sait que, dans l'état actuel des choses, l'Algérie n'a pas encore, il s'en faut, réalisé les progrès sociaux et économiques qui lui permettront de s'identifier à la mère-patrie, d'absorber et de confondre son individualité dans la vie générale de la France. Il peut, dès lors, très bien arriver qu'une réforme partielle de tel ou tel Code, parfaitement adaptée aux exigences de la métropole, soit prématurée pour l'Algérie ou, tout au moins, ne puisse y pénétrer que sous le bénéfice de certaines atténuations ou réserves. Il semble donc que, pour les lois modificatives, comme pour les lois qui statuent sur un objet nouveau, il y a même raison de décider et que les unes et les autres devraient, pour l'Algérie, faire l'objet d'une promulgation spéciale.

La loi métropolitaine n'est pas, il s'en faut, la source unique et exclusive du droit civil français en Algérie. Indépendamment des lois empruntées à la métropole, le régime législatif de l'Algérie comprend des lois spéciales, des sénatus-consultes, des ordonnances, des décrets et même de simples arrêtés. Institué par l'ordonnance du 22 juillet 1834, le régime exceptionnel des décrets est toujours debout, bien que son champ d'action ait été sensiblement restreint par l'intervention de plus en plus active du législateur. Pour ne plus répondre aujourd'hui à une nécessité aussi impérieuse qu'au début de notre occupation, le système des décrets n'en conservera pas moins sa raison d'être tant que nous n'aurons pas franchi la période des transformations et des expériences.

(1) DALLOZ. *Jur. gén.*, v° *Organisation de l'Algérie*, n° 513.

Ainsi que le faisait récemment remarquer un membre de la Chambre des députés (1), l'état spécial de l'Algérie, « de ses habitants et de leurs mœurs, des besoins encore incomplètement connus ou dont la satisfaction possible reste mal définie quant aux moyens à employer, tout cet ensemble de faits particuliers à une colonie qui présente, par sa position géographique même, une extrême complexité d'intérêts, réclame l'intervention d'un organisme législatif différent de celui qui peut convenir à un vieux pays, à un peuple parvenu au dernier degré de la civilisation ». Il est évident que les lenteurs forcées de la procédure parlementaire paralyseraient notre action dans les circonstances où il peut devenir nécessaire de prendre des résolutions promptes et énergiques.

Il n'est d'ailleurs intervenu aucun acte constitutionnel qui délimité la sphère d'application respective de la loi et des décrets. A la vérité, la Constitution de 1848 déclare que le territoire algérien « sera régi par des lois particulières ». Mais, d'après l'interprétation qui a prévalu (2), cette disposition n'a eu nullement pour effet de dessaisir le Gouvernement du droit de légiférer pour l'Algérie par voie de décrets. Ce droit ne s'arrête que dans un cas, celui où il s'agit d'abroger ou de modifier une loi française déjà en vigueur en Algérie : il ne suffit plus alors d'un simple décret, le recours au législateur s'impose (3). Sauf cette limitation, la compétence législative du Chef de l'État est restée intacte ; elle peut s'exercer en toute matière, concurremment avec celle du Parlement. En fait, il n'est pas une question de quelque importance qui n'ait été réglementée tour à tour par des décrets, des ordonnances et des lois. C'est ainsi, par exemple, que les règles concernant le statut personnel des indigènes non naturalisés, après avoir été déterminées par un sénatus-consulte, celui du 14 juillet 1865, ont, en dernier lieu, fait l'objet du décret du 17 avril 1889.

Quoi qu'il en soit, l'usage commence à prévaloir de sou-

<hr>

(1) Rapport de M. Pourquery de Boisserin, au nom de la Commission du budget de 1894 (service de l'Algérie), p. 5.

(2) Cass. crim., 19 avril 1851, *Bull. crim.*, 1851. p. 236.

(3) Cass. crim., 22 mars 1878, *Sir.*, 78. 1. 285.

mettre à la sanction législative les mesures qui intéressent le plus directement la vie juridique ou économique de l'Algérie, entre autres celles qui on trait à la constitution de la propriété foncière, à l'organisation de l'état civil des indigènes, à la conservation des forêts, etc. Il est à prévoir que cette tendance s'accentuera dans l'avenir, à mesure que s'affermira notre influence et que nous aurons moins à compter avec les circonstances qui justifient encore, à l'heure actuelle, le maintien du régime des décrets.

Le droit musulman, seconde source du droit de l'Algérie, a son principe dans le Coran. Les enseignements du Prophète, recueillis dans le livre sacré *El sahih* (l'Authentique) et interprétés par la tradition ou *Sounna*, voilà la base sur laquelle le droit musulman s'est édifié aux deux premiers siècles de l'hégire. Dans le monde islamique, tout est religieux ; la législation est un don de Dieu, elle est l'effet immédiat de la révélation. Étant donné le caractère divin du droit mahométan, on conçoit que ce droit ne tolère ni changement ni extension d'aucune sorte, à moins qu'ils ne soient opérés conformément à la vérité islamique. Pour devenir acceptables à la conscience musulmane, toutes les réformes d'ordre juridique, toutes les innovations scientifiques, sociales et politiques nécessaires à la prospérité des peuples, doivent être présentées, non comme le produit de la faible et présomptueuse raison humaine, mais comme la conséquence et le développement de la vérité contenue dans le livre saint : à cette condition, mais à cette condition seulement, le musulman adhérera à des règles juridiques nouvelles ; bien plus, il aura à cœur de « les considérer comme des devoirs religieux et de les accepter avec respect et reconnaissance (1) ».

Tel est le procédé législatif, empreint d'un caractère d'indéniable grandeur, qui a permis aux savants et habiles docteurs de l'Islam d'élargir le cadre un peu étroit du livre sacré et d'y faire rentrer les matières juridiques nouvelles dont les besoins des temps et des milieux pouvaient rendre l'admission nécessaire.

(1) SAWAS PACHA. *Étude sur la théorie du droit musulman*, p. 166, 1892.

Les jurisconsultes qui ont donné au droit civil mahométan sa forme définitive ont légiféré sans mission officielle, sans autre qualité que leur science et leur zèle pour la vérité. Ils n'avaient d'autre titre à remplir les fonctions législatives que leur foi et le crédit dont ils jouissaient auprès des fidèles. Les plus renommés de ces codificateurs de la coutume musulmane sont les quatre imans, Hanifa, Malek, Chaféi et Hanbal (1), qui ont vécu du viiie au ixe siècle de notre ère et qui ont laissé leur nom aux quatre rites orthodoxes de l'Islam. En dehors de ces quatre sectes, il n'y a que des hérétiques ou Chiites, parmi lesquels il suffira de mentionner les Ibadites ou Ouahbites du M'zab.

Le rite malékite, dont la jurisprudence a été fixée par le célèbre uléma égyptien Sidi Khalil, mort en l'an 1422 de notre ère, forme le droit commun de la population musulmane de l'Algérie. Les adhérents de l'école hanéfite ou chaféite ne se rencontrent dans notre colonie qu'en petit nombre, principalement parmi les Koulouglis et les descendants des Turcs. C'est le code ou précis (*moukhtaçar*) de Sidi Khalil qui sert de base aux juges indigènes et aux tribunaux français, pour l'application du droit musulman.

Toutefois, la législation issue du Coran ne règne sans conteste que sur les Arabes et sur les Berbères arabisés. Les Kabyles purs, plus particulièrement les montagnards du Djurdjura, n'accordent au Coran que la valeur d'une loi religieuse; ils repoussent énergiquement son application dans le domaine civil et politique, pour s'en tenir à leurs anciennes coutumes. En territoire kabyle, tout ce qui a trait au statut personnel, à la transmission de la propriété et aux conditions des contrats est régi par l'*adda* ou coutume générale, transmise oralement de génération en génération, et par les

(1) Abou-Hanifa, connu aussi sous le nom d'Imami-Azam, naquit en 80 (hégire); il professa à Bagdad, où il mourut en l'an 150; sa doctrine est suivie par les habitants de la Turquie. L'iman Malek, né à Médine, en 91 ou 95, mort en 179 : l'Algérie et la plupart des villes saintes de l'Yemen, de Tripoli appartiennent à ce rite. Chaféi, né en 150, mourut en Égypte en 204; son école prévaut en Égypte; elle compte de nombreux adeptes dans le Kurdistan, sur la frontière persane de la Turquie. Hanbal, né en 164, mort en 241 à Balch en Arabie, dispute le Maroc à l'influence de Malek. Le rite hanbalite règne à Java.

kanouns de la coutume locale. L'aâda ne peut être revisée que par une assemblée générale des tribus. La coutume locale (l'ârf) n'a d'action que dans l'étendue du territoire du village. Chaque fraction de tribu, chaque village même, possède son kanoun particulier, sa coutume propre. Le Coran n'intervient que comme complément de la coutume, dans les matières où celle-ci n'a pas statué.

C'est dans le droit mosaïque, le Pentateuque et le Talmud, que se trouvent les textes de la loi israélite. Cette législation n'a aujourd'hui qu'un domaine des plus restreints, par suite de l'accession collective des indigènes israélites à la nationalité française en vertu du décret du 24 octobre 1870. Les seuls habitants de l'Algérie qui y restent soumis sont, tout d'abord, les Israélites étrangers et, en second lieu, les Juifs du M'zab. Encore est-il qu'à l'égard de ces derniers la question peut, comme on le verra bientôt, être sérieusement discutée.

Bien qu'elles aient chacune leur sphère propre, les diverses législations qui viennent d'être énumérées, la loi française d'une part, et, de l'autre, les lois et les coutumes indigènes, entrent fréquemment en lutte à propos des rapports juridiques existant entre personnes de race ou de nationalité différentes. Les difficultés qui naissent de ce conflit de lois sont examinées plus loin, dans un chapitre spécial.

PREMIÈRE PARTIE

LES PERSONNES

CHAPITRE PREMIER

Condition juridique des Européens.

Ainsi qu'on vient d'en faire la remarque, l'Algérie est avant tout une colonie de peuplement. Y attirer des immigrants européens en assez grand nombre pour assurer la mise en valeur des territoires incultes; y implanter surtout un groupe de Français assez dense pour tenir en respect l'élément étranger et imprégner graduellement les indigènes de nos idées et de nos mœurs : tel est le but à atteindre, tel est le complexe problème que doit s'efforcer de résoudre une bonne législation coloniale. Nous ne serons véritablement maîtres des destinées de l'Algérie que du jour où nous parviendrons à mélanger la race indigène à une proportion croissante de colons européens, et à absorber dans la nationalité française la population étrangère qui vit en Algérie, sous la protection de nos lois.

Jusqu'à quel point et par quels moyens les lois qui, actuellement, règlent le statut personnel des Français et des étrangers établis en Algérie, sont-elles de nature à coopérer à la progression de l'élément européen et à accélérer l'accession des étrangers à la patrie française ? Telle est la question que nous avons à examiner.

§ 1. — *Les Français d'origine.*

En principe, les colons algériens d'origine française peuvent, au même degré que les nationaux du continent, se prévaloir de tous les droits privés et politiques organisés par la loi de la métropole.

Mais ce n'est pas d'après les seules prescriptions de notre droit commun qu'ils jouissent des droits civils et que se règlent les actes de leur vie juridique.

D'une part, il ne faut pas oublier que les lois édictées en France depuis la déclaration d'annexion de l'Algérie ne sont devenues obligatoires dans cette colonie qu'autant qu'elles y ont été spécialement promulguées, sauf dans le cas où elles se borneraient à modifier partiellement une loi déjà exécutoire sur le territoire algérien.

D'autre part, il importe de remarquer qu'à la loi générale de la métropole se juxtapose, en Algérie, un droit exceptionnel, issu des lois, sénatus-consultes, ordonnances, décrets et arrêtés rendus spécialement pour notre colonie. Cette législation particulière, qui s'est élaborée sous l'empire des besoins propres à l'Algérie, déroge, sur nombre de points, aux données de notre droit commun.

Enfin, la coexistence et le conflit du statut indigène et de la loi territoriale française sont de nature à réagir, dans certains cas, sur l'application des règles qui gouvernent en Algérie la condition juridique de nos nationaux.

Nous allons brièvement énumérer les principales différences qui, à ces divers points de vue, séparent les colons français de l'Algérie des Français du continent.

Une première et très apparente inégalité de situation se manifeste au sujet de la caution *judicatum solvi*. On sait que, dans la théorie de notre Code, le droit d'exiger cette garantie du demandeur étranger est un droit civil, propre aux nationaux français (1). Or, l'exercice de ce droit subit en Algérie une notable limitation. Ainsi, en effet, que nous l'expliquons

_____
(1) C. civ., art. 16; C. proc. civ., art. 166 et 167.

plus loin, les étrangers immigrés dans notre colonie sont, par le seul fait de leur résidence, dispensés de fournir la caution *judicatum solvi* (1) Il en résulte que le privilége attribué par l'article 16 du Code civil au Français, à l'encontre du demandeur étranger, est en Algérie à peu près illusoire, puisqu'il ne peut y être invoqué par nos nationaux que très exceptionnellement, lorsqu'ils sont appelés en justice par un étranger de passage, n'ayant en Algérie, ni sa résidence, ni son établissement. En droit, le principe ne reçoit aucune atteinte formelle ; mais, en fait, il est véritablement annihilé ou, tout au moins, réduit à l'état de lettre morte.

Poursuivons ce parallèle. En ce qui concerne la condition juridique de la personne, envisagée en elle-même ou dans ses rapports avec la famille, la similitude est complète entre le Français de l'Algérie et celui de la métropole. Ils sont, l'un et l'autre, soumis au même régime légal, pour tout ce qui a trait à l'état et à la capacité des personnes et aux droits de famille. A cet égard, nous n'avons aucune particularité intéressante à signaler.

Par contre, dans la sphère des droits patrimoniaux réels et personnels, la législation algérienne affirme plus d'une fois son indépendance vis-à-vis des principes de notre Code. Ainsi, le droit de propriété subit en Algérie certaines restrictions fondées sur des causes spéciales à la colonie : nous voulons parler ici de l'interdiction faite à tout acquéreur d'une terre d'origine domaniale de la revendre aux indigènes non naturalisés, pendant une période de vingt ans, si elle provient de lots de fermes, et de dix ans, si elle provient de lots de villages (2). Non contente de limiter de la sorte le droit de disposition d'une importante catégorie de propriétaires fonciers, la loi algérienne retire à tout Européen, français ou étranger, la faculté d'acquérir le droit de propriété dans certaines zones de l'Agérie : défense expresse aux colons d'acheter un immeuble dépendant du territoire d'une tribu où la propriété individuelle n'est pas encore constituée (3). Enfin, tout en

(1) Art. 19, Ordonn. 16 avril 1843.
(2) Décr. 30 septembre 1878, art. 28.
(3) L. 16 juin 1851, art. 14 ; sénatus-consulte du 22 avril 1863, art. 6.

proclamant le principe de l'inviolabilité de la propriété et en reproduisant notre théorie générale sur l'expropriation pour cause d'utilité publique, la législation de l'Algérie attribue, contrairement à la règle suivie en France, le règlement de l'indemnité d'expropriation au tribunal civil et non à un jury spécial (1).

Tous les moyens d'acquérir ou de transmettre, soit un droit réel, soit un droit personnel, toutes les causes d'extinction des obligations, reconnus par le Code, sont accessibles aux Français de l'Algérie. La loi algérienne organise même un mode particulier d'acquisition, qui n'a pas en France son similaire, à savoir les concessions de terres domaniales. Mais il n'est pas indifférent de noter que, pour quelques contrats, les règles de la loi métropolitaine éprouvent en Algérie une sensible déviation. Tel est notamment le cas du prêt à intérêt et du louage. A l'inverse de ce qui a lieu en France, le taux de l'intérêt conventionnel n'est pas limité en Algérie, et l'intérêt légal, qui atteignait d'abord 10 0/0, est fixé aujourd'hui à 6 0/0, en matière civile comme en matière commerciale (2). Au sujet du bail, nous signalerons la disposition de l'ordonnance du 10 août 1846 qui, par une dérogation expresse aux principes du Code civil, dispense de l'usage des lieux et fixe les délais pour donner congé lorsqu'il s'agit d'un bail fait sans écrit (3).

Ce n'est pas tout. En vue d'assurer la sincérité des conventions, la législation algérienne subordonne à certaines conditions de forme la validité des actes authentiques ou sous seing privé. Aux termes de l'ordonnance du 19 mai 1846, tout acte reçu par un notaire ou tout autre officier public de l'Algérie doit, si les parties ne parlent pas la même langue, être dressé en présence d'un interprète-traducteur, qui le signe comme témoin additionnel, le tout à peine de nullité. Sous la même sanction, un arrêté du 9 juin 1831 pose en règle que les conventions sous seing privé entre Européens et indigènes seront

(1) L. 16 juin 1851, art. 21, et Ordonnance du 1er octobre 1844, art. 24 à 79.
(2) Ordonnance du 7 décembre 1855 et L. 27 août 1881, art. 1er.
(3) La même ordonnance modifie également, en matière de bail, les articles 1744, 1747, 1748, 1752 et 1753 du Code civil.

rédigées dans la langue de chacun des contractants (1). Ces dérogations au droit commun se justifient par la nécessité de garantir la libre expression de la volonté des parties en cause et de les protéger contre les surprises que la confusion des langues pourrait leur réserver.

Il y aurait d'autres divergences à noter entre la loi de l'Algérie et le droit commun de la métropole. Mais ces développements, d'ailleurs sans grand intérêt, ne seraient guère à leur place dans une étude critique qui a pour but, non de commenter ou d'interpréter les dispositions propres au régime législatif de l'Algérie, mais de mettre en lumière la situation juridique des personnes, de dégager les conditions particulières auxquelles peut être subordonné, en Algérie, l'exercice des droits privés reconnus ou organisés par la loi française. Il suffira, croyons-nous, des explications précédentes, pour apprécier la différence qui, sous ce rapport, existe entre les Français de l'Algérie et nos nationaux du continent.

§ 2. — *Les étrangers.*

Nous arrivons à l'étude de la condition juridique des étrangers en Algérie, c'est-à-dire des personnes établies sur le territoire de notre colonie et qui ne sont françaises, ni par le résultat de la conquête, ni par l'effet de leur naissance ou d'une déclaration d'option formulée dans les conditions voulues par la loi générale.

En principe, les étrangers ne jouissent sur le territoire algérien des droits, soit de famille, soit patrimoniaux, que par exception et aux conditions fixées par notre Code civil. Mais, en Algérie, la mesure des droits concédés aux étrangers est plus large qu'en France. En vue d'activer en Algérie le développement de l'élément européen, le législateur a été conduit à accorder aux étrangers établis dans cette colonie un certain nombre de facultés ou d'avantages que notre droit commun refuse aux étrangers de la métropole. Nous aurons

(1) C. Alger, 2 février 1880, *Sir.*, 82.2, 65 ; Cass. req., et Sidi-bel-Abbès, 20 décembre 1892, *Pand. fr.*, 1893, II, 296.

même bientôt à nous demander si les privilèges qui, dans cet ordre d'idées, ont été accordés aux étrangers de l'Algérie ne vont pas au delà du but à atteindre et s'il n'eût pas été conforme aux exigences d'une bonne politique coloniale de laisser subsister une ligne de démarcation plus apparente entre les Français algériens et ces individus sans patrie (*heimatlosen*) qui, ne voyant dans la nationalité que les charges dont elle est la source, renoncent à leur nationalité d'origine et viennent se fixer en Algérie à perpétuelle demeure, sans cependant y acquérir le droit de cité.

Établissons un bref rapprochement entre l'étranger immigré en Algérie et celui qui réside sur le territoire de la France continentale.

En Algérie comme en France, l'étranger jouit de tous les droits privés qui, dérivant du droit naturel ou appartenant au droit des gens plutôt qu'au droit civil, ne sauraient être revendiqués par la France comme une création de sa loi nationale (1).

Ainsi, il est sans difficulté que l'étranger peut contracter mariage en Algérie, car c'est là un droit naturel, une faculté dépendant du droit des gens. Par voie de conséquence, il est habile à exercer les droits de famille dont son mariage est la source, la puissance maritale, le droit de garde et de correction des enfants, le droit de jouissance légale et les autres attributs de la puissance paternelle. De même, en cas de dissolution de son mariage, le père étranger peut réclamer la tutelle légale de son enfant mineur. D'une manière générale, et bien que cette solution soit contestée par nombre d'auteurs, nous estimons, avec M. Weiss (2), que tout parent étranger de l'enfant, puisant sa vocation dans les liens du sang, est capable d'être tuteur en Algérie et d'y siéger dans le conseil de famille d'un Français.

(1) Nous adoptons ici le système consacré par la jurisprudence et suivi par la plupart des auteurs (voir notamment AUBRY et RAU, I. p. 293). Mais nous devons faire remarquer que certains jurisconsultes, entre autres M. Weiss, formulent une théorie plus large et reconnaissent à l'étranger établi sur notre territoire tous les droits privés qui ne lui ont pas été expressément retirés par la loi (WEISS, *Traité élém. de dr. intern. privé*, p. 355).

(2) *Op., cit.* p. 361 ; conf. Cass., 16 février 1875, D. P. 76, 1, 49.

D'autre part, l'étranger peut prétendre, sur le sol algérien, à tous les droits patrimoniaux reconnus par la loi française. De même qu'il lui est permis d'y être propriétaire ou titulaire d'un droit réel quelconque, de même rien ne l'empêche d'y être créancier ou débiteur. Le droit d'être propriétaire et celui de contracter sont, en effet, des dépendances du droit naturel et, comme tels, doivent être accessibles à tous les hommes. Ainsi, il a la faculté d'acquérir en Algérie, par occupation, par accession ou par l'effet des conventions, toute espèce de biens, meubles ou immeubles, d'objets corporels ou incorporels. Il est également capable de recueillir le bénéfice d'un droit d'usage ou d'usufruit ; de stipuler ou de consentir, dans les limites tracées par notre Code, soit une servitude réelle, soit un droit d'hypothèque conventionnelle. Quelques auteurs, entre autres M. Weiss (1), vont même jusqu'à reconnaître, contrairement à l'opinion générale, à la femme et au mineur étrangers, le droit d'hypothèque légale. Enfin les habitants non français de l'Algérie peuvent y réclamer le bénéfice de la prescription acquisitive ; ils participent aussi, dans la mesure accordée aux étrangers de la métropole, au droit de recueillir ou de transmettre par voie de succession, de donation ou de legs. En un mot, les étrangers immigrés peuvent se prévaloir, en Algérie, de tous les droits, soit de famille, soit patrimoniaux, qu'ils seraient admis à réclamer sur le territoire français ; sous réserve, bien entendu, des restrictions ou prohibitions particulières qui limitent, dans notre colonie, l'exercice de ces droits, soit par l'effet des conflits de lois, soit en vertu d'une disposition expresse de la législation spéciale (2).

Jusqu'ici il y a égalité presque absolue de traitement entre l'étranger résidant en Algérie et celui qui habite la métropole.

---

(1) *Op. cit.*, p. 368. La jurisprudence et la doctrine s'accordent généralement à refuser l'hypothèque légale à la femme et aux mineurs étrangers, par le motif, selon nous très plausible, que cette faveur, cette mesure de protection a son fondement, non dans le droit naturel, mais uniquement dans la théorie spéciale de notre Code. (En ce sens, AUBRY et RAU, I, p. 304, note 62 ; GRENIER, *Des hyp.*, I, 246 ; Cass., 20 mai 1862, Sir., 62. 1. 673 ; Civ., 5 mars 1884.

(2) Ainsi, l'étranger est exclu en Algérie du bénéfice des concessions domaniales gratuites ; pas plus d'ailleurs que le Français, il ne peut acquérir les immeubles indigènes, en territoire de propriété collective, etc.

Mais où la différence commence, c'est lorsqu'on envisage la condition de l'étranger au point de vue des droits civils proprement dits, organisés au profit des seuls nationaux. On sait que les droits privés de cette catégorie sont, en principe, refusés aux étrangers ; ils ne leur appartiennent qu'autant que la concession leur en a été faite, soit par une convention internationale, soit par l'admission à domicile. Tout autre est, sous ce rapport, la situation des étrangers immigrés en Algérie ; par un privilège qu'expliquent les nécessités de la colonisation, ils sont de plein droit admis à invoquer sur le sol algérien quelques-uns de ces droits civils que la loi française dénie expressément à l'étranger et réserve aux seuls Français.

Ainsi, en France, l'étranger demandeur est tenu de fournir la caution *judicatum solvi*, pour garantir le paiement des frais et dommages-intérêts auxquels il pourra être condamné par le jugement à intervenir : il n'en est dispensé qu'en matière commerciale ou lorsqu'il possède sur notre territoire des immeubles corporels d'une valeur suffisante, ou bien encore lorsqu'il est admis à la jouissance des droits civils en France. D'autre part, dans les principes du droit commun, la faculté de requérir cette caution est un privilège réservé aux seuls nationaux français ; les étrangers ne peuvent l'invoquer que par exception, au cas où un traité diplomatique ou une admission à domicile leur permet de s'en prévaloir. En Algérie, au contraire, la simple résidence suffit, à elle seule, à affranchir l'étranger de la caution *judicatum solvi*, et lui donne le droit de l'exiger des étrangers non résidants (1).

D'autres avantages, non moins dignes de remarque, sont attachés au fait de la résidence des étrangers en Algérie. Tandis qu'en France l'étranger est privé du bénéfice de la cession de biens (2), en Algérie, il peut y être admis (3). Enfin, on verra tout à l'heure que le stage de domicile exigé par la loi métropolitaine pour la naturalisation de l'étranger est remplacé, en Algérie, par une simple condition de résidence. Aux

(1) Ordonnance du 16 avril 1843, art. 19.
(2) C. proc. civ., art. 905 ; C. civ., art. 1268 ; L. 22 juillet 1837.
(3) Ordonn. 16 avril 1843, art. 21.

termes de l'article 3 du sénatus-consulte du 14 juillet 1865, tout étranger peut, après trois années de résidence en Algérie, et sans être tenu de justifier d'une autorisation préalable d'y établir son domicile, être admis à jouir de tous les droits du citoyen français.

Indépendamment de ces privilèges de droit civil, les étrangers immigrés jouissent en Algérie, par le seul fait de leur résidence, de certaines faveurs particulières, par exemple de la faculté d'invoquer les immunités fiscales concédées par la loi du 10 décembre 1850 sur le mariage des indigents ; du droit de faire partie des chambres de commerce, de commander des navires portant le pavillon français. Ils ont même participé, jusqu'à ces derniers temps, à l'exercice de certains droits politiques : aux termes de l'ordonnance des 26 avril-1ᵉʳ mai 1854 et du décret du 27 octobre 1858, tout étranger ayant au moins deux années de résidence en Algérie, dont une dans la circonscription communale, pouvait être appelé à faire partie du conseil municipal et même du conseil général. C'est seulement en 1884, et en vertu de la loi générale du 5 avril de cette même année, que les étrangers de l'Algérie ont cessé de jouir de ce privilège exorbitant.

On le voit par ces explications, la situation des étrangers simplement résidant en Algérie est, sur nombre de points, meilleure que celle des étrangers résidant en France. Il ne s'ensuit pas cependant que ces étrangers soient entièrement assimilés aux nationaux français, sous le rapport du droit privé. Tout en adoucissant à l'égard de ces immigrés, qui nous apportent leurs bras et leurs capitaux, la rigueur de notre théorie générale, la législation algérienne n'est pas allée jusqu'à proclamer l'égalité du national et de l'étranger devant les droits privés dont la jouissance appartient en propre aux seuls Français. Elle a sans doute concédé aux étrangers de l'Algérie quelques-uns de ces droits, notamment, comme on vient de le voir, le bénéfice de la cession de biens et la faculté de plaider comme demandeurs sans être tenus de fournir la caution *judicatum solvi*. Mais, en dehors de ces exceptions, les étrangers résidant en Algérie retombent sous l'empire de la règle de droit commun qui exclut l'étranger non admis à domicile de l'exercice des facultés reconnues aux seuls nationaux. Si, par exemple, on considère l'adoption comme une institution civile, une création de notre droit national, il faudra décider par voie de conséquence, qu'en Algérie comme en France, l'étranger ne peut ni adopter, ni être adopté (1). De même encore, si, avec la majorité des auteurs (2), nous rangeons l'hypothèque légale de la femme mariée et du mineur dans le groupe des droits purement civils qui appartiennent en propre à notre droit, nous serons conduit par là même à refuser, en Algérie aussi bien qu'en France, ce droit d'hypothèque à la femme et au mineur étrangers. A plus forte raison, l'étranger algérien est-il incapable de gérer la tutelle d'une personne qui ne lui est pas unie par un lien de parenté, puisque, dans ce cas, la tutelle, loin de constituer un droit de famille, est une véritable charge publique, accessible au seul citoyen français.

Pour que l'étranger immigré en Algérie soit admis au bénéfice de tous les droits privés que la loi française réserve à nos nationaux, il faut, de deux choses l'une: ou bien que la jouissance de ces droits lui ait été concédée par un traité diplomatique, ou bien qu'il ait été autorisé par un décret du Chef de l'État à fixer son domicile en Algérie et qu'il y ait effectivement établi sa résidence, conformément à l'article 13 du Code civil.

Les effets de l'admission à domicile sont d'ailleurs les mêmes en Algérie et dans la métropole. Du jour où il est régulièrement autorisé à établir son domicile sur le sol de notre colonie, l'étranger peut se prévaloir, dans la sphère des droits privés, de toutes les facultés qui sont déniées à l'étranger simplement résidant. Ainsi, pour reprendre les exemples cités plus haut, rien ne s'opposera désormais à ce qu'il réclame le bénéfice de l'hypothèque légale; aucune contes-

(1) Conf. AUBRY et RAU, I. p. 304, note 61 ; MERLIN, *Quest. de dr.*, v° *Adoption*. § 2 ; Cass. civ., 5 août 1828, Sir., 28, 1, 353 ; req., 22 novembre 1825, Sir. 26, 1, 142 ; Civ., 7 juin 1826. Sir., 26, 1, 330. Mais cette solution rencontre des contradicteurs (WEISS. *op. cit.*, p. 363).

(2) Voir en ce sens, les autorités citées plus haut, p. 31, note 1.

tation ne pourra se produire au sujet de son droit d'adopter ou d'être adopté. Tous ces privilèges, dont la jurisprudence refuse à tort ou à raison l'exercice à l'étranger ordinaire, sont accessibles à l'étranger qui fixe son domicile en Algérie en vertu d'une autorisation spéciale du Gouvernement français.

Est-ce à dire que, par l'admission à domicile, toute différence soit effacée entre la condition juridique des étrangers immigrés en Algérie et celle de nos nationaux ? Non assurément. L'admission à domicile, ne l'oublions pas, ne communique pas à l'étranger la qualité de Français ; elle ne saurait, par conséquent, le relever de son incapacité politique. Après comme avant l'autorisation, il lui est interdit de voter et d'être élu, de remplir une fonction publique, notamment de gérer la tutelle ou de faire partie du conseil de famille d'un mineur ou d'un interdit qui ne lui est pas uni par un lien de parenté. Il faudrait même, suivant MM. Aubry et Rau, refuser à l'étranger admis à domicile le droit de prélèvement que l'article 2 de la loi du 14 juillet 1819 attribue à nos nationaux dans le cas de succession dévolue à des cohéritiers français et étrangers. Mais cette opinion nous semble excessive. Le droit de prélèvement ouvert par la loi de 1819 au profit de l'héritier français est un *droit civil* au sens propre du mot ; le bénéfice peut donc en être réclamé par l'étranger admis, par l'effet d'une autorisation de domicile, à la jouissance des droits civils (1).

Du moment où l'admission à domicile laisse à l'immigré sa qualité d'étranger, il s'ensuit que, pour ce qui touche son état et sa capacité, cet étranger continue à être régi, en Algérie, par sa loi nationale (2). Nous développons les conséquences de ce principe dans le chapitre où il est traité du conflit des lois.

Ajoutons que l'admission à domicile n'a, depuis la promulgation de la loi du 26 juin 1889 sur la nationalité, ni le caractère, ni les effets qui lui étaient assignés antérieurement. Sous

(1) En ce sens, WEISS, *op. cit.*, p. 409.
(2) AUBRY et RAU, I, p. 91, note 24 ; WEISS, *op. cit.*, p. 553 ; DEMOLOMBE, I, p. 428 ; DE FREMINVILLE, *De la minorité*, I, p. 11.

l'empire de l'ancien article 13 du Code civil, l'étranger domicilié sur notre territoire jouissait de tous les droits civils aussi longtemps qu'il continuait à y résider. Ce privilège n'allait pas sans inconvénients, puisqu'il favorisait les calculs de ceux qui veulent jouir des prérogatives attachées à la qualité de Français, sans en accepter les obligations. Les étrangers qui se trouvaient dans cette situation étaient, on le conçoit, peu disposés à solliciter une naturalisation qui leur apportait plus de charges que de profit. Il n'en est plus de même aujourd'hui. Les auteurs de la loi de 1889 ont pensé avec raison que l'admission à domicile ne doit être maintenue que comme le préliminaire de la naturalisation, et que le bénéfice de cette situation ne saurait indéfiniment profiter aux étrangers qui ne viennent en France que pour y faire fortune, avec le regret du pays natal et le désir d'y rapporter un jour le fruit de leur travail. En conséquence, la loi de 1889, solidarisant étroitement l'admission à domicile et la naturalisation, porte que l'effet de l'admission cesse de plein droit, si, dans un délai de cinq ans, l'étranger n'a pas formé sa demande en naturalisation ou si elle est rejetée.

Cette modification aux règles antérieures ne peut qu'exercer une heureuse influence sur la marche ascendante des naturalisations. Mais il est évident qu'en Algérie son action sera moins énergique qu'en France, puisque la simple résidence procure aux étrangers fixés dans notre colonie la plupart des avantages que l'admission à domicile entraîne au profit des étrangers de la métropole. Nous aurons à nous demander, dans la dernière partie de cet Essai, s'il ne serait pas à propos de renforcer, relativement à l'Algérie, l'efficacité de cette disposition restrictive de la loi de 1889, en subordonnant à une condition analogue le maintien des privilèges que la législation algérienne accorde, si généreusement, aux étrangers résidant sur le territoire algérien.

§ 3. — *Naturalisation des étrangers.*

Si, tout en favorisant le développement de la population européenne en Algérie, nous n'arrivions pas, à la longue, à absorber dans la nationalité française les colonies étrangères fixées sur notre sol, nous aurions peut-être acquis des droits à la reconnaissance du monde civilisé, mais, au point de vue français, notre œuvre serait illusoire et stérile. Que notre législation algérienne offre une prime d'encouragement à l'immigration étrangère, ce n'est pas nous qui songerons à nous en plaindre ; mais, en même temps qu'on dérive vers les territoires de notre colonie le trop plein de la population européenne, il importe d'aviser aux moyens nécessaires pour que la nationalité française ne soit pas débordée par l'élément étranger : il faut désagréger peu à peu ces groupes compacts, d'origine italienne et espagnole, qui se concentrent dans les départements d'Oran et de Constantine, perpétuant, sur notre sol, les traditions de leur patrie, et entretenant un état d'esprit plus ou moins hostile aux intérêts français. La loi civile peut contribuer indirectement à ce résultat si désirable par un double moyen : d'une part, en attribuant de plein droit la qualité de Français aux étrangers qui réunissent certaines conditions spécifiées ; d'autre part, en offrant à l'initiative des intéressés la faculté d'obtenir facilement le bénéfice de la naturalisation.

Au point de vue de la naturalisation des étrangers, l'Algérie se trouve encore aujourd'hui sous l'empire du sénatus-consulte du 14 juillet 1865 et des décrets réglementaires du 21 avril 1866 et du 24 octobre 1870. Cette législation spéciale n'a reçu aucune atteinte de la loi générale du 26 juin 1889 ; elle est toutefois complétée, sur certains points que nous signalerons tout à l'heure, par les dispositions de cette dernière loi.

Le régime institué en Algérie par le sénatus-consulte de 1865 a pour caractéristique d'atténuer sensiblement en faveur des étrangers les exigences de la loi métropolitaine, relativement aux conditions du stage préparatoire à la naturalisation. Les auteurs du sénatus-consulte se proposaient en effet un double objectif : récompenser les colons étrangers des services rendus par eux à la colonie et, par surcroît, assurer la prépondérance de l'élément français : « Ne sent-on pas, lit-on dans le rapport présenté au Sénat par M. Delangle, quel intérêt capital il y a d'empêcher que l'Algérie ne perde, à ce mélange d'étrangers, le caractère de la nationalité française, en transformant, et le plus vite qu'on pourra, en Français, les étrangers qui viendront se fixer en Afrique ? » De là les conditions particulièrement favorables faites par la législation algérienne aux étrangers qui réclament le bienfait de la naturalisation.

Tandis que, d'après le droit commun de la métropole, l'étranger ne peut être naturalisé qu'après avoir accompli en France, avec l'autorisation du Gouvernement, un stage de trois ans de domicile, ou à la condition de justifier d'une résidence non interrompue pendant dix ans, il lui suffit, en Algérie, de trois années de résidence pour être admis, indépendamment de toute autorisation préalable du Gouvernement, à jouir des droits du citoyen français.

Ce temps d'épreuve écoulé, l'étranger est recevable à solliciter la naturalisation. Il forme sa demande devant le maire ou le chef du bureau arabe de sa résidence ; il dépose à l'appui les documents propres à établir qu'il satisfait à la condition de séjour exigée par le sénatus-consulte et qu'il a vingt et un ans accomplis. Il justifie de cette dernière condition par un acte de naissance ou, à défaut, par un acte de notoriété dressé, sur l'attestation de quatre témoins, par le juge de paix de sa résidence. Le temps passé par l'étranger en Algérie sous les drapeaux est compté dans la durée de la résidence légale. Après une enquête locale sur la moralité et les antécédents du demandeur, la requête en naturalisation est transmise par le Gouverneur général au Garde des sceaux, sur le rapport duquel il est statué par décret rendu en Conseil d'État (1).

Notons que, depuis la mise en vigueur de la loi du 26 juin 1889, les étrangers de l'Algérie se trouvent assimilés à ceux de la métropole, au point de vue des circonstances susceptibles de

(1) Décr. 21 avril 1866, art. 12 et suiv. ; Décr. 24 octobre 1870, art. 1. — Voir sur la compétence du Chef de l'État pour l'octroi de la naturalisation, les explications données plus loin au sujet de la naturalisation des indigènes musulmans.

conduire à la naturalisation de faveur réservée aux étrangers en certains cas exceptionnels. En conséquence, la durée réglementaire du stage préalable à la naturalisation est réduite, en Algérie comme en France, à un an de domicile pour les colons étrangers, « s'ils ont rendu des services importants à la France, s'ils y ont apporté des talents distingués ou s'ils y ont introduit soit une industrie, soit des inventions utiles, ou s'ils ont créé soit des établissements industriels ou autres, soit des exploitations agricoles, ou s'ils ont été attachés, à un titre quelconque, au service militaire dans les colonies et les protectorats français (1) ». Le même privilège est acquis, après une année de domicile autorisé, à l'étranger qui a épousé une Française (2). Pour cette naturalisation de faveur et pour l'admission à domicile dont elle doit être précédée, il y a lieu de procéder dans les formes réglées par le décret du 13 août 1889, rendu en exécution de la loi générale sur la nationalité (3).

Par l'effet de sa naturalisation, le colon étranger devient apte à jouir des droits politiques comme des droits civils, et cela non seulement en Algérie, mais encore sur le territoire de la France continentale. Dans la sphère des droits privés, son assimilation au Français de naissance est complète. Il peut se prévaloir désormais de tous les droits civils reconnus aux Français, et c'est par la loi française que sera déterminée, à l'avenir, l'étendue de ces droits, car la naturalisation le soustrait à l'empire du statut personnel de son pays d'origine.

Au point de vue politique, l'étranger naturalisé est habile à toutes les fonctions publiques dont il était précédemment exclu; il peut prétendre aux concessions domaniales gratuites. L'électorat lui est également acquis. Mais a-t-il, dès la première heure, le droit de siéger dans nos assemblées législatives ? Doit-on, au contraire, lui appliquer la disposition de l'article 3 de la loi générale du 26 juin 1889 qui refuse en principe l'accès du Parlement aux étrangers naturalisés depuis moins de dix ans ? M. Weiss (4) enseigne que la restriction

---

(1 et 2) Art. 1. Loi du 26 juin 1889.
(3) WEISS, *Traité théorique et prat. de droit internat. privé*, p. 410.
(4) *Op. cit.*, p. 411.

formulée à cet égard par la loi de 1889 ne saurait atteindre les étrangers naturalisés en Algérie, attendu que la naturalisation obtenue en exécution de la loi algérienne emporte avec elle, d'après les termes mêmes du sénatus-consulte de 1865, la jouissance de « tous les droits du citoyen français » et, par conséquent, l'éligibilité législative. Mais, sans contester la valeur du motif invoqué par le savant jurisconsulte, on peut se demander s'il est bien conforme à l'esprit de la loi de 1889 de distinguer, quant aux effets de la naturalisation, entre les étrangers de l'Algérie et ceux de la métropole. Nous en doutons pour notre part. Il y aurait grave imprudence à concéder à des nationaux de fraîche date, dont le temps n'a pas encore éprouvé le patriotisme, le droit de représenter au Parlement nos départements algériens. Les raisons de prévoyance qui ont conduit le législateur de 1889 à exclure temporairement l'étranger naturalisé de l'éligibilité législative s'imposent plus impérieusement encore pour l'Algérie que pour la France continentale, puisque, dans notre colonie africaine, la race française ne se défend contre la prépondérance de l'élément étranger que très péniblement et grâce à l'appoint des Français de religion israélite.

Nous estimons pareillement que les règles introduites par la loi métropolitaine du 26 juin 1889 (1), relativement à la dispense de stage accordée à la femme et aux enfants majeurs de l'étranger naturalisé, doivent recevoir leur application en Algérie, car elles ne contrarient en rien les principes du sénatus-consulte de 1865 (2).

Tel est à grands traits, et sans qu'il soit besoin d'y insister, l'état actuel de la législation algérienne, en ce qui concerne la naturalisation des étrangers immigrés en Algérie. On ne peut nier qu'au premier aspect ses prescriptions semblent très heureusement combinées en vue du but à atteindre : l'abréviation du stage de résidence, la dispense de l'autorisation préalable du Gouvernement, la simplification de la procédure

____

(1) Nouvel article 12 du Code civil.
(2) En ce sens, LE SUEUR et DREYFUS, *La nationalité*, p. 259 ; WEISS, *op. cit.*, p. 411.

et la réduction des droits de sceau (1), l'extension aux étrangers qui créent en Algérie des établissements agricoles ou industriels de la naturalisation privilégiée dont ils étaient précédemment exclus, la dispense de stage concédée à la femme et aux enfants majeurs de l'étranger naturalisé, toutes ces dispositions, les unes spéciales à l'Algérie, les autres résultant de la loi métropolitaine, créent une situation exceptionnellement favorable à l'étranger qui arrive dans notre colonie avec le désir de s'y fixer à perpétuelle demeure et d'y réclamer le bienfait de la naturalisation. Le législateur pouvait penser, avec apparence de raison, qu'elles offriraient une véritable prime à l'immigration européenne et qu'elles favoriseraient l'accession définitive des colons étrangers à notre nationalité.

Malheureusement, il s'en faut que les statistiques confirment ces prévisions. Malgré toutes les facilités mises à leur portée, les étrangers de l'Algérie se montrent peu empressés à abdiquer leur patrie d'origine. Jusqu'à ce jour, la naturalisation des colons algériens n'a fait que des progrès très lents. Ainsi que le constatait récemment M. Burdeau (2), la moyenne annuelle, après avoir été, entre 1865 et 1877, de 274 naturalisations, est arrivée successivement en 1877-1881, à 519; puis, de 1882-1886, à 746. A partir de 1887 et jusqu'en 1889, elle s'est élevée à 1862. Certes, nous espérons avec M. Burdeau que ce mouvement s'accentuera dans l'avenir; mais ce n'est là qu'une conjecture et, quant à présent, un fait reste acquis, c'est qu'en vingt-sept ans, de 1865 à 1892, il y a eu à peine 20.000 naturalisations, soit en moyenne, 740 par an, résultat minime pour une population de 233.000 étrangers.

On a cherché à expliquer ce faible développement de la la naturalisation en Algérie par une loi démographique. Plus un groupe de population est dense, plus les naturalisations sont rares. Or, les colons italiens et espagnols, qui sont les principaux facteurs du peuplement européen dans les dépar-

(1) Ce droit, qui est de 120 francs pour la métropole, est abaissé à 1 franc pour l'Algérie (art. 20, D. 21 avril 1866).
(2) *Op. cit.*, p. 30.

tements d'Oran et de Constantine, forment deux groupes d'une grande cohésion. Ces colonies d'étrangers, unies par la communauté de la race et de la langue, attirent vers elles et retiennent les nouveaux venus, qui y retrouvent les mœurs et les traditions de la patrie absente. Plus d'un immigrant qui aurait intérêt à se faire naturaliser en est empêché par crainte d'encourir la réprobation de ses compatriotes et se fait un point d'honneur de ne point paraître déserter sa nationalité d'origine.

Sans nous inscrire en faux contre cette explication, nous croyons que l'insuccès de la naturalisation en Algérie tient avant tout à ce que les étrangers jouissent, dans cette colonie comme en France, et même à un plus haut degré qu'en France, de presque tous les droits civils, par le seul fait de leur résidence sur notre territoire. Ainsi que nous venons de l'établir, les inégalités qui subsistent, quant aux droits civils, entre le Français et le colon étranger, ne sont ni assez nombreuses, ni assez profondes, pour apporter un trouble sérieux dans les relations courantes de la vie civile. Loin de constituer, comme le déclarait emphatiquement le rapporteur du sénatus-consulte de 1865, « une prime et un attrait puissant pour les étrangers », l'acquisition de la nationalité française entraîne, aux yeux du plus grand nombre, moins d'avantages que de charges. En s'abstenant, l'étranger échappe au service militaire ; tout en vivant sous la sauvegarde de nos lois, il se réserve de réclamer, le cas échéant, la protection diplomatique de son pays. En dernière analyse, le bénéfice le plus marqué qu'un étranger puisse retirer de son accession à la nationalité française est de pouvoir participer aux concessions domaniales gratuites. Encore est-il que, dans l'état de la législation existante, les étrangers sont admis, concurremment avec les Français aux adjudications des terres de colonisation.

De bons esprits ont pensé que le meilleur moyen d'accélérer le mouvement de la naturalisation serait de simplifier la procédure et de réduire, sinon de supprimer le stage de résidence. Mais une telle réforme serait à la fois dangereuse et inefficace :

dangereuse, car le stage préalable est une précaution des plus sages, que le double intérêt de l'immigrant et de sa patrie adoptive commande de maintenir ; inefficace, puisque l'indifférence que les étrangers témoignent à l'égard de la nationalité française s'explique, non par les difficultés et les lenteurs administratives de la procédure, mais bien par le peu d'intérêt qu'offre, en général, à l'immigrant l'acquisition de la qualité de Français.

Pour subvenir à l'impuissance des lois relatives à la naturalisation, pour désagréger progressivement et annexer à la nationalité française les groupes étrangers qui conservent sur notre sol leur langue et leurs traditions nationales, le moyen le plus sûr est d'user de contrainte, d'attribuer de plein droit la qualité de Français, avec ses privilèges et ses charges, à ceux qui se trouvent dans des conditions déterminées.

La loi métropolitaine du 16 décembre 1874 avait consacré une première application de cette idée en décidant, par dérogation à la doctrine du *jus sanguinis*, que la naissance sur notre territoire serait, au bout de deux générations, attributive de la qualité de Français. Les auteurs de cette loi considéraient avec juste raison que le fait de cette double naissance sur le sol français n'est point accidentel et permet de présumer, de la part de l'étranger, l'abdication de sa patrie d'origine. Ils n'allaient pas toutefois jusqu'à conférer à la nationalité ainsi obtenue un caractère irrévocable ; ils réservaient aux individus atteints par la nouvelle mesure la faculté de faire une déclaration d'extranéité et de répudier le bienfait de la loi française. Quoi qu'il en soit, l'essai de cette réforme fut à peu près infructueux en Algérie. La raison en est que les jeunes gens visés par la loi de 1874 avaient dû naître vers 1850, c'est-à-dire à une époque où il n'y avait encore en Algérie qu'un nombre infime d'étrangers nés eux-mêmes dans cette colonie (1). Dans ces conditions, il aurait fallu attendre de longues années avant que l'expérience inaugurée par le

(1) Ce nombre était de 2.216. *Tableau de la situation des États français en Algérie*, 1846-1849, p. 88 et suiv.

législateur de 1874 pût produire en Algérie des résultats appréciables.

Ces inconvénients ont aujourd'hui disparu. La loi sur la nationalité du 26 juin 1889, qui, à ce point de vue, régit l'Algérie comme la métropole, a en effet renforcé considérablement le système de la loi de 1874. Elle prévoit trois cas principaux : celui de l'individu né en France d'un étranger qui lui-même y est né ; celui de l'enfant né sur notre territoire d'un étranger qui n'y est pas né lui-même, lorsqu'il est domicilié en France à l'époque de sa majorité ; enfin, le cas de l'enfant né en France d'un étranger qui n'y est pas né lui-même, lorsqu'il a conservé son domicile en pays étranger, au jour où il devient majeur. Le premier, elle le déclare Français de droit (1), sans qu'il puisse, sous aucun prétexte, décliner sa nationalité ; et le second, Français aussi, mais avec la faculté de renoncer à cette qualité, en prouvant qu'il a conservé sa nationalité d'origine. Quant à l'individu né en France d'un étranger qui n'y est pas né lui-même, et domicilié à l'étranger lors de sa majorité, il peut devenir Français, sans avoir recours à la naturalisation, par voie de déclaration acquisitive ; il devient également Français, si, ayant été porté sur le tableau de recensement, il prend part aux opérations de recrutement, par exemple au tirage au sort, sans opposer son extranéité.

Comme on le voit par ce bref exposé, la loi du 26 juin 1889 a donné une notable extension à la doctrine du *jus soli*, d'une part, en retirant aux individus nés en France d'un père qui lui-même y est né la faculté d'option que respectait la législation antérieure ; d'autre part, en appliquant, dès la première génération, le système de la loi de 1874. La première de ces réformes a soulevé des objections d'ordre théo-

(1) D'après la jurisprudence qui avait prévalu, pour que le bénéfice de la nationalité française fût acquis de droit à l'enfant d'étrangers né en France, il n'était pas nécessaire que le père et la mère y fussent nés l'un et l'autre ; il suffisait que, soit le père, soit la mère, remplît cette condition (Cass. req. 7 décembre 1891, D. P. 92, 1, 87). Mais une loi du 22 juillet 1893 a modifié cette règle. Aux termes de l'article 1er de cette loi, tout individu né en France de parents étrangers dont l'un y est lui-même né, a la faculté, si c'est la mère qui est née en France, de décliner dans l'année qui suivra sa majorité la qualité de Français (*J. off.*, 23 juillet 1893, p. 3765).

rique : réputer Français, même sans son consentement, tout individu né sur notre territoire d'un père qui lui-même y est né, n'est-ce pas violer le principe de droit international suivant lequel la nationalité ne s'impose pas? Mais on peut répondre, avec M. Weiss, que l'État est maître chez lui, qu'il « a le droit incontestable de fixer, par une loi, les règles qu'il entend appliquer à l'acquisition et à la perte de la nationalité » (1). Quant à la disposition de la loi de 1889 qui attribue la qualité de Français à l'enfant d'étrangers né et domicilié en France, à moins d'une option formelle pour la nationalité de ses parents, elle échappe à toute critique et réalise une réforme réclamée depuis plusieurs années pour l'Algérie. Un jurisconsulte d'un rare mérite, M. le professeur Alfred Dain, attachait de grandes espérances à l'adoption de cette mesure dont il avait été l'un des plus ardents promoteurs. Il n'est pas téméraire de penser avec lui que cette extension du *jus soli*, combinée avec les autres dispositions de la loi de 1889 qui admettent l'étranger à acquérir, dans certains cas, la qualité de Français par voie de simple déclaration, exercera une heureuse influence sur l'accroissement de l'élément français.

Nous n'avons pas encore l'éloignement nécessaire pour apprécier par leurs résultats les réformes inaugurées par la loi de 1889 ; mais on peut, d'ores et déjà, entrevoir les conséquences de cette loi, en considérant que les étrangers nés en Algérie sont, d'après les évaluations officielles, au nombre de 100,000, et que les enfants de ces étrangers, nés eux-mêmes sur le territoire algérien, deviennent Français *ipso jure*, par l'effet de la loi nouvelle. C'est par là, plutôt que par l'afflux des colons français, que s'explique l'excédent de 81,000 unités que la population française présentait, au 1er janvier 1892, comparativement au groupe étranger. La progression ne fera que croître selon toute vraisemblance et l'on peut, sans parti pris d'optimisme, dire avec M. Burdeau « que bientôt tous les enfants d'étrangers augmenteront la population de noms français » (2).

(1) *Op. cit.*, p. 10.
(2) *Op. cit.*, p. 50.

Peut-être objectera-t-on que le système de la loi de 1889, excellent en théorie, nous expose en fait au danger de créer une nationalité artificielle algérienne, n'ayant de français que le nom. C'est la remarque qui avait été faite, lors de la discussion du budget de 1887, par M. Étienne, dans son rapport sur le Gouvernement général de l'Algérie : « La naturalisation par l'obligation de la loi serait, disait-il, une mesure dont nous aurions à redouter, à bref délai, les funestes effets. » Et, prenant pour exemple le département d'Oran, où l'immigration espagnole déborde l'élément français, le rapporteur ajoutait : « Pensez-vous que ces nouveaux venus auraient nos sentiments, nos aspirations, nos affections, l'amour de la patrie ? En contact tous les jours avec leurs coreligionnaires, ils conserveraient leurs mœurs, leurs tendances, leurs goûts, leurs espérances ; ils accepteraient d'être Français dans un seul but, profiter de leur nombre pour s'emparer de toutes les administrations communales et préparer moralement l'annexion du département d'Oran à l'Espagne, ce qui est dans l'esprit de beaucoup d'Espagnols » (1).

Nous croyons que les craintes exprimées à ce sujet par M. Étienne sont excessives. Elles seraient fondées jusqu'à un certain point, s'il s'agissait de décréter la naturalisation en masse de tous les étrangers qui vivent sur le territoire algérien. Mais telle n'est pas la portée de la loi de 1889. Ainsi qu'on vient de le voir, cette loi n'impose pas la nationalité française aux étrangers nouveaux venus dans notre colonie, elle n'atteint que leurs enfants nés eux-mêmes sur notre territoire et, dans ces conditions, son action, quelque marquée qu'elle puisse être, ne s'exercera que progressivement, par étapes successives. Pour nous servir de l'heureuse expression de M. Dain, « c'est par une sorte d'alluvion insensible que chaque année, au moment du tirage au sort, l'élément français s'augmentera de ces couches nouvelles ».

(1) P. 11.

CHAPITRE II

Les indigènes israélites.

Un décret du 24 octobre 1870 a conféré aux 35.000 Israélites indigènes de l'Algérie la qualité de citoyens français. Leur statut personnel et réel se trouve donc aujourd'hui réglé par la loi française. Mais, bien que l'accession des Juifs algériens à la nationalité française soit un fait accompli et diminue l'intérêt des controverses qui s'élevaient autrefois en ce qui concerne la condition juridique des Israélites natifs de l'Algérie, il nous paraît essentiel de jeter un coup d'œil sur le passé et de caractériser brièvement les diverses phases du travail législatif dont le décret de 1870 constitue pour ainsi dire le couronnement.

A ce point de vue, on peut noter trois périodes distinctes : la première, comprise entre la Capitulation et le sénatus-consulte du 14 juillet 1865 sur la naturalisation ; la seconde, qui commence au sénatus-consulte de 1865 pour finir au décret du 24 octobre 1870 ; enfin la troisième qui s'ouvre par le décret de 1870 et dans laquelle nous nous trouvons actuellement.

§ 1ᵉʳ. — *Période antérieure au sénatus-consulte du 14 juillet 1865.*

Antérieurement au sénatus-consulte de 1865, la question de savoir si les indigènes israélites avaient, depuis la conquête, conservé le privilège de la loi mosaïque, pouvait paraître douteuse. Aucun texte législatif ne fixait, en effet, leur condition juridique, en termes précis et catégoriques. Il est vrai qu'après avoir garanti le libre exercice de la religion musulmane, la Capitulation du 5 juillet 1830 ajoutait que la liberté des « habitants de toute classe », leur religion, leurs propriétés, leur commerce et leur industrie ne recevraient aucune atteinte. Mais il était permis de se demander si cette stipulation, malgré l'apparente généralité de sa formule, n'était pas le corollaire et le développement du paragraphe auquel elle faisait suite et dans lequel il n'était question que des Musulmans et de l'exercice de leur religion.

Quoi qu'il en soit, cette interprétation restrictive ne fut pas retenue par la jurisprudence. La Cour d'Alger et, après elle, la Cour de cassation décidèrent, à plusieurs reprises, que les termes de la Capitulation repoussaient toute distinction entre les divers éléments de la population indigène et que, par conséquent, les Israélites de l'Algérie, bien que devenus sujets français, n'en avaient pas moins conservé leur culte, leurs lois et leurs coutumes (1). Or, pour les Israélites, comme pour les Musulmans, la religion et la loi se trouvent réunies par un lien intime ; toutes deux elles se renferment en un seul livre, la Bible. D'où il suit que, sauf les mesures générales d'ordre et de police auxquelles ils devaient obéissance, les Juifs indigènes restaient sous l'empire du droit mosaïque et des coutumes propres à chaque secte ou communauté (2).

Cette interprétation libérale, qui se justifiait par des raisons d'équité et de loyauté politique, trouvait d'ailleurs un point d'appui sérieux dans les actes législatifs intervenus en grand nombre, depuis la conquête jusqu'au sénatus-consulte de 1865, pour conserver aux indigènes, sans distinction de races, leurs coutumes traditionnelles, tout en leur ouvrant l'accès de notre droit.

C'est ainsi que l'arrêté du 22 octobre 1830 déclarait que les causes entre Israélites, tant au civil qu'au criminel, seraient portées devant un tribunal de trois rabbins, qui jugeraient,

(1) Voir notamment, C. d'Alger, 24 février 1862 et Cass., 15 février 1864 ; Cass., 29 mai 1865; ROBE, 65, p. 214, Sir., 65, 1, 378; — conf. Alger, 23 janvier 1855, Sir., 55, 2, 546.

(2) Parmi les plus importantes des coutumes juives, il suffira de citer la coutume d'Alger, celle d'Oran, et la coutume de Castille, importée en Algérie par les communautés marocaines jadis expulsées de l'Espagne.

souverainement et sans appel, d'après les règles et suivant les formes instituées par la loi mosaïque (1).

Les tribunaux rabbiniques n'eurent qu'une existence transitoire : les ordonnances du 28 février 1841 et du 26 septembre 1842 retirèrent aux ministres du culte israélite toute juridiction sur leurs coreligionnaires et déclarèrent ceux-ci exclusivement justiciables des tribunaux français (2). Mais, en même temps que la justice française se voyait investie, à l'égard des Israélites, de la plénitude de juridiction, il lui était enjoint de demander l'avis écrit des rabbins dans toutes les contestations relatives à l'état civil, aux mariages et aux répudiations entre Israélites (3). Que conclure de cette prescription, sinon que, dans l'esprit des ordonnances de 1841 et de 1842, les Israélites, bien que justiciables désormais des tribunaux français, devaient être jugés d'après les règles du droit rabbinique ?

Cette induction était, au surplus, corroborée par les dispositions de l'article 31 de l'ordonnance du 10 août 1834 et de l'article 37 de l'ordonnance de 1842, portant que les indigènes « sont présumés avoir contracté entre eux suivant la loi du pays, à moins qu'il n'y ait convention contraire », et que « les contestations entre indigènes relatives à l'état civil seront jugées conformément à la loi religieuse des parties ». Ce texte est général ; il n'établit aucune distinction entre Musulmans et Israélites. On pouvait dès lors en inférer que les deux races participaient au même traitement de faveur et conservaient l'une et l'autre leur autonomie législative.

La jurisprudence n'allait donc pas au delà de son pouvoir d'interprétation en permettant aux Israélites d'invoquer la loi mosaïque dans les contestations relatives à l'exercice de leurs droits privés. Suivant la juste expression de M. Weiss, « la France donnait par là la mesure de l'esprit de conciliation et de tolérance qui préside à sa politique coloniale (4) ». Mais

(1) Art. 2.
(2) Art. 32.
(3) Art. 40.
(4) *Traité théorique et prat. de droit international privé*, 1, p. 382.

l'application de la règle posée à cet égard (1) par les arrêts de la Cour d'Alger souleva dès le début une difficulté particulièrement délicate. On eut à se demander si les Israélites algériens avaient la faculté de renoncer au privilège de leur statut personnel pour se soumettre à la loi française, ou si, au contraire, la naturalisation était la seule voie qui leur fût offerte pour s'affranchir du statut mosaïque.

C'est surtout à propos des mariages israélites que la question fut vivement débattue. On sait qu'en droit mosaïque le mariage n'est assujetti à aucune forme sacramentelle : c'est un contrat purement consensuel, dont la preuve résulte soit d'un acte dressé par le rabbin, soit d'un écrit sous seing privé, soit de déclarations de témoins, soit même de la remise et de l'acceptation d'un symbole d'alliance (2). Toutefois l'usage tendait à prévaloir, parmi les Israélites des principales villes de l'Algérie, de contracter mariage devant l'officier de l'état civil français. Du reste, l'intervention de l'autorité française dans les mariages juifs n'était prescrite par aucune des lois ou ordonnances de la colonie ; il n'y avait là qu'une mesure d'ordre, recommandée simplement par une circulaire du pro-

(1) Il n'est pas besoin d'insister sur les conséquences de cette règle : il en résulte que, antérieurement au décret du 24 octobre 1870, les indigènes israélites sont restés sous l'empire du droit mosaïque pour les questions d'état et de capacité (C. Alger, 2 juillet 1870, Robe, 70, 235) ainsi que pour le mariage et les rapports de famille dont il est la source. Ainsi, pendant cette période, il était permis à l'Israélite algérien de prendre, conformément au droit de Moïse, plusieurs femmes légitimes. Le mariage conservait son caractère de contrat purement consensuel, susceptible d'être prouvé, non seulement par un acte du rabbin ou par un écrit sous seing privé, mais encore par des déclarations de témoins ou même par la remise d'un symbole d'alliance (Alger, 22 mai 1865, Robe. 65, 38, § 3). L'union conjugale pouvait être rompue par voie de répudiation ; elle était soumise obligatoirement au régime dotal, à l'exclusion de la communauté. Les règles de la tutelle, la capacité de tester et les formes du testament demeuraient également sous l'autorité de la loi mosaïque (C. Alger, 25 novembre 1861, Robe. 61, 314 ; Cass. civ., 29 mai 1865, Sir.. 65, 1, 378). Les Israélites algériens étaient même admis, avant le revirement de jurisprudence provoqué par le sénatus-consulte de 1865 (voir § suivant), à réclamer le bénéfice de leurs lois successorales. Enfin, on verra, dans la deuxième partie de cette Étude, que le statut mosaïque en matière immobilière est resté debout jusqu'à la loi du 16 juin 1851 (art. 16).

(2) Les cérémonies religieuses qui entourent le mariage juif ne sont que des faits accessoires au mariage, dont les éléments essentiels et constitutifs sont : 1° la constitution dotale ; 2° la prise de possession qui suit la dernière bénédiction. Notons que, d'après la loi de Moïse, l'homme a le droit de prendre plusieurs femmes légitimes.

cureur général de la Cour d'Alger publiée en 1843 dans les synagogues, et dont la principale, sinon l'unique destination, était d'assurer avec plus de certitude l'état civil des indigènes. Or, étant donné le caractère réglementaire de cette formalité, ne devait-on pas en conclure que son accomplissement ne pouvait altérer ni le caractère, ni les effets du mariage entre Israélites ? Est-il admissible que les futurs époux abdiquent les droits qu'ils tiennent de leur nationalité ou qui leur sont concédés par les traités, par le seul fait de comparaître devant l'officier de l'état civil français, pour donner à leur union une constatation plus certaine ? Du moment où il ne s'agit que d'une mesure de police, ne serait-ce pas en exagérer la portée et en dénaturer le sens, que de la considérer comme impliquant de la part des intéressés renonciation à l'un des points essentiels de leur statut civil ?

Telle est, en effet, la solution qui prévalut devant la Cour d'appel d'Alger. Dans toutes les circonstances où elle fut appelée à se prononcer sur la question, la Cour d'Alger décida que, l'état civil des personnes tenant à l'ordre public, les Israélites indigènes ne pouvaient, par leur seule volonté, se soustraire à l'empire de leur statut personnel, ni se conférer à eux-mêmes une partie des bénéfices procédant de la naturalisation, sans être soumis en même temps aux devoirs qui y sont attachés ; qu'au surplus, à supposer que la renonciation à la loi mosaïque pût intervenir dans toute espèce de contrat, on ne saurait voir dans le fait du mariage devant l'officier de l'état civil français la preuve ni même la présomption d'une renonciation ayant pour effet de modifier profondément les conditions et les résultats du mariage, de le rendre indissoluble, d'altérer gravement les droits et les obligations des époux (1).

Mais l'opinion inverse fut consacrée à plusieurs reprises par la Cour de cassation. Partant de ce principe que les Israélites, même non-naturalisés, étaient sujets français, la Cour suprême

(1) C. Alger, 16 novembre 1858, Sir., 59, 2, 509; 19 janvier 1860, Sir., 60, 2, 857 ; 17 juin 1855, D. Rép. 827 ; 26 juillet 1860, Robe, 60, p. 181 ; Sir., 60, 2, 265.

reconnut que ces indigènes, loin d'être enchaînés à leur statut personnel, pouvaient, à l'occasion de tout contrat de la loi civile, réclamer le bénéfice du droit commun français. Or, ajoutent les arrêts de la Cour, la comparution devant l'officier de l'état civil français à l'effet d'être unis en mariage au nom de la loi française constitue de la part des Israélites la réalisation de l'option qui leur était laissée. Par conséquent, le mariage ainsi célébré sous l'empire de la loi française entraîne nécessairement pour les intéressés toutes les conséquences que le droit français y attache, soit au point de vue des droits civils et de la constitution de la famille, soit au point de vue du régime matrimonial.

Cette doctrine de la Cour suprême, qui a son expression la plus récente dans un arrêt de la Chambre des requêtes du 6 juin 1883 (1), serait sujette à critique, si on pouvait l'apprécier d'après les règles ordinaires du droit international privé. C'est, en effet, un principe de droit commun, que nul n'est admis à modifier son état et sa capacité, en se soumettant contractuellement à une loi étrangère (2). Mais l'autorité de cette maxime ne saurait être utilement invoquée à propos de la situation qui nous occupe. Même antérieurement au décret de 1870, les indigènes israélites de l'Algérie étaient sinon Français dans la pleine acception de ce mot, tout au moins sujets français. Rien donc de plus inexact que de les assimiler à des étrangers quant à leur statut personnel. Si les Juifs algériens conservaient le bénéfice de la loi mosaïque, ce n'était point en vertu de leur nationalité et de la souveraineté de leur loi personnelle, mais par l'effet d'une concession expresse du vainqueur. Or, du moment où le maintien du statut mosaïque au profit des Israélites de l'Algérie constituait une exception, on ne voit pas au nom de quel principe ces indigènes auraient été privés de la faculté de sortir de l'exception pour rentrer dans la règle et opter pour la loi française. Une faveur ne s'impose pas.

(1) Sir., 84, 1, 99. — Conf. Cass., 15 avril 1862, Sir., 62, 1, 577 ; — Civ., 29 mai 1865, Sir., 65, 1, 378 ; 15 février 1864, Sir., 64, 1, 13 ; 5 janvier 1876, Sir., 76, 1, 308. — Comp. Cass., 18 juillet 1892. Sir., 92, 1, 407.
(2) AUBRY et RAU. T. 1, § 31, p. 93, note 28.

Nous n'insisterons pas autrement sur cette controverse. Elle n'offre plus aujourd'hui qu'un intérêt rétrospectif, puisque la Cour d'Alger a fini par se rallier à la jurisprudence de la Cour suprême (1), et, puisque, d'autre part, le décret du 24 octobre 1870 est venu, depuis lors, conférer à tous les Israélites indigènes de l'Algérie la qualité de citoyens français, avec tous les droits civils et politiques qui s'y rattachent. Il suffira d'ajouter ici que le droit d'option reconnu aux Juifs algériens par la Cour de cassation se limitait, dans ses effets, au contrat ou au fait juridique à l'occasion duquel cette option avait été formulée. Ainsi, lorsqu'un indigène se mariait devant l'officier de l'état civil français, l'option qui résultait de ce fait entraînait l'application exclusive de la loi française pour les conditions de validité de l'union, l'autorité maritale, la puissance paternelle et les autres relations de famille dont le mariage est la source. C'était encore de la loi française que relevaient les causes susceptibles de relâcher ou de rompre le lien conjugal, les obligations alimentaires, l'usufruit légal, et même le régime matrimonial des époux (2). Mais l'autorité du statut français ne s'étendait qu'aux conséquences du mariage ; elle n'allait pas au delà.

C'est seulement par l'effet de la naturalisation qu'il était permis aux Israélites indigènes de se ranger d'une façon absolue et générale sous l'empire de la loi territoriale, en ajoutant à leur titre de sujets français la qualité de citoyens.

Il était d'une bonne politique coloniale de se départir, en faveur des indigènes algériens, de quelques-unes des exigences formalistes qui constituent, sur le territoire de la métropole, la procédure de la naturalisation. Tel fut principalement le but du sénatus-consulte du 14 juillet 1865.

Nous allons analyser cet acte législatif. Faisons remarquer, dès maintenant, que les règles qui en résultent ont été communes aux Israélites et aux Musulmans, jusqu'au décret du 24 octobre 1870.

---

(1) C. Alger, 29 décembre 1885, ROBE, 86, 73 ; 1er février 1888, *Revue algérienne de jurispr.*, 88, 2, 284.

(2) Cass. req. 5 janvier 1876, Sir., 76. 1, 308.

§ 2. — *Sénatus-consulte du 14 juillet 1865.*

A la veille du sénatus-consulte de 1865, la question de savoir si la qualité de Français pouvait être revendiquée ou non par l'indigène algérien ne laissait pas que d'être discutée. Un Israélite, ayant sollicité son inscription au tableau de l'ordre des avocats d'Alger, se vit opposer, par le Conseil de l'ordre, une fin de non-recevoir tirée de ce qu'il n'avait pas la nationalité française. Mais cette doctrine fut condamnée par la Cour régulatrice. Un arrêt du 15 février 1864 posa en principe que, par le fait même de la conquête de l'Algérie, les Israélites indigènes étaient devenus sujets français (1).

Consacrant expressément la distinction ainsi établie par la jurisprudence entre le titre de Français et celui de citoyen français, le sénatus-consulte du 14 juillet 1865 décida que la première de ces qualités appartenait de droit aux indigènes Israélites, tandis que la seconde ne leur serait acquise que par l'effet de la naturalisation (2). La solution adoptée sur ce point par le législateur entraînait, au point de vue de la condition des personnes, des conséquences que le sénatus-consulte prend soin, lui-même, de déterminer. S'agit-il d'un Juif simplement français, le sénatus-consulte déclare qu'il restera sous l'autorité de son statut personnel, qui est la loi mosaïque. S'agit-il, au contraire, d'un Israélite devenu citoyen français, le législateur le soumet à toutes les lois civiles et politiques de la métropole. L'acceptation de la qualité de citoyen français emporte directement l'abdication la plus formelle des coutumes qui, jusqu'à sa naturalisation, ont formé son statut personnel. Une fois naturalisé, l'indigène n'est plus juif qu'au point de vue religieux.

Somme toute, le sénatus-consulte de 1865 ne formulait aucun principe nouveau. Sous l'empire de cet acte législatif comme sous le régime antérieur, la règle générale est que les Juifs algériens, tout en ayant la qualité de sujets français et en

(1) Sir., 64, 1, 113; D. P. 64, 1, 67.
(2) Art. 2.

bénéficiant, comme tels, de certaines prérogatives, restent néanmoins en possession de leur statut personnel, tel qu'il est réglé par la loi mosaïque. Le sénatus-consulte ne touche à ce statut que de leur consentement, laissant à leur initiative le soin de le changer par la voie de la naturalisation.

On pouvait penser que le sénatus-consulte de 1865, en dégageant de toute controverse le principe, jusque-là discuté, du statut personnel des indigènes, fermerait l'ère des contestations. Cette espérance fut déçue. Tout d'abord, le sénatus-consulte ne fournissait aucun élément nouveau pour la solution du débat qui, nous l'avons vu, divisait la jurisprudence quant au droit d'option des Israélites simplement français pour l'application de la loi française. La seule comparution des futurs époux devant l'officier de l'état civil français impliquait-elle, de leur part, renonciation au droit mosaïque et option pour le droit commun de la métropole ? La question resta controversée après comme avant le sénatus-consulte de 1865, et, récemment encore, la Chambre des requêtes de la Cour de cassation a été appelée à la trancher (1).

Loin d'apaiser les controverses, le sénatus-consulte en fit naître une nouvelle. Au lieu de dire, en propres termes, que les indigènes israélites demeureront soumis à la loi mosaïque, l'article 2 de cet acte législatif porte que ces indigènes continueront à être régis par leur *statut personnel*. Quel est, au juste, le sens de ces dernières expressions ? Se restreignent-elles aux dispositions concernant l'état et la capacité des personnes, ou, au contraire, embrassent-elles l'ensemble de la législation propre aux Israélites, même le statut successoral mosaïque dont ils ont été admis, jusqu'alors, à invoquer l'application ?

A s'en tenir aux travaux préparatoires du sénatus-consulte, on pouvait penser que ces mots « statut personnel » devaient être entendus dans leur sens le plus large, comme synonymes de loi mosaïque, par opposition à la loi française. Voici, en effet, comment s'exprimait M. Delangle, dans son rapport au Sénat : « En devenant Français, les indigènes ne sont pas

(1) Cass. req. 6 juin 1883, Sir., 84, 1, 999 (arrêt analysé plus haut).

obligés d'abdiquer les statuts sous l'empire desquels ils ont vécu. Les lois qui régissent la famille, la propriété, les successions, sont maintenues comme par le passé. Mais s'ils jugent à propos de s'élever jusqu'à la qualité de citoyens, la situation change. » Il ressort de ces déclarations qu'aux yeux tout au moins du rapporteur, l'Israélite indigène, tant qu'il ne devient pas citoyen, doit, comme l'indigène musulman, continuer à être régi en toute chose par le droit mosaïque, sans distinguer entre le statut personnel et le statut réel. C'est ainsi, en effet, que la Cour d'Alger comprit et appliqua le sénatus-consulte. Elle jugea à plusieurs reprises que, la législation algérienne ayant réservé aux indigènes israélites le bénéfice de leurs religion et coutumes, leurs successions étaient réglées par la loi mosaïque, même lorsqu'elles comprennent des immeubles.

Cette interprétation aurait pu se défendre, si, pour la justifier, la Cour d'Alger s'était bornée à interpréter les intentions du législateur et à déclarer que, dans l'esprit du sénatus-consulte de 1865, les mots « statut personnel » signifiaient le droit « propre aux Israélites », leur loi traditionnelle. Comment, en effet, admettre que le législateur, alors qu'il réserve aux Musulmans leur autonomie législative, ait entendu ne respecter, relativement aux Israélites, que les lois sur l'état et la capacité des personnes ? Comme l'a dit excellemment M. Weiss (1), « pourquoi établir une inégalité entre ceux que la même conquête a rendus Français et donner ainsi un nouvel aliment à l'antagonisme des races, si violent en Afrique ? » Mais, au lieu de se retrancher derrière ces bonnes raisons, la Cour d'Alger déclarait, en thèse, que le droit successoral fait parti du statut personnel : « La loi mosaïque, portent en substance ses arrêts, est, dans ses dispositions relatives aux successions, une loi personnelle ; c'est la capacité des personnes qu'elle a surtout en vue et qu'elle a entendu régler, et rien ne se rattache plus directement au statut personnel que la question de savoir si une personne est ou n'est pas héritière.

<hr>

(1) *Op. cit.*, p. 382.

C'est donc la loi mosaïque qui régit les successions des Israélites indigènes (1). »

Ainsi motivée, la doctrine de la Cour d'Alger ne pouvait que succomber devant la Cour suprême. Si étroite que soit la dépendance du droit successoral vis-à-vis des lois concernant l'état des personnes et l'organisation de la famille, il n'est pas juridique d'identifier avec le statut personnel la matière des successions. Il est vrai qu'en droit international, d'éminents jurisconsultes, entre autres M. Weiss, soutiennent, contrairement à la théorie des légistes statutaires, que les conflits relatifs à la succession d'un étranger décédé en France doivent être résolus, en principe, par application de la loi personnelle nationale du *de cujus* (2). Mais cette thèse, d'ailleurs vivement discutée, a pour base un motif bien différent de celui que la Cour d'Alger relevait à l'appui de son interprétation. Elle se fonde, en effet, non pas sur ce que la transmission héréditaire du patrimoine appartient au statut personnel, mais sur ce que la loi nationale de l'étranger franchit la frontière avec lui et gouverne, dès lors, la dévolution de son hérédité, sauf les restrictions commandées par l'ordre public international. Il est évident que cette raison de décider, fût-elle à l'abri de toute critique, ne prêterait aucun appui à la jurisprudence algérienne, car ce qui peut être vrai de l'étranger ne l'est plus de l'indigène israélite, auquel ne saurait être contestée la qualité de Français. Aussi la Cour de cassation a-t-elle invariablement décidé, toutes les fois que la question lui a été soumise, que le sénatus-consulte de 1865 n'a réservé en faveur des Juifs algériens que les règles du droit israélite relatives à l'état et à la capacité des personnes ; que, pour ce qui tient au statut réel, ils ont été placés par cet acte législatif sous l'empire de la loi française ; qu'en conséquence, la loi française et non le droit israélite régit l'ordre et la dévolution des successions entre Israélites, cette matière faisant partie du

(1) C. Alger, 22 juin 1870, ROBE, 1870, p. 108 ; conf. 17 octobre 1866, ROBE, 1867, p. 16 ; 15 avril 1871, *id.*, 1871, p. 177.
(2) WEISS, *Traité élément. de droit internat. privé*, p. 846.

statut réel et non du statut personnel, même en ce qui concerne les incapacités de succéder (1).

Le sénatus-consulte de 1865, cela ressort de nos explications précédentes, n'a pas eu seulement pour objet de régler l'état des Israélites et de leur garantir la jouissance de leur statut personnel. Il a, en outre, introduit en leur faveur un mode spécial de naturalisation. L'article 2 de cet acte leur confère, en effet, comme aux indigènes musulmans, la faculté d'ajouter, par la naturalisation, la qualité de citoyens français à celle de sujets français qu'ils tiennent de la conquête et qui leur a été reconnue, on vient de le voir, par la jurisprudence de la Cour de cassation.

La naturalisation des Israélites algériens, telle que la définit le sénatus-consulte de 1865, n'a, depuis le décret du 24 octobre 1870, qu'une sphère d'application des plus étroites. Les conditions et les formes de cette naturalisation se confondent d'ailleurs, à peu de chose près, avec les règles de la naturalisation des indigènes musulmans. Il serait donc sans intérêt de consacrer ici à l'exposé de cette procédure des développements qui viendront naturellement à leur place, dans le chapitre où il sera parlé de la naturalisation des Arabes et des Kabyles.

Rappelons seulement qu'à la différence de l'étranger, l'Israélite en instance de naturalisation est dispensé de toute condition de stage et n'a d'autre justification à fournir, à l'appui de sa demande, que son acte de naissance ou un acte de notoriété attestant qu'il a vingt et un ans accomplis (2).

En simplifiant ainsi l'accès de la naturalisation, on croyait que les Juifs, d'un caractère essentiellement entreprenant et cosmopolite, auraient à cœur d'entrer dans les rangs de leurs libérateurs et d'user de la faveur qui leur était si généreusement octroyée. Mais, à ce point de vue comme à beaucoup d'autres, le sénatus-consulte resta bien en deçà du but

<hr>

(1) Cass., 16 juin 1869, Sir., 69, 1, 377 ; 5 décembre 1871, Sir., 71, 1, 189 ; 31 mars 1874, Sir., 74, 1, 346 ; C. Alger, 20 novembre 1873, Sir., 74, 2, 166.
(2) Décr. 21 avril 1866, art. 11 et suiv. ; Décr. 5 février 1868, art. 1.

à atteindre. Du jour de sa promulgation jusqu'au 24 octobre 1870, 398 Israélites seulement obtinrent le bénéfice de la naturalisation. Encore est-il à remarquer que, dans ce nombre de 398 Israélites naturalisés, les Juifs marocains ou tunisiens entraient pour les neuf dixièmes. C'est donc à peine si 40 Israélites *indigènes* songèrent, dans une période de cinq ans, à solliciter la qualité de citoyens français (1).

§ 3. — *Naturalisation collective résultant du décret de 1870.*

De cet insuccès avéré du sénatus-consulte de 1865, on aurait pu conclure, non sans apparence de raison, que le moment n'était pas encore venu de supprimer toute différence entre les Israélites indigènes et les Français d'origine et de réaliser, par voie de mesure générale, une assimilation qui est sans doute le suprême objectif de notre politique coloniale, mais qui doit pénétrer dans les mœurs avant de passer dans les lois. Le Gouvernement français n'éprouva pas ce scrupule. N'ayant pu obtenir l'adhésion spontanée des Israélites à la nationalité française, il crut que le mieux était de leur en imposer le bienfait. Un décret du 24 octobre 1870 vint leur conférer, sans réserve ni transition, la qualité et les droits de citoyens français, supprimant du même coup les distinctions que la jurisprudence et la législation antérieures avaient si laborieusement établies entre le statut réel et le statut personnel de ces indigènes, en un mot les soumettant sans restriction aucune à l'application du droit français.

Nous n'avons pas à apprécier ici, au point de vue politique, la convenance et l'opportunité de cette mesure. Il y aurait sans doute beaucoup à dire contre cette assimilation collective et forcée de 35,000 indigènes et on pourrait taxer de prématuré un acte que n'avaient pas suffisamment préparé l'état des mœurs et le degré peu avancé de civilisation de la généralité des Israélites algériens. Il est même probable que

<hr>

(1) Voir à cet égard, DE MÉNERVILLE, *Dict. législ. alg.*, III, v° *Naturalisation*, note 1.

le décret de 1870, qui avait, dans la pensée de M. Crémieux, son inspirateur, le caractère d'une charte d'émancipation de la race juive d'Algérie, ne fut rien moins qu'apprécié comme tel par les intéressés. Les Juifs algériens, gens d'esprit très positif, accueillirent froidement une faveur qui les privait de leurs anciennes prérogatives. D'autre part, les Musulmans murmurèrent, en voyant le Gouvernement français témoigner ses préférences à une race qui est, aux yeux de tout Croyant, un objet de mépris et d'exécration. Et il n'est pas téméraire de conjecturer, avec M. Weiss (1), que « ce déplaisir fut une des principales causes de l'insurrection algérienne de 1871 ».

Mais, pour discutable qu'elle puisse paraître à d'autres égards, la naturalisation collective des Israélites indigènes eut, sous le rapport du droit civil, l'indéniable avantage de couper court aux controverses qu'alimentaient les dispositions ambiguës du sénatus-consulte de 1865, et de faire cesser les inégalités choquantes que ces divergences d'interprétation entraînaient dans la condition juridique des Juifs algériens.

Les effets de cette naturalisation en masse nous sont déjà connus : en conférant aux Israélites indigènes des départements de l'Algérie la qualité de citoyens français, le décret de 1870 les a soumis, dans leurs personnes et dans leurs biens, à toutes les lois de la métropole. Sur le territoire de la France continentale aussi bien que sur celui de l'Algérie, les indigènes de religion israélite sont aptes désormais à toutes les fonctions publiques, ils sont investis de tous les droits civils et politiques qui appartiennent aux citoyens français de naissance. A la vérité, le décret de 1870 ne rétroagit pas dans le passé ; les

(1) *Op. cit.*, p. 405. Le Gouvernement reconnut lui-même qu'on s'était trop hâté d'absorber la race juive dans la nationalité française, puisque, le 21 juillet 1871, il déposait un projet de loi tendant à rapporter le décret de 1870. La commission parlementaire chargée de l'examen de ce projet adopta un moyen terme. Elle proposa de reconnaître aux Juifs algériens, jusqu'au 1ᵉʳ mars 1872, la faculté de déclarer leur volonté de rester soumis, quant aux droits civils, à la loi française, ou même de réclamer la conservation des droits attachés à la qualité du citoyen français. Passé ce délai, l'admission des Israélites aux droits du citoyen français serait réglée conformément au sénatus-consulte de 1865. Par suite de l'opposition de M. Crémieux, ce projet fut repoussé par la Chambre. Voir sur ce point, *Rapport* de M. DE FOURTOU, *J. off.*, 1871, p. 8105; DE LA SICOTIÈRE, *L'Algérie sous le gouvernement de la Défense nationale*, Rapport au nom de la Commission d'enquête, Versailles, 1875.

droits acquis lors de sa promulgation sont respectés et demeurent sous l'empire de la loi ancienne (1). Mais, pour ce qui est des faits à venir, la loi française se substitue d'une manière absolue au statut mosaïque. Par application de ce principe, il a été jugé, antérieurement à la loi métropolitaine du 27 juillet 1884 sur le rétablissement du divorce, que le mariage israélite contracté *more judaico* ne saurait, depuis le décret du 24 octobre 1870, être rompu par voie de divorce, et que l'action intentée à cet effet ne peut aboutir qu'à une séparation de corps (2). Dans le même ordre d'idées, la jurisprudence algérienne décide avec raison que le mariage de deux Juifs naturalisés par l'acte de 1870 est radicalement nul s'il ne satisfait pas à toutes les conditions de fond et de forme exigées par le Code civil. Il est inutile d'insister. Tous les exemples que nous pourrions emprunter à la jurisprudence ne seraient que le développement de la proposition doctrinale qui vient d'être formulée, à savoir que la condition juridique des Juifs naturalisés collectivement en 1870 est identique à celle des Français d'origine.

Une dernière et très intéressante question se présente à notre examen.

La naturalisation résultant du décret de 1870 doit-elle être envisagée comme une réunion de naturalisations individuelles, ayant produit son effet une fois pour toutes et ne profitant qu'aux 35,000 Israélites qui, en 1870, avaient la qualité d'indigènes ? Faut-il, au contraire, décider que cette mesure, loin d'avoir épuisé son action au profit des seuls Israélites existant en Algérie au jour de sa promulgation, est une charte d'émancipation de toute la race juive algérienne, dont l'effet se prolonge dans l'avenir et dont le bénéfice est acquis de plein droit à quiconque est ou deviendra Israélite indigène ?

La question a une importance pratique qu'il est facile d'entrevoir.

---

(1) Ainsi, les époux mariés avant le décret de 1870 conservent le régime matrimonial qui a servi de base à leur union (C. Alger, 27 juillet 1874, ROBE, 1874, p. 246, § 2).

(2) C. Alger, 6 mars 1871, ROBE, 1771, 73-2 ; 29 décembre 1875, ROBE, 1876, p. 91. — V. aussi, Cass. civ., 4 août 1884, ROBE, 1885, p. 457.

Si l'on adopte la première des deux solutions en présence, si l'on ne voit, dans le décret du 24 octobre 1870, qu'une naturalisation limitée aux Israélites qui, à ce moment, étaient indigènes algériens, on devra refuser le titre de citoyen français à tout individu de race juive dont l'indigénat est postérieur au décret, notamment aux Israélites indigènes du M'zab, dont le territoire a été annexé à l'Algérie en 1882 seulement. Si l'on se détermine pour la seconde solution, on est par là même conduit à reconnaître que les indigènes juifs des territoires réunis à l'Algérie depuis 1870 ou qui pourront lui être annexés dans l'avenir ont, par le fait même de la déclaration d'annexion, acquis, avec la qualité d'indigènes algériens, celle de citoyens français.

La première de ces interprétations est admise par les autorités administratives de l'Algérie. On en retrouve l'expression dans un avis du Garde des sceaux en date du 7 novembre 1882, relatif aux Israélites du M'zab : « Le sens de la disposition législative, lit-on dans ce document, ressort nettement de sa rédaction même. En 1870, il y a eu une naturalisation en masse de tous les indigènes algériens, dispensés ainsi de naturalisations individuelles. La mesure prise à cette époque n'a pu saisir que ceux des Israélites qui étaient, à ce moment même, considérés comme indigènes algériens ; elle ne peut être invoquée que par eux et leurs descendants. Quant à ceux qui, en 1870, résidaient en dehors des départements de l'Algérie, et les habitants du M'zab sont dans cette situation, ils sont sans droit pour réclamer l'application d'une disposition dont l'effet utile est actuellement épuisé. » La Cour d'appel d'Alger s'est ralliée à cette doctrine. Par un arrêt du 25 février 1891, elle a jugé que, le M'zab n'ayant été annexé à l'Algérie que le 21 décembre 1882, les Israélites nés dans ce pays, domiciliés sur le territoire algérien, sont restés étrangers jusqu'au moment de l'annexion ; qu'à dater de cette annexion, ils sont devenus de simples sujets français, au même titre que les Musulmans. Pour acquérir droit de cité, ils sont tenus de se conformer aux prescriptions du sénatus-consulte de 1865 : d'où il suit qu'ils ont conservé leur statut personnel, notamment au point de vue de la polygamie et des causes de dissolution du mariage (1).

Bien qu'elle soit consacrée par la pratique, la solution qui se dégage de cet arrêt reste discutée en doctrine. On objecte qu'à bien se pénétrer de l'esprit du décret de 1870, cet acte législatif apparaît comme ayant eu un tout autre but que celui de naturaliser en une seule fois les 35,000 Israélites habitant l'Algérie à l'époque où il a été publié. Que voulait le Gouvernement de la Défense nationale ? Émanciper définitivement de ses statuts traditionnels la race israélite de l'Algérie, la relever de la condition d'infériorité dans laquelle la législation antérieure l'avait maintenue, en un mot, réaliser définitivement, à l'égard des Juifs algériens, cette assimilation dont le sénatus-consulte de 1865 ne constituait pour ainsi dire que la préface. Il en est de cet acte d'affranchissement comme des décrets qui, en 1791, ont conféré la qualité de citoyens aux Israélites, jusqu'alors exclus du droit de cité. Loin d'être considérés comme des naturalisations collectives, ayant épuisé leur effet au profit d'un groupe déterminé, les décrets de la Révolution ont émancipé, pour l'avenir comme pour le présent, la race juive en France; ils ont profité non seulement aux Israélites contemporains de la Révolution, mais encore aux familles juives qui, depuis lors, sont venues s'établir en France. Ne peut-on pas en inférer que le même caractère de généralité appartient au décret du 24 octobre 1870?

A l'appui de cette interprétation, on invoque le témoignage de M. Crémieux, l'inspirateur du décret de 1870. Appelé à déposer devant la commission d'enquête du Gouvernement de la Défense nationale en Algérie, l'illustre Israélite reconnaissait en effet qu'il y avait un parallélisme parfait entre la situation créée aux Juifs algériens par le décret de 1870, et celle qui avait été faite aux Israélites de la métropole par les actes législatifs de la Révolution : « Ce que notre immortelle Assemblée de 1791, disait-il, a fait pour les Juifs de France, notre gouvernement de 1870 l'a fait pour les Juifs français de l'Al-

(1) C. Alger, 25 février 1891, Sir., 91, 2, 201.

géric. » Plus tard, le 21 mai 1874, le même homme d'État renouvelait ces déclarations à la tribune de l'Assemblée nationale. Ou ces explications ne signifient rien, ou il en résulte avec évidence que le décret du 24 octobre 1870, à l'exemple de ceux de 1791, atteint par ses dispositions tout Israélite indigène, quelle que soit d'ailleurs l'époque à laquelle cette qualité d'indigène algérien a pris naissance, et alors même que l'acquisition de l'indigénat procéderait d'un fait postérieur au décret de 1870, ainsi que cela a eu lieu pour les Juifs du M'zab.

Cette thèse, que M. Tissier a développée avec beaucoup de force dans son commentaire de l'arrêt déjà cité du 25 février 1891, repose, nous ne saurions en disconvenir, sur des raisons qui ne manquent pas de gravité. Nous ne croyons pas cependant pouvoir y adhérer. Le texte du décret de 1870 nous paraît, en effet, exclusif d'une telle interprétation. Cet acte législatif n'appelle au droit de cité que les Israélites indigènes « des départements de l'Algérie ». Donc, les familles juives qui, en 1870, résidaient hors des départements algériens, — et c'était le cas des Juifs du M'zab, — restaient étrangères aux prévisions expresses du décret et n'ont pu, dès lors, à aucune époque, profiter du bénéfice de cet acte.

Nous en concluons que les Juifs indigènes du M'zab demeurent sous l'empire du sénatus-consulte du 14 juillet 1865. Ils sont simplement sujets français, tout comme les indigènes de religion musulmane et, comme tels, relèvent de leur statut personnel pour tous les actes de leur vie civile. Il leur est sans doute permis d'abdiquer leur loi personnelle et d'arriver au droit de cité; mais ce résultat, ils ne peuvent l'obtenir que par l'effet d'une naturalisation individuelle, et en se conformant aux prescriptions du sénatus-consulte de 1865.

Il va de soi que le décret de 1870 exclut de ses dispositions ceux des Israélites algériens auxquels manque la qualité d'indigènes. Mais que faut-il entendre par indigène ? Un décret du 7 octobre 1871 répond à cette question en termes précis. D'après ce décret, doit être réputé indigène, non pas tout Israélite né en Algérie, mais seulement celui qui y est né avant l'occupation française ou qui y est né depuis lors de parents déjà établis sur le sol algérien à l'époque de la conquête.

Les conséquences de cette définition restrictive s'aperçoivent immédiatement.

Supposons, par exemple, un Juif né à Oran, depuis 1870, dans une famille d'immigrants marocains. Cet individu puise-t-il dans le seul fait de sa naissance sur notre territoire la qualité d'indigène et, en conséquence, peut-il se considérer comme naturalisé de plein droit en vertu du décret de 1870? Non, évidemment, puisque sa naissance en Algérie, étant survenue après la conquête, est par elle-même impuissante à lui conférer le bénéfice de l'indigénat. Pour qu'il puisse prétendre à l'application du décret de 1870, il faut, de plus, que l'établissement de sa famille en Algérie soit contemporain de l'occupation française. Si ses parents ne sont venus se fixer sur notre territoire que depuis 1830, il ne saurait, malgré sa naissance en Algérie, revendiquer le titre d'indigène algérien. Il échappe aux dispositions du décret de 1870 pour tomber sous l'empire de la loi du 26 juin 1889 sur la nationalité, et, par suite, il lui appartient de répudier ou de réclamer, lors de sa majorité, la qualité de Français, conformément aux distinctions prévues par cette dernière loi.

CHAPITRE III

Les Musulmans.

—————

§ 1er. — *Condition juridique des indigènes musulmans.*

Nous savons, par les témoignages d'Aulu-Gelle et de Gaïus (1), que les Romains faisaient entrer dans les principes de leur politique de respecter les coutumes indigènes des cités et des nations vaincues. A moins d'avoir obtenu le *jus civitatis,* les pérégrins conservaient en général, après la conquête, les lois civiles de leur pays.

A l'exemple des conquérants romains dont ils continuent l'œuvre civilisatrice, les Français ont laissé debout les lois qui gouvernaient, avant leur venue, les habitants de l'ancienne Numidie. Par esprit politique et par tolérance, la France a permis aux différentes races indigènes qui vivent côte à côte sur le territoire algérien de rester sous l'empire des lois qui les avaient régies aux jours de leur indépendance.

Plus explicite pour les indigènes musulmans que pour les Juifs algériens, la Capitulation du 5 juillet 1830 leur garantissait expressément le libre exercice de la religion mahométane. C'était s'engager par là même à respecter l'autonomie législative des vaincus, puisque tout le droit islamique a son principe dans le Coran et n'est que le développement des vérités révélées par le Prophète. Aussi fut-il admis, dès les premiers temps de l'occupation française que les indigènes arabes et kabyles, bien que placés, par le fait même de la conquête, sous la souveraineté directe de la France, échappaient cependant à l'action de la loi territoriale et restaient en possession de leur

—————

(1) Gell. *N. Att.* IV, 4. — Gaius, I, 55, 189 et 193.

statut personnel. C'est ce que l'ordonnance du 26 septembre 1842 reconnut positivement au sujet des questions d'état. D'après l'article 37 de cet acte, « les contestations entre indigènes, relatives à l'état civil, seront jugées conformément à la loi religieuse des parties ». Il n'était guère possible de se méprendre sur le sens et la portée de ce texte. Il en résultait d'une façon certaine que le Gouvernement français laissait dans le domaine exclusif de la loi islamique l'état et la capacité des indigènes musulmans, c'est-à-dire toutes les questions intéressant la condition juridique de la personne, considérée en elle-même et dans ses rapports avec la famille (1). Même au point de vue du régime des biens, la loi musulmane retenait une partie de son autorité, puisque, aux termes de la loi du 16 juin 1851, les transmissions de Musulman à Musulman restaient soumises aux prescriptions du statut indigène.

Mais, ainsi que la remarque en a déjà été faite à propos des indigènes israélites, le maintien du statut personnel, mosaïque ou musulman, des habitants de l'Algérie, fit naître des doutes sur leur nationalité. En présence des actes législatifs qui réservaient aux indigènes le bénéfice de leurs lois et coutumes traditionnelles et les rendaient en quelque sorte indépendants vis-à-vis de la loi territoriale française, on se demanda, pour les Musulmans comme pour les Juifs algériens, dans quelle mesure leur nationalité avait pu être affectée par la réunion de leur territoire à la France. Était-il juridique de

(1) Les lois sur l'état et la capacité des personnes s'entendent de « celles qui concernent la qualité d'enfant légitime ou illégitime, la majorité et la minorité, l'état de mariage ou de célibat, le divorce, la filiation, la puissance paternelle, l'adoption, l'émancipation, la tutelle, l'autorité maritale et les droits de la femme mariée, en un mot de toutes les lois qui déterminent les rapports juridiques d'une personne avec sa famille, ainsi que celles qui déterminent si elle est capable, et dans quelle mesure elle est capable de faire des actes juridiques » (ASSER et RIVIER, *Éléments de droit international privé*, Paris, 1884, p. 46).

Plus brièvement, on peut dire avec M. le professeur WEISS : « *L'état* d'une personne, c'est la place qu'elle occupe dans la société, dans la famille, c'est son âge, son sexe, sa qualité de présent ou d'absent, d'époux ou de célibataire, de père ou de tuteur, d'enfant ou de pupille, etc. La *capacité*, c'est la faculté, qui résulte pour la personne de son état, d'accomplir, soit d'une manière générale tous les actes de la vie civile, soit tel acte déterminé. En d'autres termes, l'état de la personne consiste dans *ce qu'elle est*; sa capacité consiste dans *ce qu'elle peut*, au regard du droit. » (*Traité élém. de dr. intern. privé*, p. 513.)

considérer comme Français des individus dont la condition civile relève de coutumes qui, sur les points les plus essentiels, nous apparaissent comme la négation des principes de notre Code? Sur cette question délicate, la jurisprudence adopta un moyen terme. Se fondant sur ce que la Constitution du 4 novembre 1848 avait déclaré l'Algérie territoire français et partant de ce principe de droit international que nul ne peut avoir deux patries, la Cour d'Alger et, après elle, la Cour de cassation reconnurent que les indigènes algériens, bien que régis par leurs anciennes lois et coutumes, sont devenus, par le fait de la conquête, « sujets français » (1).

Cette interprétation, qui ne reposait sur aucun texte positif, n'était rien moins que certaine en droit strict. Aussi le législateur crut-il devoir intervenir pour la régulariser. Dissipant toutes les incertitudes qui avaient pu s'élever à cet égard dans la doctrine, le sénatus-consulte du 14 juillet 1865, déclara que la qualité de Français appartient à tout indigène musulman, c'est-à-dire à toute personne, de religion mahométane, née en Algérie avant la conquête, ou qui y est née depuis lors de parents établis en Algérie antérieurement à l'occupation française (2). La nationalité des indigènes arabes et kabyles est donc désormais à l'abri de toute contestation. Ils sont Français et, comme tels, placés sous la protection de la France, en quelque pays qu'ils se trouvent.

Il ne s'ensuit pas cependant que le sénatus-consulte de 1865 ait complètement assimilé l'indigène algérien au Français de naissance. Il laisse, au contraire, subsister entre eux une différence profonde. En reconnaissant aux Musulmans de l'Algérie la qualité de Français, le sénatus-consulte n'emploie cette qualification que dans le sens restreint et spécial qui lui était assigné par la jurisprudence antérieure. Il les déclare Français, mais il leur refuse le titre de citoyens. A moins d'une concession particulière du Gouvernement, l'indigène musulman n'est pas « admis à jouir des droits du citoyen

---

(1) C. Alger, 24 février 1862 et, sur pourvoi, Cass., 15 février 1864, Sir., 64, 1, 113.

(2) Décret du 7 octobre 1871, *J. off.* du 9 octobre; V. *suprà*, p. 65.

français »; c'est la disposition expresse du texte (1). D'autre part, les Musulmans, bien qu'investis de la qualité de Français, sont régis en Algérie par leurs lois et coutumes nationales : c'est encore un point que le sénatus-consulte décide de la façon la plus catégorique.

De là un contraste marqué entre la condition juridique de l'indigène algérien et celle du Français, tant au point de vue des droits politiques que sous le rapport de la jouissance des droits civils.

Examinons d'abord la situation des Musulmans de l'Algérie relativement à l'exercice des droits politiques. Le sénatus-consulte leur dénie, on vient de le voir, la qualité de citoyens. Or, par cela même qu'ils sont exclus du droit de cité, ils ne peuvent, en principe, jouir des droits politiques français, à savoir des facultés d'ordre constitutionnel impliquant une participation, directe ou indirecte, au gouvernement du pays. Ainsi, ils ne sont ni électeurs, ni éligibles, soit aux Chambres législatives, soit aux conseils généraux. Ils ne sont pas admissibles aux fonctions publiques.

Cette règle souffre de notables exceptions.

Tout en n'étant pas astreints aux obligations du service militaire, les indigènes musulmans peuvent être admis à servir dans les armées de terre ou de mer (2). Ils ont accès, mais en Algérie seulement, à certains emplois civils dont les décrets du 21 avril 1866 et du 24 octobre 1870 contiennent la nomenclature. Ce n'est pas tout : un décret du 7 avril 1884 leur accorde, sous certaines conditions (3), l'électorat municipal et les appelle à siéger, au titre musulman, dans le conseil de leur commune, lorsqu'ils justifient, indépendamment de la qualité d'électeur inscrit, d'un domicile de trois ans dans cette

(1) Art. 1, § 3. et 2, § 3 du sénatus-consulte.

(2) Art. 1, § 2, du sénatus-consulte de 1865. Les conditions de l'engagement dans les corps indigènes sont réglées par l'article 3 du décret du 21 avril 1866.

(3) Peuvent être inscrits sur la liste des électeurs municipaux les indigènes musulmans âgés de 25 ans, ayant une résidence de deux années consécutives dans la commune, à la condition d'être : propriétaire foncier ou fermier d'une propriété rurale ; ou employé de l'État, du département, de la commune ; ou membre de la Légion d'honneur, décoré de la médaille militaire, d'une médaille d'honneur, d'une médaille commémorative ou titulaire d'une pension de retraite (art. 2, décr. 7 avril 1884).

commune. Les conseillers municipaux indigènes ont d'ailleurs les mêmes droits que leurs collègues français, sauf celui de participer à l'élection du maire, des adjoints et des délégués sénatoriaux (1). Enfin, dans les conseils généraux des départements algériens, siègent, à côté des membres élus par le suffrage universel, un certain nombre d'assesseurs musulmans choisis par le Gouvernement général parmi les plus notables propriétaires du département (2).

Malgré ces tempéraments, il reste acquis que les indigènes musulmans de l'Algérie sont, au point de vue de l'exercice des droits politiques, bien loin de marcher de pair avec les Français de la métropole.

Non moins accentuée est la ligne de démarcation tracée par le sénatus-consulte de 1865 entre les Mahométans et les Français d'origine, sous le rapport de la jouissance des droits civils.

Aux termes de cet acte législatif, les indigènes musulmans, quoique Français, conservent le bénéfice de la loi musulmane. Les Arabes restent sous l'empire du droit islamique; les Kabyles continuent à obéir à leurs kanouns ou coutumes locales. La règle posée à cet égard par le sénatus-consulte a été confirmée et développée par de nombreux actes ultérieurs. Ainsi, le décret du 13 décembre 1866, sur l'organisation de la justice musulmane dans la région tellienne, en même temps qu'il réserve aux Arabes le droit de contracter sous le régime de la loi française, porte que la loi musulmane régit toutes les conventions et toutes les contestations civiles et commerciales entre Musulmans indigènes, et entre ceux-ci et les Musulmans étrangers, ainsi que les questions d'état.

La même déclaration se trouve reproduite, en termes plus formels encore, dans le décret du 27 août 1874 relatif à la Kabylie, ainsi que dans les décrets du 10 septembre 1886 et du 17 avril 1889 portant réorganisation du service de la justice indigène en Algérie. Ce dernier décret dégage très nettement la règle de droit dont le sénatus-consulte de 1865 n'a posé,

(1) Décret du 7 avril 1884, art. 3 et 4.
(2) Décr. 28 septembre 1875, art. 1er et 5 ; *J. off.*, 26 sept. 1875.

pour ainsi dire, que la pierre d'attente. Il décide, par son article 1er, que les Musulmans résidant en Algérie, non admis à la jouissance des droits du citoyen français, continuent à être régis par leurs droit et coutumes, en ce qui concerne leur statut personnel, leurs successions et ceux de leurs immeubles dont la propriété n'est pas établie par la loi de 1873 ou par un titre français. Et les articles 4 et 5, précisant la portée de cette règle, expliquent que, relativement au statut personnel et aux successions, les Musulmans obéiront aux coutumes de leur pays d'origine ou à celles du rite spécial auquel ils appartiennent, tandis que, pour les immeubles, la loi applicable sera celle de la situation des biens.

De la combinaison de ces textes, il résulte que la condition juridique des Musulmans algériens doit être appréciée d'après les kanouns et les usages locaux s'il s'agit d'un Kabyle; d'après le Coran et les préceptes des quatre écoles officielles, s'il s'agit d'un croyant orthodoxe, et d'après la coutume ibadite, lorsqu'il est question d'un Musulman du M'zab. Et l'action du droit indigène embrasse, non seulement les questions d'état et de capacité, mais encore la condition de la personne considérée dans ses rapports avec la famille et avec le patrimoine. Ainsi, le mariage entre Musulmans est du ressort exclusif de leur loi traditionnelle, relativement aux conditions de validité de l'union, aux formes de sa célébration, aux rapports des époux entre eux et avec leurs enfants, au régime des biens, aux causes de nullité ou de rupture du mariage, à la paternité et à la filiation, à l'exercice de la puissance paternelle. Les règles du Coran et celles de la coutume kabyle prennent encore le pas sur le Code français pour toutes les questions concernant la transmission héréditaire du patrimoine de Musulman à Musulman : c'est d'après ces règles que se détermine, aussi bien pour les immeubles que pour les objets mobiliers, le moment de l'ouverture de la succession, l'ordre de la dévolution, la capacité des successibles. La succession des indigènes est régie par leur loi personnelle, même lorsqu'il en dépend des immeubles pourvus d'un titre français. Enfin, s'il est vrai qu'en principe la propriété foncière en

Algérie soit, depuis la loi du 26 juillet 1873, assujettie à l'autorité de la loi territoriale française, il n'en est pas moins certain que cette loi laisse en dehors de sa sphère toutes les portions du territoire où la propriété n'est pas constituée par des titres français. Pour ces immeubles, c'est la loi indigène qui reste provisoirement applicable, soit au point de vue du régime de la propriété et de son exercice, soit au point de vue de son acquisition et de sa transmission.

Toutefois, les indigènes musulmans ne sont point attachés invinciblement à leur législation personnelle. Il leur est permis de renoncer à leur statut et de se rallier au droit commun de la métropole, temporairement, à l'occasion d'un acte ou d'un fait juridique déterminé. Ce droit d'option, dont nous avons déjà étudié le caractère et les effets au sujet des Israélites, est consacré au profit des Musulmans par des textes nombreux et très explicites (1). Le décret du 17 avril 1889 concernant l'organisation de la justice musulmane forme sur ce point le dernier état de la législation. Aux termes de cet acte, dans les affaires intéressant le statut personnel, Arabes et Kabyles « peuvent renoncer, par une déclaration expresse, à l'application de leurs droit et coutumes pour se soumettre à la législation française. Cette déclaration d'option doit être insérée, soit dans la convention originaire, soit dans une convention spéciale. La renonciation résulte, en outre, à moins de déclaration contraire, de la réception de la convention originaire par un officier public français ».

Dans cette dernière disposition, qui consacre le système de l'option implicite, nous retrouvons le reflet de la jurisprudence qui s'était établie, sous le régime antérieur au décret du 24 octobre 1870, en matière de mariages israélites contractés devant l'officier de l'état civil français. On a vu, par nos explications précédentes, que la faculté d'opter pour la loi française ne laissa pas que d'être contestée aux indigènes de religion hébraïque. La même controverse n'a pu se pro-

(1) Ordonn. 10 août 1834, art. 81 ; — Ordon. 26 septembre 1842, art. 87 ; — Décr. 31 décembre 1859, art. 1er ; — Décr. 18 décembre 1866, art. 1er ; — Décr. 20 août 1874, concernant la Kabylie, art. 2 (*J. off.*, 6 septembre) ; — Décr. 10 septembre 1886.

duire en ce qui concerne les Musulmans, puisque, pour ceux-ci, le droit d'option est mis hors de cause par des textes précis.

Ainsi que l'exprime le décret de 1889, l'option de législation est expresse ou tacite. Elle est expresse, lorsque les parties l'ont formulée dans le contrat qu'elles veulent soumettre à la loi française ou dans un acte spécialement dressé à cet effet. Elle est tacite, lorsque les indigènes contractent devant un officier public français, sans faire aucune réserve quant à l'application de leur statut personnel. Ainsi, nul doute qu'aujourd'hui, comme sous l'empire de la jurisprudence antérieure au décret de 1889 (1), l'option pour la loi française ne résulte de la comparution des futurs époux devant l'officier de l'état civil français et de la célébration par lui de leur union en la forme française. Il n'en est d'ailleurs ainsi qu'autant que l'officier français reçoit le consentement des conjoints, et les déclare au nom de la loi unis en mariage. Si les parties se rendent devant le maire, non pour faire célébrer leur mariage, mais simplement pour le déclarer conformément aux prescriptions de la loi du 23 mars 1882, il est évident que cette comparution, pure formalité d'ordre public, sans influence sur la validité de l'union, n'emporte pas option implicite et ne saurait dès lors avoir pour effet de soumettre le mariage indigène aux règles du droit français.

L'option de législation — nous en avons déjà fait la remarque au sujet des Israélites algériens — n'a nullement pour conséquence de soustraire d'une manière générale l'indigène qui l'a formulée à l'empire de son statut personnel. Elle n'entraîne l'application de la loi française qu'à l'égard du contrat ou du fait juridique en vue duquel les parties ont spécialement entendu abdiquer leurs lois et coutumes traditionnelles. Autrement, comme le dit très bien M. Weiss, l'option « ferait double emploi avec la naturalisation, et la faculté laissée aux indigènes aurait pour conséquence de les en détourner » (2). Mais, dans cette limite, l'option de législa-

(1) Cass., 6 juin 1883, Sir., 84,1,99. — V. *suprà*, p. 52.
(2) *Op. cit.*, p. 386.

lation produit des effets absolus ; elle substitue la loi française à la loi indigène, non seulement quant aux formes extérieures de l'acte et aux conditions intrinsèques de sa validité, mais encore au point de vue des rapports juridiques dont ce contrat peut être la source. Par exemple, au cas de mariage contracté devant l'officier de l'état civil français, il est vrai de dire que le statut familial des indigènes, la puissance paternelle, l'autorité maritale, l'usufruit légal, le droit de tutelle, en un mot tous les droits et obligations qui ont leur fondement dans le mariage passent entièrement dans la sphère d'action du droit métropolitain.

Il convient d'ajouter que, indépendamment de toute option, la loi territoriale française gouverne les conventions formées entre un indigène et un Français ou un étranger. Toutes les fois qu'un Européen est partie au contrat, le statut indigène doit être écarté et c'est la loi française qui, seule, est appliquée (1).

Comme on le voit, la situation qui est faite par la législation algérienne aux indigènes musulmans contraste singulièrement avec celle des nationaux français, aussi bien dans la sphère des droits privés que dans l'ordre des droits politiques. Le droit commun de la métropole est d'ailleurs mis en échec sur d'autres points : ainsi, les indigènes supportent des impôts spéciaux ; ils sont, au point de vue pénal, soumis au code de l'indigénat et, en territoire militaire, ils relèvent des conseils de guerre et des commissions disciplinaires. Il leur est sans doute permis de se rapprocher de nos institutions juridiques, soit en optant pour la juridiction de nos tribunaux, soit en soumettant leurs conventions à l'autorité de la loi française ; mais, comme on vient de le dire, l'option de législation ne produit que des effets partiels et limités.

Les indigènes musulmans ne peuvent franchir la distance qui les sépare des Français d'origine qu'au moyen d'une naturalisation régulièrement obtenue conformément au sénatus-consulte du 14 juillet 1865. Ils ne sauraient acquérir droit de

____

(1) Art. 1er décr. 18 décembre 1866, MÉNERVILLE, III, 200 ; Conf. Décr. 29 août 1874 concernant la Kabylie, art. 2 et 3.

cité par le bienfait de la loi, car les privilèges que les articles 8 et 9 du Code civil, modifiés par la loi du 26 juin 1889,
attachent au fait de la naissance sur notre territoire, ne profitent qu'aux étrangers. La naturalisation est donc la seule
voie qui leur soit ouverte pour s'élever de la condition inférieure de sujets français à celle de citoyens.

Nous allons étudier les conditions et les effets de cette naturalisation.

§ 2. — *Naturalisation des Musulmans algériens.*

Dans l'économie du sénatus-consulte de 1865, la naturalisation des indigènes algériens affecte un caractère tout à fait
spécial. Ce n'est pas un moyen d'acquérir la nationalité française, puisque les Musulmans indigènes sont déjà français; ce
qui en résulte, c'est l'admission au droit de cité, l'adjonction
du titre de citoyens à celui de sujets français. Il ne saurait
donc être question de subordonner l'octroi de cette naturalisation privilégiée aux conditions d'admission à domicile et
d'établissement sur notre territoire requises par la loi métropolitaine du 26 juin 1889 pour la naturalisation des étrangers.
Une pareille exigence se justifie à l'égard de l'étranger, qui
est sans attache avec nos nationaux et dont le dévouement à
notre patrie n'est pas assez éprouvé, pour que la qualité de
citoyen français puisse lui être conférée immédiatement dans
toute sa plénitude. Mais la même mesure de précaution ne
s'impose plus, dès lors que la demande de naturalisation émane,
non d'un étranger, mais d'un indigène, à qui appartient le titre
de Français et qui a en Algérie, sa terre natale, tous ses intérêts, toutes ses affections. Point n'est besoin de le soumettre
à un stage préparatoire, pour reconnaître si oui ou non il est
digne d'obtenir parmi nous droit de cité.

La seule condition exigée du Musulman indigène qui solli-
cite du Gouvernement la qualité de citoyen français est d'avoir
vingt et un ans révolus. Il en justifie par son acte de naissance
ou par un acte de notoriété dressé, sur l'attestation de
quatre témoins, par le juge de paix ou par le cadi de sa rési-

dence. Quant à la procédure suivie pour l'instruction de la demande de naturalisation, elle est des plus simples (1). Le postulant se présente en personne devant le maire ou devant le chef du bureau arabe de son domicile et lui déclare son intention de se voir conférer le titre et les prérogatives du citoyen français. A la suite de cette déclaration, le fonctionnaire qui l'a reçue ouvre une enquête sur les antécédents du demandeur. Puis, il transmet la demande avec le dossier de l'enquête au préfet ou au général commandant (2), qui, eux-mêmes, la font parvenir au Gouverneur général.

C'est au Chef de l'État que le sénatus-consulte de 1865 (3) et le décret du 21 avril 1866 attribuaient le pouvoir de statuer sur les demandes en naturalisation des indigènes. Un décret du 24 octobre 1870 transporta cette attribution au Gouverneur général de l'Algérie. Aux termes de l'article 3 de ce décret, il appartenait au Gouvernement général de statuer sur les enquêtes à fin de naturalisation, « sur l'avis du Comité consultatif ». Ce Comité consultatif ayant été supprimé par un autre décret du 1er janvier 1871, le Gouverneur général s'est trouvé dessaisi, par le fait, de la compétence que le décret de 1870 lui avait attribuée, et, aujourd'hui comme antérieurement à 1870, c'est le Chef de l'État qui prononce sur la naturalisation des indigènes musulmans, par un décret rendu en Conseil d'État.

Quels sont les effets de la naturalisation? Elle ne change pas la nationalité de l'indigène, qui était Français avant de s'être mis en instance de naturalisation ; mais elle lui confère le droit de cité, c'est-à-dire la qualité de citoyen français, avec tous les droits civils et politiques qui y sont attachés par nos lois. Du jour où il est naturalisé, l'indigène musulman se trouve dans une condition identique à celle des Français de naissance. Désormais apte à toutes les fonctions publiques, même sur le territoire de la France continentale, il est élec-

---

(1) Cette procédure est réglée par les décrets du 21 avril 1866, du 5 février 1868 et du 24 octobre 1870.
(2) Le préfet en territoire civil ; le général commandant en territoire militaire.
(3) Art. 4.

teur et éligible au Parlement (1) comme aux assemblées locales. En revanche, il perd irrévocablement le bénéfice des lois et coutumes qui, jusqu'à sa naturalisation, constituaient son statut personnel. Dans sa personne et dans ses biens, il ne relève plus que de la loi civile française. Suivant les expressions de M. Weiss, cette loi « est la seule dont il puisse se prévaloir à l'avenir, ou qui puisse être invoquée contre lui ; elle régit son état civil, son mariage, ses relations de famille, la dévolution de son héritage : pour lui plus de divorce par consentement mutuel ou par simple répudiation ; pour lui plus de polygamie. Il acquittera dorénavant les impôts français, et non plus les impôts arabes ; il aura le droit de port d'armes ; il cessera d'être punissable pour des infractions spéciales à l'indigénat ; enfin, il sera admis à servir dans nos armées de terre et de mer au même titre qu'un Français d'Europe (2). »

Il va de soi que l'indigène naturalisé devient exclusivement justiciable des tribunaux français et ne peut plus, en aucun cas, recourir à la justice du cadi (3).

Nous avons maintenant à nous demander quel est, au regard de la femme et des enfants de l'indigène musulman naturalisé Français, l'effet de son admission au droit de cité. Faut-il restreindre au seul chef de famille les conséquences de la naturalisation qu'il a obtenue ? Doit-on, au contraire, décider que la femme et les enfants mineurs de l'indigène

(1) Signalons, au passage, une difficulté qui naît de la combinaison du sénatus-consulte de 1865 et de la loi du 26 juin 1889 sur la nationalité. On sait que, d'après l'article 3 de cette dernière loi, l'étranger naturalisé n'est éligible aux assemblées législatives que dix ans après le décret de naturalisation. Cette disposition s'applique-t-elle aux indigènes musulmans naturalisés en conformité du sénatus-consulte de 1865 ? Nous ne le croyons pas. La loi de 1889 porte, en effet, que le Français qui recouvre sa nationalité après l'avoir perdue acquiert, immédiatement et sans condition de stage, l'éligibilité aux assemblées législatives. Il doit, ce semble, en être de même, à plus forte raison, du Musulman indigène, qui n'a pas à recouvrer la qualité de Français et qui se borne à la corroborer par l'acquisition des droits politiques. Du reste, la question n'a qu'un intérêt théorique, étant donné le peu d'empressement des indigènes musulmans à demander la naturalisation.

(2) *Op. cit.*, p. 399.

(3) C. d'Alger (ch. Musulm.), 12 mai 1870, Robe., 1880, p. 174 ; Cass. civ. 15 juin 1885, D. P. 66, 1, 214 ; Sir., 87, 1, 259.

musulman sont, de plein droit, englobés dans sa naturalisation ?

La doctrine est divisée à ce sujet. Nombre d'auteurs des plus recommandables, entre autres MM. Weiss et Hamel, estiment que la naturalisation du chef de famille n'exerce aucune influence sur la condition de sa femme et de ses enfants. Dans leur opinion, la femme de l'indigène naturalisé reste Musulmane et, par suite, conserve son statut traditionnel, à moins qu'elle ne se soit personnellement associée à la demande de naturalisation. C'est pour le mari seulement, et à compter du jour où il s'est fait naturaliser, que le mariage tombe sous l'empire de la loi française ; au regard de la femme, il continue à être régi par la loi musulmane. Ainsi, d'après ce système, la femme musulmane du naturalisé serait recevable à se prévaloir, à l'encontre de son mari, des causes de dissolution du mariage sanctionnées par le Coran ou par les coutumes locales. Au cas de décès de l'indigène naturalisé, sa veuve exercerait la *hadana*, à savoir le droit de garde des enfants, et la tutelle serait, conformément au droit islamique, dévolue au cadi. Quant aux enfants de l'indigène, encore mineurs à l'époque de la naturalisation paternelle, ils resteraient également sous l'empire de leur statut religieux, parce que « le sénatus-consulte de 1865 subordonne à une demande de l'intéressé l'abandon du statut personnel musulman », et que le mineur n'a pas « la capacité nécessaire pour former une semblable demande » (1).

Mais cette théorie n'a pas prévalu dans la pratique. La Chancellerie et le Conseil d'État ont constamment admis que la naturalisation d'un chef de famille indigène emporte de plein droit celle de sa femme et des enfants mineurs déjà nés au moment de la naturalisation. Seuls, les enfants majeurs du naturalisé sont tenus de se pourvoir individuellement, s'ils désirent obtenir droit de cité. En droit strict, ce système n'est peut-être pas à l'abri de la critique ; mais il a l'incontestable mérite d'assurer l'homogénéité de la famille et de résoudre en faveur de la loi française les conflits de législation qui naissent

(1) WEISS, *op. cit.*, p. 401.

de la naturalisation du chef de famille. Il est vrai que le nouvel article 12 du Code civil consacre, au sujet de la naturalisation des étrangers, une solution différente, en décidant que ni la femme ni les enfants majeurs de l'étranger naturalisé ne sont, *de plein droit*, compris dans le décret qui a conféré à celui-ci la nationalité française. Mais, nous en avons déjà fait la remarque, les principes qui gouvernent la naturalisation des étrangers ne semblent pas applicables à la naturalisation de nos sujets algériens. Les indigènes musulmans sont Français; ils ne peuvent donc opposer à la loi territoriale française la souveraineté de leur statut personnel; s'ils sont restés en possession de ce statut, c'est par pure tolérance, à titre d'exception

C'est la loi française qui forme la règle; c'est donc elle qui doit avoir la prépondérance, lorsque les dogmes du Coran ou les coutumes locales entrent en lutte avec les principes du Code français. Puisque l'unité de législation dans la famille s'impose; puisque, d'autre part, il est impossible de concilier, relativement au mariage et aux rapports familiaux dont il est la source, les dispositions de la loi musulmane avec celles de notre Code, il est naturel que, dans ce conflit, la loi française ait le dernier mot. Par conséquent, on peut, sans méconnaître aucunement l'article 12 du Code civil, adhérer à la jurisprudence du ministère de la justice et admettre, avec M. Dunoyer, « que la femme du Musulman naturalisé et les enfants mineurs nés de son mariage avant la naturalisation, seront traités, à compter de ce jour, comme de vrais Français, soumis en tout et pour tout à la législation française » (1).

Aussi bien, la question, si intéressante qu'elle soit, n'a pas une grande portée pratique, étant donnée la répugnance que les indigènes, Arabes ou Kabyles, ont jusqu'ici témoignée à l'idée de se faire naturaliser. Pour ceux des indigènes qui sont à même d'en mesurer les conséquences, la naturalisation n'est rien moins qu'une apostasie, puisqu'elle implique renonciation aux règles les plus essentielles de la loi islamique, notamment à celles qui autorisent la polygamie, la répudia-

(1) *Étude sur le conflit de lois spécial à l'Algérie*, p. 208.

tion et qui gouvernent la constitution de la famille. Or, on sait combien est vivace, au cœur du Musulman, la foi dans les préceptes du livre sacré. Comment veut-on que le fidèle, pour qui les paroles du Prophète sont les paroles de Dieu même, puisse se résoudre à un acte qui le désignerait au mépris de ses coreligionnaires et le ferait considérer comme un renégat ?

Mais, nous dira-t-on, ce qui est vrai de l'Arabe ne l'est pas du Berbère. Les Kabyles se montrent moins stricts observateurs des prescriptions de l'Islam; ils repoussent l'application du Coran dans le domaine civil.

C'est là, en effet, une considération qui est développée avec complaisance dans l'exposé des motifs du sénatus-consulte de 1865 : « Les Kabyles, lit-on dans ce document, descendent de familles chrétiennes réfugiées; ils diffèrent des autres Arabes, sous le triple rapport des mœurs, des lois et du culte même. Ce million d'hommes, qui ne pratique pas la polygamie, dont les familles sont constituées à l'instar des nôtres, qui s'est montré sensible aux avantages de la civilisation, voudra profiter du nouveau bienfait que lui apportera le sénatus-consulte. »

Il y a dans ces déclarations optimistes presque autant d'erreurs que de mots. Ceux qui ont étudié de près la société kabyle s'accordent à reconnaître que, de tous les indigènes algériens, les plus hostiles à notre influence, les plus rebelles aux bienfaits de l'assimilation, sont les Kabyles : « Pas plus que les Arabes, a écrit à ce sujet un témoin oculaire, les Kabyles ne sont encore acquis à la France. Vaincus, ils restent indomptés, pour ne pas dire indomptables. De tous les indigènes, ils sont les plus difficiles à gouverner, car ils se montrent plus rebelles, s'il est possible, que les Arabes » (1).

En fait, le nombre des Musulmans naturalisés depuis 1865 n'est guère que d'un millier d'individus, chiffre dérisoire eu égard à une population de trois millions et demi d'indigènes. Il convient d'ajouter que la plupart de ces naturalisés ne sont Français que de nom et, en dépit de leur qualité

____

(1) CHARVÉRIAT, *A travers la Kabylie*, p. 124.

de citoyens, s'abstiennent de déclarer leurs enfants à l'état civil et continuent à pratiquer la répudiation et la polygamie. Qu'on nous permette d'en appeler ici encore au témoignage de M. Burdeau.

Mais les théoriciens de l'assimilation immédiate des indigènes ne se découragent pas pour si peu. Ils rêvent d'imposer par la contrainte ce qu'ils n'ont pu obtenir par la persuasion. A leurs yeux, le meilleur remède à la situation serait de rééditer au sujet des Musulmans algériens le système de naturalisation en masse que le décret du 24 octobre 1870 a inauguré à l'égard des indigènes israélites (1).

Cette expérience serait, selon nous, des plus hasardeuses. Elle rencontrerait très certainement, dans les mœurs et dans la religion des indigènes, un obstacle contre lequel viendraient se briser tous nos efforts. On ne change pas du jour au lendemain, par un trait de plume, les traditions séculaires, les sentiments et les croyances d'une race aussi indomptable que celle de nos sujets musulmans. L'exemple des Israélites naturalisés en 1870 ne prouve rien. Ni l'Arabe, ni le Kabyle, ne possèdent les qualités d'endurance et de souplesse qui sont le privilège de la race juive. Nul doute que l'abrogation de leurs lois et coutumes serait, à brève échéance, suivie d'un soulèvement général des tribus. Il nous faudrait reconquérir l'Algérie.

D'ailleurs, à supposer que l'éventualité d'un conflit dût être écartée, la naturalisation collective des Musulmans n'en aurait pas moins des conséquences infiniment funestes pour l'avenir de notre colonisation, en livrant « les fonctions publiques, les mandats électifs, l'administration tout entière de la colonie à des indigènes, peut-être encore ennemis de notre domination » (2). Toutes les prérogatives qu'emporte avec elle l'admission au droit de cité deviendraient, pour les Musulmans, un moyen facile de représailles et de vengeance ; l'arme que

<hr>

(1) En ce sens, proposition de loi de MM. MICHELIN et GAULIER, *J. off.* 1888, *Doc. parlem.*, Chambre, p. 106, annexe n° 297 ; — Proposition de loi de M. MARTINEAU, en date du 21 juillet 1890, *J. off.* de 1890, *Doc. parlem.*, Chambre, p. 1825, annexe n° 857.

(2) WEISS, *op. cit.*, p. 402.

nous aurions mise entre leurs mains se retournerait inévitablement contre nous.

Jusqu'à présent, nous n'avons eu en vue que les Musulmans
indigènes de l'Algérie. Quant aux Musulmans étrangers, ils
restent, en général, et sauf les exceptions résultant des traités
internationaux, soumis au droit et aux coutumes de leur pays
d'origine, pour le statut personnel et les questions d'état.
Toutefois, les regnicoles tunisiens et marocains se trouvent
dans une situation particulière. Les premiers, placés sous le
protectorat de la France, participent actuellement au régime
civil des indigènes non naturalisés de l'Algérie. Les seconds
doivent, par le seul fait de leur établissement sur le territoire
algérien, se conformer aux lois du pays, sans distinguer entre
celles qui ont trait au statut réel et celles qui gouvernent le
statut personnel : c'est ce que stipule expressément l'article 7
du traité conclu avec le Maroc, le 18 mars 1845. Appliquée à
la lettre, cette disposition conduirait à considérer les immigrants marocains comme étant régis *de plano* par la loi française. Mais une interprétation plus large a prévalu dans la
pratique. Il est admis que les Algériens originaires du Maroc
conservent, tout comme les indigènes musulmans, le bénéfice
de leur statut personnel (1).

(1) On pourrait rechercher ici quelle est, au point de vue de la nationalité, la
situation des personnes nées en Algérie de Musulmans étrangers. Doit-on leur
appliquer la disposition de la loi du 26 juin 1889, suivant laquelle tout individu
né en France d'un étranger et qui, à l'époque de sa majorité, y est domicilié,
est Français de droit, à moins qu'il ne décline le bienfait de notre nationalité ?
En principe, et à ne consulter que le texte de la loi de 1889, c'est l'affirmative
qui devrait être décidée, puisque, dans notre hypothèse, il s'agit bien, non pas
d'un *indigène* algérien au sens spécial de ce mot (v. *supra*, p. 64), mais d'un
étranger né sur notre territoire. Cette solution est cependant discutable. Il peut
paraître peu conforme à l'esprit de notre législation algérienne de mieux traiter
le Musulman étranger que le Musulman indigène, et de reconnaître au premier
des droits qui sont déniés au second. Spécialement, en ce qui concerne les
Musulmans venus de la Tunisie ou du Maroc, il nous semble difficile d'admettre
que ces immigrants, assimilés aux indigènes algériens sous le rapport des droits
civils, soient soumis à un régime différent quant à l'acquisition de la nationalité française. Ces considérations nous porteraient à penser que les enfants de
ces immigrants, nés sur le territoire de l'Algérie, sont, comme les indigènes
algériens, dont ils partagent la condition juridique, exclus de l'application de
la loi du 26 juin 1889 et ne peuvent obtenir droit de cité qu'en se faisant naturaliser conformément aux dispositions du sénatus-consulte de 1865.

CHAPITRE IV

La famille indigène et le Coran.

Si nous nous bornions à constater la résistance que les indigènes musulmans de l'Algérie opposent à la pénétration des idées françaises et leur peu d'empressement à se faire naturaliser Français, nous ne remplirions que la moitié de notre tâche. Après avoir déterminé la nature et l'étendue du mal, il importe d'en discerner les causes. Il reste à examiner si les obstacles que rencontre l'assimilation des deux races ne tiennent pas à l'organisation même de la famille indigène, aux dissemblances nombreuses et profondes qui séparent le monde musulman du monde européen, sous le double rapport du rôle qui appartient à l'individu dans la famille, et à la famille dans la société.

§ 1er. — *La solidarité familiale.*

Les Arabes n'ont pas toujours vécu sous la tente. Ils ont fondé de puissants empires et il est vrai de dire que, du VIIIe au XIIe siècle, l'ancien monde n'a guère connu, depuis la Chine jusqu'à l'Espagne, d'autre civilisation que celle des sectateurs de Mahomet. Bagdad, « la cité des merveilles », où se déployait tout le faste des Abbassides ; Damas, la capitale des califes Omméiades ; le Caire, Cordoue et Kérouan, rivalisaient de splendeur. Ces magnifiques cités avaient leurs palais, leurs écoles, leurs observatoires. L'industrie, les lettres, les sciences et les arts y brillaient du plus vif éclat. En Espagne, la bibliothèque du calife Hakam II ne comptait pas moins de 400,000 volumes. L'université de Cordoue était le rendez-

vous des savants et des écrivains les plus renommés du
x° siècle. C'est à deux astronomes de Bagdad, Battani et Fer-
ghani, que revient l'honneur d'avoir, les premiers, évalué
l'obliquité de l'écliptique et mesuré, dans la plaine de Sen-
naar, un degré du méridien. L'industrie était à la hauteur des
sciences et des arts. Dans la seule province espagnole de
Jaën, on comptait, au xi° siècle, 600 villes et villages vivant
de l'industrie de la soie (1).

Mais, de cette civilisation exquise et fragile, dont l'influence,
en somme bienfaisante, a rayonné pendant cinq siècles sur les
plus sombres époques du moyen âge, il ne reste que de gran-
dioses débris. Après avoir ébloui le monde de sa hâtive et
prodigieuse efflorescence, la société musulmane est revenue
en arrière, comme pour se retremper dans la rudesse des âges
primitifs. L'instinct anarchique de la race arabe, rebelle à
toute unité politique, impatient de toute centralisation gouvernementale, s'est réveillé plus indomptable que jamais. Et les
anciens sujets des dynasties omméiades et fatimites nous
apparaissent, aujourd'hui comme au temps de l'hégire, groupés
en tribus agricoles ou pastorales, et promenant, dans les
terres de parcours, leurs campements et leurs troupeaux.

La tribu (*ârch*) est la base de la société arabe. C'est, à
proprement parler, une agrégation de familles apparentées
par la communauté d'origine, qui vivent, réunies sur le
même territoire, sous l'autorité du plus noble ou du plus
ancien (2). Il n'existe généralement, ni cohésion, ni lien politique entre les diverses tribus; ce sont des groupes auto-
nomes, souvent en guerre les uns contre les autres, qui n'ou-
blient leurs rivalités que pour courir sus à l'infidèle. Mais
une forte solidarité règne entre les familles de la tribu et les
membres de chaque famille. Grâce à elle, l'individu se sent
moins isolé. A-t-il à venger quelque injure, il peut compter

---

(1) V. sur l'histoire de la civilisation musulmane : LE BON, la *Civilisation des
Arabes*, 1884, in-4° ; RENAN, l'*Islamisme et la science*, 1883, in-8°; RAFAEL
CONTRERAS, *Los Monumentos arabes de Grenada*, Madrid, 1885.

(2) Cela n'est vrai qu'en théorie, du moins pour les Arabes algériens. Ainsi
qu'on le verra bientôt, le cheik de la ferka, le caïd de la tribu, reçoivent
l'investiture de l'autorité française.

sur l'assistance de sa parenté, de sa tribu (1). A ce point de vue, la solidarité familiale supplée à l'action protectrice que les lois exercent dans une société plus avancée. Mais, en revanche, elle comprime, elle annihile en quelque sorte la personnalité de l'individu. La vie, les intérêts, le patrimoine, tout est en commun. N'ayant pas d'individualité indépendante, les membres de la tribu ne sauraient prétendre à l'assignation d'une part distincte ; leur fortune se confond et s'absorbe dans celle de la collectivité. Si, à la longue et par une atténuation apportée à la rigueur du principe, les chefs de famille arrivent à se faire attribuer, à chacun, un lot particulier, le droit individuel qui résulte de cette appropriation est essentiellement instable et précaire. Il reste subordonné au droit éminent de la collectivité, qui a toujours le droit d'intervenir, dès qu'il s'agit de maintenir l'intégrité de son patrimoine et de fermer à l'étranger l'accès de la tribu.

Chez les Kabyles, comme chez les Arabes, le principe de la solidarité s'affirme à tous les degrés de l'organisation sociale. Il domine toutes les relations de l'individu, de la famille et du village ; son influence se fait jour dans les moindres questions d'intérêt privé. La ressemblance qui existe à cet égard entre Arabes et Berbères est d'autant plus frappante que les deux races sont séparées par des différences de race, de langage et de mœurs.

A l'inverse des Arabes, les montagnards du Djurdjura sont entrés depuis longtemps dans la pratique du gouvernement démocratique. Avant la conquête par la France, chaque village ou *thaddart* avait sa vie propre, son autonomie, et nous offrait l'image réduite d'une république pratiquant le système du *self-government*. La souveraineté du village se concentrait entre les mains de la *Djemâa* (2), assemblée générale des citoyens. Cette assemblée populaire, qui offrait de singulières analogies avec le *mallus legitimus*, l'assemblée des hommes libres des anciennes tribus franques, absorbait

----

(1) Deux tribus du Nedjed, les *Abs* et les *Dhobyan* se firent la guerre pendant quarante ans, à la suite d'une dispute sur les mérites comparés de la jument Ghabra et du cheval Dahis.

(2) *Thadjemaïth*, en langue kabyle.

tous les pouvoirs : elle dictait les lois, rendait la justice, décidait de la paix ou de la guerre, veillait au maintien de l'ordre, assurait l'exécution des règlements. Elle se réunissait une fois par semaine sous la présidence de l'*Amin*. Tous les citoyens majeurs en étaient membres de droit ; ils devaient y assister sous peine d'amende.

Mais, en dépit de la forme démocratique de leurs institutions, les Kabyles, pas plus que les Arabes, ne se soucient de favoriser le libre exercice des facultés de l'individu ; le caractère dominant de leur organisation a toujours été l'étroite dépendance de l'homme vis-à-vis de la collectivité. La famille (*kharouba*), qui comprend le père, la mère, les fils, leurs femmes, leurs enfants et petits-enfants, les oncles, les tantes, les neveux et les cousins, forme le premier échelon de l'association berbère. Or, les membres de la kharouba laissent généralement leurs biens dans l'indivision, pour subvenir à l'entretien de tous, indistinctement : « Dans la ruche laborieuse de la famille associée, dirons-nous avec MM. Hanoteau et Letourneux, tous sont réunis dans un but commun, et travaillent dans un intérêt général (1). » A son tour, la kharouba est étroitement subordonnée au *thaddart*, groupe principal de la société kabyle ; il n'est guère d'acte de la vie civile où n'intervienne la communauté de village, personnifiée par la djemâa. Enfin, les villages unis par des liens d'affinité forment un troisième groupe, le douar ou la tribu (*àrch*). Il arrivait même autrefois, qu'au-dessus des tribus apparaissait une confédération (*thak'ebilt*) dont elles constituaient les éléments.

On peut donc dire qu'antérieurement à la conquête, l'association, ou plus exactement, la solidarité des membres de la famille, du village, du douar ou de la tribu, était la pierre angulaire de la société arabe ou kabyle. La substitution du pouvoir de la famille à l'initiative de l'individu imprimait à cette société un caractère patriarcal.

Depuis l'occupation française, l'organisation primitive de la tribu arabe et du village berbère a reçu de sensibles atteintes.

____

(1) *La Kabylie et les coutumes kabyles*, t. II, p. 469.

Les chefs actuels des indigènes tendent à dégénérer en simples agents de notre Administration. Le cheik de la *ferka*, le caïd de la tribu reçoivent l'investiture de l'autorité française. Comme l'a reconnu la Cour de cassation, ces chefs, quel que soit leur rang dans la hiérarchie, sont de véritables fonctionnaires (1). L'antique djemâa kabyle existe toujours, mais elle n'a plus guère qu'une puissance nominale, et son président, l'*amin*, est nommé par le préfet sur la proposition du sous-préfet (2). D'un autre côté, en territoire arabe comme en Kabylie, le douar et la ferka ont perdu leur caractère originel d'agrégations de familles, pour devenir des unités politiques ou administratives, de simples sections de communes (3).

Sous l'influence de ces modifications, il s'est produit dans l'organisation traditionnelle de la famille indigène un travail de dislocation sur lequel on ne saurait fermer les yeux. Le sentiment de la consanguinité tend à s'affaiblir, le cercle de la solidarité familiale se rétrécit graduellement ; chaque tente, chaque foyer, commence à devenir le centre d'un intérêt spécial, d'une famille distincte.

Quoi qu'il en soit, la famille indigène, en dépit des altérations qu'elle a subies dans sa constitution première, garde l'empreinte de la communauté patriarcale d'où elle est issue. Pour peu qu'on explore le droit familial des Arabes et des Kabyles, on y retrouve, non sans surprise, les traits les plus archaïques des sociétés primitives : la solidarité qui assujettit l'individu à la famille et la famille à la tribu ; le mariage par achat ; la polygamie ; la répudiation par la seule volonté du mari ; la tutelle perpétuelle de la femme ; le collectivisme agraire de la tribu, la communauté de village et, partout où la propriété individuelle est constituée, l'indivision érigée en règle ; en un mot, la plupart des usages juridiques que nous discernons vaguement dans la pénombre de notre propre civilisation. On arrive ainsi à reconnaître, contrairement à une opinion trop facilement acceptée, que les populations musul-

---

(1) Cass. crim., 10 mars 1865.
(2) Décr. 11 septembre 1873, art. 5.
(3) V. *infrà,* IIe partie.

manes ne suivent point une voie différente de celle du reste de l'humanité, mais qu'elles s'attardent à leur point de départ, sous l'influence d'une religion hostile au progrès social.

C'est, en effet, un des traits saillants de l'islamisme d'immobiliser dans leur barbarie native les races qu'il asservit. Voilà pourquoi les peuples islamisés restent, en général, stationnaires au milieu de la civilisation ambiante. Ils pourraient certes atteindre à leur tour les étapes que les races européennes ont depuis longtemps franchies, nous n'en voulons d'autre preuve que la prestigieuse histoire des empires arabes du moyen âge. Mais lorsqu'ils s'engagent dans cette voie de progrès, ce n'est pour ainsi dire qu'à regret, avec la nostalgie de la libre et aventureuse existence des premiers âges. De là l'instabilité de la civilisation islamique. C'est un décor de théâtre. Le bon Musulman ne peut que dédaigner notre conception moderne de la vie. Qu'importe le vain appareil de nos lois économiques et de nos dogmes utilitaires à ce pur croyant, pour qui le plus saint des devoirs est de combattre « dans le chemin de Dieu », et qui, dans la joie ardente des razzias et des batailles, croit savourer d'avance les délices promises du paradis ?

Comment s'étonner, après cela, que, dans les pays où règne la loi du Coran, la marche de l'humanité paraisse retardée de plusieurs siècles, et que des formes d'organisation sociale, perdues dans la nuit historique des peuples occidentaux, y reviennent à la lumière du jour, « comme des villes ensevelies sous un monceau de cendres volcaniques » (1) ?

§ 2. — *Le mariage par achat.*

Ce qui caractérise au plus haut degré la communauté patriarcale, c'est son exclusivisme à l'encontre des étrangers et le zèle jaloux qu'elle témoigne pour la conservation du patrimoine familial. Pour elle, l'étranger est un ennemi ; il faut que cet ennemi ne parvienne pas à s'introduire furtive-

(1) SUMNER MAINE, *Études sur l'ancien droit*, p. 171.

ment dans la tribu et que le mélange du sang, la confusion des enfants soient chose impossible. Il faut aussi que le patrimoine de la collectivité ne puisse s'amoindrir et demeure intact à travers les siècles.

Or, parmi les moyens propres à assurer ce double résultat, celui qui paraît s'être présenté le premier à l'esprit de l'humanité, c'est de placer la femme sous la mainmise absolue du chef de la famille, de l'assujettir à une tutelle perpétuelle qui barre la route aux actes de disposition de nature à frustrer la communauté d'une partie de son avoir. Accepter une fille au nombre des héritiers, lui reconnaître même le droit de disposer de sa personne, ce serait permettre le démembrement du fonds commun, son aliénation partielle au profit de cet étranger, le fiancé. L'intérêt de la communauté exige, dès lors, que la femme, bouche et bras inutiles, destinée à déserter le foyer paternel pour former une nouvelle famille, soit réduite à une condition infime. Qu'elle n'ait donc qu'un rôle, celui d'enfanter des guerriers pour la tribu, de puiser l'eau de la source, de préparer les repas, en un mot de porter sur ses frêles épaules tout le fardeau du ménage. Elle fera sans doute partie de la famille, mais à peu près au même titre que les esclaves. A vrai dire, ce sera moins une personne qu'un bien appréciable en argent et susceptible d'être aliéné au mieux des intérêts du groupe familial. Ainsi que l'a dit Michelet (1), « les nations héroïques, n'estimant que la force, considèrent l'être faible comme une chose qui peut se vendre ou s'acheter ».

Une première et remarquable application de cette brutale théorie nous est offerte, au sujet du mariage, par la coutume primitive. Lorsque la femme quitte la tente paternelle pour suivre un étranger, ce changement dans sa situation se produit sans qu'elle soit consultée. A l'aube de l'humanité, dans cette phase initiale de la famille que caractérisait la pratique de l'exogamie, le mariage était ravalé à sa notion la plus grossière : c'était un rapt, une appropriation de la femme par capture. On trouve des vestiges du mariage par rapt dans les usages des nations les plus civilisées de l'Europe moderne,

(1) MICHELET, *Origines du droit français*, 1837, p. 21.

comme parmi les peuplades les plus arriérées. La « *deductio* » (1) de la jeune mariée dans la maison de l'époux, également en honneur à Rome et en Grèce, qu'est-elle autre chose, sinon un symbole, une image affaiblie de l'ancien mode de mariage par enlèvement ? De même, chez les Arabes de l'Algérie, le jour où le futur époux va chercher sa femme à la maison de ses parents s'appelle *nhar el refoude*, le jour de l'enlèvement : les cavaliers de la tribu de la jeune fille poursuivent le ravisseur et font parler la poudre.

A l'enlèvement réel de la femme succédèrent le rapt simulé, puis le mariage par achat. Il est à croire qu'à l'origine le prix payé par le fiancé aux parents de l'épouse représentait l'indemnité, la composition due par le ravisseur à la famille de la victime.

Quoi qu'il en soit, le mariage par achat, dont on constate des traces indéniables dans le droit primitif de tous les peuples (2), a profondément marqué son empreinte dans la législation et les usages des populations musulmanes de l'Algérie.

Chez les Kabyles, cette coutume a conservé toute sa rudesse native. Privée de personnalité, la femme berbère est achetée et livrée sans que, le plus souvent, sa volonté intervienne. Un agnat (*açeb*) quelconque, le père, le frère,

---

(1) Dans la *deductio*, le jeune homme prennit la fiancée dans ses bras et franchissait, avec ce doux fardeau, le seuil de sa maison.

(2) Le mariage par achat était, à l'origine, d'un usage presque universel. L'*Iliade* dit textuellement que les vierges rapportaient des bœufs à leurs parents (ἀλφεσίβοιαι) ce qui ne peut s'entendre que d'un prix nuptial. Aristote affirme que les anciens Grecs achetaient les femmes (ἐωνοῦντο ; *Polit.*, II, 8). La loi romaine avait gardé l'image de l'achat primitif dans le mariage *ex coemptione*. Dans l'Inde antique, le mariage par achat offrait deux formes distinctes : « *azura* » et « *urscha* ». (KOVALEVSKY), *Tableau des origines et de l'évolution de la famille*, Stockholm, 1890, p. 42). Cette coutume était générale chez les peuples de la Germanie et chez les Scandinaves. Les lois saxonne et burgonde (*Lex burg.* Tit., XLVI) comme les chants de l'Edda, mentionnent fréquemment l'achat de la femme, l'or apporté par le fiancé. On en retrouve le souvenir dans le mariage *per solidum et denarium* des Francs. Au **XI**e siècle, en France, c'était une locution courante de dire qu'un père achetait une fille pour son fils (Gaston Paris, *La vie de saint Alexis*, Paris, 1885, p. 2, vers 40).

V. LETOURNEAU, *Évolution du mariage*, Paris, 1888, *passim* ; d'ARBOIS DE JUBAINVILLE, *L'achat de la femme dans la loi irlandaise*, *Revue celtique*, 1876-1878, p. 361 ; DARESTE, *Anciens codes brahmaniques et coutumes des Ossètes. J. des savants*, 1884, p. 47, 310, 311, 376 ; 1887, p. 283 ; BEAUCHET, *Formation et dissolution du mariage dans le droit islandais*, Paris, 1887, p. 3 et 4.

l'oncle, vend la jeune fille au futur époux. A défaut de parents mâles, c'est le tuteur qui en dispose. Le père a même le droit de livrer à l'acheteur sa fille impubère. Seules, la veuve et la femme répudiée ont la faculté de rejeter à deux reprises les prétendants qui se présentent. La coercition de la famille à l'égard de la femme ne s'arrête que lorsque celle-ci a atteint un âge où l'union serait stérile (1).

Par cela même que le mariage est, au regard de la coutume kabyle, une véritable vente, son existence juridique est subordonnée à deux conditions : le paiement d'un prix et la livraison de la femme. Le prix, appelé *thâmamth* ou *thout-chith* en langue berbère, consiste en une somme d'argent, dont la quotité varie d'une tribu à l'autre, mais qui, en moyenne, n'excède pas 300 francs, prix inférieur à celui d'une bête de somme (2). Quelques tribus du versant sud du Djurdjura ont même fixé un maximum qu'il est interdit de dépasser sous peine d'amende au profit de la djemâa (3). Ainsi, chez les Imecheddalen, la thâmamth ne peut excéder, pour une vierge, cinquante réaux et deux moutons ; pour une veuve, trente réaux ; pour une femme répudiée, soixante-dix réaux. Accessoirement à la thâmamth, le père stipule ordinairement du futur les bestiaux et les provisions qui seront consommés pendant les fêtes du mariage, ainsi qu'une certaine quantité de vêtements et de bijoux au profit de sa fille. Toutes ces prestations, y compris la thâmamth, dont elles ne sont que le complément, sont convenues devant témoins, sans acte.

Le prix nuptial ou thâmamth doit être versé en totalité avant la consommation du mariage ou par portions à des époques déterminées. Le défaut de paiement serait une cause légale de répudiation. En principe, la femme n'a aucun droit sur la thâmamth : le prix du mariage est touché par le père, le frère, le grand-père, ou tout autre parent ayant sous son autorité

(1) Toutefois, dans quelques villages, la veuve qui a des enfants mâles peut, en vivant auprès d'eux, se refuser à un nouveau mariage. Il en est ainsi notamment chez les Iâzzouzen Bouadda.

(2) Un mulet se vend, en Kabylie, jusqu'à 600 francs, CHARVÉRIAT, *op. cit.*, p. 173.

(3) V. pour plus de développements, HANOTEAU et LETOURNEUX, *op. cit.*, p. 152 et suiv.

la jeune fille. Celle-ci ne reçoit une part de la thâmamth qu'à défaut de parent mâle de la ligne paternelle : dans ce cas, le prix se partage entre la mère et sa fille ; il ne revient en totalité à la future épouse que si sa mère est morte ou remariée. Lorsqu'il s'agit d'une fille sans famille, attachée comme domestique au service d'un individu, c'est son maître qui la marie et qui touche la thâmamth.

Dans la période préislamique, le mariage se pratiquait chez les Arabes, comme aujourd'hui chez les Kabyles, sous la forme d'une vente. Il semble même que le mariage temporaire, qui nous reporte au matriarcat, ait été toléré par Mahomet. Ce dernier mode d'union, qui fut aboli à l'avènement du calife Omar, laisse encore de nos jours des traces chez les Chiites (1). Il n'en est pas moins vrai que la conception du mariage par achat, dont la coutume kabyle poursuit l'application dans toute sa rigueur, s'est atténuée sensiblement dans la législation islamique. Chez les Arabes, le prix d'achat est transformé en dot, ou du moins en a pris le nom. D'autre part, cette dot, à la différence de la thâmamth berbère, n'est pas dévolue aux parents mâles de l'épouse. Il arrive sans doute à la femme d'être victime de la rapacité de ses proches et de se voir dépouillée par eux du montant de sa dot ; mais, en droit, c'est la femme seule qui est propriétaire de la dot fournie par le mari ; elle seule a le droit de disposer de ses biens dotaux et d'en percevoir les fruits ; la jurisprudence des cadis est constante sur ce point (2). La femme touche la moitié de la dot, le *naqd*, avant la célébration du mariage, et le surplus, le *kali*, dans un délai qui, en Algérie, ne peut dépasser vingt années.

Une autre différence, encore plus caractéristique, distingue le mariage kabyle du mariage musulman. D'après la coutume berbère, nous l'avons dit, la femme n'a point à donner son consentement personnel à l'affaire de son mariage. Le contrat de vente se forme, sans aucune participation active de sa part, entre le représentant de sa famille et le futur époux. Tout autre

<hr>

(1) V. sur ce point, KOVALEVSKY, *op. cit.*, p. 30 ; VILKEN, *Das Matriarchat bei den Arabern*, d'après AMMIEN MARCELLIN, XIV, 4.
(2) V. SAUTAYRA et CHERBONNEAU, *Droit musulman*, II, p. 76, n° 573.

est, à ce point de vue, la condition de la femme arabe. Dans les principes de la loi musulmane, la femme doit intervenir au contrat et donner son consentement au moins tacite. Il est vrai que ce consentement, ainsi qu'on le verra tout à l'heure, ne se manifeste le plus souvent que d'une manière indirecte, par l'intermédiaire des personnes à l'autorité desquelles l'épouse est soumise, et n'a dès lors, dans nombre de cas, qu'une valeur théorique. Mais toujours est-il qu'au regard de la loi, ce consentement est censé émaner de la femme et qu'il constitue, au même degré que la constitution de la dot, une des conditions requises pour la validité du contrat. Tout en le subordonnant à des restrictions qui en rendent maintes fois l'exercice illusoire, le Prophète a compris la nécessité morale du consentement de la femme, et il en a déposé la notion dans le texte du livre sacré.

Il ne faudrait pas cependant s'exagérer l'importance pratique de ces réformes et en conclure que, chez les Arabes algériens, le mariage s'est séparé entièrement de ses origines préislamiques et a franchi d'une manière définitive l'étape lointaine où s'attardent encore les coutumes kabyles. Les tempéraments introduits par le Coran dans la conception primitive du mariage marquent sans doute une tendance vers la formule moderne du consentement mutuel des futurs époux ; mais ils n'empêchent pas qu'au fond, et dégagée des fictions juridiques qui en atténuent la rudesse, la théorie islamique du mariage s'analyse toujours en une véritable vente, dans laquelle la femme est l'objet vendu.

Le mariage, tel que le définissent les commentateurs du Coran, est un contrat essentiellement commutatif, où chacune des parties est tenue de fournir une prestation à l'autre contractant. La femme livre sa personne, le mari livre la dot. Le don nuptial est, en principe, assimilé à un prix de vente. Il est soumis aux mêmes règles que lui, en ce qui concerne le paiement et la livraison, la garantie et la perte. La femme reste maîtresse de sa personne, tant que le mari n'a pas satisfait à son obligation. Réciproquement, le mari peut contraindre sa femme à lui livrer son corps, dès qu'il a rempli son engage-

ment, en versant la portion exigible de la dot (1). Aussi longtemps que, pour une cause quelconque, l'épouse ne s'est pas
livrée au mari, le contrat, bien que formé, ne produit d'autre
effet juridique que de rendre la femme créancière de la moitié
de sa dot. C'est en quelque sorte par la tradition que la femme
fait de son corps au mari, c'est-à-dire par la consommation
physique, que le mariage acquiert toute sa perfection et fait
naître la puissance maritale, avec son cortège de droits et de
devoirs. De là le soin avec lequel la loi islamique, procédant
en ceci, comme pour le reste, au rebours du législateur français, s'attache à préciser les faits et les circonstances de nature
à faire présumer la consommation physique de l'union et à
fixer le moment précis de cet acte (2).

D'un autre côté, bien que le consentement mutuel des époux
figure au nombre des conditions de validité du contrat (3), la
loi islamique a eu recours aux subtilités les plus ingénieuses
pour que l'application de ce principe reste lettre morte en ce
qui concerne la femme. En règle générale, la fille vierge,
nubile ou non, peut être contrainte par son père ou, à défaut
de celui-ci, par le tuteur testamentaire (*ouaci*) à tout mariage
qui ne lui porte pas préjudice ; elle n'échappe à cette odieuse
coercition que dans les cas limitativement énumérés par la loi,
par exemple, lorsque le contraignant a abdiqué son droit ou
que, pubère, elle a séjourné un an chez son mari. En dehors
de ces exceptions, il faut, pour que la femme puisse consentir directement au mariage, qu'elle soit nubile et, en outre,
privée de la virginité par un fait admis par la loi. Encore est-
il que, dans ce cas, la femme ne saurait consentir en personne ;
elle doit se faire représenter par un mandataire spécial, le
ouali. Sont appelés à la *oualaïa*, le fils aîné de la femme, son

(1) V. ZEYS, *Traité de droit musulman*, I, p. 12 et suiv. ; SAUTAYRA et CHER-
BONNEAU, *op. cit.*, II, p. 60.

(2) La consommation physique résulte, soit de la cohabitation, soit de certains
faits considérés comme les équivalents de cette cohabitation, par exemple
lorsque, dans la tente, on a laissé tomber sur les nouveaux époux le rideau qui
sépare la couche des femmes de celle des hommes ; lorsque la femme a habité
pendant un an, à partir de sa puberté, la maison de son mari, etc...

(3) Ces conditions sont : le consentement, — la présence de deux témoins, —
la constitution d'une dot, — l'absence de tout empêchement — et la consommation physique.

petit-fils, son père, le tuteur testamentaire, son frère, son grand-père paternel, et, à défaut de parents, un membre de la communauté, en témoignage de la solidarité qui est l'âme de la société musulmane.

Ainsi donc, en droit islamique comme dans la coutume berbère, toute la théorie juridique du mariage se ramène, en dernière analyse, à la conception grossière de l'achat de la femme par le mari. Appliquée sans atténuation aucune chez les Kabyles, dissimulée sous une étiquette trompeuse chez les Arabes, cette notion primitive du mariage est en quelque sorte l'assise première des deux institutions qui contribuent le plus à donner à la famille indigène une physionomie à part : nous voulons parler de la polygamie et de la répudiation.

§ 3. — *La polygamie et la répudiation.*

On a cherché à expliquer la polygamie par la nécessité où la famille patriarcale se serait trouvée, à un moment de son évolution, de se ménager des alliances et de remplacer par une paix durable l'état de guerre continuelle qui caractérise les rapports des tribus entre elles. Il est vraisemblable, en effet, que le mariage ait joué dans les pacifications de tribus un rôle prépondérant. Mais si la préoccupation des alliances a pu influer sur la pratique de la polygamie, nous croyons que cette coutume a son point de départ dans le mariage par achat. Du moment, en effet, où la femme est tenue pour un objet de vente, rien ne s'oppose à ce que le riche prenne autant de femmes qu'il pourra en nourrir. Il y est d'ailleurs poussé par son intérêt, car, dans la famille patriarcale, la femme est, suivant la juste remarque de MM. Le Play (1) et Kovalevsky (2), « le travailleur par excellence », à qui incombent tous les soins domestiques, même les travaux des champs et l'élève du bétail, tandis que le mari dépense son temps à la chasse ou au noble métier des armes.

Mais la polygamie suppose forcément, chez ceux qui la pra-

(1) *Les ouvriers d'Orient.*
(2) *Op. cit.*, p. 101 et suiv.

tiquent, les moyens suffisants pour l'achat de plusieurs femmes et pour leur entretien. Aussi, dans le monde musulman, en Algérie comme en Turquie, la polygamie est-elle le privilège des familles les plus aisées, ordinairement celles des riches marchands des villes. Quant aux fellahs arabes et aux montagnards kabyles, pauvres pour la plupart, ils restent, en fait, monogames. Même parmi les tribus de grande tente, il est très rare de rencontrer un indigène ayant épuisé le droit qui lui appartient théoriquement d'avoir quatre femmes légitimes à la fois (1).

C'est encore dans l'ancienne coutume du mariage par achat que la théorie islamique de la répudiation paraît avoir son origine ou, tout au moins, trouve son explication la plus logique. Au fond de tout contrat commutatif, la condition résolutoire est, en effet, toujours sous-entendue. Du moment où le mariage est assimilé, en droit, à une vente, il est naturel qu'il puisse se dissoudre à la manière d'un contrat à titre onéreux, c'est-à-dire moyennant la remise de la femme répudiée à sa famille et le remboursement du prix d'achat ou du don nuptial versé par le mari. Et tel est, en effet, réduit à ses traits essentiels, l'aspect juridique de la répudiation à charge de rançon (*khola*). Dans le khola ou séparation des époux par consentement mutuel, la rançon offerte au mari par la femme pour rompre le lien conjugal, bien qu'elle puisse être inférieure ou supérieure à la dot, n'en est pas moins l'équivalent juridique, la compensation de cette dot.

A côté de la répudiation par consentement mutuel, la loi islamique reconnaît au mari le droit exorbitant de dissoudre le mariage, de son autorité privée, même contre la volonté de la femme. Considéré par le Coran comme supérieur à la femme, le mari est libre de répudier son épouse, à son gré, sous le plus futile prétexte. Il est armé, à cet égard, d'un droit absolu et sans contrôle dont, seule, la religion lui défend d'abuser.

Cette répudiation par consentement unilatéral du mari s'appelle *t'alak*. Le t'alak est la formule juridique qui enlève tout caractère licite aux relations entre époux. Ce mode de

(1) V. à cet égard, CHARVÉRIAT, *op. cit.*, p. 178.

répudiation comporte une variété presque infinie de formules
où la subtilité du génie arabe s'est donné libre carrière.
Ainsi, indépendamment de la répudiation triple, qui ne laisse
debout aucun vestige du mariage, le mari peut choisir telle ou
telle formule d'où ne résulte qu'une répudiation simple et,
par suite, révocable. Il serait sans intérêt d'exposer ici la longue théorie de la formule en matière de répudiation. Ce qu'il
importe de retenir, c'est que la répudiation par consentement
unilatéral, qui favorise l'égoïsme et la dureté native de l'homme,
est d'un usage très fréquent en Algérie et permet ainsi aux
indigènes de se procurer tous les agréments de la polygamie
sans avoir à en redouter les charges et les ennuis. Il paraît
que, dans certaines localités de la Kabylie, presque toutes les
femmes ont été répudiées au moins une fois, et M. Charvériat
affirme (1) qu'il n'est pas rare d'en rencontrer ayant appartenu
successivement à une demi-douzaine de maris. Il faut ajouter
que cet abus de la répudiation s'explique autant par l'âpreté
au gain des indigènes que par la licence des mœurs. Grâce à
une supercherie juridique contre laquelle la justice des cadis
ne réagit qu'avec mollesse, il est entré dans la pratique de
combiner la répudiation unilatérale ou t'alak avec le khola
ou répudiation par rançon. A la première on emprunte le
droit arbitraire qu'a le mari de se séparer de sa femme ; à
la seconde on prend la clause du don compensatoire. A la
faveur de cet expédient, la femme, même lorsqu'elle est chassée
sans motif, par un simple caprice du mari, est censée se
racheter de son propre gré et doit, en conséquence, payer une
rançon, comme s'il s'agissait d'une répudiation par consentement mutuel.

Il importe de remarquer que la loi coranique, malgré sa
partialité pour le mari, ne va pas cependant jusqu'à dénier à la
femme tout moyen de protéger sa faiblesse contre la tyrannie de
son maître. Irrecevable en principe à provoquer la répudiation,
la femme est, par exception, admise à prendre cette initiative
lorsqu'elle justifie d'un préjudice grave, souverainement

(1) *Op. cit.*, p. 179, note 2.

apprécié comme tel par le cadi (1). Le dommage une fois constaté, le magistrat met la femme en demeure de choisir entre le maintien ou la rupture du lien conjugal. Si elle opte pour la répudiation, le cadi prend acte de cette décision et la sanctionne judiciairement. La répudiation ainsi prononcée est irrévocable et entraîne l'exigibilité immédiate de la dot.

La loi islamique distingue encore deux autres cas où la dissolution du mariage peut être ordonnée en justice, à la requête de la femme, à savoir : le *ila* et le *d'ihar*. Le *ila* est le serment fait par le mari de cesser tout rapport sexuel avec sa femme. Aux yeux du législateur musulman, ce serment « de continence » constitue pour la femme une offense des plus graves. De là, pour celle-ci, le droit de mettre en demeure son mari de revenir à elle ou de lui rendre sa liberté. Le *d'ihar* se produit lorsque le mari assimile sa femme à une personne avec laquelle tout commerce charnel lui est interdit : le *d'ihar* ne rompt pas le mariage par sa seule force, il rend seulement impossible toute cohabitation entre les deux époux et donne ouverture à une action au profit de la femme. Si, au bout de quatre mois, le mari ne se soumet pas à « l'expiation », par l'affranchissement d'un esclave, un jeûne prolongé, ou même par un simple acte de contrition, la femme l'appelle devant le cadi et le mariage est dissous irrévocablement (2).

La coutume kabyle renchérit encore sur la dureté de la loi musulmane à l'égard de la femme, en refusant à celle-ci le droit d'obtenir la répudiation, même pour les causes les plus légitimes. En Kabylie, le droit de répudiation appartient au mari, en toutes circonstances, sans contrôle ni restriction aucune. Aussi peut-on dire sans exagération, avec M. Charvériat, que la clause essentielle, celle qui fait le fond même du mariage kabyle, c'est que « l'acheteur pourra rendre la marchandise

---

(1) Par exemple, si le mari se livre à des violences sur la personne de sa femme; s'il lui donne une rivale, alors qu'il s'était engagé à rester monogame.

(2) Nous ne passons pas en revue, bien entendu, tous les modes particuliers de répudiation imaginés par le législateur de l'Islam, tels que la *moubara*, le *lia'n*, etc... Des explications à cet égard nous entraîneraient trop loin et seraient d'ailleurs sans grand intérêt au point de vue de cette Étude, dont l'objet est de mettre en relief le rôle joué par la femme dans l'acte juridique de la répudiation.

dès qu'elle aura cessé de lui plaire » (1). Le pouvoir d'oppression du mari n'a d'autre contrepoids que la faculté accordée à la femme de se mettre en état d'insurrection, c'est-à-dire de s'enfuir du domicile conjugal et de se retirer dans sa famille.

Mais la femme insurgée (*thamenafek't*) n'est pas pour cela affranchie du lien qui l'enchaîne à son mari. Celui-ci peut, à son gré, ou la répudier, en réclamant la restitution de la thâmamth, ou laisser subsister le mariage. Dans ce dernier cas, la femme devient *thamaouok't* ou indisponible, en ce sens que celui qui voudra l'épouser ne pourra le faire qu'avec le consentement du mari et à la charge de payer à celui-ci une amende ou indemnité plus ou moins forte, mais presque toujours supérieure à la dot qu'il a lui-même déboursée. Cette indemnité est de 100 réaux chez les Taourirt-Abdallah ; elle atteint le chiffre de 500 réaux chez les Cheurfâ, alors que dans ces tribus, le prix nuptial d'une vierge n'est tout au plus que de 100 réaux. Ainsi s'explique une des singularités les plus piquantes de la coutume kabyle, celle qui fixe la thâmamth d'une femme ayant eu un premier mari à un taux plus élevé que la thâmamth d'une jeune fille.

Ce n'est pas seulement en ce qu'elle fait dépendre la répudiation du pouvoir discrétionnaire du mari que la coutume berbère aggrave la situation de la femme ; elle accentue cette défaveur en attachant à la répudiation des conséquences vraiment exorbitantes, que le Coran réprouve d'ailleurs de la façon la plus formelle (2).

En droit kabyle, la répudiation a lieu avec ou sans fixation de prix. Répudiée sans fixation de prix (*berrou-embla-tegouri*), la femme reste toujours sous la dépendance de son mari, jusqu'au moment où il consent à recevoir du père ou de tout autre le *lefdi*, prix de rachat, et où il déclare, devant témoins, abdiquer tout droit sur sa femme. Dans la répudiation avec fixation de prix (*berrou-n-tegouri*), la femme devient, il est vrai, libre de se remarier, mais à la condition de payer le prix de rachat stipulé d'avance par le mari qui l'a répudiée.

(1) *Op. cit*, p. 177.
(2) Coran, *sourate* IV, v. 23.

Or il arrive souvent que la somme fixée est tellement exagérée qu'il ne se présente personne pour couvrir cette mise à prix. La femme répudiée devient alors *thamaouok't*, tout comme la femme *insurgée*. Elle est frappée d'une sorte d'indisponibilité, et en quelque sorte retirée du commerce, à moins qu'il ne plaise au mari d'abaisser le taux de la mise en vente.

Toute cette théorie de la répudiation kabyle, qui est entrée dans la pratique de la généralité des tribus, n'est en somme que le développement logique de la notion du mariage par achat. La femme kabyle est une chose marchande, un objet de spéculation qui se vend aux enchères et dont la coutume elle-même semble encourager le trafic.

§ 4. — *La puissance paternelle et la tutelle perpétuelle de la femme.*

Ainsi, au premier regard que nous jetons sur la famille musulmane, nous sommes à même de constater une opposition de principes manifeste entre la coutume indigène et la théorie moderne des peuples occidentaux. Ces différences ne sont point les seules que nous puissions signaler utilement pour l'objet de cette étude comparative. Pour peu que nous poursuivions nos recherches, nous verrons apparaître entre notre système familial et celui des indigènes algériens d'autres contrastes tout aussi saisissants. Si, par exemple, nous arrêtons un instant notre examen sur les dispositions du droit musulman relatives à l'autorité paternelle, nous voyons que le pouvoir domestique du chef de famille arabe ou berbère n'est pas sans avoir certains points de contact avec cette célèbre *patria potestas* des Romains, qui nous apparaîtra toujours comme le type le plus expressif de l'autorité du père dans les temps primitifs.

A n'envisager la puissance paternelle qu'au point de vue de l'autorité du père de famille sur la personne de ses enfants, nous n'aurions aucune particularité vraiment originale à signaler dans la loi islamique ou dans la coutume indigène. Il subsiste sans doute, dans la période actuelle, des vestiges de l'ancien pouvoir patriarcal ; mais ils tendent à se renfermer dans des limites de plus en plus étroites. La puissance de vie et de mort, le *jus vitæ necisque*, que le père possédait autrefois sur ses enfants, s'est transformée à la longue en un simple droit de correction manuelle. Il est défendu au père d'abuser de ce droit de correction. En Kabylie même, où les institutions familiales ont conservé sur nombre de points leur rudesse originelle, la coutume a fait une première brèche aux antiques prérogatives du chef de famille, en déléguant à la communauté villageoise le droit de sévir contre les enfants irrespectueux ou désobéissants. Dans la plupart des tribus berbères, l'insubordination des enfants les rend passibles d'une peine pécuniaire, d'une amende au profit de la djemâa. En faisant intervenir de la sorte la collectivité dans les rapports de père à enfant, la coutume indigène désagrège, en réalité, le pouvoir paternel qu'elle est censée corroborer.

D'autre part, on ne doit pas oublier que, dans le droit islamique, l'autorité du père sur ses enfants subit, du fait de la hadana, un véritable démembrement au profit de la mère. Pour tout ce qui regarde l'éducation physique à donner aux garçons jusqu'à leur puberté, et aux filles jusqu'à leur mariage, la mère est investie d'une tutelle spéciale, qui porte le nom de *hadana* (littéralement : action de couver). Réservée exclusivement aux parentes de la ligne maternelle, à commencer par la mère, la hadana est, pour nous servir de l'heureuse expression d'un commentateur de Sidi Khalil, « la revanche de la mère sur la femme, si maltraitée par la législation musulmane » (1). Cette tutelle féminine, grâce à laquelle la mère joue plus d'une fois le rôle de médiateur de la paix domestique, n'a pas peu contribué à tempérer l'exercice de l'autorité paternelle, à laquelle elle sert pour ainsi dire de contrepoids.

Il est vrai qu'à côté de ces dispositions qui modèrent si heureusement le pouvoir du chef de famille, il en est d'autres où l'absolutisme patriarcal des âges anciens a laissé une large et visible empreinte. Assurément, rien n'est plus éloigné

(1) E. ZEYS, *Traité de droit musulman algérien*, Alger, 1885, I, p. 25.

de nos idées modernes que le droit reconnu au père, dans les usages kabyles, de vendre sa fille en mariage, fût-elle impubère. Mais, ainsi qu'on l'a vu plus haut, ce droit de disposition a dégénéré en un simple droit de contrainte chez les Arabes soumis aux principes du Coran, et il paraît que, chez les Kabyles eux-mêmes, notamment dans les villages des environs de Fort-National, le mariage par achat commencerait à être moins ouvertement pratiqué (1).

Ce qu'il y a de plus remarquable dans la partie du droit islamique dont nous nous occupons en ce moment, ce qui donne au statut familial des indigènes un caractère archaïque des plus prononcés, c'est la survivance d'une institution que l'ancien droit romain organisa sous le nom de tutelle perpétuelle des femmes et que Sumner Maine considère, à bon droit, comme « une prolongation artificielle de la puissance paternelle » (2). Par l'effet de cette institution juridique, la femme, affranchie de la puissance paternelle par la mort du père, continue à dépendre pendant sa vie de son plus proche parent mâle ou du représentant du père, qui devient son tuteur.

On sait d'ailleurs que la tutelle perpétuelle de la femme n'est pas, il s'en faut, une création propre au droit primitif de Rome ; elle existait aussi sous le nom de *mundium* chez tous les peuples de race germanique qui envahirent l'empire d'Occident. De nos jours encore, dans l'Inde, on observe scrupuleusement le précepte que Manou formulait ainsi il y a deux mille ans : « La femme, pendant son enfance, dépend de son père ; pendant sa jeunesse, de son mari ; son mari mort, de ses fils ; si elle n'a pas de fils, des proches parents de son mari, car une femme ne doit jamais se gouverner à sa guise » (3). Et l'universalité de cette règle s'explique par le soin vigilant que l'ancienne coutume témoigne pour la conservation de la famille. Partout on s'est ingénié à mettre hors du pouvoir de la femme la faculté de disposer de la moindre partie du patrimoine familial au préjudice de la commu-

(1) CHARVÉRIAT, *op. cit.*, p. 179, note 2.
(2) *L'ancien droit*, traduit par COURCELLE-SENEUIL, Paris, 1874, p. 145.
(3) MANOU, V, 147, 148. Les lois grecques disent la même chose (DÉMOSTHÈNE, *in Onetorem*, 1, 7 ; *in Eubulidem*, 40 et 41).

nauté; de cette préoccupation est née la fiction qui maintient la femme, sa vie durant, dans la dépendance des liens de famille.

De cette antique conception, il reste des traces encore très apparentes dans les usages juridiques des indigènes algériens. Sensiblement adoucie, sur nombre de points, par la législation coranique, la tutelle perpétuelle de la femme est, au contraire, appliquée presque sans atténuation par la coutume des populations berbères du Djurdjura.

Antérieurement à l'islamisme, le mâle avait seul une personnalité civile. Les femmes, épouses ou mères, étaient des choses plutôt que des personnes; elles dépendaient de la succession du mari et, loin d'hériter, elles étaient héritées (1). Le Coran a réagi contre ce système barbare. La femme, qui n'avait, pour ainsi dire, aucune existence légale, s'est vu attribuer par le Prophète, avec le droit de succéder, un semblant de personnalité juridique. Dans les principes de la loi islamique, la femme est affranchie par son mariage de la tutelle quant aux biens (tutelle chrématique). Elle ne confond point son patrimoine avec celui de son mari; elle devient propriétaire absolue de la dot; elle peut en disposer à titre onéreux ou à titre gratuit par tiers successifs. Il lui est permis de passer des baux, de toucher les loyers, en un mot, de faire tous les actes que requiert l'administration de ses biens dotaux, et cela sans que le mari ait à intervenir. Elle peut même ester en justice, sans aucune autorisation; elle est également libre d'actionner son mari pendant la durée de l'union conjugale. La jurisprudence va jusqu'à lui reconnaître en ce sens le droit de faire saisir et de vendre les biens de son époux, pour obtenir le paiement de sa dot (2).

Mais, si notables que soient les changements introduits à cet égard par le Coran dans la position primitive de la femme, il n'en est pas moins vrai qu'aujourd'hui, comme par le passé, la femme musulmane n'a pas, en principe, la libre disposition de sa personne. Elle n'échappe à la tutelle de sa famille que

(1) *Coran*, sourate XLIII, V, 16.
(2) V. les décisions citées en ce sens par MM. SAUTAYRA et CHERBONNEAU, II, p. 77.

pour tomber en la puissance de son mari, et, après la rupture du lien conjugal, elle revient sous l'autorité de ses parents.

Tandis que, pour l'enfant mâle, la tutelle somatique prend fin à l'avènement de la puberté, l'enfant du sexe féminin demeure, jusqu'à la consommation du mariage, soumis à la hadana maternelle et à la tutelle paternelle ; la puberté n'a aucune influence directe sur sa situation légale. Le mariage seul la soustrait à la dépendance de la famille ; mais, à vrai dire, elle ne fait que changer de chaîne et il arrive trop souvent que la tyrannie de son époux lui fait regretter le despotisme paternel. La femme musulmane a beau acquérir par le mariage une certaine capacité juridique quant à la gestion de sa dot et au droit d'en disposer ; pour tout ce qui touche à sa personne, elle reste cet être imparfait que le Coran permet sans doute de traiter humainement, mais qu'il recommande de réprimander et de battre à l'occasion (1).

Le droit de correction maritale n'est pas seulement inscrit dans les textes, il est consacré par la pratique. Un écrivain, qui a étudié de près les mœurs des Arabes algériens, nous atteste que le bâton est le grand moyen d'éducation employé pour obtenir des femmes la fidélité et la soumission (2). « Le droit de battre sa femme, dit à son tour M. Charvériat, est considéré par les Mahométans comme le premier des droits de l'homme » (3). Si l'on considère maintenant que la jeune indigène est vendue ou livrée à un mari, sitôt qu'il y a acheteur, vers dix ou douze ans, souvent même avant cet âge, on se rendra compte du degré de déchéance et d'abjection auquel le mariage réduit la femme musulmane. Une fois mariée, la seule chance de bonheur qui reste à la femme arabe ou kabyle est d'avoir des enfants mâles. Si elle n'a que des filles, elle sera inévitablement répudiée, à moins que le mari ne la garde auprès de lui, comme bête de somme, pour la condamner aux derniers travaux, à la culture de la terre « et même aux charrois les plus lourds et les plus répugnants » (4).

(1) *Coran*, les femmes, ch. IV, vers. 23 et 38.
(2) VILLOT, *Mœurs, coutumes et institutions des indigènes de l'Algérie.* Alger, 1885, 3ᵉ édit., p. 112. En ce sens, ZEYS, *op. cit.*, p. 90.
(3 et 4) *Op. cit.*, p. 181 et 188.

L'épouse la mieux traitée ne sera jamais que la servante de son mari. Dans la période germanique de notre histoire occidentale, les femmes mangeaient debout derrière les hommes assis à table et les servaient (1). Le même cérémonial s'observe de nos jours chez les Musulmans algériens : les femmes, humbles domestiques, mangent toujours à part ; il ne leur est point permis de s'asseoir à la table du maître. Elles ne peuvent toucher au plat que lorsque le père de famille, ayant achevé son repas, daigne leur faire signe de manger les restes.

L'état de sujétion à laquelle se voit réduite la femme musulmane se prolonge, on vient de le dire, au delà de la dissolution du mariage. Nous verrons tout à l'heure que cette proposition est rigoureusement exacte pour l'épouse kabyle ; mais, relativement à la femme arabe, elle comporte une notable restriction.

En droit islamique, la femme, veuve ou répudiée, réside au domicile conjugal, et continue à faire partie de 'a famille du mari, pendant la durée de l'*aïdda* (2). Tant que cette période d'attente n'est pas expirée, la femme répudiée reste soumise à la puissance maritale. Si elle est veuve, le lien conjugal subsiste encore jusqu'à la fin de l'*aïdda*, car on ignore si elle est enceinte des œuvres de son mari. C'est seulement au sortir de l'aïdda que se produit d'une manière définitive la rupture du lien conjugal. La femme revient alors généralement dans sa famille paternelle, du moins lorsqu'il s'agit d'une femme répudiée ou d'une veuve sans enfants.

Lorsqu'elle reprend ainsi sa place sous la tente paternelle, la femme veuve ou répudiée ne retombe point sous la tutelle somatique du chef de sa famille. Elle est désormais affranchie du droit de contrainte, et le mariage ne peut plus lui être imposé. Mais il ne faudrait pas en conclure que, désormais pour tous les actes de sa vie civile, elle a une capacité pleine et entière ; sur nombre de points, elle reste soumise au contrôle

(1) LEHUÉROU, *Histoire des instit. carol.*, p 39 ; VIOLLET, *Précis de l'histoire du dr. fr.*, Paris, 1886, p. 422.
(2) L'aïdda est le laps de temps pendant lequel le mariage est interdit à la femme veuve ou répudiée. L'aïdda de répudiation est de trois mois ; l'aïdda de mort dure quatre mois et dix jours.

ombrageux de la famille. Ainsi, pour ne citer qu'un exemple, elle ne peut se remarier sans être assistée d'un *ouali* pris parmi ses parents. Il n'est pas indifférent d'ajouter que la femme veuve ou répudiée n'acquiert cette demi-indépendance vis-à-vis de ses parents paternels, que si elle a cohabité un an au moins avec son mari. Si elle a séjourné moins d'un an au domicile conjugal et si, de plus, elle affirme n'avoir pas eu de relations sexuelles avec son mari, elle retombe entièrement sous l'autorité paternelle et, par suite, se trouve de nouveau astreinte au droit de contrainte qui pesait sur elle avant sa première union.

Comme on le voit, la loi musulmane, tout en adoucissant à certains égards la condition primitive de la femme, n'est point allée jusqu'à l'affranchir de tous les liens de la tutelle de famille. Si elle s'est départie de sa sévérité, en accordant à la femme mariée le droit de disposer de sa dot, en revanche elle n'a eu garde de lui restituer intégralement le gouvernement de sa personne. Il est certain qu'à ce point de vue, c'est l'antique conception de la tutelle perpétuelle de la femme qui a servi de point de départ aux prescriptions du Coran.

Mais c'est surtout chez les Berbères que cette notion du droit primitif a marqué profondément son empreinte. A vrai dire, les coutumes kabyles font mieux que nous offrir une image plus ou moins ressemblante de l'institution de la tutelle permanente de la femme ; elles nous en donnent la restitution à peu près complète et nous permettent de l'étudier dans son application vivante et actuelle. Avant, pendant et après son mariage, quelle que soit sa situation dans la famille, la femme kabyle est toujours astreinte à la plus étroite sujétion. Jeune fille, c'est une chose marchande, qui est vendue au mari par le père, le frère, l'oncle ou un agnat quelconque. Mariée, sa condition est, s'il est possible, encore plus dure que celle de la femme arabe. Celle-ci reçoit sa dot et en conserve la propriété. Au contraire, la femme kabyle est généralement privée de tout droit sur la thâmamth. Elle n'a la propriété que de ses vêtements. Notons que le droit de correction maritale affecte chez les Berbères un caractère particulièrement odieux :

le mari peut châtier sa femme, dès qu'elle est en faute, avec le poing, le bâton, le poignard même : « son droit ne s'arrête qu'à l'homicide » (1).

Ni la répudiation, ni la mort de son mari ne rendent à la femme kabyle la liberté de ses biens et de sa personne. Au cas de répudiation, nous l'avons vu, elle reste toujours sous la dépendance de son mari, tant que ce dernier n'a pas reçu du père de la femme le *lefdi* ou prix de rachat. La coutume reconnaît même au mari le droit exorbitant de frapper la femme qu'il répudie d'une sorte d'interdiction (*thamaouok't*), en stipulant d'avance un prix de rachat trop élevé pour qu'il soit jamais offert. C'est seulement lorsque son premier mari a reçu le lefdi ou a été remboursé de la thâmamth que la femme répudiée retombe sous l'autorité de son père ou des *aceb* de la famille paternelle, jusqu'au jour où ils l'auront revendue à un nouveau mari.

Quant à la veuve, si elle a des enfants mâles, elle peut se racheter de la puissance paternelle en payant à son père ou aux parents qui ont autorité sur elle une somme prélevée sur les biens de son fils et dont l'importance varie suivant les tribus. Si la veuve est sans enfants ou si, ayant des enfants mâles, elle ne se rachète pas de la tutelle paternelle, elle rentre en général dans sa famille, sous la dépendance de son père ou de ses parents, absolument comme avant son mariage : ceux-ci peuvent la remarier, c'est-à-dire la revendre quand bon leur semblera, moyennant une nouvelle thâmamth.

Toutefois, dans nombre de tribus, plus particulièrement dans celles qui avoisinent l'Oued-Sahel, la veuve, même sans enfants, ne revient pas dans sa famille : elle reste « pendue » (*taâllakith*) à son mari et fait partie de sa succession. Le droit de disposer de sa personne et de la vendre à un second mari appartient dès lors aux héritiers du défunt, et c'est entre leurs mains que la thâmamth est versée. Il n'est pas sans intérêt de retrouver chez les Berbères du Djurdjura un usage qui a été en vigueur, dans un milieu tout différent,

(1) HANOTEAU et LETOURNEUX, *La Kabylie et les coutumes kabyles*, Paris, 1893, II, 168.

pendant la période barbare des peuples occidentaux. Chez les Germains comme chez les Kabyles actuels, le veuvage ne libérait point la femme de la tutelle (*mundium*) : celui qui épousait une veuve devait aux parents du mari le prix de rachat, appelé *reipus* (1).

§ 5. — *Le Lévirat.*

Le développement de notre sujet nous amène à signaler dans la coutume kabyle un ensemble de règles juridiques étroitement apparentées avec une institution primitive qui, dans ces derniers temps, a fort défrayé la critique : nous voulons parler du lévirat.

Une des préoccupations les plus constantes de la coutume antique est de pourvoir à la perpétuité de la famille. Il peut arriver que le mariage reste stérile. Il peut se faire aussi que le père de famille, ayant vu tous ses fils le précéder au tombeau, ait la perspective de mourir sans descendance mâle. C'est du besoin impérieux de parer à cette redoutable éventualité que naquit l'institution du lévirat. On sait en quoi elle consistait. Grâce à cet expédient, dont on discerne des traces dans le droit des Spartiates et des Athéniens et dont les Hébreux observaient l'une des formes, un homme sans enfants peut avoir fictivement, de sa femme ou de sa veuve, un fils qui est engendré par son frère, par un membre de la famille ou même par un étranger (2).

La coutume de quelques tribus kabyles, notamment celle des Aït-Flik, s'est visiblement inspirée de cette pratique, lorsqu'elle a accordé aux héritiers du mari, mort sans postérité,

---

(1) *Lex Salica*, Tit. XLIV, édit. Behrend, p. 57 et suiv.

(2) Cet usage existait chez les Hindous sous le nom de *ayoga*. Il y avait reçu une extension particulièrement révoltante : l'enfant engendré à la requête de l'époux vivant, sur sa femme, était censé lui appartenir (*Gautama*, XVIII, 11). — V. sur le lévirat et la fille épiclère du droit d'Athènes et de Sparte : CAILLEMER, *Le droit de succession légitime à Athènes*, p. 36 et 44 ; — CLAUDIO JANNET, *Le droit civil à Sparte*, IV, 2 et 3 ; — GIDE, *Condition de la femme*, 2ᵉ édit., Paris, 1885, p. 50, 57 et 78 ; — SUMNER MAINE, *Étude sur l'ancien droit et la coutume primitive*, Paris, 1884, p. 138 et suiv ; — DARESTE, *Études d'histoire du droit*, Paris, 1889, p. 25 ; — DARESTE, Loi de Gortyne, *Nouv. Rev. hist.*, 1886, p. 258, nᵒ 26, et 263.

le privilège d'épouser sa veuve sans avoir à payer la thâ-mamth. Le père de la veuve ne peut, dans ce cas, réclamer du nouveau mari que la modique somme de cinq douros. Il en est de même chez les Aït-Mamour : dans cette tribu, la veuve sans enfants ne peut se remarier avec un étranger que si elle ne trouve pas un époux parmi les parents de son défunt mari. Il est probable que ces usages de la société berbère ont perdu aujourd'hui leur signification originelle ; mais, en dépit des altérations que le temps leur a fait subir, on y rencontre des traces encore perceptibles de l'antique procédé du lévirat, expédient légal auquel on avait recours pour assurer la conti-nuité de la famille.

C'est peut-être à cet ordre d'idées qu'il convient de rattacher une des plus originales fictions du droit musulman : il s'agit de la théorie de l'*enfant endormi*, qui permet à la famille du mari décédé de réclamer comme lui appartenant un fils né plusieurs années après sa mort. Lorsque la veuve déclare, en plaçant sa ceinture sur le corps de son mari, qu'elle est enceinte d'un enfant endormi, il est admis que cet enfant peut dormir dans le sein de sa mère pendant une période de temps illi-mitée chez les Kabyles et réduite à quatre ans par la majorité des commentateurs du Coran. Si, pendant la durée de cette gestation supposée, la veuve vient à accoucher, l'enfant est censé avoir été procréé par le mari ; il a tous les droits d'un enfant légitime et, comme tel, il vient au partage de la succes-sion du défunt.

On a pensé que cette étrange doctrine, qui choque si vive-ment nos esprits et que la Cour d'Alger s'est refusée à sanc-tionner (1), a eu, dans le principe, un but politique. A l'appui de cette interprétation, on fait remarquer que, dans la société musulmane, fondée sur le double principe de la solidarité et de l'égalité absolue de ses membres, il ne saurait exister aucune classe de déshérités ; que, par suite, tout enfant dont la mère a été mariée doit avoir une famille et être exempt de la défaveur qui s'attache aux naissances illégitimes. Mais cette raison ne nous semble pas bien convaincante, étant donnée

(1) C. Alger, 16 avril et 13 novembre 1861. ROBE, 1861, p. 127.

l'extrême rigueur avec laquelle la loi musulmane et, plus encore, la coutume kabyle, s'attachent à empêcher la fornication (1) et le mélange du sang. Comment admettre que la loi islamique, qui s'ingénie, par ses théories si caractéristiques de l'aïdda et de l'istibra, à prévenir la *confusio sanguinis* et l'incertitude dans la filiation, ait introduit la fiction de l'enfant endormi dans le seul but de favoriser, aux dépens de la famille, le fruit d'une union clandestine et illicite ? Est-il vraisemblable que la coutume berbère, qui ordonne la mise à mort de l'enfant naturel et de sa mère, eût consenti, comme elle le fait, à prolonger indéfiniment la période d'attente de l'enfant endormi dans le sein de sa mère, si cette supercherie physiologique ne tendait précisément qu'à légitimer les enfants nés hors du mariage et à réhabiliter en quelque sorte un cas bien avéré de fornication ?

Pour que la coutume indigène et la loi coranique se soient ainsi départies, en faveur de l'enfant conçu après la mort du mari, de leur sévérité habituelle, il faut qu'elles y aient été conduites par des raisons plus impérieuses qu'un simple sentiment d'humanité. Et il n'est peut-être pas téméraire de penser que, parmi ces raisons, il en est qui ont leur origine dans cette universelle coutume des peuples primitifs, que le juriste hindou Gautama décrivait en ces termes : « Une femme dont le mari est mort et qui désire une postérité peut avoir un fils de son beau-frère ; à défaut de beau-frère, elle peut obtenir un rejeton en cohabitant avec un sapinda, un sagotra (agnat), ou même avec un membre de son clan ou de sa caste » (2). Sans aller jusqu'à ne voir dans la doctrine de l'enfant endormi qu'une dégénérescence du lévirat, on peut conjecturer, non sans apparence de raison, que l'idée de la conservation de la famille est la source commune d'où sont issues ces deux théories si fortement enracinées dans les mœurs des peuples orientaux. Dans une société que domine encore de nos jours un désir intense d'avoir des

(1) Nous attachons ici au mot *fornication* sa signification islamique.
(2) SUMNER MAINE, *Études sur l'ancien droit et la coutume primitive*, Paris, 1884, p. 140.

enfants mâles, la fiction de l'enfant endormi nous apparaît naturellement comme un des expédients imaginés pour que le nom du défunt ne soit point effacé de ce monde et pour que sa race poursuive à travers les siècles le cours de ses destinées.

§ 6. — *La loi successorale.*

On vient de dire que la tutelle perpétuelle de la femme, dont la loi islamique et la coutume berbère offrent des traces significatives, s'explique moins par le désir d'opprimer la femme que par la nécessité où se trouve la famille patriarcale d'empêcher le démembrement du patrimoine collectif. C'est également sur ce principe de conservation que les sociétés antiques se sont fondées pour exclure les femmes de l'hérédité. Suivant la judicieuse remarque de Sumner Maine, l'intérêt de la famille s'oppose à ce que les femmes confèrent à leur époux, auquel elles sont généralement mariées dès l'enfance, un droit sur la terre, propriété éminente entre toutes, qui conserve l'union et fournit la subsistance de la communauté (1). Du moment où, d'après la conception fondamentale de l'ancienne coutume, il n'y avait que les fils qui pussent perpétuer une famille, les filles étaient sans droit pour élever une prétention quelconque à l'héritage. A l'époque où il ne reconnaît d'autre parenté que celle de l'agnation, le droit primitif ne tient compte que des personnes aptes à exercer et à transmettre à leur descendance la puissance paternelle, base première de l'agnation.

La femme n'a pas cette aptitude ; bien qu'elle se trouve entre les agnats, elle ne communique pas l'agnation à ses descendants, elle ferme le rameau de la généalogie dans laquelle son nom se rencontre, en un mot, elle est la limite de la famille (2). Voilà pourquoi l'ancien droit refuse aux filles le droit de succéder, ne considérant comme héritiers que les parents mâles, seuls capables de perpétuer le lien de l'agnation.

Cette exclusion de la femme est consacrée plus ou moins

____

(1) *Op. cit.*, p. 150.
(2) Nous ne faisons que traduire ici l'adage célèbre : *Mulier est finis familiæ.*

énergiquement par les lois successorales des peuples antiques et par la coutume des races barbares. Dans tous les systèmes de succession livrés à une influence agnatique, l'idée dominante est que la terre doit être réservée aux mâles, les filles ne pouvant prétendre qu'à une part de la fortune mobilière qu'elles ont souvent accrue ou contribué à créer par leur travail domestique. Il en était ainsi dans l'Inde, en Égypte, à Athènes. Plusieurs jurisconsultes soutiennent que la même règle a prévalu dans la Rome patricienne (1). Tous les anciens codes germaniques, sauf *la loi des Wisigoths*, refusent aux filles le droit de succéder à la terre (2).

Mais, parmi ces lois antiques, il en est peu où le principe de l'exhérédation de la femme ait reçu une formule plus absolue et plus rigoureuse que dans la coutume moderne des Kabyles. Il importe d'entrer dans quelques explications à ce sujet, car s'il est vrai que les règles des successions fassent partie intégrante du statut réel, il est également certain que cette matière, envisagée au point de vue où nous nous plaçons en ce moment, se lie intimement au statut personnel et, par conséquent, rentre très bien dans le cadre de la première partie de cet Essai.

Les Berbères ont suivi, jusqu'au milieu du xviiie siècle, la théorie successorale des Musulmans qui, on le verra tout à l'heure, accorde à la femme une place dans l'ordre des héritiers. Mais la communauté kabyle, dont le plus vif souci est la dévolution de la propriété dans l'intérieur de la famille, répugnait à accorder à la femme une part dans ce patrimoine foncier qu'elle est incapable de défendre et dont elle menace, au contraire, l'intégrité. Aussi, l'usage s'introduisit-il de

(1) Pour Rome, la question est discutée. — Consultez : DARESTE, *Études d'histoire du droit*, p. 74 ; — CAILLEMER, *Le droit de succession légitime à Athènes*, Paris, 1879 ; — CLAUDIO JANNET, *Le droit civil à Sparte*, Paris, 1880, IV, 3 ; — FUSTEL DE COULANGES, *La cité antique*, Paris, 1888, p. 78 ; — JAMES MUIRHEAD, *Introduction historique au droit privé de Rome*, traduction de G. BOURCART, Paris, 1889, p. 56, note 4.

(2) *Loi salique*, édit. Merkel, p. 83, tit. LIX, 5 ; *Lex Burg.*, tit. XIV, § 1 ; *Lex Rip.*, tit. LVI ; *Loi des Thuringes*, tit. VI, § 1. Comp. nos anciennes coutumes, réduisant le droit des filles nobles à la dot d'un simple « chapel de roses » (*Coutumes d'Anjou, de Touraine*, art. 264 ; GIRAUD, *Précis de l'ancien droit coutumier*, p. 45).

bonne heure, dans les tribus berbères, d'exhéréder les femmes, au moyen d'une constitution de *habous*, faite suivant les règles du rite musulman hanéfite. On sait, en effet, que chez les Hanéfites, celui qui constitue *habous* peut désigner un de ses héritiers au préjudice des autres, et, par suite, exclure les filles au profit des mâles. On arrivait, grâce à cet expédient, à rendre à peu près illusoire le système d'hérédité réglé par le Coran.

Cette réaction contre la loi islamique répondait si bien aux tendances du vieil esprit kabyle que, dans une assemblée générale tenue le premier jour de l'an 1162 de l'hégire (21 décembre 1748), au marché des Béni-Ouasif, les tribus berbères proclamèrent solennellement le retour à l'ancienne coutume et abolirent à l'unanimité le droit d'héritage des femmes (1).

Aujourd'hui, cette restauration du droit successoral préislamique est un fait accompli pour toute la Kabylie. Les femmes sont exclues impitoyablement de la succession des mâles ; elles ne peuvent venir, en aucun cas, au partage du patrimoine familial. Les parents par les mâles ou, plus exactement, les agnats du sexe masculin ont seuls, en principe, la vocation héréditaire. La succession est dévolue, en première ligne, à la descendance mâle du défunt. Au père qui vient en concurrence avec un descendant, la coutume attribue une part réservataire d'un sixième. A défaut de père, la réserve appartient au grand-père paternel. S'il n'y a pas de descendance mâle, l'ascendant devient héritier universel (açeb) et recueille toute la succession. A défaut de descendants et d'ascendants, la succession passe aux açeb collatéraux de la ligne paternelle, quel que soit leur degré ; après ceux-ci, au patron ou à l'affranchi ; puis, au frère utérin, seul mâle de la branche maternelle qui soit admis, par exception, à l'hérédité et qui est relégué, pour ce motif, au dernier plan de l'ordre successoral. Les frères utérins ne peuvent prendre plus du tiers de l'hérédité, le surplus revenant à la kharouba. S'il ne se présente ni

____

(1) Voir le texte de cette délibération aux annexes du livre de MM. HANOTEAU et LETOURNEUX, III, p. 451-452.

açeb, ni frère utérin, c'est la kharouba et, à son défaut, le village, aujourd'hui l'État français, qui absorbent la succession (1).

C'est donc avec la dernière rigueur que la coutume kabyle ferme l'accès des successions à la femme et aux parents par les femmes (sauf l'exception admise en faveur du frère utérin). Quelques tribus poussent si loin le respect de cette règle qu'elles vont jusqu'à refuser à la femme étrangère, mariée à un Kabyle, le droit de prendre la part d'héritage lui revenant dans la succession de son père : « Nous ne voulons pas, déclarent à ce sujet, les kanouns des Aït-Khalifa, que les biens de notre tribu passent à l'étranger par l'héritage des femmes ; nous ne permettons pas davantage que les biens étrangers entrent chez nous par la même voie » (2). Tout ce que la femme kabyle peut réclamer des héritiers, c'est d'être nourrie et vêtue sur les revenus de la succession. Elle n'a la vocation héréditaire qu'en un seul cas, bien délimité par la coutume, celui où il s'agit de la succession d'une femme qui a réussi à se créer, par son travail ou ses économies, un avoir personnel : la femme est admise au partage de ce pécule. Encore est-il qu'elle n'y vient qu'à défaut d'héritiers mâles ; les seuls successibles auxquels elle soit préférée sont le frère utérin et la kharouba.

Antérieurement à la réforme islamique, il était de règle absolue chez les Arabes, comme aujourd'hui chez les Kabyles, que les femmes fussent exclues des successions. Le Coran a réagi contre ce système inhumain, en attribuant aux femmes et aux parents assimilés à la femme une portion légale ou réserve (*fard'*). Les héritiers mâles (açeb) recueillent le surplus, s'il reste quelque chose après le prélèvement de la réserve.

La réserve, qui comporte six quotités différentes (3), revient à l'époux survivant de la femme morte avec ou sans posté-

---

(1) La kharouba et le village sont actuellement remplacés par le domaine de l'État (*Beït-el-mal*). Ajoutons qu'en droit kabyle, la dévolution entre parents a lieu à l'infini.

(2) HANOTEAU et LETOURNEUX, *op. cit.*, II, p. 283, note 3.

(3) Les réserves sont : de la moitié, du quart, du huitième, des deux tiers, du tiers et du huitième de la succession.

rité ; — à la fille du défunt ; — à la fille de son fils ; — à sa sœur germaine ou consanguine ; — à l'épouse survivante du *de cujus* ; — à la mère du défunt ; — à son frère ou à sa sœur utérine ; — à son aïeule paternelle ou maternelle. Lorsque ces réservataires, qui viennent tantôt en concurrence, tantôt à l'exclusion l'un de l'autre, suivant des distinctions qu'il serait sans intérêt d'exposer ici, ont prélevé leur émolument, tel qu'il est fixé par le Coran, les açeb (agnats) (1) reçoivent le surplus de l'actif.

On distingue trois catégories d'açeb : 1° *l'açeb par lui-même*, à savoir le véritable agnat, le mâle qui ne se rattache au défunt que par les mâles, sans l'intermédiaire d'aucune génération féminine, comme le fils, le fils du fils, le père, le grand-père paternel, le frère germain, le frère consanguin, l'oncle germain, l'oncle consanguin, le frère de l'aïeul paternel, le patron (lorsque le défunt était un affranchi) et, au dernier degré, le *beït-el-mal* ou domaine de l'État (2) ; — 2° *l'açeb par un autre*, à savoir la femme réservataire qui se trouve agnatisée par la concurrence d'un frère du même lien : — 3° et *l'açeb avec un autre*, lorsque deux femmes, isolément réservataires, par exemple la sœur et la fille, se trouvent en présence l'une de l'autre. Enfin, quelques héritiers cumulent la qualité de réservataires avec celle d'açeb : tel est le cas notamment du père qui est en concurrence avec une ou plusieurs filles ; il touche un sixième comme réservataire, et le surplus, après le prélèvement des réserves.

Nous ne saurions, sans sortir du cadre de cette Étude, entrer dans le détail des règles fort complexes qui règlent, en droit musulman, la double hiérarchie des réservataires et des açeb, la réduction proportionnelle des réserves et la répartition de l'*as* (unité) héréditaire entre les divers ayants droit. Ce qu'il importe de mettre en lumière, c'est que la théorie successo-

---

(1) On traduit d'ordinaire le mot açeb par « héritiers universels » ; mais nous croyons avec M. Zeys que cette expression a son équivalent exact dans celle d'*agnat* empruntée au droit romain (ZEYS, *Traité de droit musulman*, II, p. 256).

(2) Dans le rite malékite, le droit de succession des collatéraux ne s'étend qu'au sixième degré ; chez les hanéfites, la qualité d'açeb appartient à tous les parents mâles, à quelque degré qu'ils soient du défunt.

rale du Coran, tout en réalisant, au point de vue de l'humanité et de l'équité naturelle, un indéniable progrès, nous offre cependant une physionomie agnatique des plus accentuées. Sans doute, la femme et les autres réservataires que la loi assimile aux femmes en raison de leur faiblesse ou de leur âge avancé reçoivent leur part avant les héritiers açeb et peuvent même absorber toute la succession ; mais il n'en est pas moins vrai qu'aux yeux du Prophète il n'y a que l'açeb qui soit héritier au sens primitif de ce mot. C'est toujours l'açeb, le parent mâle par les mâles, seul apte à perpétuer par sa descendance le lien de l'agnation et la puissance paternelle, qui est censé recevoir l'héritage des mains du chef de famille, sauf à tenir compte aux réservataires de la part que la loi leur alloue pour assurer leur subsistance et leur entretien.

Aussi bien, la doctrine hanéfite permettant à celui qui constitue habous d'exclure les filles de sa succession, il est en somme assez facile de priver la femme de la part héréditaire qui lui est reconnue par le Coran. On vient de voir que les Kabyles ne se faisaient pas faute de recourir à cet expédient, avant la restauration de leur ancienne coutume.

D'autre part, il convient de noter que, dans les tribus arabes qui pratiquent le régime du collectivisme agraire, la femme est exclue, en fait, des héritages ; c'est même à cette dernière circonstance que les commissions administratives, chargées de procéder aux opérations de délimitation prévues par le sénatus-consulte du 22 avril 1863, semblent principalement s'attacher, pour distinguer entre les territoires melk (ou de propriété privée) et les territoires ârch (ou de propriété collective) (1). Toutes les fois qu'il s'agit d'un territoire où la propriété individuelle n'est pas constituée, le rapport des commissaires délimitateurs contient cette phrase caractéristique : « Les immeubles ne se transmettent pas par voie de ventes ou d'échanges, et *les femmes sont d'ordinaire exclues des héritages* ; la propriété affecte dès lors le caractère ârch (1). » On peut relever aussi, dans nombre de rapports de délimi-

---

(1) Délimitation de la tribu des Chellia (rapport et arrêté du 11 août 1892, *Bull. off.* Algérie, 1289, n° 1274, p. 1149).

tation, cette formule équivalente et non moins expressive : « La propriété offre, dans cette tribu, le caractère collectif, résultant du mode de transmission des droits immobiliers et *de la non-participation des femmes* dans les successions (1). »

Il n'était pas indifférent d'insister quelque peu sur ces constatations. Il en ressort que, partout où la tribu arabe a conservé son organisation patriarcale et, en conséquence, ne connaît d'autre mode de propriété foncière que celui de la possession en commun, la vocation héréditaire de la femme n'a qu'une valeur en quelque sorte théorique et reste à l'état de lettre morte, du moins à l'égard des immeubles dépendant du territoire collectif de la tribu. Les règles successorales introduites par le Coran en faveur de la femme rencontrent ici un obstacle en quelque sorte matériel dans la cohésion du groupe patriarcal et dans le communisme agraire de la tribu.

Nous en avons assez dit pour montrer combien le droit familial des indigènes, formé de la fusion du Coran avec les coutumes patriarcales des autochtones, s'éloigne des idées du monde moderne. Mariage par achat, polygamie, répudiation au gré du mari, sujétion permanente de la femme, viol légal de la fille impubère, survivance de certaines pratiques apparentées plus ou moins directement au lévirat, caractère agnatique du système des successions, exclusion des femmes de l'héritage réalisée par le subterfuge juridique du habous lorsqu'elle n'est pas formellement consacrée par la coutume : telles sont, en résumé, les particularités les plus saillantes du droit des Musulmans algériens, en ce qui touche la constitution de la famille et le rôle de l'individu dans le groupe familial. Voilà les points où s'accentue le conflit, où s'exagère le contraste entre les théories juridiques du monde musulman et celles des peuples occidentaux.

Un illustre sociologue, qui a creusé plus profondément que tout autre les sources historiques de notre droit contemporain, sir Henri Sumner Maine, a dit que « la grande différence entre l'Orient et l'Occident, c'est que le passé de l'Occident revit

____

(1) *Id.*, tribu des Guerbès (rapport et arrêté du 9 juin 1892, *Bull. off.* Algérie, 1892, n° 1269, p. 983).

encore sous forme de présent en Orient (1) ». L'exactitude de cette observation, nous venons de la vérifier au sujet des indigènes de l'Algérie. Leurs mœurs et leurs coutumes juridiques nous inspirent un sentiment de surprise lorsqu'on les regarde au point de vue moderne. Mais nous revenons de notre étonnement, pour peu que nous nous reportions aux origines historiques de cette société occidentale si fière de ses progrès matériels et moraux. Nous constatons alors que ce que nous appelons barbarie chez les Arabes et les Kabyles de l'Agérie n'est que l'enfance de notre propre civilisation.

Les Musulmans de l'Afrique du Nord franchiront-ils jamais la distance qui sépare leur société de la nôtre? Il faut bien avoir le courage de le dire, ce progrès, s'il se réalise, ne s'accomplira qu'avec une extrême lenteur. Ainsi que nous en avons déjà fait l'observation au début de cet Essai, ce qui retarde surtout l'évolution du monde musulman, c'est le caractère religieux et en quelque sorte dogmatique que le Coran, source unique du droit, imprime aux usages juridiques. Du moment où elles s'appuient sur l'autorité du Livre sacré, les coutumes les plus grossières deviennent, pour le Croyant, un article de foi et restent immuables. Le bon Musulman n'acceptera les idées modernes que dans la mesure permise par l'Islam, et on a pu voir, d'après nos explications précédentes, combien cette mesure est étroite.

Il ne faut cependant pas douter de l'avenir. Tout en repoussant la chimère d'une prompte assimilation de la race indigène, nous pouvons préparer ce résultat désiré par un ensemble de mesures sagement appropriées aux circonstances. Ces mesures, nous essayerons de les indiquer dans la dernière partie de ce travail. Mais, d'ores et déjà, nous croyons ne pas trop nous avancer en conjecturant que notre action réformatrice aura plus de prise sur l'élément kabyle que sur l'élément arabe. Ce n'est pas qu'entre les mœurs des Berbères et celles des Arabes, il existe une différence à l'avantage des premiers : la coutume kabyle renchérit, au contraire, à plusieurs égards, sur les prescriptions brutales du droit musulman, et les mon-

(1) *Études sur l'ancien droit et la coutume primitive.* Paris, 1884, p. 177.

tagnards du Djurdjura sont peut-être les plus insoumis de nos sujets indigènes. Mais, à l'inverse des Arabes, les Berbères séparent la loi civile de la religion révélée ; chez eux, le droit et le dogme ont chacun leur sphère distincte. L'attachement des Kabyles aux usages traditionnels de leur pays ne saurait être mis sur le compte du fanatisme religieux ; il tient plutôt à leur esprit d'indépendance et d'exclusivisme farouche à l'encontre de l'étranger. Cela étant, peut-être n'est-il pas téméraire d'espérer, avec de bons esprits, que cette race encore indomptée se montrera pourtant moins réfractaire que l'élément arabe à notre influence civilisatrice, et se laissera plus facilement imprégner par nos mœurs et nos institutions. Mais il y a loin de cette timide espérance aux rêves d'assimilation immédiate auxquels se complaisent quelques théoriciens.

CHAPITRE V

L'état civil des indigènes.

Au nombre des moyens propres à hâter la désagrégation de la famille indigène et à favoriser l'émancipation de l'individu, il en est un dont l'efficacité ne saurait être déniée : c'est la constitution, pour les Musulmans algériens, d'un état civil régulier. Cette mesure s'impose à d'autres égards. L'essor de notre colonisation dépend, en partie, nous l'avons dit, de l'adoption d'un bon régime foncier, garantissant la sécurité des transmissions entre indigènes et Européens et individualisant la propriété, là où elle n'existe encore qu'à l'état de collectivisme familial. Or, comment donner à la propriété indigène une assiette stable, si l'identité de son possesseur est indécise, si les événements qui fixent la condition juridique du détenteur du sol restent secrets ou ne reçoivent qu'une publicité de fait, impuissante à en conserver la preuve.

Les registres de l'état civil n'existent point chez les Musulmans et il faut bien reconnaître que, si l'on se place au point de vue exclusif des indigènes et en faisant abstraction, pour un moment, des exigences de la colonisation, le besoin de cette institution se fait moins impérieusement sentir dans la société arabe ou kabyle que dans le monde européen. Par suite de l'étroite dépendance dans laquelle l'individu se trouve vis-à-vis de la tribu ou de la famille, les actes les plus importants de la vie civile s'accomplissent au vu et au su de toute la communauté musulmane.

Examinons, par exemple, ce qui se passe chez les Kabyles. En Kabylie, la naissance d'un enfant mâle est suivie d'un festin auquel sont convoqués, non seulement la famille et les amis, mais encore tout le village. La majorité, qui est déter-

minée par le développement physique, est solennellement pro-
clamée devant la djemâa, en présence d'un marabout, qui
récite le *fâth'a* (1). Quant au mariage, tous ceux qui ont visité
la Kabylie savent de quel imposant cérémonial cet acte est
entouré dans le moindre village. Au jour fixé pour les noces,
le père du futur, à la tête d'un cortège de parents et d'amis,
se rend chez la fiancée, en grand apparat, au bruit de la fusil-
lade et des tambourins. Un marabout, mandé pour la circonstance, récite le *fâth'a* et appelle sur l'union projetée la
bénédiction d'Allah. De là, le bruyant cortège conduit triom-
phalement la femme chez le mari. En un mot, le mariage est,
pour ainsi dire, une fête publique à laquelle prennent part tous
les habitants du thaddart. Mais, c'est surtout au moment de la
mort que s'affirme, de la manière la plus saisissante, l'esprit
de solidarité qui unit les membres de la communauté kabyle.
Le décès est annoncé par un crieur public à tous les habitants.
A partir de cette publication, personne ne peut s'éloigner du
village et tout travail est interdit. Le village entier assiste
aux funérailles et fait cortège derrière le mort que les marabouts conduisent à sa dernière demeure.

Ce que nous disons ici des Kabyles s'applique, bien qu'à
un moindre degré, aux Arabes de l'Algérie. Chez ces derniers
également, les naissances, les mariages, les décès, sont
solennisés par la participation plus ou moins complète de la
famille et du douar. Le seul événement notable de la vie familiale qui reste clandestin et qui puisse, dès lors, échapper au
contrôle de la collectivité, est la répudiation. Encore est-il
que, dans nombre de cas, la répudiation est prononcée par
autorité de justice ou nécessite l'intervention du cadi.

Les faits qui déterminent ou qui modifient l'état et la
capacité des personnes reçoivent donc, dans l'état actuel des
coutumes indigènes, une publicité matérielle, sans doute éphémère et incomplète, mais qui, par sa simplicité même, semble
correspondre aux besoins d'une civilisation peu avancée,
mieux que ne le feraient des procédés plus parfaits mais aussi
plus complexes. On conçoit très bien que, dans une société

____

(1) Le *fâth'a* est la première sourate du Coran.

à peine sortie du patriarcat, où la famille, agrandie par une extension presque indéfinie de la consanguinité, forme en quelque sorte un être un et indivisible, en qui toutes les individualités se confondent, la preuve testimoniale puisse remplir, jusqu'à un certain point, le rôle qui est dévolu aux registres de l'état civil par la législation des peuples occidentaux. On s'explique ainsi qu'à l'époque de la conquête d'Alger il n'y eût, ni dans les tribus, ni même dans les agglomérations urbaines, aucune trace de registres publics affectés à l'inscription des naissances et des décès.

Cette situation ne subit aucune modification de 1830 à 1854. Ce n'est point que le Gouvernement n'eût entrevu, dès les premiers jours de l'occupation de l'Algérie, l'heureuse influence que pourrait avoir, sous le double rapport du développement de l'individualisme et de la propagande des idées françaises, la constitution, sous le contrôle de nos autorités, d'un état civil des Musulmans. Mais il eût été de la plus insigne imprudence de transporter en Algérie les textes de nos codes et d'imposer brusquement aux nouveaux sujets de la France un ensemble de prescriptions auxquelles des mesures transitoires ne les avaient pas encore préparés. Aussi, les premières dispositions prises en cette matière par le Gouvernement témoignent-elles du louable souci de ne rien précipiter et offrent-elles plutôt le caractère d'un essai que d'une réglementation définitive.

Aux termes d'un décret du 8 août 1854, il fut prescrit aux cheiks de recevoir les actes concernant les naissances et les décès des Arabes habitant en dehors des villes et des villages, et de les transmettre aux maires, qui auraient à les transcrire en langue française sur le registre de l'état civil de la commune. Une amende de 10 à 15 francs et un emprisonnement d'un à cinq jours punissaient les infractions aux prescriptions de ce décret. Mais cette sanction fut abrogée par un décret ultérieur, du 18 août 1868, dont l'article 8 se bornait à inviter les adjoints indigènes à veiller à ce que les déclarations de naissance et de décès fussent faites exactement par leurs coreligionnaires à l'officier de l'état civil.

Cette réglementation, qu'un arrêté du Gouverneur général, du 20 mai 1868, étendit aux parties du territoire militaire délimitées en vertu du sénatus-consulte de 1863, ne s'appliquait qu'aux naissances et aux décès ; elle laissait de côté les mariages et les divorces. N'étant fortifiée par aucune sanction, elle n'aboutit qu'à un résultat des plus médiocres, surtout dans les territoires de tribus. D'ailleurs, alors même qu'une plus grande ponctualité dans l'exécution du décret eût été obtenue des indigènes, il aurait été impossible, en l'absence de noms patronymiques, d'organiser dans des conditions satisfaisantes l'état civil des Musulmans.

Sauf de très rares exceptions, les indigènes n'ont point de noms de famille ; ils ne possèdent presque jamais qu'un prénom, suivi de celui de leur père ou même simplement complété par l'indication assez banale de *hadji* (pèlerin). Or, comme le cercle des prénoms arabes est bientôt parcouru, il arrivait fréquemment que des indigènes, appartenant à des familles différentes et n'ayant entre eux aucun lien de parenté, figuraient sous les mêmes noms au registre de l'état civil. Il devint dès lors évident que les déclarations de naissances et de décès faites en vertu du décret de 1868 laissaient planer la plus grande incertitude sur l'identité des individus et, par conséquent, ne pouvaient fournir une base solide à la constitution de l'état civil des Musulmans.

Les inconvénients de cet état de choses se firent jour principalement au lendemain de la loi du 26 juillet 1873, relative à la constitution de la propriété individuelle en territoire indigène. Comment, en effet, en présence de la multiplicité des homonymes, éviter toute confusion dans la délivrance des titres de propriété ? Comment s'y reconnaître au bureau des hypothèques, lorsqu'il y aurait des titres à transcrire et, plus tard, des états d'inscription à délivrer ? Pour résoudre cette difficulté, les auteurs de la loi de 1873 imaginèrent de donner à chaque propriétaire, lors de la délivrance des titres de propriété, un nom de famille emprunté à la parcelle de terre désignée dans le titre (1).

(1) Loi du 26 juillet 1873, art. 17.

Ce n'était là qu'un palliatif tout à fait inefficace. L'attribution d'un nom patronymique n'étant obligatoire qu'à propos de la création du titre de propriété, il s'ensuivait que, dans le cas de transmission ultérieure de ce titre au profit d'un indigène dépourvu d'un nom de famille, on voyait renaître tous les inconvénients que la loi de 1873 avait voulu prévenir. D'un autre côté, la loi laissait en dehors de son action les territoires où la propriété individuelle avait été constituée par voie de cantonnement ou en vertu de l'ordonnance du 21 juillet 1846 ; or, les titres de propriété relatifs à ces territoires ne portaient la mention d'aucun nom de famille. Enfin, par une conséquence assez inattendue de la loi de 1873, il arrivait qu'un même indigène, possédant des immeubles distincts les uns des autres et soumis à différentes commissions d'enquête, se voyait attribuer deux ou trois états civils, dont il pouvait, comme on l'a dit, faire « une collection soigneusement conservée dans le fond de sa chechia (1) ».

Autant pour mettre fin aux difficultés nées de l'application de la loi du 26 juillet 1873 que pour réglementer définitivement l'état civil des indigènes musulmans, le Gouvernement prit, en 1880, l'initiative d'un projet de loi tendant « à établir l'ordre dans la famille arabe par la constitution de son état civil et le lien du nom patronymique, et à perpétuer cet ordre par l'établissement et la conservation des actes constatant les modifications à intervenir dans cette même famille ». Nous reproduisons ici la phraséologie de l'exposé des motifs, qui se montrait, d'ailleurs, très sévère dans ses appréciations sur la loi de 1873. A prendre à la lettre les déclarations contenues dans cet exposé, le législateur de 1873, « tout en s'efforçant de créer l'ordre dans la propriété », serait arrivé « à jeter le désordre dans la famille, puisqu'il établit des catégories entre ses membres ». Et le rédacteur de ce document concluait, en affirmant que, « pour constituer d'une façon durable la propriété individuelle, il est indispensable de constituer d'abord l'individu (2). » C'est ce projet de loi

(1) BURDEAU, *op. cit.*, p. 116.
(2) Annexe au procès-verbal de la séance du 18 mars 1880, n° 2469, p. 2.

qui a servi de point de départ à la réforme inaugurée en Algérie par la loi du 23 mars 1882. Nous allons analyser brièvement l'économie de cet acte législatif.

La loi de 1882 s'est proposé un double objet : constituer chez les indigènes l'état civil de la génération actuelle, et, d'autre part, assurer, pour l'avenir, la mise à jour et la conservation de cet état civil.

La première de ces opérations implique nécessairement la détermination de l'identité de chaque indigène. Pour obtenir cette détermination, la loi dispose que, dans chaque commune et section de commune, il sera fait par les officiers de l'état civil un recensement de la population musulmane. Les résultats de ce recensement doivent être consignés sur un registre-matrice, dressé en double, contenant les noms, prénoms, profession et domicile de ceux qui y seront inscrits.

Tout indigène est tenu, au moment de son immatriculation, de choisir un nom patronymique. S'il a un ascendant mâle dans la ligne paternelle, un oncle paternel ou un frère aîné, le choix du nom de famille appartient à ceux-ci. En cas de refus, de la part de l'indigène, d'exercer son droit d'option, la collation du nom patronymique est faite par le commissaire à la constitution de l'état civil. Les noms attribués antérieurement à la loi de 1882, en exécution de celle du 26 juillet 1873, ne sont pas obligatoires pour les membres de la famille non désignés dans le titre de propriété. Ceux-ci peuvent donner la préférence à un autre nom et, dans ce cas, l'indigène propriétaire doit ajouter ce nom à celui dont il aura déjà été pourvu lors de la délivrance du titre de propriété. Au fur et à mesure des immatriculations, une carte d'identité, ayant un numéro de référence au registre-matrice, est remise sans frais à chaque indigène.

Le travail de constitution que nous venons de décrire ne devient définitif qu'en vertu de l'homologation du Gouverneur général. Lorsque les opérations de recensement et d'immatriculation sont terminées dans une circonscription, avis en est donné au public par la voie de la presse et au moyen d'affiches apposées dans la commune. Les intéressés ont un délai d'un mois pour se pourvoir en rectification des erreurs ou omissions commises à leur préjudice. A l'expiration de ce délai, le Gouverneur général statue, le Conseil de Gouvernement entendu, sur les conclusions du commissaire à la constitution de l'état civil, et rend, s'il y a lieu, un arrêté d'homologation.

A partir de l'arrêté d'homologation, le registre-matrice tient lieu de registre de l'état civil pour ceux qui y sont inscrits, et l'usage du nom patronymique est désormais imposé aux indigènes compris dans l'opération. Dès ce moment, il est interdit aux officiers publics et ministériels, sous peine d'amende, de désigner les indigènes, dans les actes, autrement que par les noms inscrits sur leurs cartes d'identité.

Pour assurer la conservation et la mise à jour permanente du registre-matrice de l'état civil, la loi de 1882 ordonne d'y inscrire, au fur et à mesure des immigrations, les indigènes originaires d'une circonscription non encore soumise au régime de l'état civil.

Il ne suffirait pas, on le conçoit, de fixer une fois pour toutes l'état civil des indigènes, tel qu'il existe à l'époque de leur inscription au registre-matrice ; il faut, de plus, prendre les mesures nécessaires pour que les modifications survenues, par la suite, dans cet état civil, soient légalement constatées par l'autorité préposée à la tenue du registre. En d'autres termes, il est nécessaire que les registres publics des mairies offrent le tableau exact et fidèle de tous les faits qui, à partir de l'immatriculation initiale de chaque indigène, ont pu modifier son état d'une manière quelconque. La loi de 1882 y a pourvu, en stipulant que les déclarations des naissances, des décès, des mariages et des divorces (1), deviennent obligatoires pour les indigènes musulmans, à compter du jour où l'usage du nom patronymique est lui-même de rigueur.

Les actes de naissance ou de décès sont établis dans les formes prescrites par la loi française. Quant aux mariages et aux divorces, le législateur a pensé qu'on ne saurait, sans

(1) La loi parle des divorces entre Musulmans : il eût été plus juridique de se servir du mot « répudiation ».

empiéter sur le statut personnel des Musulmans, imposer à ces actes les règles de notre Code civil. Il lui a paru préférable de s'en tenir aux errements suivis depuis 1875, en vertu de diverses circulaires du Gouverneur général (1), et, en conséquence, de n'exiger, en cette matière, qu'une simple déclaration faite dans les trois jours, à la mairie, par le mari et par la femme ou par le mari et par le représentant de la femme (il s'agit ici du ouali) assistés de deux témoins. Une telle déclaration n'implique point l'intervention des autorités françaises dans l'acte juridique du mariage ou du divorce ; elle se réduit à une simple opération de transcription (2).

Telle est, réduite à ses traits essentiels, l'organisation inaugurée en Algérie par la loi du 23 mars 1882. Cette loi, déclarée immédiatement applicable à toute la région du Tell, n'a eu, jusqu'en 1890, qu'une sphère d'action assez restreinte. Il lui a fallu près de huit ans pour franchir la période des tâtonnements et des essais. A un moment donné, on a même dû se demander si nous n'éprouverions pas encore, de ce chef, un nouveau mécompte. Heureusement, les opérations ont pris, à partir de 1890, une allure nouvelle. A la fin de 1892, le nombre des indigènes inscrits aux registres-matrices s'élevait à deux millions environ (3), et tout fait espérer que ce travail considérable touchera bientôt à sa fin.

De vives critiques ont été élevées contre l'œuvre du législateur de 1882 : « Il est à craindre, lisons-nous dans un document officiel, que, comme la constitution de la propriété musulmane, la constitution de l'état civil des indigènes ne soit frappée de stérilité, ne laissant après elle, dans les tribus, que le désordre et une sourde irritation (4) ». Cette appréciation nous paraît empreinte de trop de sévérité. Il se peut que la réforme instituée par la loi de 1882 introduise dans l'antique organisation de la famille indigène un élément de

(1) Circulaires du 29 mai et du 26 juillet 1875 ; Circ. 22 juillet 1876.

(2) Il en serait autrement, si les futurs époux contractaient mariage devant l'officier de l'état civil français.

(3) Exactement 1.981,286 (Rapport de la Commission du Budget de 1893, p. 142).

(4) Rapport de la Commission du Budget de 1893, *loc. cit.*

désagrégation, en éveillant l'esprit d'individualisme et en affaiblissant à la longue les liens de solidarité qui unissent entre eux les membres de la communauté familiale. Mais ce n'est pas nous qui songerions à nous plaindre de cette conséquence possible de la loi du 23 mars 1882. L'essentiel est que l'application du nouveau régime soit conduite d'une main ferme mais prudente, car une trop grande précipitation risquerait de tout compromettre. Dans une matière qui touche de si près à la loi religieuse des Musulmans, il importe d'éviter tout excès de zèle et de ménager des susceptibilités d'autant plus irritables qu'elles sont plus irréfléchies.

Il y aurait, sans doute, à se demander si la nouvelle loi ne s'est pas montrée trop confiante, en ne renforçant par aucune sanction l'obligation imposée aux indigènes de déclarer à l'officier de l'état civil les mariages et les divorces. Les Arabes et les Kabyles se montrent, en effet, peu empressés à déclarer ces derniers actes, tandis qu'ils se conforment volontiers à la loi en ce qui concerne les naissances et les décès. Mais une difficulté d'ordre juridique — et qui témoigne d'un scrupule très méritoire de la part des auteurs de la loi — a paru s'opposer à l'établissement de cette sanction. Le but avéré de la réforme est de placer les indigènes sous le régime français, pour tout ce qui concerne l'état civil. Or, notre Code, qui frappe d'une peine la non-déclaration des naissances et des décès, n'a rien édicté contre le défaut de déclaration des mariages et des divorces. Cela étant, ne serait-il pas contraire à l'idée d'assimilation dont s'est inspirée la loi de 1882, d'infliger aux indigènes une sanction pénale dont les Français se trouvent légalement affranchis ? Tel est le motif sur lequel on paraît s'être fondé pour dégager de toute sanction l'obligation faite aux Musulmans algériens de déclarer à la mairie les mariages et les divorces.

A vrai dire, cette raison ne nous semble pas très concluante. Si notre Code civil s'abstient de frapper d'une peine la non-déclaration des mariages et des divorces, c'est par la bonne raison que ces actes ne sauraient exister légalement sans la participation de l'autorité, ce qui rend dès lors toute sanction inutile. Tout autre est la situation en Algérie. Nous respectons le statut personnel des indigènes et nous n'intervenons en aucune façon, par nos autorités, dans l'acte juridique du mariage ou du divorce de nos sujets musulmans. Les déclarations qui nous sont faites de ces actes et la transcription qui en est établie sur nos registres n'ont que la valeur d'un enregistrement et ne constituent, à aucun égard, une des conditions requises pour la validité du mariage ou du divorce. Il ne semble donc pas que l'absence de toute sanction en cette matière trouve une explication plausible dans le silence gardé, sur le même point, par notre Code civil. Et il est permis de conclure que, si l'expérience démontrait un jour la nécessité d'édicter, dans l'intérêt du service de l'état civil, un moyen quelconque de contrainte, nous pourrions compléter en ce sens la loi de 1882, sans craindre de nous mettre en opposition avec les tendances libérales de cette loi.

CHAPITRE VI

Conflits de lois relatifs à la personne.

---

§ 1er. — *Les sources du conflit législatif.*

La loi française a suivi en Algérie le drapeau de notre
armée. Elle est la loi territoriale, la règle souveraine, à
laquelle tous les habitants de notre colonie doivent, en principe, respect et obéissance. Mais, bien qu'elle agrandisse
chaque jour son domaine, cette loi n'exerce pas encore sur le
territoire algérien une autorité sans partage. Elle s'y trouve
en contact, d'une part, avec la loi nationale des immigrants
étrangers, de l'autre, avec les lois et coutumes de nos sujets
indigènes. De la coexistence de ces diverses législations
naissent fréquemment, à propos de tel rapport juridique donné,
de graves difficultés, d'une solution d'autant plus délicate
qu'elle ne relève pas exclusivement des principes généraux
du droit international privé.

Ces difficultés résultent, tout d'abord, de l'antagonisme de
la loi française et du statut personnel des étrangers résidant
en Algérie. On a vu, plus haut, quels sont les droits et obligations dont ces étrangers sont admis à se prévaloir sur le sol
algérien. Rien, dans la législation actuelle, ne les empêche de
s'y créer une famille, d'y devenir propriétaires, d'y contracter
des obligations, en un mot, d'y revendiquer toutes les facultés
légales qui ne leur ont pas été expressément retirées par la
loi. Ils sont même, à cet égard, dans une situation meilleure
que celle des étrangers de la métropole. Mais, d'après quelle
loi l'étendue des droits qui leur sont ainsi reconnus sera-t-elle
appréciée ? Pour les actes juridiques qu'il accomplit en Algérie,

l'étranger devra-t-il se conformer aux prescriptions de la loi française ? Restera-t-il, au contraire, sous l'empire de sa législation nationale ? Et, s'il conserve le bénéfice de son statut d'origine, dans quel cas ce statut s'effacera-t-il devant la souveraineté de la loi territoriale ? Ce sont là des problèmes juridiques de la plus haute importance doctrinale, dont nous ne saurions nous désintéresser.

Mais ce n'est pas seulement lorsque les deux législations, française et étrangère, sont en lutte au sujet d'un intérêt privé, que le conflit s'élève en Algérie. Le conflit le plus fréquent et le plus fécond en conséquences pratiques est celui qui éclate entre notre loi territoriale et le statut des indigènes. La législation algérienne établit sans doute un partage entre les deux législations rivales, en déterminant, d'une manière aussi précise que possible, la sphère d'action de chacune d'elles. Mais, en dépit de cette sage précaution, il s'en faut que toute chance de collision soit écartée. C'est qu'en effet, même dans les matières qui relèvent en principe du statut personnel musulman, l'application de ce statut peut rencontrer une limite, soit dans la nationalité de la personne avec laquelle contracte l'indigène, soit dans la nature ou l'objet de la convention. Il en résulte que, dans nombre de cas, la ligne séparative entre le domaine du droit musulman et celui du droit français devenant des plus indécises, la question se pose de savoir à laquelle des deux législations en présence, la prépondérance doit être attribuée. Question d'autant plus ardue qu'il existe, presque sur tous les points, une antinomie radicale entre les principes de l'une et de l'autre loi.

Enfin, il existe en Algérie une troisième source de conflit : nous voulons parler de l'antagonisme des lois indigènes entre elles. Ainsi qu'on l'a vu plus haut, tandis que les Arabes ne reconnaissent d'autre règle civile que les préceptes du Coran, les Kabyles, les Ibadites du M'zab, les Israélites des territoires annexés depuis le 24 octobre 1870, vivent sous l'empire de leurs lois et coutumes particulières. Les Musulmans orthodoxes eux-mêmes se divisent en quatre rites que séparent, sur nombre de questions, des divergences de doctrine assez sensibles. Dans cette situation, un conflit législatif peut se produire, toutes les fois qu'une convention ou un fait quelconque fait naître un rapport juridique entre indigènes d'un statut différent.

Le conflit des lois en Algérie se présente donc à notre examen, sous trois aspects nettement tranchés :

1° Conflit de la législation territoriale avec la loi personnelle des étrangers ;

2° Conflit de la loi française avec les lois indigènes ;

3° Conflit des lois et coutumes indigènes entre elles.

Nous allons traiter de ces trois sortes de conflits, mais seulement dans leurs applications à la personne envisagée en elle-même ou dans ses rapports de famille, nous réservant d'étudier, dans la deuxième partie de cet Essai, les divers conflits relatifs aux droits patrimoniaux et au régime des biens.

§ 2. — *Conflit des lois française et étrangère.*

Le conflit de la loi territoriale française avec la loi étrangère est dominé, en Algérie comme en France, par les principes généraux du droit international privé. Mais, dans l'application de ces principes, il convient de tenir compte des modifications ou restrictions résultant de la législation propre à l'Algérie. Il peut arriver que la solution du conflit qui nous occupe soit plus ou moins directement influencée par les différences que nous avons précédemment signalées entre la situation des étrangers résidant en Algérie et celle des étrangers de la métropole.

Examinons d'abord les conflits relatifs à la personne considérée en elle-même.

Il est aujourd'hui reconnu par la grande généralité des auteurs que les lois concernant l'état et la capacité de l'étranger le suivent sur notre territoire, à moins qu'il n'ait frauduleusement dissimulé sa nationalité ou que les prescriptions de sa loi personnelle n'entraînent des conséquences contraires à l'ordre public ou à l'intérêt de l'État français.

Ce principe du droit commun international s'applique, sans contestation aucune, à l'Algérie, sauf dans les cas où il se heurte aux dispositions de la législation spéciale qui, au point de vue civil, régit le territoire algérien.

Ainsi, en Algérie comme en France, c'est par la loi nationale de l'étranger que doivent être résolus les conflits qui naissent de la contrariété des lois relatives à l'absence, à la minorité, à la tutelle (1), à l'émancipation. Supposons, par exemple, qu'il s'agisse de l'émancipation d'un mineur italien. La loi italienne n'admet l'émancipation qu'à dix-huit ans (2), alors que notre Code l'autorise dès l'âge de quinze. Qui doit l'emporter de ces deux lois? Évidemment la loi italienne, car, suivant la juste remarque de M. Weiss (3), les règles de capacité qu'elle formule en matière d'émancipation « n'offensent en rien l'ordre public international dans le pays étranger où elles viennent à être invoquées ». C'est encore par la loi personnelle du mineur que seront gouvernés les effets de son émancipation et le mode de nomination du curateur : par conséquent, le mineur italien, émancipé en Algérie, aura pour curateur son père ou sa mère, conformément aux prescriptions de sa loi nationale.

De même, en matière d'interdiction, c'est à la loi nationale de l'étranger qu'il faut se référer pour savoir s'il peut ou non être interdit en Algérie ou pourvu d'un conseil judiciaire ; c'est cette loi qui règle les effets de l'interdiction relativement à la personne ou aux biens de l'interdit. Ce qui est vrai des incapacités résultant d'une infériorité intellectuelle ne l'est pas moins de celles qui procèdent, pour l'étranger, d'une condamnation pénale prononcée dans sa patrie. Ces incapacités lui seront opposables en Algérie, à moins que la condamnation

______

(1) En ce sens, le tribunal de la Seine a jugé, le 2 juillet 1878, que « l'étranger qui est mineur aux termes de la législation de son pays reste mineur en France et incapable de souscrire un engagement valable, tant qu'il n'a pas atteint, quoiqu'il ait accompli sa vingt et unième année, la majorité fixée par sa nationalité », sauf dans le cas « où le mineur aurait usé de fraude » (*Le Droit*, 10 août 1878). — *Contrà*, Cass. 16 janvier 1861, D. P. 61. 1. 193; C. Paris 8 février 1883.

(2) C. civ. italien, art. 311.

(3) *Op. cit.*, p. 611.

d'où elles résultent ne se fonde sur une cause, ou ne produise des effets incompatibles avec notre droit public ou avec notre législation pénale (1).

La doctrine de la personnalité du droit, qui sert de base aux solutions précédentes, gouverne au même degré les conflits de lois relatifs aux rapports de famille des étrangers immigrés en Algérie. Pour se marier sur le territoire de notre colonie, les étrangers relèvent, en ce qui touche leur capacité, des prescriptions de leur loi nationale. Mais l'application du statut étranger n'a lieu que dans la mesure où elle est permise par l'intérêt général de l'État français. C'est là une restriction essentielle, qu'il importe de ne pas perdre de vue.

Que l'on envisage, notamment, l'hypothèse où un Espagnol établi à Oran, qui a atteint l'âge de quatorze ans, et une fille de même nationalité, âgée de douze ans, projettent de contracter mariage devant l'officier de l'état civil français de leur résidence. Ils ont, d'après leur loi personnelle, l'âge voulu pour se marier. Cette règle de la loi espagnole doit-elle être respectée sur le territoire français ? M. Weiss incline vers l'affirmative, en se fondant sur ce que, la maturité des forces physiques variant avec les races et les climats, la loi personnelle des futurs a, seule, compétence pour mesurer le degré de capacité qu'il est possible de leur assurer : « Lorsqu'elle les déclare capables de consentir au mariage, dit-il, l'intérêt de l'État sur le sol duquel elle est invoquée demeure sauf ; elle se borne, en effet, à constater que le développement de ceux qu'elle gouverne est plus hâtif que ceux des autres peuples, que l'Espagnole de douze ans est aussi apte que la Française de quinze » (2). Sans méconnaître la valeur de cet argument, nous croyons que, dans la circonstance, c'est la loi française qui doit déterminer la solution du conflit. Les dispositions de la législation espagnole relativement à la capacité des futurs époux sont ici mises en échec par les considérations d'ordre supérieur dont s'est inspiré notre code, lorsqu'il a interdit le

(1) Ainsi, les tribunaux algériens n'ont pas à tenir compte de l'incapacité qui peut frapper un étranger, dans son pays d'origine, à raison de son affiliation à un ordre religieux (LAURENT, VI, p. 320 ; WEISS, op. cit., p. 622).

(2) Op. cit., p. 632.

mariage à l'homme âgé de moins de dix-huit ans, à la femme avant quinze ans révolus (1).

A plus forte raison la prééminence appartient-elle à la loi territoriale, lorsque les étrangers qui veulent se marier sur le sol algérien se trouvent dans un des cas de prohibition pour cause de parenté ou d'alliance prévus par notre Code. Fût-il autorisé par leur loi nationale, le mariage de ces étrangers tomberait de plein droit sous le coup des prohibitions absolues ou relatives prononcées par le Code français. Il est évident, en effet, que les textes qui interdisent, en France, le mariage entre parents ou alliés à un certain degré ou qui le subordonnent à l'obtention d'une dispense, ont en vue, non l'intérêt privé des personnes, mais le bien de l'État, le respect de la morale, c'est-à-dire un intérêt d'ordre général qui ne saurait s'effacer devant la loi personnelle de l'étranger. Ainsi, l'Allemand qui veut épouser en Algérie sa nièce, Allemande comme lui, est tenu de se pourvoir d'une dispense du Gouvernement français, bien que la loi de sa patrie ne lui impose pas cette obligation (2).

Comment le conflit des lois française et étrangère doit-il se décider, lorsqu'un immigrant non français, par exemple un sujet ottoman, déjà marié dans son pays, où la polygamie est autorisée, se propose d'épouser en Algérie une seconde femme, ottomane comme lui ?

En France, ce mariage rencontrerait un obstacle absolu dans la disposition du Code pénal qui punit le crime de bigamie : « L'officier de l'état civil français, dirons-nous avec M. Weiss (3), devrait refuser de prêter son ministère au mariage projeté, et, si l'on se dispensait d'y recourir, nos tribunaux ne devraient tenir aucun compte de sa célébration et lui refuser tout effet. »

Mais cette solution, exacte pour la métropole, souffre, selon nous, exception, en ce qui concerne les Musulmans étrangers qui résident en Algérie. Le décret du 27 août 1874 et celui du

<hr>

(1) En ce sens, circulaire minist. just. 10 mai 1824 et 29 avril 1832.
(2) La pratique est en ce sens (circul. min. just. 10 mars 1824, Sir., 20, 2, 285).
(3) *Op. cit.*, p. 636.

17 avril 1889 sur l'organisation de la justice en Kabylie et en Algérie, assimilent, en effet, les Musulmans étrangers aux Musulmans indigènes, sous le rapport de leur statut personnel. L'article 2 du premier de ces décrets est très explicite à cet égard : il porte que « le droit musulman ou kabyle continue à régir les conventions civiles ou commerciales entre indigènes arabes ou kabyles, ou *Musulmans* étrangers, ainsi *que les questions religieuses et d'état* ». Réserver aux Mahométans étrangers le bénéfice de leur loi d'origine, pour toutes les questions religieuses et d'état, c'est évidemment leur permettre en Algérie la pratique de la polygamie, puisque, chez les Musulmans, la loi religieuse embrasse l'universalité de la condition juridique de la personne, envisagée en soi, comme dans ses rapports avec la famille.

Ce qui est vrai des Musulmans étrangers fixés en Kabylie ne l'est pas moins des Musulmans étrangers qui résident dans les autres régions de l'Algérie. Après avoir décidé, par son article 4, que, relativement au statut personnel, les Musulmans seront régis par la « loi de leur pays d'origine » ou par la coutume du rite spécial auquel ils appartiennent, le décret du 17 avril 1889 ajoute, dans son article 5, qu'en matière réelle, entre Kabyles, Arabes ou Musulmans étrangers, la loi applicable sera celle de la situation des biens. Ces deux dispositions, qui ont trait, la première au statut personnel, la seconde au statut réel des Musulmans résidant en Algérie, et qui se complètent l'une par l'autre, visent très certainement les mêmes individus. Il est manifeste que les Musulmans, dont l'article 4 détermine la condition juridique quant aux questions d'état et de capacité, ne sont autres que les Musulmans dont il est question dans l'article 5, au point de vue du régime des biens. Or, ce dernier texte place sur la même ligne les Musulmans étrangers et les indigènes arabes ou kabyles. Concluons-en que les uns et les autres sont également englobés dans la formule de l'article 4, et que, par conséquent, les Musulmans étrangers peuvent, au même degré que leurs coreligionnaires indigènes, se prévaloir de leur loi personnelle dans toute l'étendue du territoire algérien, et, notamment, y épouser plusieurs femmes, dans la mesure permise par la loi coranique (1).

Pour les formalités relatives à la célébration du mariage des étrangers en Algérie, nous ne pouvons que nous référer aux principes généraux du droit international privé. Nul doute que les Italiens, Espagnols, Maltais et autres étrangers établis dans notre colonie ont la faculté de s'y marier devant l'officier de l'état civil français et de se soumettre aux conditions de notre Code. Il n'y a là qu'une application particulière de la règle *Locus regit actum*. Si l'on admet, avec d'excellents auteurs (2), que cette règle n'a qu'un caractère facultatif, on sera conduit, par voie de conséquence, à reconnaître la validité du mariage contracté en Algérie par deux étrangers, conformément aux prescriptions de leur loi nationale, pourvu toutefois que ces formes ne soient pas repoussées par l'intérêt général de l'État français et les principes d'ordre public, devant lesquels recule toujours, nous ne saurions trop le répéter, l'application du droit personnel de l'étranger. Ainsi, rien n'empêche, selon nous, que deux étrangers de nationalité turque, se marient en Algérie, *solo consensu*, suivant la règle de leur loi nationale.

Ajoutons que les agents diplomatiques ou consulaires qui représentent, en Algérie, l'Italie, l'Espagne, l'Allemagne, l'Angleterre, ont qualité pour procéder au mariage de leurs nationaux. La compétence qui leur est attribuée à cet égard découle du caractère facultatif de la règle *Locus regit actum*. Mais cette compétence des agents diplomatiques étrangers se restreint aux mariages entre personnes de la même nationalité. Si les futurs époux ressortissent à des États différents, la règle *Locus regit actum* reprend son empire, et le mariage doit être célébré dans les formes françaises.

(1) Par Musulmans étrangers, nous entendons ici ceux qui ressortissent à l'un des États dépendants du schah de Perse ou à la Turquie, et les Musulmans originaires de la Tunisie ou du Maroc. Ajoutons que, pour ces derniers, la solution que nous venons de proposer se justifie par une considération particulière. Comme on l'a vu plus haut, les Marocains et Tunisiens immigrés en Algérie sont, en vertu d'accords diplomatiques, soumis au même régime que les indigènes non naturalisés, pour tout ce qui touche à leur statut personnel. Ceci revient à dire que la polygamie leur est permise sur le territoire algérien.

(2) AUBRY et RAU, I, p. 112 ; WEISS, *op. cit.*, p. 526.

Par les explications qui précèdent on peut déjà pressentir à quelle loi il appartiendra de déterminer les effets du mariage des étrangers en Algérie, au point de vue des rapports personnels des époux et quant aux conditions de leur capacité relativement aux conventions matrimoniales. Cette loi ne peut être que celle de leur pays d'origine, réserve faite des cas assez nombreux où la loi étrangère doit s'incliner devant l'ordre public et l'intérêt de l'État français. Ainsi, il faut reconnaître avec la jurisprudence que la femme peut, toutes les fois que son statut personnel le lui permet, ester en justice, en Algérie comme en France, sans l'autorisation de son mari (1). La femme italienne sera recevable à y invoquer l'autorisation générale de contracter qu'elle tient de son mari (2). Par contre, l'incapacité dont la femme espagnole est atteinte dans son pays lui interdira de cautionner son mari sur le territoire algérien (3).

Si nous voulions poursuivre plus loin les applications du principe de la personnalité de la loi étrangère, au point de vue de conflits relatifs aux droits de famille dont le mariage est la source, il nous faudrait passer successivement en revue les questions multiples qui se rapportent au régime matrimonial des époux étrangers mariés en Algérie, aux modes de rupture du lien conjugal, à la paternité et à la filiation, à l'adoption et à la puissance paternelle. Mais les conflits qui peuvent surgir en ces matières n'offrent rien de spécial à l'Algérie ; ils relèvent des solutions du droit commun international. Ce serait donc sortir de notre sujet que de nous attarder à l'étude de ces questions générales, qui ont été d'ailleurs exposées sous tous leurs aspects et avec une autorité qui ne saurait nous appartenir, par des jurisconsultes spécialement versés dans la science du droit international privé (4).

Pour terminer ce bref aperçu, nous dirons un mot des conflits

(1) Seine, 6 août 1878 et 12 avril 1882 (*Journ. du droit intern. priv.*, 1879, p. 62 et 1882, p. 619).

(2) Seine, 5 août 1881 (*La Loi*, 12 août 1881) ; C. Paris, 17 décembre 1883, *Journ. du droit intern. priv.*, 1884, p. 289.

(3) WEISS, *op. cit.*, p. 674.

(4) Citons, au hasard de la plume, M. LAURENT et M. WEISS, l'éminent auteur du *Traité*, désormais classique, de *Droit international privé*.

auxquels donnent lieu fréquemment les conventions intervenues en Algérie, soit entre étrangers, soit entre étrangers et Français. Il est bien entendu que nous n'avons ici en vue que les obligations conventionnelles en général, laissant en dehors de nos explications les transactions immobilières, dont il sera traité dans la deuxième partie de cet Essai.

Le principe de la personnalité du droit, qui domine toute la théorie du conflit législatif, comporte en matière de contrats une notable restriction, résultant de la règle *Locus regit actum*. Cet ancien adage, qui se fonde sur la nécessité de permettre à la personne d'accomplir, quelle que soit sa résidence, tous les actes de sa vie juridique, est entré définitivement dans la pratique du droit des gens ; il fait en quelque sorte partie de la coutume internationale des peuples civilisés. Nul doute, par conséquent, que les étrangers établis en Algérie n'aient la liberté de recourir, pour leurs conventions, aux formes extérieures consacrées par la loi française Il est d'ailleurs à remarquer que, d'après la doctrine des auteurs les plus recommandables (1), la règle *Locus regit actum* a un caractère facultatif ; elle ne saurait être imposée à l'étranger qui ne juge pas à propos d'en réclamer l'application.

Mais la règle *Locus regit actum* devient impérative et ne peut plus être éludée, dès lors que le contrat se forme entre deux personnes de nationalité distincte. Il n'est pas admissible qu'une même opération juridique soit soumise à deux lois différentes, et, par suite, c'est le droit local qui déterminera nécessairement, dans cette hypothèse, les formes du contrat.

Cette solution, qui est constante en droit commun international, est consacrée expressément par une disposition spéciale de la législation algérienne. Aux termes de l'article 37 de l'ordonnance du 26 septembre 1842, non abrogé sur ce point par le décret du 17 avril 1889 (2), « la loi française régit les con-

---

(1) AUBRY et RAU. I. p. 112 ; WEISS, *op. cit.*, p. 526 ; SAVIGNY. *System des heutigen römischen Rechts*, VIII, § 381.

(2) Le décret du 17 avril 1889 n'abroge que le paragraphe 4 de l'art. 37 de l'ordon. du 26 septembre 1842 et laisse intacte la disposition inscrite dans le paragraphe 1er dont nous nous occupons en ce moment.

ventions et contestations entre Français et étrangers ». Ce texte est très clair. Il en résulte que, toutes les fois qu'un étranger contracte en Algérie avec un Français, la loi territoriale, qui est la loi française, s'impose aux parties contractantes. Même raison de décider au sujet des conventions entre étrangers et indigènes algériens : ici encore, l'unité du contrat exige l'intervention exclusive des formes de la loi française. C'est d'ailleurs ce que décide formellement, à propos des transactions immobilières conclues entre individus de statuts différents, l'article 2 de la loi foncière du 26 juillet 1873, dont nous exposerons l'économie, en traitant du régime des biens.

Mais à quels éléments juridiques de l'acte passé entre Français et étrangers la règle *Locus regit actum* est-elle applicable ? La loi française se restreint-elle à la forme de l'acte ou, au contraire, embrasse-t-elle les conditions requises pour la validité de la convention ? Est-ce d'après cette loi ou, à l'inverse, d'après le statut personnel du contractant étranger que doit être mesurée sa capacité générale ou spéciale, et qu'il convient de déterminer le caractère et les effets du contrat ? Les termes généraux de l'ordonnance du 26 septembre 1842 ne nous fournissent que peu d'éclaircissements pour l'appréciation de ces difficultés. C'est donc aux principes du droit commun international que la solution du conflit doit être rattachée.

Or, les auteurs s'accordent aujourd'hui à reconnaître que la règle *Locus regit actum* laisse en dehors de son domaine tout ce qui touche à la capacité des parties contractantes : à cet égard, le contractant étranger continue à relever exclusivement de son statut personnel (1). Ainsi, pour reprendre un exemple cité plus haut, supposons qu'une femme italienne qui a reçu de son mari, conformément à la loi de son pays, une autorisation générale à l'effet d'accomplir les actes pour lesquels elle a besoin de l'assistance de son époux, contracte en Algérie avec un de nos nationaux. Cet acte sera-t-il valable au regard de nos tribunaux, bien que le Code français exige une autorisation spéciale ? Nous n'hésitons pas à répondre par

____

(1) WEISS, *op. cit.*, p. 522 et les auteurs cités en note.

l'affirmative. Les questions de capacité et d'incapacité ne touchent pas à l'ordre public et, par suite, échappent à la loi française, pour rester sous l'empire du statut personnel de l'étranger.

Quelle est donc, au juste, la portée de l'article 37 de l'ordonnance algérienne du 26 septembre 1842 ? C'est ce que nous allons essayer de préciser.

Un premier point paraît hors de doute : l'acte passé en Algérie entre Français et étrangers est, quant à ses formes extrinsèques, soumis entièrement à la loi territoriale algérienne. Donc, s'il veut conférer à cet acte le bénéfice de l'authenticité, l'étranger doit s'adresser à un notaire et satisfaire à toutes les conditions propres aux contrats notariés. S'il se contente d'un acte sous seing privé, l'acte devra être dressé conformément aux prescriptions des articles 1325 et 1326 du Code civil. Enfin, si l'un des contractants est indigène, la convention sous seing privé devra, ainsi que l'exige spécialement la loi algérienne, être rédigée, à peine de nullité, dans les langues arabe et française, placées en regard l'une de l'autre (1).

Mais à quelle législation convient-il de se référer, pour apprécier la validité intrinsèque de l'acte, l'interpréter et en déterminer les effets ? S'il s'agissait d'un contrat entre étrangers appartenant à la même nationalité, on aurait de justes raisons pour trancher le conflit en faveur de la loi personnelle de ces étrangers, à moins qu'ils n'eussent manifesté leur intention de se soumettre à la règle *Locus regit actum*. Mais, dans notre hypothèse, qui est celle d'une convention entre Français (ou indigènes) et étrangers, c'est évidemment la loi française qui l'emporte, puisqu'il n'y a plus de loi personnelle commune. Cette solution, qui découle directement des principes du droit commun international, est, au surplus, commandée par la disposition de l'ordonnance du 26 septembre 1842. En assujettissant à la loi française toute convention entre Français et étrangers, cette ordonnance soumet par là même à cette loi les conditions de validité intrinsèques de l'acte autres

(1) V. sur ce point, *suprà*, p. 29.

que celles touchant à l'état et à la capacité de la personne. C'est encore la loi française qui détermine les effets de l'obligation, son étendue, son caractère, ses modalités et les causes de rescision ou d'annulation dont elle peut être affectée.

En dernière analyse, les conventions passées en Algérie entre Français et étrangers ne relèvent du statut personnel du contractant étranger qu'au point de vue des questions d'état et de capacité touchant à sa personne. Sauf cette réserve, la loi territoriale française prend le pas sur la loi nationale de l'étranger et gouverne la convention.

Il n'est pas indifférent de rappeler que l'étranger, même autorisé à fixer son domicile en Algérie, reste, comme l'étranger simplement résidant, sous l'empire de ses lois personnelles d'état et de capacité.

On examinera plus loin dans quelle mesure les tribunaux français de l'Algérie sont compétents pour juger les litiges pendants entre étrangers.

§ 3. — *Conflit de la loi française et du statut indigène.*

Comme on a pu le voir par nos explications précédentes, le conflit de la loi française avec une loi étrangère se règle principalement, en Algérie, d'après les données du droit commun international. Bien que mise en échec sur certains points par la législation algérienne, c'est la doctrine générale de la personnalité du droit qui conduit à la solution de la plupart des difficultés qui naissent de ce conflit.

Il en est autrement du conflit, spécial à l'Algérie, qui s'établit entre la loi française et le statut personnel des indigènes musulmans. Ici, nous ne sommes plus en présence d'un étranger, couvert par la protection de sa loi nationale et admis de plein droit au bénéfice de l'exterritorialité, sauf les limitations imposées par l'ordre public ou résultant de la règle *Locus regit actum*. Les indigènes musulmans de l'Algérie sont Français, ne l'oublions pas ; comme tels, ils sont soumis en principe à l'autorité de la loi française territoriale. Si, au point de vue de leur statut personnel et de leurs successions, ils restent en possession des lois et coutumes qui les gouvernaient avant l'annexion, c'est à titre de pure exception, par l'effet d'une faveur que la France est libre de leur retirer. Pour tous les Français de l'Algérie, indigènes ou nationaux d'origine, il n'y a qu'une loi souveraine, à savoir la loi française. Ainsi qu'on l'a fait justement observer, cette loi plane à titre de règle au-dessus des exceptions et « s'étend partout où une dérogation expresse au principe de la territorialité ne lui fait pas échec (1) ».

Ainsi, tandis que la solution des conflits entre la loi française et la loi étrangère a pour base juridique la doctrine de la personnalité du droit, à l'inverse, c'est le principe de la territorialité de la loi qui doit avoir la prépondérance dans l'appréciation des difficultés qui naissent, en Algérie, de l'antagonisme du statut indigène et de la législation française; c'est dans ce principe de territorialité que réside le criterium du conflit législatif dont nous allons poursuivre les plus intéressantes applications.

On aperçoit immédiatement les conséquences de la proposition doctrinale que nous venons de formuler. Puisque la coutume indigène ne doit être envisagée que comme une exception à la loi territoriale de l'Algérie, il s'ensuit nécessairement que, pour toutes les matières non attribuées expressément au domaine du droit indigène, c'est la loi française qui, seule, est applicable : là, en effet, où l'exception ne peut plus être invoquée, la règle reprend son empire. Il en résulte également que, même dans la sphère d'application du droit indigène, s'il arrive que cette loi soit muette ou prête à l'équivoque sur un point quelconque, le juge ne doit pas hésiter à laisser de côté les théories du droit musulman et à trancher par la loi française le différend dont il est saisi. En d'autres termes, toutes les fois que la loi ou la coutume indigène présente des lacunes ou de l'obscurité, c'est à la loi territoriale qu'il appartient de subvenir à son insuffisance et de la compléter. Tels sont, en quelques mots, les principes théoriques qui nous paraissent devoir être appliqués à la solution du conflit entre

____

(1) DUNOYER, *Étude sur le conflit des lois spécial à l'Algérie*, p. 7 et 41.

la loi française et le statut personnel de nos sujets algériens.

Nous connaissons déjà les limites du domaine réservé aux lois et coutumes indigènes. Les Musulmans algériens conservent leur autonomie législative au triple point de vue de leur statut personnel, de leurs successions et de ceux de leurs immeubles dont la propriété n'est pas encore établie par un titre français. En dehors de ces cas limitativement énumérés par le décret du 17 avril 1889, la loi française reprend ses droits et le statut musulman cède à la souveraineté de la loi territoriale.

Parmi les matières qui sont du ressort de la loi indigène, figurent, en première ligne, l'état et la capacité des personnes et les droits de famille. Les Musulmans de l'Algérie, Arabes, Kabyles ou Mozabites, restent soumis à leurs lois et coutumes respectives, pour tout ce qui touche la capacité contractuelle et l'interdiction, la tutelle, le mariage, la répudiation, la puissance paternelle et l'autorité maritale, la condition de la femme mariée, la tutelle. Ils continuent, en un mot, à relever de leur statut traditionnel, en ce qui concerne la condition juridique de la personne considérée, soit en elle-même, soit dans ses rapports avec la famille.

C'est donc d'après la théorie islamique de l'interdiction que doit être appréciée la capacité des indigènes arabes. Rappelons ici, en passant, que l'état de majeur ou de mineur n'a pas son équivalent exact en droit musulman. Tant qu'il n'a pas atteint la puberté, l'enfant mâle est privé, en principe, du droit de disposer de sa personne et de ses biens (1), et l'interdiction, au sens islamique du mot, résulte, non seulement de l'enfance, mais encore de la prodigalité, de l'insolvabilité judiciairement déclarée, et même de la simple maladie. Quelque éloignées qu'elles soient des principes de notre Code, toutes ces règles si originales du droit islamique gardent leur autorité entre indigènes musulmans et doivent

______

(1) Si l'impubère a disposé de ses biens à titre onéreux, le tuteur est libre de rompre ou de respecter le contrat. Si le tuteur ignore l'acte de disposition ou s'abstient d'intervenir, l'enfant peut, au sortir de l'interdiction, annuler ou maintenir la convention. Ajoutons que l'impubère a la faculté de tester. (V. ZEYS, op. cit., p. 100.)

être respectées par nos tribunaux. Il ne faut donc pas s'étonner de voir la Cour de cassation française déclarer, par application du droit musulman, que l'interdiction peut être prononcée pour cause de prodigalité et que les actes passés par le prodigue antérieurement à l'interdiction sont susceptibles d'être annulés, dès lors que la cause d'interdiction existait notoirement à l'époque où les actes ont été passés (1). En se livrant de la sorte à l'interprétation de la loi islamique, la Cour suprême consacre souverainement l'indépendance de nos sujets algériens vis-à-vis de la loi territoriale, pour les questions qui se lient à l'état des personnes et à leur capacité.

Le mariage des indigènes musulmans et tous les rapports de famille dont il est la source demeurent également sous l'empire de la loi de Mahomet ou des coutumes locales. Ainsi, bien que l'article 340 de notre Code pénal punisse sévèrement le crime de bigamie, il reste permis à nos sujets, Arabes ou Kabyles, de pratiquer la polygamie dans la mesure autorisée par la loi religieuse et, en conséquence, d'avoir à la fois jusqu'à quatre femmes légitimes. Le père garde à l'encontre de ses enfants l'odieux droit de *djebr* ou de contrainte matrimoniale : nubile ou non, la vierge est « contraignable », à la seule condition, assez illusoire, de ne pas être astreinte à un mariage désavantageux. On verra bientôt que, par une sorte de jurisprudence prétorienne, les tribunaux algériens ont essayé de restreindre cette monstrueuse prérogative de la puissance paternelle. Il n'en est pas moins vrai qu'en droit, sinon en fait, le viol légal de la fille impubère fait partie intégrante des coutumes dont nous avons garanti le libre exercice aux indigènes algériens.

Les conditions de fond et de forme du mariage entre indigènes, ses effets quant aux rapports des époux entre eux et avec leurs enfants, les conséquences qui en résultent au point de vue du régime des biens des époux, les modes de rupture du lien conjugal, tout se règle encore en Algérie conformément aux préceptes des quatre rites orthodoxes ou des coutumes berbères. Bien que la loi française du 23 mars 1882

(1) Cass., 11 mai 1886, Sir.. 90, 1, 325.

impose aux nouveaux époux l'obligation de déclarer leur union à la mairie, le mariage de nos sujets musulmans conserve toujours son caractère essentiellement consensuel ; chez les Kabyles du Djurdjura il nous apparaît encore avec la physionomie archaïque des temps barbares. La femme kabyle est une simple marchandise que ses parents adjugent au plus offrant et que son mari lui-même revend avec bénéfice dès que l'occasion s'en présente. A notre timide théorie du divorce la loi musulmane continue à opposer la variété presque infinie de ses formules de répudiation. Tantôt le mariage se dénoue, comme il s'est formé, par *khola* ou consentement mutuel ; tantôt le mari répudie de sa propre autorité la femme qui a cessé de lui plaire. A cet égard, les Français musulmans de l'Algérie n'ont que l'embarras du choix : la *moubara*, le *t'alak*, le *ila*, le *d'ihar*, le *lia'n* viennent à qui mieux mieux au secours du mari qui veut se défaire de sa femme. Et, quoi qu'il puisse leur en coûter, nos magistrats ne peuvent élever aucune critique contre la répudiation « par trois, moins deux, moins un ». Il ne leur est pas permis d'ignorer que dire à une femme : « Tu es répudiée par la moitié plus le tiers d'une répudiation », c'est prononcer une répudiation simple, réservant au mari le droit de se repentir d'un mouvement irréfléchi et de reprendre sa femme.

Nous n'insisterons pas autrement sur ces particularités du droit islamique, car ce serait revenir sans profit sur les explications présentées à ce sujet dans un de nos précédents chapitres. Ce qu'il importe de retenir, c'est que, pour toutes les matières ressortissant à l'état et à la capacité des personnes, le statut personnel des indigènes algériens reste debout et met en échec le droit français.

Mais, comme nous l'avons déjà laissé pressentir, la loi territoriale française, tout en respectant la coutume des Musulmans de l'Algérie, n'a pas abdiqué son droit de contrôle et sa souveraineté. En attendant le jour où il lui sera donné de régner en maîtresse sur le territoire algérien, elle profite des lacunes, des incertitudes et des obscurités du droit musulman pour intervenir dans les applications de ce droit et en épurer la doctrine. Lorsqu'un conflit de cette nature s'engage entre la loi française et la loi personnelle des indigènes algériens, il est évident que la prééminence appartient à la première. La raison juridique, l'intérêt supérieur de la justice et de la civilisation exigent que, dans toutes les questions où la coutume musulmane se montre muette ou insuffisante, la loi territoriale ait le dernier mot.

Un premier et très significatif exemple du rôle que la loi française est ainsi appelée à remplir dans le règlement des rapports juridiques entre indigènes musulmans s'offre à notre examen en matière d'aliments. On sait que, d'après les règles du rite malékite, l'obligation alimentaire ne va pas au delà du premier degré de la filiation. L'iman Malek et son docte continuateur, Sidi Khalil, ont sans doute pensé que le principe de solidarité et d'assistance mutuelle dont le Coran fait un devoir aux fidèles n'a pas besoin, pour être obéi, des sanctions de la loi positive. L'enfant ne doit donc aucun entretien à son aïeul ; le beau-père et la belle-mère ne peuvent exiger des aliments de leur gendre ou de leur belle-fille : le Code de Khalil est formel à cet égard (1) et, en présence d'une disposition aussi catégorique, il ne saurait être question de faire intervenir la loi française pour modérer la rigueur de cette solution du droit musulman.

Mais la situation change lorsque la question de la dette alimentaire se pose entre Musulmans du rite hanéfite. L'iman Hanifa s'est montré sur ce point moins explicite que Malek. Il ne décide pas positivement si l'obligation d'entretien s'arrête oui ou non au premier degré de la filiation. Doit-on, dans le doute, se référer aux préceptes de l'école malékite? La jurisprudence ne l'a pas pensé. Il lui a paru, avec raison, que l'obligation alimentaire dont les enfants et petits-enfants sont tenus envers leurs ascendants, ayant son principe dans le droit naturel, ne peut être éludée par les indigènes qu'en vertu d'une stipulation expresse de leur loi. La loi hanéfite étant muette à cet égard, c'est le cas de revenir à la règle générale inscrite dans les articles 205 et 206 du Code civil, et

(1) ZEYS, *op. cit.*, I, p. 28.

de reconnaître qu'entre Hanéfites, l'obligation alimentaire incombe, dans la mesure déterminée par notre loi, aux petits-enfants, ainsi qu'aux gendres et belles-filles.

Un procédé d'interprétation analogue a permis à la jurisprudence algérienne de tempérer, dans une certaine mesure, l'exercice de ce droit de djebr, qui entraîne des conséquences d'une si révoltante immoralité. Nous avons vu que, dans la théorie du rite malékite, la fille vierge, impubère ou pubère, est assujettie au djebr et peut être mariée contre son gré, toutes les fois que le mariage n'est pas de nature à lui causer un préjudice appréciable. La loi des Hanéfites se montre plus respectueuse de la personnalité humaine. Elle admet, pour les enfants des deux sexes, arrivés à l'âge de la puberté, le droit de se marier de leur libre consentement. Et, comme les Musulmans de l'Algérie ont la faculté de choisir, pour le règlement de leurs rapports juridiques, les prescriptions de l'un quelconque des quatre rites orthodoxes, même dans le cas où ils n'en suivraient pas la règle religieuse, la jurisprudence n'a pas hésité à s'arroger le même droit d'option, dans l'intérêt de la morale et de l'humanité. Ne pouvant couper à sa racine l'infâme pratique du djebr, qui se lie intimement à la théorie islamique du mariage, elle s'est ingéniée à modérer la rigueur de ce droit de contrainte, en faisant prévaloir les préceptes de l'école hanéfite dans la solution des litiges qui s'élèvent en cette matière, même entre Musulmans malékites (1). Ici encore, la jurisprudence prend texte des contradictions et des incertitudes de la loi musulmane pour se ranger à la doctrine qui offense le moins les principes de notre droit.

C'est encore au sujet d'une des théories les plus étranges du mariage musulman — nous voulons parler de la fiction de *l'enfant endormi* — que s'affirme, à l'encontre du droit indigène, la prééminence de la loi française. On sait en quoi consiste cette théorie (2). Chez les Arabes comme chez les Kabyles, il est admis que la veuve peut, aussitôt après avoir reçu le dernier soupir de son mari, se déclarer enceinte d'un enfant endormi.

(1) C. Alger, 3 février 1871, ROBE, 1871, p. 279.
(2) V. *suprà*, p. 109.

La durée de cette prétendue gestation dépasse singulièrement le terme fixé par la nature. L'enfant peut dormir plusieurs années dans le sein de sa mère et, quelque prolongé que soit son sommeil, il n'en est pas moins réputé enfant légitime du défunt. Mais quelle sera la durée de cette période d'attente ? La loi islamique se tait sur ce point et les docteurs musulmans ont profité de son silence pour donner libre carrière à leur génie fantaisiste. Tandis que certains jurisconsultes n'accordent à l'enfant endormi que dix mois de sommeil, d'autres, en plus grand nombre, prolongent jusqu'à quatre ans, cinq et même sept années le temps de cette gestation supposée. La coutume berbère va plus loin : elle consent à ce que l'enfant reste endormi dans le sein de sa mère pendant une période de temps illimitée. Il est évident que ces interprétations contradictoires, qui n'ont aucun point d'attache avec les préceptes du Coran, ne sauraient mettre obstacle à l'application des principes de notre droit. Aussi, la doctrine islamique de l'enfant endormi a-t-elle définitivement succombé devant nos tribunaux (1). Si le recours à la législation française s'impose, dans toutes les circonstances où la loi musulmane n'a pas statué avec la précision et la clarté nécessaire, à plus forte raison la loi territoriale doit-elle l'emporter, lorsqu'elle entre en lutte, non plus avec une règle positive du droit indigène, mais avec des opinions de casuistes où il entre plus d'imagination que de souci de la vérité juridique.

Jusqu'ici, nous n'avons envisagé le conflit des lois française et indigène qu'au point de vue de l'état, de la capacité et des rapports de famille. Il nous reste à rechercher comment ces deux statuts peuvent se disputer le terrain en matière de contrats et d'obligations conventionnelles. C'est là, sans contredit, une des causes les plus actives du conflit législatif propre à l'Algérie.

Lorsqu'il s'agit de conventions entre Musulmans du même rite, il va de soi qu'il ne saurait y avoir place pour le conflit que nous avons en vue. Tout se passe, dans ce cas, dans le champ clos de la législation indigène. Capacité contractuelle,

(1) C. Alger, 16 avril et 18 novembre 1861, ROBE, 1861, p. 127.

conditions de validité du contrat, effets, modes de preuve, tout se détermine et s'apprécie d'après les règles du droit islamique, si les contractants sont de race arabe, et conformément à la coutume locale, s'ils sont de souche kabyle.

Le conflit qui nous occupe ne s'établit à proprement parler que dans le cas où une même convention met en présence un Français ou tout autre européen, et un indigène. Il n'y a plus alors de loi personnelle commune, et il est cependant inadmissible, nous en avons fait plus haut la remarque au sujet des étrangers, qu'une même convention relève de deux lois différentes. Il faut nécessairement que l'une des deux législations se retire devant sa rivale, car l'unité du contrat s'accommoderait mal d'un partage législatif.

Qui l'emportera dans ce conflit, de la loi française ou du statut indigène ? Appliquerons-nous ici, comme au sujet des conventions entre Français et étrangers, la *lex loci contractus*, c'est-à-dire la loi territoriale de l'Agérie ? La question n'a pas toujours été uniformément résolue par la législation algérienne. Dans le principe, il parut préférable d'abandonner la solution de la difficulté à la sagesse des tribunaux. L'ordonnance du 10 août 1834 et, après elle, celle du 26 septembre 1842 exprimaient, en effet, que, dans les contestations entre Français ou étrangers et indigènes, la loi française ou celle du pays serait appliquée, selon la nature de l'objet en litige, la teneur de la convention et, à défaut de convention, selon les circonstances ou l'intention présumée des parties. C'était, en somme, subordonner l'application de la loi française à de pures appréciations de fait. Les particularités variables de chaque espèce jouaient un rôle prépondérant dans le règlement du conflit, faisant tour à tour pencher la balance, soit du côté de la loi territoriale, soit en faveur du statut musulman.

A ce système hybride, qui laissait à l'interprétation une trop large place, la loi du 16 juin 1851 porta une première et sensible atteinte. En effet, l'article 16 de cette loi, après avoir maintenu les transmissions de biens entre Musulmans sous l'autorité de la loi islamique, dispose qu' « entre toutes autres personnes » elles seront régies par le Code civil. Par l'effet de ce texte, les transactions immobilières entre indigènes et Français furent soustraites au régime de l'ordonnance de 1842 et rentrèrent dans le domaine exclusif du droit français. A son tour, la loi du 26 juillet 1873, renchérissant sur la loi de 1851, assujettit expressément à la loi française, non seulement les conventions immobilières entre individus de statut différent, mais encore et d'une manière générale, toute transmission contractuelle d'immeubles et de droits immobiliers en Algérie « quels que fussent les propriétaires », par conséquent abstraction faite de leur qualité d'indigènes ou d'Européens (1).

On le voit, les lois de 1851 et de 1873 élargissaient, dans une très appréciable mesure, la sphère du droit français en matière de contrats. Elles n'affirmaient toutefois la suprématie de la loi territoriale que relativement aux transactions immobilières. En ce qui concerne les conventions purement mobilières, elles laissaient les choses en l'état. Pour les obligations et contrats de cette dernière catégorie, la règle d'interprétation posée par l'ordonnance de 1842 restait toujours debout.

Il est vrai que le décret du 13 décembre 1866, sur l'organisation des tribunaux indigènes, en restreignant par son article 1er l'application du statut musulman aux conventions civiles et commerciales entre indigènes, autorisait à conclure *à contrario*, que tout contrat intervenu entre un indigène et un Français serait du ressort exclusif de la loi territoriale. D'autre part, un décret du 27 août 1874 sur la justice en Kabylie, portait expressément que « les tribunaux de Tizi-Ouzou et de Bougie et les juges de paix de leurs ressorts, statuant sur les actions civiles et commerciales, autres que celles qui intéressent exclusivement les indigènes kabyles ou arabes, appliqueraient la loi française » (2). Mais cette disposition n'étendait pas son action au delà du territoire de la Kabylie. Quant à l'argument *à contrario* que fournissait la formule restrictive du décret du 13 décembre 1866, il ne pou-

(1) Art. 1 et 2, L. 26 juillet 1873.
(2) Article 1er.

vait, quelle qu'en fût la valeur, prévaloir contre la disposition de l'ordonnance du 26 septembre 1842, dont aucun acte législatif n'avait encore prononcé l'abrogation.

Les tribunaux algériens continuèrent donc, après comme avant les décrets de 1866 et de 1874, à appliquer, en dehors du territoire kabyle, aux conventions mobilières et aux obligations purement personnelles entre Français et Musulmans, le régime mixte organisé par l'ordonnance de 1842. En cette matière, la loi musulmane et la loi territoriale gardèrent leurs positions respectives, ayant alternativement la prééminence, suivant que les circonstances de la cause inclinaient en faveur de l'une ou de l'autre l'interprétation des magistrats. Sous l'empire de ce système, et à une époque relativement récente, il a été jugé maintes fois que les tribunaux, saisis d'un litige sur les conditions et l'exécution d'un marché verbal entre un Français et un indigène, puisent dans l'article 37 de l'ordonnance de 1842, la faculté d'appliquer la loi musulmane, et, par suite, d'accueillir la preuve testimoniale de ce marché, même dans le cas où le Code français la prohibe, par exemple, lorsque l'intérêt pécuniaire engagé dans le procès est supérieur à 150 francs (1).

Mais, depuis lors, les tribunaux algériens se sont vu dessaisir du droit d'option que leur avait attribué l'ordonnance de 1842. Le décret du 17 avril 1889 sur la justice musulmane abroge, en effet, expressément sur ce point l'article 37 de cette ordonnance, et limite l'application de la loi indigène aux matières énoncées dans son article 1er, à savoir aux contestations entre Musulmans, relatives au statut personnel, aux successions et aux immeubles non pourvus d'un titre français. Par suite de cette abrogation partielle de l'ordonnance de 1842, la loi française s'annexe définitivement toutes les conventions, mobilières ou immobilières, qui se forment entre Français et indigènes. Désormais, pour ces contrats, il n'y a plus à rattacher la solution du conflit législatif aux circonstances du procès et à l'intention présumée des parties

(1) C. Alger, 17 janvier 1879 et 26 décembre 1884, Robe, 1879, p. 29 et 371 ; 1885, p. 99.

contractantes : ce conflit, l'acte législatif du 17 avril 1889 le règle souverainement et une fois pour toutes en faveur de la loi territoriale. C'est cette loi, à l'exclusion du statut islamique, qui déterminera la nature et l'étendue des rapports juridiques que la convention fait naître entre l'indigène et son cocontractant européen. Les seules conventions qui, aujourd'hui, échappent à la souveraineté de la loi française, sont celles qui interviennent, en matière personnelle ou mobilière, entre indigènes musulmans. Dès qu'un Français ou tout autre Européen entre en scène, la loi islamique se retire et cède la place à notre Code civil.

Il est toutefois un élément juridique de la convention entre Français et indigènes qui résiste à l'action de la loi française : nous voulons parler de l'état et de la capacité contractuelle de l'indigène. Sur ce point, le statut personnel musulman ne saurait être mis en échec par la loi du contractant français. Ainsi, lorsque la femme d'un Musulman aliène au profit d'un Français ses effets dotaux (1), l'application de la loi française au contrat n'implique nullement pour la venderesse l'obligation de se pourvoir de l'autorisation maritale dont elle est dispensée en droit islamique. De même encore, la procuration générale ou fiduciaire (*niaba*) donnée par un Musulman, emportant pour le mandataire pouvoir d'aliéner (2), la vente que celui-ci consentirait à un Européen, bien que régie par la loi française, échapperait, selon nous, à la disposition finale de l'article 1988 du Code, qui exige en pareil cas un mandat exprès (3). Il convient cependant de noter qu'en matière de transactions immobilières, la législation algérienne barre la route aux causes de résolution quelconques, fondées sur le droit musulman et incompatibles avec les principes de notre Code, spécialement aux causes de nullité résultant de l'insuf-

(1) On sait que la femme musulmane garde la propriété de sa dot et qu'elle peut en disposer, sans l'autorisation de son mari, à titre onéreux, et à titre gratuit par tiers successifs. V. *suprà*, p. 92.

(2) Mais le mandataire ne doit pas agir contre l'intérêt du mandant. Fût-il investi du pouvoir le plus général, il ne saurait lui appartenir, « de répudier la femme du mandant, de marier sa fille vierge, de vendre la maison qu'il habite » (ZEYS, *op. cit.*, II, p. 9).

(3) C. Alger, 10 août 1844, DE MÉNERVILLE, *Jurisprudence*, v° *Mandat*.

fisance des pouvoirs des cadis, maris, pères, frères et chefs de famille ayant stipulé pour autrui sans mandat régulier (1).

La capacité générale ou spéciale requise chez le Musulman indigène pour intervenir au contrat doit donc être appréciée d'après sa loi personnelle, même dans le cas où la nationalité française de l'autre contractant entraîne l'application des règles de notre Code. Pour tout le reste, la convention formée entre Français et Musulmans, est régie par la loi territoriale. Par conséquent, l'acte devra satisfaire aux conditions de forme requises par le Code civil et par la loi algérienne, soit en vue d'assurer la libre expression de la volonté des parties, soit en vue d'en faciliter la preuve. C'est encore par les principes de la loi française que nous réglerons la nature et les effets du contrat, que nous mesurerons l'étendue des obligations respectives des parties, leur objet, leurs modalités, les conditions, suspensives ou résolutoires, les causes d'annulation ou de rescision dont elles peuvent être affectées. Les règles de notre Code détermineront également l'interprétation des clauses douteuses ou obscures de la convention.

Ainsi donc, en matière de contrats et d'obligations conventionnelles, l'application du statut personnel des indigènes musulmans rencontre dans la nationalité française de l'un des contractants une première et notable limitation.

Une seconde restriction à la doctrine de la personnalité du droit musulman en Algérie résulte de la faculté d'option accordée aux indigènes. Le maintien de leurs lois et coutumes traditionnelles est une concession gracieuse du vainqueur, une pure faveur à laquelle ils sont libres de renoncer, à propos d'une convention déterminée, pour se placer sous l'égide de la loi française. Nous avons défini précédemment le caractère et les effets de cette option de législation. Qu'on nous permette de nous référer à ces explications.

L'exposé des règles relatives à la condition juridique des indigènes algériens nous a condu à signaler plus haut le très intéressant conflit législatif qui se produit, lorsqu'un indigène marié et père de famille se fait naturaliser au cours de son

(1) L. 26 juillet 1873, art. 1er; ordonnance du 1er octobre 1844, art. 1er.

mariage. Par quelle loi seront régis désormais les rapports que le mariage a fait naître entre l'indigène naturalisé citoyen français et sa femme musulmane ? La naturalisation est-elle personnelle à l'indigène qui l'obtient, ou, au contraire, produit-elle des effets collectifs, s'appliquant de plein droit à la femme et aux enfants mineurs du bénéficiaire ? Nous avons déjà répondu à ces questions, dans le chapitre consacré à la naturalisation des indigènes. Nous n'avons pas à y revenir (1).

La naturalisation des indigènes musulmans suscite, en matière de succession, un autre cas de conflit que nous nous réservons d'examiner lorsque le moment sera venu de traiter des divers conflits de lois relatifs au régime des biens (2).

En terminant, faisons remarquer que l'indigène musulman non naturalisé conserve, à l'étranger comme en Algérie, le bénéfice de son statut d'origine ; il a, dès lors, le droit d'y pratiquer la répudiation islamique et la polygamie, qui lui sont permises en Algérie (3).

§ 4. — *Conflit des lois indigènes entre elles.*

On vient d'assister à l'antagonisme du statut personnel des musulmans et de la loi territoriale. Mais ce n'est pas seulement avec la loi française que le droit indigène entre en lutte. Les kanouns kabyles, la coutume mozabite et les quatre rites orthodoxes des Musulmans de race arabe, bien que dominés dans leur ensemble par la révélation coranique, offrent cependant, de l'un à l'autre, des différences sensibles, parfois même des contrastes marqués. Un conflit peut s'élever dès lors entre ces divers statuts, toutes les fois qu'un acte juridique ou une convention quelconque mettent en cause deux indigènes appartenant à une race ou à un rite différents, par exemple un Arabe et un Kabyle, un Musulman orthodoxe et un Ibadite du M'zab.

Antérieurement à 1870, ce conflit spécial ne se localisait pas

(1) V. *suprà*, p. 78.
(2) V. *infrà*, IIe partie, chap. VIII.
(3) En ce sens, lettre du min. just. du 13 novembre 1871, BÉQUET. *Rép. du droit administr.*, v° Algérie, n° 708, note 4.

dans la sphère des lois et coutumes musulmanes. Jusqu'à cette époque, les Israélites, maintenus en possession de leur loi civile personnelle, disputaient aux races berbère et arabe le domaine réservé à l'application du statut indigène. Le décret du 24 octobre 1870 ayant absorbé d'un seul coup dans la nationalité française toute la population juive de l'Algérie, le conflit des lois indigènes se trouve aujourd'hui circonscrit entre indigènes de religion musulmane.

Par quels principes déterminerons-nous la solution de ce conflit spécial ? C'est vainement que nous interrogerions à ce sujet l'ordonnance du 18 août 1834 et celle du 26 septembre 1842 : le texte de ces actes législatifs ne nous fournit en effet aucune donnée décisive pour l'appréciation de la difficulté qui nous occupe. Tout ce qui en résulte, c'est que « les indigènes sont présumés avoir contracté entre eux selon la loi du pays, à moins de convention contraire », et que « les constatations entre indigènes relatives à l'état civil seront jugées conformément à la loi religieuse des parties (1) ». Mais à quelle loi indigène convient-il d'accorder la priorité lorsqu'un rapport juridique s'établit entre des Musulmans régis par des statuts différents, c'est ce que les ordonnances de 1834 et de 1842 omettent d'expliquer. La question est également éludée par le décret du 13 décembre 1866, qui se borne à déclarer la loi musulmane applicable aux conventions entre Musulmans indigènes, sans faire la moindre allusion aux coutumes et rites particuliers qui se partagent la population musulmane de l'Algérie. Quant à la loi du 26 juillet 1873 (2), s'il est vrai qu'elle soumette à la loi française les transactions immobilières entre individus « régis par des statuts différents », il est non moins certain qu'en édictant cette règle elle a eu en vue, non pas le conflit des diverses lois indigènes, mais le conflit législatif auquel donnent naissance les conventions entre indigènes et européens ou entre Français et étrangers.

Il faut arriver aux décrets du 27 août 1874, du 10 septembre 1886 et du 17 avril 1889 pour voir apparaître en une

(1) Art. 37, ordonnance du 26 septembre 1842.
(2) Art. 2-1º

formule nette et précise, le critérium à suivre pour la solution du conflit qui s'élève entre les lois et coutumes indigènes coexistant sur le territoire algérien.

Le premier de ces actes législatifs, rendu pour la Kabylie, règle la difficulté en ces termes (1) : « Entre indigènes arabes ou kabyles, ou musulmans étrangers, soumis à des lois différentes quant à l'objet de la convention ou de la contestation, la loi applicable sera : en matière réelle, celle du lieu de la situation de l'immeuble, et, en matière personnelle et mobilière, celle du lieu où s'est formé le contrat ou, à défaut de convention, la loi du lieu où s'est accompli le fait qui a donné naissance à l'obligation. Si les parties ont indiqué, lors du contrat, à quelle loi elles entendent se soumettre, cette loi sera appliquée. » D'un autre côté, le décret sur l'organisation de la justice musulmane en Algérie, du 10 septembre 1886, et celui du 17 avril 1889 qui, sur ce point, s'en est approprié les termes, après s'être référés, en matière personnelle et mobilière, aux règles de la loi musulmane pour l'interprétation et le mode de preuve des conventions entre Musulmans (2), décident, à l'exemple du décret du 27 août 1874, que la loi ou coutume applicable en matière réelle, entre Arabes, Ibadites ou Musulmans étrangers sera celle de la situation des biens (3). Ils ajoutent que, relativement au statut personnel et aux successions, les Musulmans seront régis par les coutumes de leur pays d'origine ou par les coutumes du rite spécial auquel ils appartiennent (4).

De la combinaison de ces textes il ressort, à première vue, que la loi algérienne n'a égard à l'origine arabe ou berbère des Musulmans algériens et aux coutumes de leurs rites respectifs que dans les matières intéressant le statut personnel, par exemple, lorsqu'il est question de mesurer la capacité générale ou spéciale des parties contractantes. Quel que soit le lieu du contrat, c'est toujours d'après sa coutume personnelle que se déterminent l'état et la capacité de chacun des individus de

(1) Décret du 27 août 1874, art. 3.
(2) Décret du 17 avril 1889, art. 2.
(3) Décret du 17 avril 1889, art. 5.
(4) *Ibid.*, art. 4.

différents rites, arabe, kabyle ou mozabite, qui interviennent à la même convention. Mais, pour ce qui a trait à la forme du contrat, à ses éléments intrinsèques et à son interprétation, il faut faire abstraction de la coutume particulière des parties en cause, pour considérer uniquement le lieu où la convention a pris naissance. C'est par la loi du lieu du contrat que se règle le conflit des rites et coutumes que la convention met en présence, à moins toutefois que les intéressés, usant de la faculté d'option qui leur appartient, n'aient donné la préférence au droit français. Même règle lorsqu'il s'agit d'une obligation non-contractuelle, résultant d'un quasi-contrat, d'un délit ou d'un quasi-délit : ici encore, c'est par la loi du lieu où s'est produit le fait générateur de l'obligation, que le conflit des lois indigènes doit être résolu.

Toute cette théorie de la législation algérienne n'est, en somme, qu'une application particulière du principe de la *lex loci contractus*, aujourd'hui constant en droit international privé. Conformément à cette règle générale, les décrets présument que les contractants, arabes, kabyles ou mozabites, ont soumis tacitement leur convention à la loi du lieu où leur contrat est intervenu. Du moment où cette présomption n'est pas contredite par une déclaration d'option pour la loi française, c'est à la *lex loci* qu'est due la prééminence et qu'il appartient de trancher le conflit. Ainsi, la *lex loci contractus* déterminera le caractère civil ou naturel de l'obligation, son étendue, le caractère suspensif ou résolutoire de la condition qui l'affecte. Existe-t-il entre les obligés un lien de solidarité ? L'obligation est-elle annulable ou rescindable? Quels en sont les effets ? A ces diverses questions la *lex loci contractus* donnera la réponse. A plus forte raison, les formalités extrinsèques de l'acte, ses conditions de forme, doivent-elles être appréciées par la coutume du lieu où il est passé.

La *lex loci* ne gouverne d'ailleurs les conventions entre indigènes de différents rites que dans la mesure permise par les principes généraux du droit commun international. Aux termes mêmes des décrets de 1874 et de 1889, c'est seulement en matière personnelle et mobilière que cette loi affirme sa suprématie et règle le conflit. En matière réelle, elle s'efface devant la *lex rei sitæ*. Ainsi, tandis que la capacité exigée des parties continue à relever exclusivement de leur coutume ou de leur rite personnel, tandis que la forme et les éléments extrinsèques de l'acte instrumentaire sont régis par la *lex loci*, il faut au contraire recourir à la loi de la situation des biens, pour déterminer la nature mobilière ou immobilière de l'objet du contrat, le régime de la propriété, les modes d'acquisition et de transmission des droit réels, les conditions et les délais de la prescription. De même, c'est par la *lex rei sitæ* qu'on jugera de l'aptitude de la chose a être hypothéquée ou donnée en nantissement; bien entendu, nous supposons ici que la convention, intervenue entre indigènes de différents rites, porte sur un immeuble au titre musulman, dont la propriété ne repose pas sur un titre français. Il va de soi que si l'objet du contrat est un immeuble soumis à la loi française, la *lex rei sitæ* est hors de cause et le droit français doit seul être appliqué.

En résumé, le conflit des lois et coutumes indigènes entre elles se décide par la *lex loci*, en matière personnelle et mobilière, et par la *lex rei sitæ*, en matière réelle, la capacité de chacun des contractants restant d'ailleurs sous l'empire de sa loi personnelle. Tel est, en deux mots, le système, conforme aux données du droit international, que consacrent les décrets du 27 août 1874 et du 17 avril 1889.

Éclairons par quelques exemples la portée de cette règle.

Pressé par un besoin d'argent, un Arabe malékite se rend au marché d'un village kabyle et réussit à se faire prêter pour un an, par un habitant du thaddart, une somme de 2,000 réaux. Suivant l'usage, la convention se réalise sans écrit, en présence de témoins. Au jour de l'échéance, le prêteur réclame, indépendamment du capital de sa créance, un intérêt de 33 0/0. Mais l'emprunteur, qui voit là une excellente occasion d'affirmer son orthodoxie, résiste à cette exigence, en se retranchant derrière les prohibitions portées par le Coran contre le prêt non gratuit. Qui l'emportera dans ce conflit ? Suivrons-nous la loi musulmane, qui assimile à l'usure la stipulation par le pré-

teur d'un intérêt si modique qu'il soit (1)? Trancherons-nous,
au contraire, le différend d'après la coutume kabyle qui, au
mépris des anathèmes du Coran, admet de temps immémorial le prêt à gros intérêt (2)? Nous n'hésitons pas à nous
ranger à la seconde de ces solutions. L'emprunt a été contracté en territoire kabyle; c'est donc la *lex loci*, la coutume
du village où la convention est intervenue, à l'exclusion de la
loi malékite, qui doit, conformément aux dispositions du
décret de 1874, rester maîtresse du terrain et déterminer le
règlement du conflit.

Envisageons maintenant l'hypothèse où, pour sûreté de sa
dette, l'emprunteur arabe affecte, au profit de son créancier
kabyle, un immeuble melk situé en dehors de la Kabylie, en
territoire arabe. Ce melk, dont la propriété ne repose que sur
un titre musulman, n'est pas encore soumis à la loi française;
les transactions auxquelles il donne lieu entre Musulmans
restent, en principe, régies par le droit indigène. Mais, dans
notre espèce, deux lois indigènes sont en présence : la coutume kabyle du lieu où la convention est intervenue et la loi
islamique du territoire où se trouve situé l'immeuble offert en
garantie. De ces deux lois, quelle est celle qui réglera la
forme et les effets de l'affectation consentie par l'emprunteur?
Appliquera-t-on la coutume kabyle, qui réglemente ouvertement l'antichrèse (*rahnia*), et qui pratique même l'hypothèque
proprement dite (3)? Accordera-t-on la prééminence à la loi
coranique, qui ignore l'hypothèque au sens moderne du mot et
qui, en droit pur, pousse la rigueur jusqu'à proscrire, en
matière de prêt, le pacte d'antichrèse, ne reconnaissant d'autre
forme d'affectation que la *tsenia* ou vente à réméré à long
terme? D'après ce qui a été dit plus haut, c'est évidemment la
loi islamique qui doit prévaloir dans ce conflit. Ici, en effet, la

(1) ZEYS, *op. cit.*, I., p. 192.
(2) Quelques coutumes kabyles limitent à 33 0/0 le taux de l'intérêt; mais
dans la grande généralité des tribus, le prêt à intérêt a lieu au taux réglé par la
convention. Il n'est pas rare, en Kabylie, de voir prêter au taux de 50 0/0
(HANOTEAU et LETOURNEUX, *op. cit.*, II, p. 494 et 495). — Comp. *suprà*, p. 28.
(3) L'hypothèque kabyle ne nécessite plus aujourd'hui aucune mainmise temporaire, du moins lorsqu'elle est constituée par écrit, devant un Âlem et les
notables du village (HANOTEAU et LETOURNEUX, *op. cit.*, II, p. 531).

question se pose en matière réelle, et, par conséquent, elle entraîne avec elle l'application exclusive de la *lex rei sitæ*, du statut de la situation de l'immeuble. Or, nous supposons un melk situé en territoire arabe. C'est donc d'après la loi musulmane, et non d'après la coutume kabyle, que s'interprétera la convention relative à l'affectation de ce melk.

CHAPITRE VII

Compétence des tribunaux algériens à l'égard des étrangers et des indigènes.

Nous savons d'après quelle législation doivent être appréciés les droits privés dont les divers habitants de l'Agérie sont admis à se prévaloir. Pour épuiser le sujet, il nous reste à rechercher comment l'étranger ou l'indigène dont le droit est contesté peut obtenir justice des tribunaux algériens.

§ 1er. — *Contestations intéressant les étrangers.*

L'intérêt même de la colonisation exige que les immigrants étrangers soient assurés de trouver en Algérie des tribunaux qui veillent au respect de leurs droits. L'ordonnance du 26 septembre 1842 y a pourvu, dans une certaine mesure, en décidant, par son article 33, que les tribunaux français connaîtront entre toutes personnes des affaires civiles et commerciales, à l'exception de celles dans lesquelles les Musulmans sont seuls parties.

Il résulte de ce texte que toute contestation civile où un étranger figure soit en demande, soit en défense, est, en Algérie, de la compétence de nos tribunaux. Peu importe que l'étranger ait pour adversaire un Français ou un indigène. Dans un cas comme dans l'autre, et par cela seul que le litige ne s'élève pas entre Musulmans exclusivement, la juridiction française s'impose. Rappelons ici, en passant, que l'étranger demandeur est, par le seul fait de sa résidence en Algérie, dispensé de la caution *judicatum solvi* et, inversement, est admis à exiger cette caution de l'étranger non résidant (1).

(1) V. *suprà*, p. 32.

Si la compétence de la justice française à l'égard des litiges entre étrangers et Français ou indigènes ne souffre pas difficulté, en revanche la question est beaucoup plus délicate, lorsque les parties en cause, le demandeur aussi bien que le défendeur, sont toutes deux de nationalité étrangère. C'est une des thèses les plus discutées du droit international privé que celle de savoir dans quelle mesure les tribunaux français sont compétents pour connaître des contestations entre étrangers. Un examen comparatif des diverses théories, souvent contradictoires, qui se sont produites à ce sujet ne serait pas ici à sa place. Il suffira de dégager, aussi succinctement que possible, les solutions admises par la généralité des auteurs et par la jurisprudence souveraine de la Cour de cassation.

Parcourons tout d'abord les diverses hypothèses où la compétence des tribunaux français au regard des plaideurs étrangers ne saurait être mise en doute.

C'est une doctrine unanimement acceptée que les tribunaux français sont compétents, même entre étrangers, lorsque ceux-ci ont établi leur domicile sur notre territoire, en vertu d'une autorisation régulière du Gouvernement. La raison en est que l'admission à domicile leur confère la jouissance des droits civils réservés aux Français d'origine et, par conséquent, le droit d'ester en justice devant nos tribunaux (1). Au point de vue de la compétence, ils sont entièrement assimilés aux Français. Il en est de même, dans le cas où un traité diplomatique ouvre aux étrangers ressortissant à tel ou tel État l'accès de nos tribunaux (2). La compétence des juges français ne saurait être davantage déclinée, lorsque le plaideur qui excipe de son extranéité est hors d'état de justifier d'un domicile à l'étranger (3).

On s'accorde également à reconnaître la compétence de nos tribunaux pour juger, entre étrangers, les actions se rattachant

(1) Cass. civ., 23 juillet 1855, D. P. 55. 1, 353 ; req., 12 novembre 1872, D. P. 74, 1, 168 ; AUBRY et RAU, VIII, § 748 *bis*, p. 145.

(2) Cass. req., 3 juin 1885, D. P. 85, 1, 400 ; C. Alger, 13 janvier 1892, D. P. 92, 2, 470.

(3) Paris, 19 décembre 1876, *Journ. du droit internat. privé*, 1877, p. 37 ; Seine, 21 janvier 1885, *eod. loc.*, 1885, p. 176.

à l'ordre public ou à la police générale, les contestations en matière commerciale (1) et celles qui s'élèvent en matière immobilière (2). Cette solution se justifie, en ce qui concerne les litiges commerciaux, par la tradition historique, et, à l'égard des actions immobilières, par le principe de la souveraineté, qui attribue à chaque État le droit absolu de régler les transactions relatives aux immeubles compris dans les limites de son territoire.

Mais il en est différemment en matière de contestations intéressant le statut personnel des étrangers et soulevant des questions d'état ou de capacité. Les difficultés de cette nature échappent en principe à la compétence de nos tribunaux. Sans doute, aucun texte ne leur interdit de juger de tels litiges ; mais ils doivent se dessaisir si l'une des parties décline leur juridiction. Leur compétence fût-elle acceptée, ils pourraient se refuser à juger si ce parti leur semblait le meilleur. Ces règles, qui sont consacrées par une jurisprudence constante (3), ont cependant rencontré des contradicteurs. Partant de ce principe que le droit d'ester en justice est un droit naturel de l'homme et non du citoyen, des jurisconsultes éminents (4) enseignent que nos tribunaux sont tenus de connaître des différends entre étrangers, en toute matière, même s'il s'agit d'une question d'état, par exemple d'un divorce, d'une séparation de corps ou de biens, d'une déclaration d'absence. Quelque sérieuse qu'elle puisse paraître, cette argumentation ne paraît pas de nature à infirmer la doctrine qui a prévalu en jurisprudence. Ainsi que le proclament les arrêts de la Cour régulatrice, le droit de rendre la justice, loin d'appartenir au droit des gens, est l'apanage de

(1) AUBRY et RAU, VIII, p. 146, note 44 ; DEMANGEAT, I, p. 845, note *a*.
(2) Cass. civ., 14 mars 1837, *Jur. gén.*, v° *Lois*, n° 419 ; 22 mars 1865, D. P. 65, 1, 127.
(3) Cass. req. 16 mai 1849, D. P. 49, 1, 256 ; 26 juillet 1852, D.P. 52, 1, 249 ; 27 janvier 1857, D.P. 57, 1, 142 ; 10 mars 1858, D.P. 58, 1, 313 ; 5 mars 1870. D. P. 80, 1, 9 ; 18 juillet 1892, D.P. 92, 1, 489. — Ajoutons que l'exception d'incompétence doit être proposée par le défendeur *in limine litis* (Paris, 26 février 1891, D.P. 92, 2, 321 ; Alger, 13 janvier 1892, D.P. 92, 2, 479).
(4) WEISS, *op. cit.*, p. 934 ; GLASSON, *France jud.*, 1880-1881, p. 241, et *Journ. de dr. intern. privé*, 1881, p. 105 ; LAURENT, *Dr. intern. privé*, IV, n° 90 et suiv. ; DEMANGEAT sur FŒLIX, I, n° 158.

la souveraineté ; le national, seul, a le droit d'en réclamer l'exercice; c'est là un droit civil, au sens strict du mot, réservé aux Français et dont l'étranger ne peut se prévaloir que s'il est admis à domicile ou s'il se trouve dans l'un des autres cas d'exception que nous avons tout à l'heure énumérés.

La doctrine que nous venons de résumer s'applique aux étrangers de l'Algérie comme à ceux de la métropole. La législation algérienne ne contient, en effet, aucun texte qui impose une solution différente. Compétents pour statuer entre étrangers sur les actions commerciales, immobilières ou touchant à l'ordre public, les tribunaux algériens peuvent refuser de juger et se déclarer incompétents à raison de l'extranéité des parties en cause, dès lors que le débat se produit en matière personnelle et mobilière et soulève des questions intéressant l'état et la capacité des personnes. Il n'est fait d'exception à cette règle d'incompétence qu'en faveur des immigrants étrangers admis à la jouissance des droits civils, conformément à l'article 13 du Code, ou qui peuvent invoquer un traité attributif de compétence aux juridictions françaises.

Vainement objecterait-on qu'en Algérie, résidence vaut domicile, et que, par conséquent, les étrangers habitant la colonie peuvent, tout comme les étrangers admis à domicile sur le continent, ester en toute matière devant nos tribunaux. Ainsi que nous l'avons établi précédemment, la simple résidence des étrangers sur le territoire algérien, tout en leur attribuant certains avantages spéciaux refusés aux étrangers de la métropole, n'a nullement pour effet de leur conférer la plénitude des droits que l'admission à domicile entraîne à sa suite. Pour nous servir des expressions d'un récent arrêt de la Cour suprême (1), « si, en Algérie, il a été fait au profit des étrangers diverses concessions partielles de droits civils, dont chacune se renferme dans son objet spécial, il n'est pas possible d'en conclure que les simples résidants y jouissent de ceux des droits civils que ces concessions ne comprennent pas ». Or, le droit d'ester en justice ne figure pas au nombre des priviléges

____

(1) Cass. civ., 20 mai 1862, D.P. 62, 1, 201 ; et req. 18 juillet 1892, D.P. 92, 1, 489.

attachés par la législation algérienne à la résidence des étrangers sur le territoire de la colonie. Concluons-en, avec les arrêts de la Cour, que les étrangers établis en Algérie ne sauraient, par le seul fait de leur résidence, se considérer comme justiciables de nos tribunaux, à propos des différends qui s'élèvent entre eux en matière de questions d'état ou de capacité.

Cette solution ne rencontre, d'ailleurs, aucun obstacle juridique dans la disposition de l'ordonnance du 26 septembre 1842 (1) qui attribue à la justice française la connaissance de « toutes les affaires civiles » autres que celles où les Musulmans sont seuls parties. D'après l'acception restreinte que leur assigne la jurisprudence (2), les mots « affaires civiles » ne s'entendent que des contestations d'intérêt pécuniaire et ne peuvent, dès lors, impliquer pour nos tribunaux d'Algérie la compétence entre étrangers, à l'égard des différends qui touchent à leur statut personnel.

Nous n'insisterons pas autrement sur cet exposé doctrinal, car le principe de l'incompétence des tribunaux algériens au regard des étrangers, en matière de questions d'état et de capacité, est consacré par une longue jurisprudence, qui a sa plus récente expression, dans un arrêt de la Chambre des requêtes du 18 juillet 1892 (3). Mais, répétons-le, cette règle d'incompétence n'est pas absolue. Elle comporte, en Algérie, les exceptions et les tempéraments qui en mitigent l'application relativement aux étrangers de la métropole.

§ 2. — *La justice musulmane.*

Tout en respectant les lois et les coutumes réservées aux habitants de l'Algérie par la capitulation de 1830, le Gouvernement avait le devoir de tenter l'éducation civile des indi-

(1) Art. 33.
(2) Arrêts précités.
(3) Sir., 92, 1,407 ; D. P. 92, 1, 489. — Conf. Alger, 12 septembre 1848, MENERVILLE, *Dict. de législ. alg.*, v° *Compétence*, p. 32 ; C. Alger, 19 mars 1851 et Cass. req. 26 juillet 1852, D. P. 52, 1, 249 ; Alger, 19 février 1855, *Per. alg.* 1857, 1, 228 ; 27 décembre 1860, ROBE, 1861, p. 23 ; 4 mars 1874, D. P. 75, 2, 62 ; 18 mai 1886, *Rev. alg.*, 87, 2, 347 ; 21 avril 1890, et, sur pourvoi, Cass. req. 18 juillet 1892, précité.

gènes, en les attirant à nous et en leur ménageant un contact de plus en plus fréquent avec nos institutions sociales. Or, le meilleur moyen de multiplier les liens entre l'élément indigène et l'élément national, n'est-il pas d'accorder à nos sujets algériens la faculté d'en appeler à notre justice, de les mettre ainsi à même d'apprécier la supériorité de nos lois, et de subir l'influence générale de notre civilisation ? Telle paraît avoir été la pensée qui a présidé aux nombreuses mesures édictées, à partir de l'ordonnance du 26 septembre 1842, en vue de réglementer en Algérie la justice musulmane.

Il n'entre pas dans le cadre de cet Essai, qui est une étude de pur droit civil, de faire l'exposé des règles qui, actuellement, président à l'administration de la justice musulmane en Algérie. Mais, sans nous attarder à des développements qui seraient ici hors de propos, nous croyons devoir dire un mot de la compétence respective des tribunaux français et indigènes dans les contestations entre Musulmans. Nous essaierons, en même temps, d'apprécier l'économie des réformes qui, depuis la conquête, ont été introduites dans l'organisation de la justice indigène, dans le but de soumettre graduellement Arabes, Kabyles et Mozabites, à la juridiction de nos tribunaux et de les initier ainsi peu à peu, par l'action continue de notre jurisprudence, à nos procédés d'interprétation et à nos usages juridiques.

Le premier acte législatif qui se réfère à l'organisation de la justice en Algérie est un arrêté du 16 octobre 1830. Aux termes de cet arrêté, la connaissance des causes civiles et commerciales fut réservée au tribunal des rabbins pour les Israélites, au cadi hanéfi pour les Turcs, et au cadi du rite malékite pour les Maures. Une ordonnance du 10 août 1834 institua un tribunal français de première instance au chef-lieu de chaque province et supprima les attributions contentieuses des rabbins, ne leur laissant qu'un rôle purement consultatif. Par la même ordonnance, les tribunaux français furent déclarés compétents pour statuer sur toutes les affaires civiles et commerciales, soit entre indigènes et Français ou étrangers, soit entre indigènes de religion différente.

Sous l'empire de cette réglementation et jusqu'en 1841, les contestations entre Musulmans du même rite restèrent complètement en dehors de l'action de la justice française. Il n'y avait alors en Algérie, au civil comme au criminel, d'autre juge musulman que le cadi ; un seul recours contre sa sentence, l'appel au souverain, sauf le droit accordé aux parties, en matière civile, d'en référer au cadi mieux informé : dans ce cas, le magistrat indigène convoquait le cadi du rite opposé au sien, des muphtis et quelques tolbas ou ulémas, et, devant cette réunion appelée midjelès, l'affaire était remise en discussion. D'ailleurs, rien de plus illusoire que cette révision du procès, puisque le cadi était libre de confirmer ou d'annuler sa décision, sans égard à l'avis consultatif du midjelès.

L'expérience ayant révélé les dangers de cette indépendance absolue de la justice indigène vis-à-vis des tribunaux français, une ordonnance du 28 février 1841 soumit à l'appel devant la Cour d'Alger les sentences des cadis en matière civile. Cette mesure mit fin à l'autonomie de la juridiction indigène. Tout en conservant leur compétence absolue dans les procès civils et commerciaux entre Musulmans, les cadis durent s'incliner devant la suprématie de la justice française. Dans le même ordre d'idées, l'ordonnance du 26 septembre 1842 plaça les magistrats indigènes sous la surveillance du procureur général. Elle respecta d'ailleurs la ligne de démarcation précédemment établie entre la compétence des tribunaux musulmans et celle des tribunaux français. Les cadis continuèrent à juger les contestations où toutes les parties étaient de religion islamique ; la justice française garda sous son autorité les causes mixtes entre Musulmans et Européens, ou entre Musulmans et Israélites. Quant aux procès entre Israélites, ils furent désormais englobés définitivement dans le domaine de notre juridiction. Faisant un pas de plus vers l'unité de juridiction, l'ordonnance du 16 avril 1843 promulgua en Algérie le Code de procédure civile, sous réserve des modifications commandées par la situation particulière et les intérêts économiques de la colonie.

Mais, en 1854, on crut devoir rompre avec les principes

dont s'était inspirée l'ordonnance de 1842. Sous prétexte d'économiser aux indigènes les frais d'appel, le Gouvernement impérial jugea à propos de restituer aux tribunaux musulmans leur omnipotence primitive. Cette mesure fit l'objet d'un décret du 1er octobre 1854. Indépendance absolue, en matière civile, des cadis vis-à-vis de la justice française ; suppression de l'appel de leurs sentences devant la Cour d'Alger ; la direction de la justice arabe enlevée au procureur général ; les midjelés perdant leur caractère consultatif et érigés en juridictions souveraines, telles furent les dispositions les plus saillantes de cet acte organique. Son application ayant soulevé les plus vives réclamations, le Gouvernement dut intervenir de nouveau. Un décret du 31 décembre 1859, rendu sur le rapport du comte de Chasseloup-Laubat, restitua à la juridiction française le dernier ressort de la justice musulmane et réduisit le rôle des midjelés aux attributions consultatives dans lesquelles ils se renfermaient antérieurement à 1854. Pour rapprocher dans la mesure du possible les indigènes de nos mœurs et de nos institutions juridiques, le même décret permit de soumettre leurs conventions à la loi française et de déférer leurs différends à nos tribunaux.

Des dispositions combinées de ce décret et de celui du 13 décembre 1866, qui le complétait à certains égards, notamment au point de vue de l'organisation des tribunaux d'appel, il résultait que le cadi continuait à être juge ordinaire des Musulmans et que la loi musulmane régissait, indépendamment des questions d'état, toute contestation civile ou commerciale entre les indigènes mahométans et entre ceux-ci et les Musulmans étrangers (1). Telle était la règle générale. Elle ne souffrait que deux exceptions : la première, lorsque les Musulmans déclaraient dans un acte qu'ils entendent contracter sous l'empire de la loi française (2) ; la seconde, au cas où, d'un commun accord, les parties litigantes portaient

____

(1) Décr. du 31 décembre 1859, art. 1er et 17 ; — Décr. 13 décembre 1866, art. 1er

(2) Jugé en ce sens que le fait, par les contractants indigènes, d'avoir réalisé un prêt sur hypothèque devant un notaire français, implique acceptation du juge français pour les actes et les difficultés relatives à l'exécution du contrat (Alger, 7 mars 1861, DALLOZ, op. cit., n° 705).

leur différend devant la justice française. Dans ces deux hypothèses, la juridiction du juge de paix français se substituait par exception à celle du cadi et lui était assimilée pour le taux du premier et du dernier ressort. Par conséquent, les juges de paix, en tant que substitués aux cadis, connaissaient de même que ceux-ci : en premier ressort, de toutes les affaires civiles et commerciales, ainsi que des questions d'état ; en dernier ressort, des actions personnelles et mobilières jusqu'à la valeur de 200 francs de principal, et des actions immobilières, jusqu'à 20 francs de revenu (1). L'appel des sentences rendues par les cadis ou par les juges de paix statuant en matière musulmane fut attribué concurremment aux tribunaux civils d'arrondissement et à la Cour d'appel d'Alger, conformément aux distinctions établies par les articles 22 et 23 du décret de 1866.

Cette organisation, qui est restée debout jusqu'en 1886, réalisait un progrès appréciable sur le régime antérieur. Tout d'abord, elle restituait à la souveraineté française une de ses plus hautes prérogatives, le droit de justice en dernier ressort. D'un autre côté, en facilitant aux indigènes l'accès de la justice française, elle devait, suivant les expressions du rapport préalable au décret de 1866, amener graduellement les Arabes à reconnaître la supériorité de la justice française, « à recueillir dans la pratique journalière de nos lois et dans l'habituelle fréquentation de nos magistrats quelques précieuses semences d'assimilation et de progrès (2) ».

Il faut pourtant reconnaître que, sur ce dernier point, l'application des mesures inaugurées en 1866 ne répondit pas aux espérances que cette réforme avait pu faire concevoir. Le droit d'option, qui permettait aux Musulmans de porter leurs litiges devant les tribunaux français, resta lettre morte. Ainsi que l'a fait remarquer M. Burdeau, dans son rapport sur le budget de 1892, vingt ans après, en 1886, le premier président d'Alger constatait que pas un indigène n'avait usé de

----

(1) Décr. 31 décembre 1859, art. 17 et 18 ; Décr., 13 décembre 1866, art. 3.
(2) Rapport de M. Baroche à l'Empereur ; DE MÉNERVILLE, III, v° *Justice musulmane*, p 199, note 1.

ce droit, même dans les villes où, divisés en deux partis hostiles, les Hadris et les Koulouglis, nos sujets algériens n'ont qu'un cadi du rite malékite, suspect dès lors de partialité aux Koulouglis, qui sont du rite hanéfite.

A s'en tenir à ces constatations décourageantes, on aurait pu, en bonne logique, hésiter à poursuivre l'application du programme de réformes dont les décrets de 1859 et de 1866 ne donnaient que l'ébauche. Mais la justice indigène s'était fait une réputation si détestable, elle prêtait si fréquemment au soupçon de vénalité, que le Gouvernement, justement soucieux de couper court à ces abus, crut le moment venu d'accentuer l'intervention des magistrats français dans le règlement des litiges entre indigènes, et de resserrer dans de plus étroites limites la compétence des cadis.

Pour les Kabyles, la réforme fut radicale. Rien ne fut respecté de leur antique organisation judiciaire. Les assemblées de village, les djemâas, qui jusqu'alors avaient rendu la justice entre Kabyles, furent dessaisies, sans réserve aucune, de leurs attributions judiciaires, même en matière de questions d'état. Un décret du 27 août 1874 les remplaça par les juges de paix ressortissant aux tribunaux civils de Bougie et de Tizi-Ouzou. D'après l'article 4 de ce décret, les juges de paix de ces deux arrondissements sont désormais appelés à connaître, entre indigènes arabes ou kabyles, à l'exclusion des djemâas, en premier ressort, de toutes les actions personnelles ou mobilières civiles ou commerciales, des contestations immobilières jusqu'à soixante francs de revenu, et des procès relatifs aux matières religieuses ou d'état rentrant dans l'énumération suivante : formes et conditions nécessaires à la validité du mariage, délais légaux de l'aïdda et de l'istibra, devoirs réciproques des époux, divorce, répudiation, séparation de corps, restitution de la dot, filiation, parenté, exercice de la puissance paternelle, adoption, constitution de la tutelle, droits du tuteur sur la personne du mineur, état de majorité ou de minorité des parties, demande d'interdiction ou de mise en surveillance, capacité pour succéder résultant des liens de famille ou d'affinité ; capacité pour disposer ou recevoir en matière de donations ou de testaments (1). Au delà de soixante francs de revenu, les contestations immobilières entre Kabyles ou Arabes furent déférées par le même décret (2) aux tribunaux de première instance de Tizi-Ouzou et de Bougie. Ces deux tribunaux furent, en outre, désignés pour statuer sur l'appel des décisions rendues par les juges de paix de la Kabylie.

La justice indigène du Tell échappa à la proscription qui frappait les djemâas kabyles. Les cadis arabes furent maintenus, mais en voyant s'amoindrir singulièrement leur compétence primitive. Un décret du 10 septembre 1886 transféra aux juges de paix la plupart des attributions des magistrats indigènes, ne conservant à ceux-ci que la connaissance des litiges entre Musulmans, relatifs au statut personnel, aux successions et aux immeubles non régis par la loi française. En toute autre matière, les indigènes arabes sont désormais justiciables des juges français. Il est seulement stipulé qu'en matière personnelle et mobilière nos tribunaux auront égard aux coutumes et aux usages du pays, pour l'appréciation des faits et pour l'admission de la preuve.

On le voit, le décret de 1886 modifie profondément l'organisation judiciaire antérieure. A partir de ce moment, les cadis musulmans cessent de constituer, entre Arabes indigènes, les juges de droit commun ; ils deviennent des juges d'exception. Désormais, pour les Arabes comme pour nos nationaux, c'est la justice française qui sera, en principe, compétente ; c'est à elle qu'appartiendra le jugement de toutes les causes civiles ou commerciales entre indigènes algériens, quelle que soit leur religion ou leur origine. Voilà la règle. Si la juridiction des cadis est réservée sur certains points strictement délimités par le décret, c'est par dérogation au principe général de la compétence des tribunaux français. En dehors de ces cas exceptionnels, il n'y a plus place à l'intervention des cadis, et la justice française reprend son autorité (3).

(1) Décr. 27 août 1874, art. 4, et décr. 18 décembre 1866, art. 24.
(2) Art. 7.
(8) Les juges de paix français ne sont investis de la connaissance des actions immobilières qu'en tant qu'elles ont trait à un immeuble au titre musulman ; les immeubles possédés au titre français continuent à relever de la juridiction des

Contrairement à l'attente de ses promoteurs, cette réforme fut mal accueillie par les indigènes, qui y virent, non sans raison, une menace pour leur statut personnel et leurs coutumes. Les Musulmans, dont on avait escompté l'empressement à en appeler aux lumières des magistrats français, exprimèrent très haut le regret d'avoir perdu leurs cadis, dont la justice, rudimentaire et vénale, avait, par contre, l'avantage d'être expéditive et moins onéreuse que celle de nos tribunaux. Ces plaintes devinrent si pressantes que le Gouvernement crut devoir remanier, par deux nouveaux décrets en date du 17 avril 1889 et du 5 mai 1892, l'organisation instituée en 1886.

Les modifications introduites par ces deux décrets n'ont pas affecté sensiblement l'économie de la législation antérieure. La compétence respective des cadis et des juges de paix reste aujourd'hui ce qu'elle était sous l'empire de l'acte de 1886. Le principe dominant de l'organisation actuelle est que, dans tous les cas où la loi française est applicable, les Musulmans sont justiciables de nos tribunaux (1). Et, comme la loi française embrasse d'ores et déjà dans sa sphère toutes les questions autres que celles ayant trait au statut personnel, aux successions et aux immeubles non pourvus d'un titre français, il en résulte qu'à part ces trois exceptions, la juridiction de nos tribunaux s'impose en toute matière à nos sujets musulmans comme aux autres justiciables de l'Algérie. La justice française empiète même sur le domaine réservé aux cadis arabes, puisque le décret de 1889 proclame la compétence des juges de paix pour les contestations concernant le statut personnel et les successions entre Kabyles, entre Arabes et Kabyles et Musulmans étrangers, et pour les actions relatives au même objet, introduites par des Mozabites, hors du M'zab (2). Il n'est pas indifférent d'ajouter que les cadis ne jugent qu'en premier ressort, toutes les fois qu'il s'agit d'un litige touchant aux questions d'état ou de capacité, ou relatif

tribunaux de première instance (Cass. req., 11 décembre 1889, J. P. 91, 973).

(1) Décret du 27 avril 1889, art. 6.

(2) *Ibid.*, art. 7. — Mais, comme nous le verrons tout à l'heure, les Mozabites ont le droit de porter leurs différends en cette matière devant les cadis spéciaux institués par le décret du 20 décembre 1890.

à une succession d'une valeur de plus de 500 francs.
Contre les sentences de ces magistrats indigènes, il n'existe
d'autre voie de recours que l'appel devant les tribunaux français (1) : l'ancien tribunal consultatif des midjelès est supprimé
dans toute la région du Tell.

Les magistrats indigènes ont cependant, depuis 1892, une
situation moins effacée vis-à-vis de la justice française. Pour
donner un semblant de satisfaction aux justiciables musulmans,
le décret du 5 mai 1892 a autorisé les cadis à se transporter
sur les marchés et à juger séance tenante, en dernier ressort,
les contestations personnelles et mobilières n'excédant pas
200 francs, qui, en principe, rentrent dans la compétence du
juge de paix français (2).

En dehors de la Kabylie et du Tell, c'est-à-dire dans la
région saharienne, l'organisation de la justice musulmane
diffère notablement de celle que nous venons de décrire. Moins
rapprochés de notre civilisation que les Arabes du Tell, les
indigènes du Sahara n'offriraient que peu de prise à l'influence
de la justice française ; plus encore que leurs coreligionnaires
du nord de l'Algérie, ils se montreraient rebelles à la pénétration de nos idées européennes. En attendant que l'heure soit
venue de tenter l'éducation juridique de ces peuplades semi-
barbares, le mieux que nous puissions faire est d'exercer un
contrôle permanent et attentif sur les actes de la justice indigène et de modérer, comme juges d'appel, les applications du
droit musulman. C'est pourquoi le décret du 8 janvier 1870,
qui organise la justice dans les territoires du Sahara, tout en
plaçant les mahakmas et les cadis de cette région sous l'autorité de nos tribunaux, a cru devoir maintenir, dans le cercle de
leur compétence, la plupart des matières que le décret du
13 décembre 1866 avait attribuées aux magistrats indigènes.
Aux termes de l'article 5 du décret de 1870, les cadis du

(1) Les sentences des cadis et des juges de paix appliquant la loi musulmane,
les jugements et arrêts rendus sur l'appel de ces sentences, ne sont pas susceptibles de recours en cassation. Il en est autrement lorsque la loi française a
été appliquée entre Musulmans, en vertu d'une option de législation (art. 37,
décr. 13 décembre 1866).

(2) Art. 1er, décret du 5 mai 1892.

Sahara connaissent, en premier ressort, de toutes les affaires civiles et commerciales, ainsi que des questions d'état. Ils statuent, en dernier ressort, sur les actions personnelles et mobilières jusqu'à la valeur de 200 francs de principal, et sur les actions immobilières n'excédant pas 20 francs de revenu. Ce n'est pas tout. L'institution des midjelés a été respectée dans la région saharienne. En cas d'appel d'une sentence de cadi, le midjelés continue à jouer son rôle de comité consultatif (1).

Il en est d'ailleurs, à ce point de vue, des indigènes du M'zab comme des autres habitants du Sahara ; ils ont conservé, avec leur religion et leurs coutumes, les tribunaux dont ils étaient justiciables avant l'annexion (2). Séparés des Musulmans orthodoxes par une rivalité séculaire, les Ibadites du M'zab ne souffriraient guère, on le conçoit, l'intervention dans le règlement de leurs litiges, des cadis hanéfites ou malékites. Aussi, le décret du 17 avril 1889 avait-il cru bien faire, en soumettant à la juridiction des juges de paix français les actions introduites par ces indigènes hors du territoire du M'zab. Mais la justice française n'est pas, auprès des Ibadites, en meilleur renom que la justice malékite. Après quelques années d'expérience, on a reconnu la nécessité d'instituer, dans chacun des trois départements algériens, pour les Mozabites en résidence dans la régions du Tell, un cadi spécial appartenant au rite ibadite. La compétence des juges de paix n'est pas pour cela supprimée ; seulement, les Mozabites sont désormais libres de dessaisir la justice française et de porter la cause devant le cadi ibadite, toutes les fois que la contestation touche à leur statut personnel ou à leurs droits successoraux (3).

Quels que soient leur rite et leur origine, les indigènes musulmans peuvent, même dans les matières réservées à la compétence des cadis, opter pour la juridiction de nos tribunaux. Inscrit, pour la première fois, dans l'article 27 de l'ordonnance du 10 août 1834, ce droit d'option a été consacré, depuis lors, en termes plus explicites, par les nombreux décrets

(1) Art. 9 et suiv. du décret du 8 janvier 1870.
(2) Arrêté du 28 décembre 1882 ; décret du 27 janvier 1883.
(3) Décret du 29 décembre 1890.

qui sont intervenus pour organiser en Algérie la justice musulmane (1). Le décret du 17 avril 1889 qui forme, sur ce point, le dernier état de la législation algérienne, pose la règle en ces termes : « Les contestations relatives au statut personnel et aux droits successoraux sont portées devant le cadi... Toutefois, les parties peuvent, d'un commun accord, saisir le juge de paix. L'accord est réputé établi lorsque le défendeur a fourni ses défenses, soit demandé délai pour produire, soit laissé rendre jugement contre lui. »

Ainsi que l'exprime ce texte, c'est au juge de paix qu'il appartient de statuer, au premier degré, sur les contestations que les indigènes jugent à propos de soumettre à nos tribunaux. Le tribunal civil serait incompétent.

Quels sont, au point de vue de la législation applicable, les conséquences de l'option de juridiction ? Les indigènes qui portent, d'un commun accord, leur différend devant le juge de paix sont-ils par là même réputés avoir opté pour la loi française, et le magistrat français doit-il juger le litige d'après les principes de notre Code ?

Nous n'hésitons pas à rejeter cette solution. Elle est en opposition manifeste avec l'esprit de la législation algérienne. Sous l'empire du décret du 13 décembre 1866, il était de règle formelle (2) que le juge français, saisi d'un procès entre Musulmans indigènes, doit statuer conformément à la loi islamique. Il y a même raison de décider aujourd'hui. Selon la remarque d'un judicieux observateur, en s'adressant au magistrat français pour obtenir justice, « les parties ont entendu seulement acquérir la garantie de son intégrité et de son savoir, tout en conservant le bénéfice de leur loi personnelle (3) ».

Vainement objecterait-on que la comparution volontaire des indigènes devant nos tribunaux suppose, de leur part, une

---

(1) Décr. 1er octobre 1854, art 28 ; décr. 31 décembre 1859, art. 2 ; décr. 13 décembre 1866, art. 2 ; décr. 8 janvier 1870 (concernant la région saharienne), art. 2 ; décr. 10 septembre 1886, art. 7 ; décr. 17 avril 1889, art. 7.

(2) Décr. 13 décembre 1866, art. 2. — Conf. C. Alger, 4 décembre 1865, ROBE, 1865, p. 181, § 1.

(3) DUNOYER, op. cit., p. 166.

adhésion implicite à la loi française, en un mot, constitue l'option de législation tacite que le décret du 17 avril 1889 prévoit expressément. L'argument trouve sa réfutation directe dans le texte même de ce décret. Pour qu'il y ait option implicite au sens de l'acte de 1889, il est nécessaire que les parties « contractent » devant un officier public français. C'est au moment où, la convention entre Musulmans a pris naissance qu'il faut se placer pour reconnaître si, oui ou non, les parties ont entendu abdiquer leur statut personnel au profit du Code français. Peu importe que, par la suite, un différend relatif à l'exécution du contrat conduise les parties devant un de nos tribunaux ; c'est là un fait extrinsèque et postérieur à la formation du contrat, d'où ne saurait, dès lors, résulter la moindre présomption d'option législative. En décider autrement ce serait donner au décret de 1889 une extension que repousse la formule restrictive du texte.

L'option de juridiction n'entraîne donc pas pour le différend qui en fait l'objet l'application des principes du Code civil. A la vérité, la procédure sera celle de la loi française. Mais, quant au fond même du débat, c'est le droit musulman ou la coutume indigène qui devra, seule, déterminer la décision du juge français.

Malgré le partage d'attributions que la législation existante établit entre nos tribunaux et ceux des indigènes, il n'est pas sans exemple qu'un conflit de compétence se produise entre les deux juridictions. C'est ce qui a lieu, notamment, lorsque, dans une succession musulmane, l'Administration des Domaines substituée à l'ancien Beït-el-mal, revendique un droit de déshérence au nom de l'État français. Cette intervention de l'État, agissant en son nom personnel et en vertu d'un droit propre, n'a-t-elle pas pour effet de dessaisir le cadi et de rendre nos tribunaux compétents pour statuer sur les litiges qui pourront s'élever relativement à la succession ? L'affirmative a prévalu en jurisprudence (1), avec raison selon nous. La compétence

(1) C. Alger, 10 février 1863 ; 2 novembre 1873 ; 7 octobre 1873, cités en note au *Rép. de droit adm.* de M. BÉQUET, v° *Algérie*, n° 731 ; conf. SAUTAYRA et CHERBONNEAU, II, p. 183.

des tribunaux indigènes se restreint, nous l'avons vu, aux
contestations entre Musulmans exclusivement. Il importe peu,
dès lors, que le différend s'élève au sujet d'une succession
régie par la loi mahométane. Du moment où un Européen est
partie au procès, la juridiction indigène ne peut que s'effacer
devant celle de nos tribunaux.

Il en est de même des litiges successoraux entre Musulmans, dès lors qu'un Européen y intervient comme créancier
ou cessionnaire de l'un des héritiers. Ici encore, la mise en
cause d'un Européen est attributive de compétence au profit du
juge français (1).

(1) V. les arrêts de la Cour d'Alger rapportés au recueil de M. ROBE, 1870,
p. 255 et 294.

DEUXIÈME PARTIE

LES BIENS

CHAPITRE PREMIER

Importance et difficultés de la question foncière.

De toutes les questions qui intéressent la prospérité et le progrès économique de notre colonie africaine, il n'en est pas de plus importantes que celles qui ont trait à la condition légale de la terre, au régime de la propriété en Algérie.

Nos efforts seraient stériles et, malgré sa grandeur, notre œuvre resterait illusoire si, dans un avenir plus ou moins proche, nous n'arrivions à ouvrir les millions d'hectares qui forment le territoire des tribus aux entreprises de la colonisation. D'un autre côté, il ne suffirait pas de dégager du collectivisme la propriété individuelle des indigènes ; notre tâche resterait inachevée si à ce premier résultat nous n'en ajoutions un autre, qui est d'assurer par une bonne loi foncière la facilité et la solidité des transactions. Ce serait en vain que nous aurions créé la propriété privée en territoire arabe, si cette propriété ne conservait pas, à travers la filière des transmissions, la certitude et la stabilité qu'elle offre à l'origine, au moment où elle se constitue. Pour que la terre puisse remplir sa fonction économique, qui est de circuler jusqu'à ce qu'elle arrive aux mains de celui qui sait le mieux l'exploiter, il est absolument nécessaire que l'instrument juridique du transfert, le titre de propriété, ne puisse jamais être discuté et soit constamment au-dessus de tout soupçon.

Ainsi, constitution de la propriété individuelle en territoire indigène, liberté et sécurité absolue des transactions immobilières partout où cette propriété est ou sera établie, tel est le but qu'une sage politique coloniale doit se proposer d'atteindre, non d'un seul coup, mais progressivement, d'étape en étape. Ce n'est point d'aujourd'hui que les pouvoirs publics se préoccupent de doter l'Algérie d'une bonne législation sur le régime de la propriété territoriale. Dès le début de notre occupation, on a compris tout l'intérêt qui s'attache à la solution de ce grave problème, et on s'est appliqué à le résoudre. Mais, ainsi que nous l'avons laissé pressentir dans le préambule de cet Essai, l'action législative, sans avoir été absolument inefficace, n'a abouti qu'à un assez médiocre résultat. Malgré les efforts presque incessants du Parlement pour améliorer son œuvre, la propriété immobilière en Algérie se trouve encore dans un état d'incertitude et de malaise qui appelle un remaniement profond, pour ne pas dire une réforme intégrale du régime foncier actuel.

Nous allons essayer de pénétrer les causes de cet insuccès et d'indiquer en quoi et comment la situation présente serait susceptible d'être améliorée. C'est un sujet que d'autres ont exploré avant nous, avec la double autorité du talent et de la science. Mais peut-être nous accordera-t-on qu'à côté des travaux, remarquables à tant de titres, qu'a suscités la question de la propriété en Algérie, il reste encore une place pour de nouveaux apports.

Aussi bien, sans prétendre diminuer en rien le mérite de nos devanciers, nous croyons que les procédés d'observation et de comparaison dont on dispose aujourd'hui permettent de creuser, plus avant qu'on ne l'a fait jusqu'à ce jour, l'étude du droit foncier des indigènes. Grâce à l'orientation historique que la science du droit a reçue dans ces dernières années, nous sommes désormais en possession d'une méthode de travail plus large et plus souple que celle dont disposaient les jurisconsultes formés exclusivement à l'école du Digeste. Les rénovateurs du droit contemporain, parmi lesquels il suffira de nommer MM. Sumner Maine et Rodolphe Dareste, ont ouvert aux investigateurs des horizons nouveaux. A la lumière de leurs écrits, nous commençons à entrevoir la véritable nature de ce collectivisme agraire des tribus arabes, au sujet duquel on a si longtemps discuté et qui a servi de thème à tant de théories contradictoires. L'enquête qu'ils ont ouverte simultanément sur les communautés de village de l'Inde anglaise et des Slaves du Sud nous fournit plus que des conjectures sur l'organisation territoriale des tribus indigènes de l'Algérie. De part et d'autre, en effet, nous nous trouvons en présence de la famille patriarcale, et la constitution patriarcale de la famille, dans tous les temps et chez tous les peuples où on a pu l'observer, entraîne les mêmes conséquences au point de vue du régime des biens et de l'état de la propriété.

Avant d'entrer dans le vif du sujet et d'aborder l'examen critique de la législation foncière actuelle de l'Algérie, il nous paraît essentiel de tracer à grands traits l'histoire du droit de propriété dans l'Afrique du Nord. Nous ne saurions, en effet, aboutir à des conclusions raisonnées qu'à la condition d'étendre aussi loin que possible, dans le passé comme dans le présent, le champ de nos recherches. Séparée des faits historiques, l'étude complexe que nous entreprenons ne nous donnerait que des résultats incertains. C'est faute d'avoir interrogé suffisamment les annales de notre grande colonie africaine, c'est pour avoir négligé de se rendre un compte exact de la condition des terres au moment de l'invasion arabe, que des esprits d'ailleurs éclairés ont pu élaborer les systèmes les plus arbitraires sur l'origine et la formation du droit de propriété en Algérie. Leur tort est d'avoir oublié que, pour dégager exactement le sens d'une institution, il ne suffit pas de l'étudier dans les textes. Il faut, de plus, suivre cette institution dans sa marche à travers les événements qui en ont modifié la physionomie originelle ; en un mot, il est nécessaire de rechercher comment elle s'est formée et développée, non seulement dans la théorie juridique, mais encore dans la réalité des choses.

La division de cette seconde partie s'indique dès lors d'elle-même. Nous nous demanderons tout d'abord quel a pu être l'état de la propriété dans l'Afrique du Nord, sous la domination des Carthaginois, des Romains, des Vandales, des Berbères, des Arabes et des Turcs. Nous aurons ensuite à caractériser le régime foncier qui existait chez les Arabes et les Kabyles, lors de notre arrivée en Algérie. Puis, il nous restera à analyser les différentes phases du travail législatif qui, à partir de cette époque, s'est poursuivi jusqu'à nos jours, en vue de donner à la propriété en Algérie une assiette fixe, et de soumettre progressivement tout le territoire de cette colonie à l'empire du statut français. En même temps que nous étudierons les mesures organisées à cette fin, nous établirons le bilan des progrès obtenus et des mécomptes éprouvés.

CHAPITRE II

Période antérieure à la domination française.

Nous savons par l'histoire du droit et l'ethnographie comparée, que la propriété foncière est, en règle générale, inconnue des peuplades vivant à l'état nomade ou pastoral. Ainsi que nous l'avons établi ailleurs (1), dans cette période rudimentaire, l'individu n'est maître que des objets façonnés ou capturés par lui, de ses armes et du produit de la chasse. La terre forme le domaine collectif de la tribu ; elle résiste encore à toute appropriation privée. Quoiqu'il y ait ordinairement une division du sol entre les familles ou les fractions de la tribu, les droits qui naissent de ce partage ne sont jamais complètement individualisés, puisque, par sa constitution même, la famille patriarcale exclut l'appropriation individuelle de la terre. Les biens immeubles appartiennent à tous les membres du groupe, aux enfants comme au chef de famille ; ils font partie du capital nécessaire à l'exploitation en commun (2). La propriété privée ne commence à se dessiner au sein du collectivisme primitif, qu'à partir du moment où, sous l'effort de l'individualisme, se manifestent les premiers symptômes de désagrégation et de décadence du groupe patriarcal.

Les peuplades autochtones de l'Afrique du Nord, qu'une opinion trop facilement acceptée considère comme ayant tou-

---

(1) *Les livres fonciers*, Paris, 1891, p. 12.

(2) V. DE LAVELEYE, *De la propriété et de ses formes primitives*, Paris, 1874 ; — PAUL VIOLLET, *Caractère collectif des premières propriétés immobilières*, Paris, 1872 ; — SUMNER MAINE *Village communities in East and West*, London, 1871 ; — AUCOC, *La question des propriétés primitives*, Paris, 1885 ; — KOVALEVSKY, *Tableau des origines et de l'évolution de la famille et de la propriété*, Stockholm, 1890.

jours pratiqué la propriété individuelle, n'ont très probablement connu, à l'origine, d'autre mode d'appropriation du sol que le communisme agraire de la tribu ou de la famille. D'après Hérodote, les Lybiens étaient des nomades qui se nourrissaient de la chair et du lait de leurs brebis : « Leurs habitations, dit-il, sont des cabanes tressées d'asphodèles et de joncs, qu'ils transportent à volonté. » Cette description s'applique trait pour trait à des peuplades de pasteurs menant une vie semi-nomade. Le témoignage d'Hérodote est, d'ailleurs, corroboré par celui de Diodore de Sicile, qui nous représente les aborigènes de l'Afrique septentrionale, « couchant en plein air, sans maisons, sans habits, et se couvrant de peaux de bêtes ».

Telle était encore, lors de la conquête arabe, l'existence des tribus berbères disséminées dans l'intérieur, notamment dans la région des hauts plateaux : c'étaient, au dire de l'historien arabe Ibn Khaldoun (1), des tribus de pasteurs couchant sous la tente, parcourant avec leurs troupeaux les vastes territoires du Tell. Plus loin, vers le sud, sur la lisière du Sahara, le pays était habité ou, plutôt, infesté par les Gétules, les Garamantes et autres bandes de pillards, également de souche berbère, d'où descendent les Touareg actuels. Il est certain que ces peuplades de pasteurs et de nomades, de même que les tribus de la péninsule arabique, ne connaissaient d'autre propriété individuelle que celle de leurs armes et les produits de leurs troupeaux ou de leurs rapines. A supposer que la terre, nourricière des troupeaux, fît à cette époque la matière d'une occupation, il n'est pas douteux que cette appropriation était passagère et se produisait au profit, non de l'individu, mais de la tribu ou du groupe familial.

Toutefois, dans les montagnes et sur le littoral de la Numidie, le régime agricole succéda de bonne heure à la vie pastorale et dut amener à sa suite, sinon la pratique immédiate de la propriété foncière individuelle, tout au moins cet état d'appropriation transitoire et intermédiaire dont les communautés agraires de l'Inde et de la Kabylie contemporaines nous ont

(1) IBN KHALDOUN, *Histoire des Berbères*, traduction de SLANE, 1, p. 166.

conservé le type. Hérodote nous apprend qu'au delà du lac Triton (le *chot-el-djerid* actuel) on rencontrait des montagnes boisées, habitées par des populations de cultivateurs nommés Maxyes (1). Les Maxyes, dont nous parle ici l'historien grec, étaient, comme les montagnards actuels du Djurdjura, sédentaires, attachés au sol qu'ils cultivaient.

Sous la domination des Carthaginois, les villages agricoles de la Lybie et de la Numidie perdirent à la longue leur indépendance. Les cultivateurs berbères furent transformés en fellahs et abandonnèrent aux Carthaginois le quart du revenu de leurs terres.

Comprenant à merveille tout le parti qu'elle pouvait tirer de cette race de laboureurs implantée sur une terre féconde, la grande cité phénicienne ne négligea rien pour développer l'agriculture dans ses possessions de l'Afrique du Nord. Polybe atteste que la Lybie surpassait, pour les méthodes de culture, tous les autres pays de la terre, et il est de fait que le traité d'agronomie du Carthaginois Magon servit longtemps de guide aux cultivateurs grecs et latins. Un historien moderne dont les écrits ont eu, dans le monde de la science, un si légitime retentissement, M. Théodore Mommsen, déclare qu'à Carthage c'était une maxime de l'économie agricole « qu'il ne fallait jamais acquérir plus de terre qu'un homme n'en pouvait sérieusement cultiver » (2). De cette constatation de Mommsen on pourrait déjà conclure que les populations agricoles de la Numidie et des autres provinces de l'Afrique carthaginoise pratiquaient la petite culture. Or, ce dernier mode de culture, qui implique un morcellement plus ou moins grand du territoire, est de nos jours le signe le plus habituel de la propriété individuelle. La petite culture, telle que la préconisaient les agronomes carthaginois, ne se concilie guère avec le communisme agraire de la tribu ; elle est plutôt le fait de l'initiative individuelle, et, si elle n'exclut pas l'indivision des exploitations, tout au moins

(1) HÉRODOTE, L. IV, ch. 143.
(2) TH. MOMMSEN, *Histoire des Romains*, traduite par DE GUERLE, Paris, 1882, II, p. 208 et suiv.

semble-t-elle correspondre à un régime foncier où la propriété individuelle tend à se dégager du collectivisme primitif.

A la suite de la deuxième guerre punique, la Numidie sépara ses destinées de celles de Carthage et devint un royaume indépendant, avec Cirta pour capitale et Massinissa pour souverain. Polybe et Strabon font gloire à ce prince d'avoir, le premier, fixé au sol et transformé en villages agricoles une partie des tribus autochtones. La Numidie atteignit, sous son règne, un degré de prospérité qu'elle n'avait pas encore connu. Au dire de Salluste, lorsque, quarante ans après la mort du roi numide, Metellus Netia pénétrait sur son territoire, il s'émerveillait de ne rencontrer que des champs couverts de troupeaux et de cultivateurs. De son côté, Valère Maxime dit de Massinissa « qu'il reçut la Numidie stérile et qu'il la laissa couverte de moissons ».

Nous n'oserions prendre texte de ces témoignages, en somme peu précis, pour en induire avec M. Robe (1) que la propriété individuelle était, au temps de Massinissa, un fait reconnu par les lois et consacré universellement par l'usage. La richesse d'une contrée en troupeaux et en céréales n'est point, par elle-même, un indice décisif de l'appropriation privative du sol par l'individu et nous attendrons, pour conclure à l'existence de la propriété privée, des faits plus significatifs. Il est très probable, au contraire que, chez les anciens Numides, comme chez les Kabyles actuels du Djurdjura, l'indivision restait la règle et que le droit de l'individu, bien qu'en voie de formation, était encore subordonné, à bien des égards, au droit supérieur de la collectivité.

Pendant cent ans, les rois numides conservèrent, avec leur indépendance, la situation d'alliés du peuple romain. Mais, à la suite de la révolte et de la défaite de Jugurtha, la Numidie vit annexer à la Mauritaine occidentale, alors gouvernée par Bocchus, roi vassal de Rome. Puis, en l'an 46 avant J.-C., après la bataille de Thapsus et la chute de Juba, la Numidie fut réduite en province romaine.

(1) *Origines, formation et état actuel de la propriété immobilière en Algérie,* Paris, 1885, p. 10

On a décrit trop souvent le système de colonisation des Romains en Afrique, pour qu'il soit utile d'entrer dans de longs développements à ce sujet. Rome ne commit point la faute de procéder à une expropriation en masse des indigènes. Fidèle à son système traditionnel de colonisation, par politique plus encore que par tolérance, elle respecta leurs biens, leur religion et leurs coutumes, n'incorporant au domaine du peuple romain que les terres séquestrées sur les princes indigènes ou sur les particuliers dont il devenait nécessaire de punir la rébellion.

Les terres laissées par le vainqueur aux mains des indigènes participaient à la condition des autres fonds provinciaux ; en droit pur, elles restaient soumises au *dominium* de l'État, à ce droit supérieur que Rome tenait de la conquête. Les particuliers à qui ces fonds étaient appropriés n'avaient théoriquement qu'un droit de possession et de jouissance ; ils ne pouvaient, en aucune façon, en acquérir la propriété quiritaire, et le tribut annuel auquel ils étaient soumis ne constituait, dans la rigueur des principes, que la reconnaissance, la sanction du droit éminent de l'État.

On sait que cette différence absolument artificielle entre le domaine quiritaire et la propriété du détenteur s'effaça peu à peu, par suite de la prédominance, tous les jours plus accusée, du droit prétorien et de la nécessité d'établir des règles uniformes, partout où existaient les mêmes besoins. Cette fiction, qui avait surtout pour but de légitimer la perception et aussi l'exagération des tributs imposés aux fonds provinciaux (*prædia tributaria*), n'eut jamais, dans l'Afrique romaine, qu'une valeur purement théorique ; elle n'exerça, en fait, aucune influence sur le régime des biens et n'empêcha nullement les terres abandonnées aux indigènes d'être cessibles entre vifs et transmissibles par décès. La propriété en était sans doute moins pleine et moins solide que celle des fonds italiques : l'État, investi du *dominium*, était mieux à l'aise pour pratiquer des confiscations arbitraires. Mais, quelle que fût, à ce point de vue, l'infériorité des fonds provinciaux de la Numidie, il n'en est pas moins certain qu'à tous autres égards, leurs possesseurs jouissaient des prérogatives attachées au droit de propriété.

En dehors du domaine propre de l'État et des fonds occupés par les indigènes, il se forma insensiblement une autre catégorie de propriétés, à savoir celles qui dépendaient du territoire des colonies romaines. A mesure que se consolidait sa conquête, Rome créait des colonies, non seulement sur le littoral, mais encore dans l'intérieur des terres. Pour arriver au peuplement de ces centres agricoles, elle pratiquait en grand le système de concessions que nous appliquons nous-mêmes aujourd'hui en Algérie sur une échelle assez restreinte : elle concédait aux immigrants italiens, aux riches patriciens attirés en Numidie par la fièvre de la spéculation, d'immenses étendues de terre, tout à fait comparables aux *latifundia* dont Pline et Columelle (1) ont fait la description dans leurs écrits. Ces domaines étaient trop grands pour être exploités par le concessionnaire en personne ; ils ne pouvaient, on le conçoit, être mis en valeur que par une *familia*, véritable armée de travailleurs serviles (*affixi, assignati*), qui suivaient la condition du sol.

Aggenus Urbicus nous a laissé d'intéressants détails sur la distribution matérielle de ces magnifiques propriétés, plus vastes, d'après lui, que les domaines de l'État. Vers le milieu du terrain, s'élevait la demeure du maître. A distance et tout autour « formant une ceinture de fortifications », se développait une zone de petits villages où habitait tout un peuple de colons, esclaves ou indigènes, attachés au domaine, sous l'autorité du même maître (2). En somme, les *latifundia* de l'Afrique romaine offraient, à peu de chose près, la physionomie de ces vastes domaines ruraux (*prædia* ou *saltus*) de l'Italie et de la Gaule, dont leurs propriétaires n'auraient pu, au dire de Columelle, faire le tour en un jour, même à cheval (3).

Du reste, nous possédons aujourd'hui sur le régime inté-

---

(1) PLINE, *Hist. nat.*, XVIII, 6, 35 ; — COLUMELLE, I, 3.

(2) F. LACROIX, *Afrique ancienne*, *Rev. afr.*, n° 73, p. 18 ; — Conf. MERCIER.

(3) V., pour la description des saltus ou grands domaines ruraux des Romains, JULIUS FRONTIN, dans *Gromatici veteres*, édit. Lachmann, p. 53.

rieur des *latifundia* de l'Afrique romaine et sur leur mode d'exploitation mieux que des conjectures. Il résulte d'une inscription trouvée, en 1880, à Souk-el-Khmis, en Tunisie, qu'un domaine impérial appelé *saltus Burunitanus* était cultivé pour le compte de l'empereur Commode par des tenanciers ou colons héréditaires à part de fruits. Ces colons fournissaient annuellement un certain nombre de corvées, les unes pour les labours, les autres pour la moisson. Il y a tout lieu de penser, suivant la remarque de M. Dareste, que ce système d'exploitation n'était pas spécial aux domaines de l'empereur et qu'il s'appliquait également aux grandes possessions territoriales des simples particuliers (1). Il semble, en effet, que, partout où on a pu en étudier la structure, le domaine rural des Romains est organisé d'après un type uniforme. Qu'il s'agisse d'une villa gallo-romaine ou d'un fundus de la Campanie, il n'est pas une de ces vastes exploitations rurales qui n'offre, dans ses traits essentiels, la physionomie du *saltus Burunitanus* dont l'inscription de Souk-el-Khmis nous retrace le saisissant tableau (2).

La pierre angulaire du système de colonisation des Romains en Afrique était donc la grande propriété. Les seuls territoires qui fussent ouverts à la colonisation des petits propriétaires étaient ceux des cantons militaires, concédés par lots aux vétérans (*limitanei*). Il y avait aussi, dans la banlieue des municipes et des bourgades, des fermes de peu d'étendue exploitées directement par les concessionnaires, citoyens romains ou immigrants italiens. Mais ces petits domaines (*agelli*) ne formaient, pour ainsi dire, que des îlots, perdus au milieu de la grande propriété qui les débordait de toutes parts. C'est à la prédominance de la grande propriété qu'est dû le prodigieux essor de l'agriculture sous la domination romaine. De tous les points de la Numidie, les céréales affluaient vers les villes littorales, où des vaisseaux italiens les chargeaient à destination de Rome. On sait que Commode créa une flotte

<hr>

(1) DARESTE, Préface de l'*Origine de la propriété immobilière en Algérie*, de M. ROBE. Paris, 1885, p. 11.

(2) V. sur la constitution de la villa gallo-romaine, FUSTEL DE COULANGES, *L'alleu et le domaine rural*, Paris, 1889, p. 80 et suiv.

spécialement affectée à ces transports de grains. Du reste, ce n'était pas seulement son approvisionnement en céréales que Rome demandait à sa province d'Afrique : les raisins, les dattes, les figues, le sylphium, le bois et les marbres de l'Atlas figuraient aussi parmi les articles d'exportation. En somme, la Numidie était, à tous les égards, la nourricière de l'Italie et méritait son nom de grenier de Rome.

Mais, malgré toute l'importance agricole que la Numidie avait acquise entre leurs mains, malgré la prudence et l'esprit de suite dont s'inspirait leur politique coloniale, les Romains ne réussirent point à faire de leur possession un prolongement de l'Italie. Leur établissement en Afrique ne jeta jamais de bien profondes racines. Si Rome parvint à s'y maintenir pendant quatre siècles et demi, ce fut grâce au prestige de ses armes. Elle sut tenir en respect la population autochtone, mais sans réussir à se l'assimiler. Refoulée progressivement, la race berbère se conservait intacte dans les impénétrables massifs du *mons Ferratus*, n'attendant que l'heure propice pour secouer le joug abhorré de l'étranger.

Le déclin de la colonisation romaine commença vers le milieu du IVe siècle, avec la révolte des Donatistes. Ces fanatiques, que l'histoire a stigmatisés sous le nom de *Circoncellions*, brûlèrent les fermes, assassinèrent leurs habitants et répandirent par leurs atrocités une telle épouvante que les colons abandonnèrent leurs exploitations rurales pour se réfugier dans les villes. Dès lors, l'élément indigène n'eut, dans les campagnes dépeuplées, aucun contrepoids. A partir de ce moment, Rome eut à compter avec les insurrections incessantes des tribus berbères. On comprit alors, mais trop tard, combien est fragile une occupation qui ne s'appuie que sur la force des armes et qui n'est pas complétée par la fusion des intérêts et des mœurs.

La situation des Romains en Afrique était déjà très ébranlée, lorsque survint, en 429, l'invasion des Vandales. Les aigles romaines durent se retirer devant les hordes des Genséric. Au lendemain de sa rapide conquête, le prince vandale divisa le territoire en trois lots. Le premier, formé des domaines les plus riches, constitua l'apanage de ses deux fils, Hunéric et Genson : le deuxième, composé des territoires de la Byzacène et de la Zengitane, fut attribué à ses soldats, à charge de service militaire. Le troisième lot, qui comprenait le rebut des terres, fut laissé aux colons. Par le fait de cette répartition, tous les grands propriétaires fonciers de la Numidie se virent déposséder de leurs terres. Les institutions romaines se perpétuèrent d'ailleurs sous la domination des Vandales. Ces conquérants barbares étaient trop occupés à persécuter les catholiques et à défendre leur territoire contre les incursions des indigènes pour songer à légiférer. Ils ne laissèrent en Afrique d'autre souvenir que celui de leurs dévastations.

Mais la conquête vandale porta indirectement un coup fatal à l'influence romaine, en préparant le relèvement de la race indigène. Les violences de Hunéric provoquèrent une insurrection générale des Berbères. Toute la région comprise entre le massif de l'Aurès et le Djurdjura fut réoccupée par les tribus indigènes, et, lorsque Bélisaire ramena par ses victoires l'Afrique sous la domination romaine, le territoire des Vandales se restreignait au littoral.

Justinien voulut rendre aux provinces d'Afrique leurs anciennes limites et son premier acte fut d'autoriser les Africains à revendiquer, dans un délai de cinq ans, les propriétés dont leurs ancêtres avaient été dépossédés par Genséric. Les terres non revendiquées dans ce délai devaient faire retour à l'*ager publicus*. Cette mesure de réparation fut complétée par une constitution de l'empereur Valentinien III, donnée en 451. Aux termes de cet acte, les descendants des grands propriétaires dépossédés par l'invasion vandale reçurent la concession de 13,000 centuries, équivalant à 1,300,000 hectares de terres désertes et incultes, avec dispense d'impôt pendant cinq ans. Quant aux petits cultivateurs, ils furent placés, comme colons héréditaires sur les *prædia pistoria* qui appartenaient à la ville de Rome et qui étaient affectés à son alimentation. Mais les Berbères, qui avaient reconquis les territoires abandonnés par les colons, n'étaient pas d'humeur à laisser la colonisation reprendre son domaine.

Ils refusèrent de céder la place aux nouveaux concessionnaires et répondirent aux édits impériaux par un soulèvement en masse. Cette insurrection, qui éclata vers 620, marqua la fin de la domination romaine en Numidie. Les Byzantins furent contraints d'abandonner cette province et de restreindre leur occupation aux territoires de Carthage et de Suffétula.

Ici se présente une question particulièrement intéressante, celle de savoir si les indigènes, en reprenant aux Byzantins la Numidie, respectèrent le régime foncier établi par les Romains. Les documents historiques dont on dispose, dans l'état actuel de la science, ne sont malheureusement ni assez précis, ni assez nombreux pour qu'il soit possible de trancher la difficulté en parfaite connaissance de cause. Ce qu'il y a de certain, c'est que les colons d'origine romaine, ne se sentant plus protégés, abandonnèrent leurs domaines, qui devinrent la proie du premier occupant. Les magnifiques *latifundia* d'où Rome tirait naguère sa subsistance retournèrent bientôt à l'état de friches incultes. Le rapporteur de la loi du 26 juillet 1873 a cependant écrit qu'à la veille de l'invasion arabe, la Numidie « présentait l'aspect d'un immense jardin, divisé à l'infini, couvert d'arbres fruitiers, arrosé par des eaux abondantes qui entretenaient une luxuriante verdure » (1). Il entre trop d'imagination dans ce riant tableau. La vérité est que, pendant la période qui va de la défaite des Vandales aux premières incursions arabes (533-644), le pays fut ruiné et l'organisation de la propriété foncière retomba dans l'anarchie. Partout l'élément berbère reprit le dessus. Presque rien ne resta de la civilisation romaine. Refoulés vers le littoral par les tribus indigènes, les Byzantins n'occupaient réellement que les villes et leurs banlieues, laissant les campagnes en friche. Procope estime que, pendant le règne de Justinien, la population romaine et assimilée de l'Afrique diminua de cinq millions. Et l'historien Gibbon ajoute que, lorsque ce même Procope « débarqua en Afrique, pour la première fois, il admira la population des villes et des campagnes, l'activité

(1) Rapport de M. Warnier, séance du 4 avril 1873, *Journal officiel*, 25 mai 1873, p. 3327, col. 3.

du commerce et de l'agriculture. En moins de vingt ans, ce pays n'offrit plus qu'une immense solitude (1) ».

En somme, à la veille de l'invasion arabe, la race berbère avait repris son indépendance ; elle absorbait tout ce qui avait pu subsister des colons romains et byzantins. Comme en témoignent nombre d'inscriptions, les tribus de la Numidie avaient conservé l'organisation patriarcale des premiers temps ; elles vivaient groupées en confédérations gouvernées ou présidées par un ancien, assisté d'un certain nombre de notables (2). Telle était notamment l'organisation des *Louata* dans l'est, des *Senhadja* dans l'ouest et des *Zenata* dans le sud. Cela étant, il y aurait quelque témérité à affirmer que le régime foncier des Romains persista chez les Berbères et survécut à la domination grecque. A supposer que les indigènes fussent initiés à la pratique de la propriété individuelle, il est infiniment probable que cette propriété portait, alors comme aujourd'hui, l'empreinte des coutumes autochtones et ne s'était pas encore affranchie de l'influence de ce collectivisme familial qui, même à notre époque, est la base du régime foncier dans la tribu arabe ou dans le village kabyle.

Déjà battue en brèche par la révolte des Berbères, la domination byzantine ne tint pas contre le choc des Arabes. Ce qui restait de la civilisation romaine fut emporté par le flot de l'invasion islamique. Après avoir défait complètement l'armée de Grégoire, patrice de Suffétula, fondé la place de Kérouan et soumis Ghadamès avec les oasis du Fezzan, les Arabes traversèrent l'épée à la main tout le Maghreb, sous la conduite du célèbre Sidi Okba et ne s'arrêtèrent qu'à l'Océan. Les Grecs renoncèrent à tenir la campagne pour se cantonner à Lambèze, Tiaret, Tanger et Carthage. Mais ils ne tardèrent pas à être forcés dans leurs derniers retranchements. En 696, Carthage tomba aux mains de Hasan-ben-Noman. La révolte de la Kahina, reine des Berbères de l'Aurés, arrêta un instant l'élan furieux des Arabes. Mais Hasan eut raison de cet obstacle et réduisit à l'obéissance, l'une après l'autre, toutes les tribus

(1) GIBBON, *Hist. de la décadence de l'Empire romain*, II, ch. XLIII.
(2) MOMMSEN, *Römische Geschichte*, V, p. 649.

indigènes. Sous son successeur, Mouça-ben-Noçéir, Tanger
et les autres places occupées par des garnisons grecques
ouvrirent leurs portes aux soldats du Prophète. Seul, le comte
Julien se maintint dans Ceuta (708).

L'empire africain des Arabes se développait alors sur toute
la longueur de l'Afrique du Nord, n'ayant d'autres limites, à
l'ouest, que l'Océan et, au sud, que le Sahara. Au début de la
conquête, la population de ce vaste empire était partagée en
deux castes : les *Moslim*, c'est-à-dire les croyants, les vainqueurs, qui avaient pour mission de combattre et de propager
la parole sainte; les *infidèles*, qui avaient en partage la culture
de la terre et le paiement des impôts. Mais cette classification
n'eut qu'une assez brève durée. Telle fut l'ardeur du prosélytisme des missionnaires arabes, que les rangs des sujets
infidèles s'éclaircirent de plus en plus pour aller grossir l'armée
des Musulmans. Par suite de l'afflux croissant des conversions
forcées ou volontaires, la caste dominante des Moslim se vit
bientôt déborder par l'élément berbère, et, insensiblement,
les conquérants furent absorbés par leur conquête.

Après avoir reconnu la suprématie des souverains de
Bagdad, l'Afrique se sépara de leur obédience et fut érigée en
califat distinct, au commencement du xᵉ siècle, par les
princes Fatimites, appuyés sur les tribus berbères *Senhadja*
et *Ketama*. Le nouveau califat eut successivement pour capitale Kérouan, Méhédia et le Caire. Rien de moins homogène
que ce vaste empire, qui englobait, en dehors de l'Égypte,
l'*Ifrikia* (Algérie et Tunisie), les îles de la Méditerranée, la
Syrie et une partie de l'Arabie. Aussi, bien que soumise nomi-
nalement à la suzeraineté des Fatimites, l'Ifrikia jouissait, en
fait, d'une autonomie à peu près absolue. Au milieu du
xıᵉ siècle, elle était gouvernée par des dynasties berbères issues
de l'antique tribu des Senhadja. Les deux capitales de ces
royaumes berbères étaient Kérouan et El-Cala (1).

Telle était la situation politique de l'*Ifrikia* lorsque survint
la grande invasion arabe, connue sous le nom d'invasion
hilalienne. Le prince berbère qui régnait à Kérouan, Moezz-

(1) Aujourd'hui El-Goléa (Algérie).

ibn-Badis, s'était cru assez fort, en 1049, pour rompre ouvertement les derniers liens de vassalité qui le rattachaient à la dynastie fatimite du Caire. Pour se venger de cette injure, le calife fatimite, Mostancer, précipita sur l'Ifrikia les deux tribus nomades des *Hilal* et des *Solaïm*, alors cantonnées dans la Haute-Égypte. Ces hordes sauvages, dont l'effectif n'était pas inférieur à 200,000 guerriers, dévastèrent toute l'Ifrikia, pendant que, du côté de l'ouest, les sahariens Almoravides, voilés de noir comme nos Touareg actuels, achevaient la conquête du Maghreb. Refoulant la population berbère dans les massifs de l'Aurès et du Djurdjura, les Arabes nomades occupèrent bientôt tout le territoire compris entre le Maroc et Alger, et s'y établirent en maîtres. A vrai dire, il s'agissait moins d'une invasion militaire que d'un véritable exode, car les nouveaux conquérants de l'Ifrikia étaient suivis de leurs femmes et de leurs enfants. Ce n'était pas une armée aux ordres du calife fatimite qui prenait possession de l'Afrique du Nord, mais deux puissantes tribus, indépendantes de toute attache avec un pouvoir central et ne reconnaissant d'autre autorité que celle de leurs caïds et de leurs cheiks. La répartition du territoire envahi entre les familles de ces tribus fut pour ainsi dire abandonnée au hasard de la conquête. Un certain nombre de douars fixèrent leurs tentes sur les terres que les anciens maîtres du sol avaient laissées vacantes. Sur d'autres points, les Arabes se fusionnèrent avec les autochtones. Ainsi, pour ne citer qu'un exemple, la tribu des *Ouled-Kebbele* 1 , dans le département de Constantine, s'est formée du mélange de deux familles berbère et arabe, qui se sont partagé le territoire en déterminant leurs limites respectives. Ajoutons que, dans la suite, les chefs arabes, qui fournissaient assez volontiers des contingents armés aux princes indigènes ou aux gouverneurs turcs, obtinrent plus d'une fois, pour prix de leurs services, des concessions territoriales à titre de *ikta* fief et de *keffara* (protection).

(1) V. sur l'historique de cette tribu, le rapport sur les opérations de délimitations opérées en vertu du sénatus-consulte de 1863, *Bull. off. Alg.*, 1892, p. 1481.

L'invasion hilalienne du XIe siècle est un fait capital dans l'histoire de la propriété foncière de l'Algérie. Il nous est, en effet, impossible d'admettre avec M. Robe que les Arabes de cette seconde migration n'aient touché en rien au régime agraire du nord de l'Afrique. L'occupation du territoire algérien par les nomades de la Haute-Égypte a, au contraire, profondément modifié l'aspect juridique de la propriété en Algérie. Ainsi que nous le démontrerons tout à l'heure, partout où elles se sont fixées, les tribus arabes ont implanté avec elles la pratique du collectivisme agraire, exclusive de toute appropriation privative du sol au profit de l'individu. C'est dans l'établissement des *Hilal* et des *Solaïm* sur le sol de l'Algérie qu'il faut chercher l'origine de ces vastes indivisions familiales, de ces propriétés collectives de douars ou de tribus qui impriment une physionomie si originale au régime foncier de nos sujets indigènes et qui opposent malheureusement un obstacle des plus sérieux aux entreprises de notre colonisation.

Nous n'avons pas à insister à ce sujet, car ce serait anticiper sur les développements que nous consacrons plus loin à l'étude des formes de la propriété en territoire indigène. De l'exposé qui précède, nous ne voulons, quant à présent, dégager qu'une conclusion : c'est que les Arabes de la migration hilalienne ont appréhendé le sol de la Berbérie de leur propre autorité et non pour le compte d'un gouvernement régulier. Ce fut sans doute le calife du Caire qui, pour satisfaire sa vengeance, dirigea contre l'Ifrikia cette nuée de sauterelles voraces. Mais, après avoir ainsi débarrassé la Haute-Égypte de ces hôtes dangereux, Mostancer n'eut garde d'intervenir dans la répartition du territoire envahi entre les familles des vainqueurs ; il ne songea nullement à se prévaloir d'un droit de suzeraineté devenu depuis longtemps illusoire, ni, par conséquent, à conférer l'investiture aux nouveaux possesseurs du sol. Il est encore moins vraisemblable que les tribus victorieuses se fussent mises en peine de faire régulariser leur occupation par un acte des princes berbères. Étouffées entre les Arabes de l'invasion et les Almoravides du Maghreb, les dynasties indigènes n'avaient plus qu'un souffle de vie, et n'étaient rien moins qu'en état d'affirmer, à l'encontre des envahisseurs de leur territoire, leur droit supérieur, leur domaine éminent.

On peut donc poser en fait, que, pour la grande généralité des tribus arabes, c'est la possession qui a constitué l'origine et le fondement juridique du droit de propriété. Dans un pays depuis longtemps imbu des doctrines islamiques, où, par conséquent, la possession est considérée comme le meilleur des titres (1) et où la terre appartient immédiatement à qui la vivifie, la possession a dû jouer, on le conçoit, un rôle prédominant dans l'appropriation du sol par les conquérants arabes. On verra de quelle importance est cette constatation, quand le moment sera venu de définir la nature du droit des tribus sur leur territoire et de discuter la théorie administrative de la terre *ârch*.

La conquête turque ne modifia point essentiellement l'état de la propriété immobilière en Algérie. Ce serait une erreur de penser que le premier soin du dey ottoman fut de traiter la Régence en pays conquis et de frapper son territoire d'un *wakf*, ayant pour effet d'en attribuer le domaine éminent au sultan de Constantinople. A la vérité, lorsqu'après la mort de son frère Haroudj, Kheïr-Eddin eut donné au Grand-Seigneur la souveraineté d'Alger, la Barbérie, devenue province de l'empire ottoman, fut assujettie comme telle au régime des institutions musulmanes; mais, du moment où les nouveaux dominateurs professaient la même religion que leurs sujets, quoique d'un rite différent, toute cause juridique aurait manqué à la mise en wakf ou sous séquestre du territoire algérien. Ainsi, en effet, qu'on l'établira au cours de cette Étude, il est beaucoup trop absolu de prétendre que, dans tous les pays soumis par la force à l'Islam, la conquête a eu nécessairement pour effet de grever le sol d'un wakf général au profit de la communauté musulmane et de réduire les propriétaires à la condition de simples usufruitiers chargés de tribut. Ce résultat

(1) La possession continuée pendant quinze ans (rite hanéfite) ou dix ans (rite malékite) est attributive de propriété en droit musulman (D'OHSSON, *Tableau de l'empire ottoman, code judiciaire*, ch. XVI. — SIDI KHALIL, traduit par Perron, v. XXXIX, sect. 29. — V. *infrà*, p. 317, note 1.

ne peut légalement se produire qu'autant qu'il s'agit d'une terre conquise sur un peuple infidèle. Or, tel n'était pas le cas de l'Algérie au moment de la conquête turque, puisque les habitants de cette contrée, les Berbères aussi bien que les Arabes, se trouvaient depuis des siècles rangés sous la loi de Mahomet.

Mais, s'il est vrai que l'établissement des Turcs en Algérie n'eut pas pour conséquence légale d'attribuer au Sultan le domaine éminent de la terre et de transformer en usufruit le droit de propriété des indigènes, il ne faudrait cependant pas en inférer que la constitution territoriale des tribus ne subit aucun changement du fait de la domination ottomane. Il arriva, au contraire, plus d'une fois que les tribus rebelles à l'autorité du Sultan se virent réduites par la confiscation à la simple jouissance de leur territoire, sous la double condition d'obéissance et d'acquittement du tribut. Souvent même, la tribu insoumise était dépossédée et ses biens incorporés au domaine du beylick. Ainsi alimenté par le produit des confiscations, le domaine beylical s'accrut dans des proportions considérables. Indépendamment des terres séquestrées en territoires de tribu, il englobait les domaines des anciennes dynasties berbères, auxquelles le Gouvernement turc avait succédé, et les immeubles dévolus à l'État à titre héréditaire ou par voie de déshérence. On a vu, dans la première partie de cet Essai que, d'après les principes de la loi musulmane, le *Beït-el-mal* (le Fisc) est considéré comme héritier açeb au dernier degré et qu'il est appelé, à ce titre, à appréhender les successions dans lesquelles il n'existe aucun parent habile à succéder (1).

Les biens dont le beylick turc ne se réservait pas l'exploitation directe étaient cultivés par des *khammès* (colons partiaires), ou concédés en jouissance aux tribus, soit à titre d'*azels*, soit à titre de *maghzen*. Le plus grand nombre des terres azels étaient occupées par des tribus entières qui payaient, sous le nom de *hockor*, une redevance à l'État. A

(1) Rappelons ici que la successibilité s'arrête aux collatéraux du sixième degré chez les Malékites. Chez les Hanéfites, l'État intervient après les parents mâles, les descendants des femmes et les héritiers adoptifs ou testamentaires.

l'origine, le bail des azels était renouvelé annuellement; quelquefois il devenait emphytéotique, mais sans jamais perdre son caractère essentiel, qui était d'être précaire et révocable à la volonté du dey. Les azels avaient, pour la plupart, une vaste étendue. Ainsi, dans la région de Constantine, une tribu de 8,000 individus, celle des *Ameur-Chéraga* était installée sur un azel de 21,000 hectares. Ainsi encore, le territoire de l'*Oued-Zenati* consistait en un groupe de 62 azels, limitrophes les uns des autres et d'une superficie totale de 43,000 hectares, sur lesquels vivaient plus de 1.200 familles indigènes, cultivateurs ou khammès, habitant presque tous sous la tente et se livrant à la culture des terres ou à l'élève du bétail (1).

A la différence des azels, les territoires maghzen étaient concédés par le dey aux tribus, non pas à charge de redevance, mais sous la condition de fournir un service militaire ou certaines corvées. Les tribus maghzen, désignées sous les noms de *douairs*, *âbid* ou *zmala*, suivant les régions, étaient ordinairement installées sur des terrains confisqués à d'autres tribus ou devenus vacants par l'extinction de leurs possesseurs. Tout chef de tente qui venait s'établir avec sa famille sur le territoire affecté aux douairs ou aux âbid était par cela même incorporé d'office comme cavalier du Maghzen : il recevait un cheval et un fusil. Les gens du Maghzen étaient affranchis de tous impôts quels qu'il fussent ; l'État leur faisait l'avance de grains pour l'ensemencement de leurs terres; en temps de service, ils touchaient la ration journalière du soldat régulier. En échange de ces prérogatives, les Maghzen rendaient au Gouvernement turc des services multiples : ils assistaient le caïd dans le recouvrement des impôts, exécutaient les ordres de l'autorité. Un douar ou une tribu refusaient-ils l'obéissance, aussitôt le bey détachait une colonne de Maghzen pour faire rentrer les mutins dans le devoir. En somme, l'institution des Maghzen devint, aux mains des Turcs, un moyen très efficace de domination. Ajoutons que la tribu maghzen, soumise *in perpetuum* au service militaire, ne pouvait être

(1) V. Rapport préalable au décret du 2 novembre-5 décembre 1865, DE MÉKERVILLE, *op. cit.*, II, p. 281, note 1.

dépossédée de son territoire qu'autant qu'elle aurait manqué à son engagement.

Le maghzen et l'azel, que l'on pourrait comparer jusqu'à un certain point à nos anciennes tenures du fief et de la censive, constituent les deux particularités les plus saillantes du régime foncier de l'Algérie sous les beys ottomans. Toutefois, la conquête turque entraîna, assez indirectement il est vrai, une autre conséquence, qui mérite d'être d'ores et déjà signalée. Menacés de se voir exproprier par l'arbitraire gouvernemental sous le plus futile prétexte, les indigènes ne virent rien de mieux, pour soustraire leur fortune aux convoitises du Sultan, que de constituer habous (1) au profit de leur descendance, avec retour stipulé en faveur des villes saintes. Les biens frappés de habous se trouvaient, sans doute, hors du commerce et désormais devenaient inaliénables entre les mains de leurs détenteurs ; mais, en revanche, ceux-ci n'avaient plus rien à redouter de la rapacité des autorités ottomanes. Nous nous réservons de présenter, au chapitre suivant, les explications nécessaires sur la nature du habous et sur les inconvénients qui résultèrent de l'extension donnée à cette pratique sous le gouvernement beylical.

---

(1) Ce n'est là qu'une déviation du habous, qui, originairement, a une tout autre cause. Nous nous référons, sur ce point, aux développements qui font l'objet du chapitre suivant.

CHAPITRE III

État de la propriété foncière au moment de la conquête française.

Nous avons essayé, dans le chapitre précédent, de présenter en raccourci l'histoire de la propriété foncière en Algérie, dans sa longue marche à travers les siècles, et de marquer les diverses phases de son évolution. Il nous reste maintenant à examiner quel était le régime des biens, à l'arrivée des Français en Algérie.

Il semble que, pour ordonner méthodiquement le plan de cette étude, le mieux serait de nous approprier une division des matières communément adoptée par les auteurs qui ont écrit sur l'Algérie, et de distinguer, avec eux, entre la terre morte et la terre vivante, la terre de dîme et la terre de tribut (*kharadji*) ; le domaine beylical et celui des corporations religieuses ; les territoires maghzen et les azels ; les biens *melk*, qui font l'objet d'un droit de propriété privative, et les terres de tribus (*arch*), soumises au régime de la propriété collective ; les immeubles melk librement transmissibles et les biens *habous* frappés d'inaliénabilité.

Mais cette classification, qui s'offre naturellement à l'esprit des commentateurs, ne nous paraît pas rigoureusement scientifique, en ce que les distinctions qu'elle implique se fondent tantôt sur la nature de l'impôt établi sur la terre, tantôt sur l'origine de la possession, tantôt sur l'affectation du fonds. Étant donné l'objet de cet Essai, qui est d'envisager la terre dans ses rapports avec ceux qui la possèdent, nous croyons devoir, dans un but de simplification et de clarté, ne retenir que la distinction fondamentale entre la terre *arch* et la terre *melk*, c'est-à-dire entre la propriété collective de la tribu et la propriété privative de l'individu. Ces deux catégories générales embrassent d'ailleurs toutes les autres modalités du droit de propriété. Ainsi, les biens du beylick et les azels sont melks par rapport au bey qui en a la propriété exclusive ; la terre maghzen, distincte par son origine de la terre arch, se confond avec celle-ci quant au mode de possession de la tribu qui l'occupe ; enfin, les biens habous ne sont autre chose que les melks immobilisés et retirés du commerce.

§ 1er. — *Le collectivisme agraire des tribus.*

Examinons tout d'abord quelle est la condition du sol en territoire de tribus. Nous ne parlons ici, bien entendu, que des tribus dont le droit territorial se fonde, soit sur un titre de concession ou d'acquisition, soit sur une possession immémoriale, sans nous occuper de celles qui n'ont sur le sol, à titre d'azel, qu'un simple droit de jouissance nettement caractérisé. Nous n'avons pas non plus à rechercher dès maintenant si le droit de possession des indigènes était, comme on l'a prétendu, dominé par le droit de suzeraineté du Sultan, au point de dégénérer en un pur usufruit : c'est là une théorie qui sera discutée en son lieu avec tous les développements qu'elle comporte. Pour le moment, la question qui se pose est celle-ci : quelle était, à l'époque de la conquête française, la constitution territoriale des tribus algériennes ? La terre de tribu était-elle susceptible d'appropriation au profit des membres de la communauté considérés *ut singuli ;* ou bien, au contraire, la tribu exerçait-elle un droit de propriété collective, exclusive de toute appropriation individuelle ? En d'autres termes, était-ce le communisme agraire ou la propriété privative qui formait la base du régime foncier, dans les territoires de tribus ?

C'est avant tout à une étude attentive des faits, à une enquête locale sur l'état du sol en territoire indigène, que doivent être demandées les principales données du problème que nous allons nous appliquer à résoudre. Mais, pour ne pas nous méprendre sur l'orientation à donner à nos recherches, il importe de ne pas perdre de vue les conditions particulières dans lesquelles est organisée la famille musulmane, car les règles qui gouvernent le statut familial ont toujours une répercussion plus ou moins marquée sur la constitution de la propriété. Or, nous croyons l'avoir établi dans la première partie de cet Essai, la famille indigène a conservé, surtout dans les tribus, une physionomie archaïque des plus prononcées, où se retrouvent tous les traits saillants de l'ancienne communauté patriarcale. Il s'agit donc de se demander tout d'abord, à un point de vue général, en quelle mesure et de quelle manière le régime du patriarcat peut influencer l'organisation de la propriété.

Ainsi que nous avons déjà eu l'occasion de le dire, ce qui distingue essentiellement la famille patriarcale, partout où elle existe encore de nos jours, c'est la mise en pratique du système de la communauté agraire. Ce n'est pas seulement parmi les indigènes de l'Algérie, que la famille est constituée patriarcalement ; nous savons aujourd'hui, à n'en plus douter, grâce aux patientes investigations de MM. Summer Maine, Kovalevsky et Bogisic, que plusieurs groupes ethniques du monde contemporain n'ont pas encore franchi cette étape de leur développement social. Tel est le cas de l'Inde contemporaine, des Slaves du Sud, des Croates, des Dalmates, des Monténégrins, des paysans de la Grande-Russie et des montagnards du Caucase. Un examen attentif de leurs institutions nous a restitué un spécimen à peu près parfait de la famille primitive et, chez les uns comme chez les autres, nous rencontrons la forme patriarcale constamment associée à la propriété collective du sol.

Les communautés agricoles qu'il nous a été ainsi donné d'étudier sur le vif peuvent être ramenées à deux types principaux : la communauté de village et la communauté de familles.

La communauté de familles, qui appartient spécialement aux Slaves du Sud, mais qu'on rencontre aussi dans l'Inde et chez les Ossètes du Caucase, est à proprement parler une extension du groupe patriarcal ; c'est une association d'un plus ou moins grand nombre de familles apparentées par une origine commune, vivant ensemble, adonnées aux mêmes occupations et gouvernées par un chef commun. La direction de la communauté est confiée au membre le plus important de l'association. D'ordinaire, on choisit pour chef celui qui remonte à l'ancêtre commun par une filiation de primogéniture.

Tous les membres de la corporation ont des droits égaux sur le domaine et peuvent réclamer le logement, le vêtement et l'entretien sur le fonds commun. En revanche, ils sont tenus de consacrer tout leur travail aux intérêts de la collectivité. La terre n'y est point divisée. Ainsi que l'a constaté M. Sumner Maine, « elle est cultivée par le travail combiné de tous les villageois et le produit en est annuellement partagé entre les familles » (1). C'est le chef, le *Domacin* des Slaves du Sud, qui répartit la tâche journalière ; il préside aux repas, que l'on prend en commun. Lui seul représente la société dans les transactions qu'elle peut avoir à conclure. Il est, du reste, de règle, dans toute communauté de familles, que la terre soit considérée comme une propriété inaliénable ; c'est là, en effet, ce qu'il y a de plus essentiel dans le capital de l'association agricole. Il importe que ce capital ne subisse aucune diminution ; aussi est-il de principe que la femme qui se marie hors de la communauté n'a droit à aucune part dans le fonds commun et ne peut prétendre qu'à une dot fixée par la coutume.

La communauté de village, telle qu'on l'observe chez les paysans de la Grande-Russie et chez les Hindous, offre un aspect sensiblement différent. Au lieu de former, comme la communauté de familles, un groupe compact dirigé par un seul et même chef, elle consiste en une agrégation de familles ayant chacune son propre chef. Dans la communauté de familles, la terre est absolument cultivée en commun ; au contraire, dans la communauté de village, le territoire est distribué entre les familles associées. Chez les Hindous, cette répartition a lieu une fois pour toutes : l'appropriation qui en résulte au profit

<hr>

(1) *L'ancien droit*, Paris, 1874, p. 252. — Conf. le même auteur, *Études sur l'ancien droit et la coutume primitive*, p. 330. — DARESTE, *Études d'histoire du droit*, Paris, 1889, p. 241-242.

de chaque famille continue indéfiniment. Dans la Grande-Russie, la distribution des terres se renouvelle à des intervalles périodiques : après l'expiration d'un certain délai, les attributions particulières sont anéanties, les terres du village sont remises en commun, puis distribuées à nouveau entre les familles dont se compose la communauté. Ajoutons que le lot attribué, temporairement ou définitivement, à chaque groupe familial, reste indivis entre les membres de la famille et ne peut être aliéné, ou du moins ne peut l'être qu'avec le consentement collectif du village : « En cas de vente, nous dit M. Sumner Maine, les lots sont soumis au veto collectif des villageois (1). »

Nous n'avons pas à rechercher ici quelle est, de ces deux formes de communautés agraires, celle à qui appartient la priorité dans l'ordre du temps. Nous inclinerions volontiers à penser que ces deux organismes tendent à se rapprocher constamment, la communauté villageoise se dissolvant en une simple collection de familles, et le groupe familial se développant en communauté. Ce qu'il y a de certain, c'est que nous pouvons constater, parmi les populations indigènes de l'Algérie, la coexistence de l'un et de l'autre type. Ainsi qu'on va le voir, la communauté de village de l'Inde a son équivalent à peu près exact dans le régime agraire de la tribu arabe, et, d'autre part, nous retrouvons tous les traits essentiels de la *zadruga* slave dans la communauté de familles des Kabyles du Djurdjura.

Le fait caractéristique de la communauté de village est, on vient de le dire, la distribution des terres de culture entre les familles agrégées à la communauté. Or, cette répartition existe dans les tribus arabes du Tell. A l'exception des terres de parcours, qui restent en commun, le territoire de la tribu arabe se divise en un certain nombre de parts (*sikka*, *zouidja* ou *jebda*), d'une contenance moyenne de 10 hectares, qui sont réparties entre les familles pourvues d'attelages de bœufs. La *sikka* est censée correspondre à l'espace de terrain qu'une paire de bœufs peut labourer pendant une saison. Dans chaque

____

(1) *Étude sur l'ancien droit et la coutume primitive*, p. 351.

lot, la terre reste indivise entre les membres de la famille ; tous les copropriétaires la cultivent en commun et partagent les fruits dans la proportion de leurs droits. Généralement, l'attribution de chaque groupe familial est définitive et ne peut plus être modifiée ; les familles conservent presque toujours les mêmes champs, mais sans avoir le droit de les aliéner. La possession du lot n'échappe à la famille que si celle-ci en abandonne la culture : dans ce cas, le conseil du douar ou de la tribu se réunit et prononce la déchéance. Au temps de la domination turque, cette règle était rigoureusement observée dans les tribus. Toute famille qui laissait vacant son terrain ou qui en négligeait la culture pendant trois ans, sans pouvoir présenter une excuse valable, était dépossédée au profit de la tribu (1).

Dans la plupart des tribus arabes, la séparation des droits, résultant de la répartition du territoire entre les familles continuait indéfiniment. L'appropriation collective de chaque groupe avait, sauf l'exception signalée tout à l'heure, un caractère permanent et irrévocable. Il paraît cependant que, dans certaines tribus arabes de la province de Constantine, la répartition des terres entre les familles n'était que temporaire et se renouvelait périodiquement. C'est ce qui résulte, non seulement des témoignages recueillis au cours des travaux préparatoires de la loi du 16 juin 1851, mais encore des constatations faites, plus récemment, par les commissaires chargés de procéder à la délimitation prévue par le sénatus-consulte de 1863.

Ainsi, il a été reconnu, lors de la délimitation du territoire des Ameur-cheraga, que les terres de culture de cette tribu, au lieu « d'être individualisées par familles d'une manière à peu près permanente », étaient réparties, tous les trois ans, entre les divers groupes, par les soins de la djemâa de la fraction (2).

(1) V. WORMS, Recherches sur la constitution de la propriété territoriale dans les pays musulmans, *Revue de législation*, 1844, p. 371. — Conf. Rapport de M. CASABIANCA sur le projet du sénatus-consulte de 1863, DE MÉNERVILLE, *op. cit.*, II, p. 190, *ad notam*.

(2) Décret de délimit. du 16 juin — 25 juillet 1866, DE MÉNERVILLE, *op. cit.*, p. 248, *ad notam*.

Aux yeux du commissaire délimitateur, cette propriété alternative n'aurait été qu'une conséquence des prélèvements opérés sur le territoire de la tribu par les beys de Constantine, pour constituer des apanages au profit de leurs agents ou de leurs parents.

Nous pourrions nous contenter de cette explication si nous ne savions que la périodicité du partage des terres de culture est d'une pratique très répandue dans nombre de communautés agraires de notre époque, notamment chez les paysans de la Grande-Russie. Loin de voir dans le partage périodique du sol un fait isolé, déterminé par des causes particulières, nous sommes convaincu qu'en Algérie comme ailleurs, ce renouvellement était de règle à l'origine. Suivant la juste remarque de M. Kovalevsky, cette pratique eut, sans doute, pour principal mobile, la nécessité de maintenir l'égalité des attributions entre les familles (1). Si, à la longue, elle a fini par tomber en désuétude, c'est parce que la tribu, en se développant, a perdu sa cohésion première, et que les familles dont elle se compose, oubliant leur commune origine et s'émancipant peu à peu du collectivisme des âges primitifs, en sont venues à attacher à la possession de leurs lots une idée de permanence et de perpétuité incompatible avec le système des partages périodiques (2).

Comme on le voit, l'organisation agraire de la tribu arabe nous offre, si nous pouvons nous exprimer ainsi, l'image agrandie mais très ressemblante de la communauté villageoise de l'Inde ou de la Grande-Russie. De part et d'autre, le sol

(1) *Op. cit.*, p. 166.

(2) Qu'on ne nous accuse pas de tracer ici un tableau imaginaire de la propriété en territoire de tribus. Dans notre enquête sur le régime foncier des indigènes, nous avons rigoureusement éliminé les données conjecturales, pour nous en tenir aux témoignages précis des jurisconsultes et des fonctionnaires qui ont étudié, sur le vif, l'organisation agraire des tribus. Voici en quels termes l'un d'eux, M. Thiébault, inspecteur des domaines à Alger, s'est expliqué récemment devant la commission sénatoriale d'études sur l'Algérie : « Les indigènes n'ont pas la conception de la propriété individuelle, telle qu'elle existe en France ; ils ne connaissent, à de rares exceptions près, que la propriété familiale... les partages ont lieu, non pas entre individus, mais entre groupes de proches parents *ou plutôt entre communautés* réunissant leurs intérêts et exploitant en commun, sous la direction du chef de la communauté, les terrains qui leur sont échus. » (*La propriété indigène*, Paris, 1893, p. 10.)

est occupé par une réunion de familles plus ou moins étroitement apparentées entre elles et qui, tout en étant subordonnées au pouvoir supérieur de la collectivité, forment des unités distinctes, gouvernées chacune par son propre chef.

Dans la communauté de tribu arabe, comme dans la communauté de village hindoue, la terre de culture, au lieu d'être exploitée absolument en commun, est répartie entre les diverses familles du groupe, soit en une seule fois, soit au moyen de partages périodiques. Autre trait de similitude : les terres ainsi appropriées par les familles de la tribu restent en dehors des transactions ; elles sont, en principe, frappées d'inaliénabilité, aussi longtemps du moins que le lot collectif de la famille n'a pas perdu sa nature originelle et n'a pas dégénéré, comme il arrive parfois à la longue, en propriété melk.

Enfin, un des signes distinctifs de la communauté agraire des Arabes, que l'on constate également dans toutes les communautés de village modernes, c'est la rigueur avec laquelle la coutume, faisant violence aux prescriptions de la loi positive, s'attache à restreindre sinon à annihiler le droit de succéder que le Coran reconnaît à la femme. Partout où les terres de tribu ont conservé leur caractère primitif de patrimoine familial, inaliénable et indivisible, les femmes ne peuvent prétendre à la moindre part héréditaire dans ce fonds commun.

Somme toute, ce qui différencie surtout la communauté arabe de la corporation villageoise de l'Inde ou de l'Europe orientale, c'est que la première a un cadre beaucoup plus large que la seconde : elle a pour base la tribu et elle embrasse fréquemment une agglomération de plusieurs milliers d'individus, tandis que la communauté agricole des Hindous ou des Russes se renferme dans le cercle plus étroit du village ou du district. Encore est-il que, sur ce dernier point, il est prudent de ne pas se montrer trop affirmatif. S'il faut en croire M. Kovalevsky, il y aurait eu encore, en 1877, dans le territoire des Cosaques du Don, une communauté agricole formée, à elle seule, de soixante-dix grands villages ou stanitzas, ce qui représente une population pour le moins aussi importante que celle de la tribu arabe (1) : « Au sein de ce vaste territoire, dit cet auteur, les prés et les champs restaient tout aussi indivis que les pâturages, chaque ménage pouvant, vu l'immense espace du terrain vacant, s'en approprier tous les ans une plus ou moins grande étendue. Elle lui restait allouée aussi longtemps qu'il y maintenait la culture. » Il n'y a pas un trait de ce tableau qui ne convienne à la communauté agraire des tribus arabes.

Si, maintenant, nous quittons la tribu arabe pour le village kabyle, nous rencontrons immédiatement, parmi les montagnards du Djurdjura, un mode d'organisation agricole tout à fait comparable — pour ne pas dire identique — aux communautés familiales des Slaves du sud. Ici, nous ne sommes plus en présence d'une agrégation de familles pourvues chacune d'un lot séparé et d'un chef distinct, mais d'un groupe compact de familles, ne formant qu'un seul corps sous l'autorité d'un même chef et où tout est en commun, le capital immobilier, le travail, les bénéfices.

La communauté de familles des Kabyles (*thadoukeli-boukhkam*), dont MM. Hanoteau et Letourneux nous ont donné la description d'après nature (2), se forme toujours sans écrit et pour une durée indéfinie. Suivant l'heureuse expression de ces auteurs, c'est une institution plutôt qu'un contrat. Aussi n'est-il pas rare qu'elle subsiste pendant plusieurs générations. Dans la thadoukeli kabyle, tout comme dans la zadruga slave, c'est à l'homme le plus âgé qu'est remise l'administration de la communauté. C'est lui qui est chargé de vendre, d'acheter, de louer les terres, de distribuer le travail, de payer les dépenses. Quant au gouvernement du ménage, il appartient à la femme la plus âgée. Lorsque le nombre restreint de la famille le permet, les repas sont pris ensemble et les aliments préparés alternativement par chaque femme. Si la communauté compte un trop grand nombre de membres pour qu'il soit possible de les réunir à la même table, le chef répartit

(1) KOVALEVSKY, *Tableau des origines et de l'évolution de la famille et de la propriété*, p. 169.

(2) *La Kabylie et les coutumes kabyles*, Paris, 1893, 2ᵉ édit., II, p. 468 à 473.

une fois par mois, entre les divers foyers, l'huile et les autres provisions.

Les membres de la communauté lui apportent tous leurs biens, mais en jouissance seulement, avec leur industrie. L'association fournit à chacun d'eux un fusil et les instruments de travail appropriés au but de l'exploitation collective. Les immeubles composant le fonds social sont cultivés en commun. Chacun est tenu, sous peine d'expulsion, de verser intégralement entre les mains du chef de l'association les produits de son travail. A l'égard des meubles, il ne reste aux hommes d'autre propriété individuelle que celle de leurs vêtements, et aux femmes que les hardes et bijoux reçus à titre de *cédak* (1). En ce qui concerne les immeubles recueillis par l'un des sociétaires en vertu d'une donation ou d'un testament, il en conserve la propriété; mais la jouissance en revient à la communauté. Qu'un de ses membres vienne à se marier, c'est la thadoukeli qui paye la thâmamth ou don nuptial aux parents de la future épouse. La mort de l'un des associés n'entraîne point la dissolution de la communauté, qui continue de plein droit avec les héritiers du défunt. Si ceux-ci veulent se retirer, ils reprennent leur part dans le fonds commun et la société subsiste entre les membres survivants.

Il y aurait assurément un très curieux parallèle à établir entre le type de communauté dont nous venons de tracer cette rapide esquisse et les sociétés taisibles (2) ou les communautés de serfs et de mainmortables du moyen âge. On verrait que, dans ces institutions de notre ancien droit, de même que dans la thadoukeli kabyle et la zadruga slave, la famille agricole, unie par la communauté des revenus, des gains et des acquêts, affectait, comme l'a dit Coquille, le caractère « d'un corps moral », survivant à la mort des individus et possédant son patrimoine abstraction faite de ses membres (3). Mais, si intéressante qu'elle pût paraître à d'autres égards, cette étude comparative aurait l'inconvénient de nous détourner de

(1) Il faut entendre par *cédak* les vêtements ou les bijoux que le père de la femme lui a donnés en la mariant.

(2) Comp. aussi avec la société universelle de gains du droit moderne.

(3) DALLOZ, *Jur. gén.*, v° *Société*.

notre sujet. L'important était d'établir que la thadoukeli kabyle se rattache distinctement au groupe de ces institutions primitives dont la zadruga slave forme le type classique. Or, cette démonstration se fait d'elle-même, dès que l'on rapproche de nos explications sur la communauté agraire des Kabyles celles que nous avons données précédemment au sujet de la communauté familiale des Slaves méridionaux.

Par là, se trouve réduite à sa juste valeur l'opinion, trop facilement acceptée, qui nous représente les Kabyles comme des ennemis de la propriété collective : « La propriété individuelle, lit-on dans le rapport fait au Sénat par la commission chargée de l'examen du sénatus-consulte de 1863, est constituée en Algérie comme en France, suivant des lois qui paraissent avoir été empruntées aux Romains. Il en est de même dans les oasis : chaque champ y est limité par des murs, des fossés et des haies 1 ». C'est le contraire qui est vrai. Tout en admettant, en droit, la propriété individuelle, le Kabyle pratique généralement en fait la propriété indivise, et, suivant la juste remarque de M. Charvériat, cette situation, conforme aux coutumes, se trouve presque imposée pour les terrains extrêmement morcelés, qui, autrement, seraient incultivables 2 . La solidarité des intérêts, l'esprit d'association, nous ne saurions trop le répéter, sont l'âme de la société kabyle et font sentir leur influence dans tous les usages qui touchent, soit au statut des personnes, soit au régime des biens. Voilà pourquoi les Kabyles, sans pratiquer le communisme de la tribu arabe, ont de tout temps témoigné leur préférence pour cette communauté familiale dont nous venons d'étudier la structure et le fonctionnement.

§ 2. — *La propriété individuelle melk) et ses restrictions.*
Le chefâa et le habous.

De l'exposé qui précède il ressort que, pour la généralité des tribus arabes, au jour de la conquête, la propriété foncière était

(1) Rapport de M. Casabianca, DE MÉSERVILLE, *op. cit.*, II, p. 190, *ad notam.*
(2) *A travers la Kabylie*, p. 12.

organisée dans des conditions sensiblement analogues à celles qui, actuellement, caractérisent les communautés de village de l'Inde et de l'Europe orientale.

Il ne faudrait pas cependant en conclure que la propriété individuelle fût chose inconnue aux Arabes. En droit et en fait, la propriété au sens absolu de ce mot, le *melk* du droit islamique, existait, dès 1830, chez les indigènes algériens, concurremment avec la propriété collective.

Il est certain, tout d'abord, que la propriété individuelle était constituée dans le territoire des villes et des banlieues, principalement dans les villages kabyles. Même au milieu des territoires de grande culture occupés par les tribus arabes, il s'était établi, par la suite des temps, sur des parcelles isolées, des droits de propriété privative, résultant soit de la vivification du sol, soit de concessions faites à des marabouts ou à des chefs militaires.

Une autre cause, plus générale et plus active, puisqu'elle découle de l'organisation même de la tribu, a coopéré à la formation de la propriété melk en territoire indigène. Ainsi que nous l'avons expliqué, le trait le plus saillant de la communauté agraire des Arabes consiste dans le fractionnement du sol entre les familles dont se compose la tribu. Or, par le fait même de cette assignation de parts, les familles alliées se trouvent, comme l'a dit excellemment Sumner Maine, « sur la grande route qui mène à la propriété foncière des temps modernes [1] ». Il arrive tôt ou tard, par la force même des choses, que le lot attribué à la famille se dégage définitivement du fonds commun, s'individualise en quelque sorte et se transforme en une véritable terre *melk* au profit du groupe qui le détient.

C'est, au reste, un fait que les commissions de délimitation, instituées en vertu du sénatus-consulte de 1863, ont constaté à peu près à toutes reprises. Il a été reconnu, dans nombre de territoires soumis aux opérations prévues par cet acte législatif, que le sol affecte un caractère essentiellement melk, non seulement en ce qui concerne les parcelles de peu d'étendue aménagées en jardins, mais encore à l'égard des terres de culture distribuées entre les différentes familles. A vrai dire, nous sommes ici en présence d'une propriété familiale, plutôt que d'une propriété individuelle, au sens strict du mot. Le melk familial reste généralement indivis entre les membres du groupe, mais il est désormais transmissible, il ouvre un champ libre à l'action des lois successorales et, à tous ces titres, il nous apparaît comme un état transitoire et intermédiaire entre le communisme primitif de la tribu et la propriété de l'individu.

Il est donc indéniable que, chez les Arabes comme chez les Kabyles, la propriété privée existait autrement qu'à l'état d'exception, dès les premiers jours de notre arrivée en Algérie. Nul doute que les immeubles urbains, les jardins, maisons, métairies, et les parcelles melk disséminées dans les territoires de grande culture ne fussent, en principe, susceptibles de transmission entre les indigènes, ou d'indigène à Européen. Mais l'exercice de ce droit de disposition était singulièrement réduit et paralysé par deux des créations les plus caractéristiques du droit musulman : nous voulons parler du droit de *chefâa* et du *habous*.

Un témoignage significatif de l'influence que le communisme originaire de la tribu indigène a exercée sur la condition juridique de la terre est assurément l'action en retrait connue dans la loi musulmane sous le nom de *chefâa*. Le droit de retrait, qui permet au copropriétaire de reprendre la terre des mains de l'acheteur, en lui remboursant le prix d'achat, n'est point une institution spéciale à la race arabe ; nous le retrouvons presque partout, à l'origine de toutes les civilisations, même dans notre ancien droit français, où la coutume l'organise sous le nom de retrait lignager (1). Mais il revêt un caractère

(1) Voici, d'après Pothier, la définition du retrait lignager : « c'est le droit que la loi accorde à ceux des lignages du vendeur de prendre le marché de l'étranger à qui l'héritage propre de leur famille a été vendu et de se faire, en conséquence, délaisser l'héritage à la charge d'indemniser l'étranger acquéreur de ce qu'il lui en a coûté pour l'acquisition ». Le retrait lignager n'existait donc qu'au profit de la parenté du vendeur, tandis que le chefâa du droit musulman profite à tout *copropriétaire*.

Il nous serait facile de relever d'autres analogies entre le droit de chefâa et

particulier dans le droit musulman, où il se manifeste comme la conséquence forcée de la constitution patriarcale de la famille et du collectivisme agraire de la tribu. Aux premiers âges de l'islamisme, le droit de chefâa eut pour objectif de protéger le foyer domestique contre l'immixtion des étrangers et de garantir l'intégrité du patrimoine commun. Il fallait, pour atteindre ce but, armer les membres de la communauté familiale du droit d'exclure le tiers acquéreur, en lui restituant son prix d'acquisition ; et c'est à cette fin que s'introduisit dans la coutume, bien avant d'être sanctionnée par la loi positive, la règle du chefâa.

Le droit de chefâa a conservé, en Kabylie, l'aspect juridique qu'il avait à l'origine. Il y a pour destination moins encore de conserver les biens dans les familles que de fermer à l'étranger l'accès du village et de la communauté kabyle. Ici, le droit chefâa nous apparaît comme la sanction de la règle, inscrite dans la plupart des *kanouns*, qui prohibe toute vente immobilière consentie à un étranger sans l'assentiment de la djemâa. De là l'extension exorbitante que ce droit a reçue dans la coutume kabyle. D'après cette coutume, le chefâa appartient, non seulement aux parents ou aux voisins comme dans l'ancien droit musulman, et aux copropriétaires comme dans le droit islamique actuel, mais encore à toute une série de personnes n'ayant entre elles, pour la plupart, aucun lien de famille. Peuvent s'en prévaloir : le copropriétaire, l'associé, le cohéritier, les parents dans l'ordre de successibilité, les membres de la kharouba, les habitants du village et, ensuite, le village le plus voisin.

Le Coran a renfermé l'exercice du chefâa dans de plus étroites limites. Dans le rite malékite, qui est professé par la généralité des Arabes algériens, le droit de retrait est attribué aux copropriétaires, aux héritiers du vendeur, aux cohéritiers et au prêteur du sol en ce qui concerne les arbres plantés ou

les divers droits de retrait institués, dans notre ancien droit, soit en faveur des parents (retrait lignager, retrait de préférence, retrait de mi-denier), soit au profit des communistes (retrait de fraurnuseté), soit même en faveur des gens du pays contre les étrangers (retrait de voisinage, retrait de bourgeoisie ou d'habitation), sans parler du retrait féodal.

les constructions élevées sur son terrain par l'emprunteur (1).
Les Hanéfites vont plus loin : ils admettent le voisin à exercer
le chefâa sur la terre contiguë à la sienne, lorsque le propriétaire l'a vendue à un étranger. Le chefâa est d'ailleurs
opposable à tout acquéreur, et cette dernière expression doit
être entendue dans son acception la plus large. Les seules
transmissions immobilières qui échappent à l'exercice du droit
de retrait sont celles qui procèdent de donations ou de legs.
Quant aux actes translatifs de propriété à titre onéreux, ventes,
échanges, transactions, ils donnent ouverture, sans exception
aucune, au droit de chefâa.

Le délai imparti pour l'exercice du chefâa varie suivant les
rites et les coutumes. En Kabylie, il est de trois jours à compter
du moment où le retrayant a eu connaissance de l'aliénation.
Chez les Malékites, ce délai est d'une année si l'ayant droit
n'était pas présent à la vente (2), et de deux mois, s'il y a
assisté. Pour ce qui est du droit de retrait reconnu aux voisins
par les docteurs hanéfites, il doit, sous peine de déchéance,
être exercé au moment même où le voisin est informé de
l'aliénation de l'immeuble. Ces délais ne courent pas contre
les mineurs, les incapables et les absents, et Sidi Khalil pose
en règle que si le père ou le tuteur a renoncé sans motif à
l'exercice du chefâa, ce droit est restitué aux intéressés
lorsqu'ils reparaissent ou qu'ils arrivent à leur majorité.

Les effets du chefâa sont extrêmement énergiques. Le
retrayant prend les lieu et place de l'acquéreur, il est substitué
à tous ses droits et tenu de toutes ses obligations. Il devient
propriétaire de la chose vendue, du chef du vendeur lui-même,
d'où la conséquence que tous les droits réels concédés sur
l'immeuble par l'acquéreur évincé, toutes les aliénations qu'il
peut avoir consenties avant sa dépossession sont radicalement
anéantis et tombent avec le titre qui leur a servi de base.

On voit immédiatement combien est dangereuse, sous le
rapport de la sécurité des transactions immobilières, la théorie

____

(1) Il s'agit ici du contrat de bail à complant, le *mour'araça* arabe ou *thamr'arsith* kabyle, dont nous donnons plus loin la définition.
(2) Cass. civ., 20 novembre 1877, Sir., 78, 1, 22.

du chefâa, telle que la formulent la législation islamique et les kanouns berbères. Dans ce système, tout acquéreur risque d'avoir à se défendre contre un des nombreux communistes à qui appartient l'action en retrait, sans que rien puisse le prémunir contre cette éventualité. Et le danger vient, non seulement du caractère occulte du droit de chefâa, mais encore de l'indétermination du temps pendant lequel cette cause d'éviction reste suspendue sur la tête de l'acheteur. Il est à remarquer, en effet, que si l'exercice du chefâa a été renfermé par la loi musulmane dans un assez court délai, en revanche le point de départ de ce délai est chose des plus incertaines. Ainsi, pour les majeurs, le terme, qui est d'un an, ne court contre eux que du jour où ils ont connaissance de la vente ; mais comme la vente, en droit musulman, ne requiert aucune publicité, ni même la rédaction d'un acte, il en résulte que le point de savoir si le copropriétaire a été ou non instruit de l'aliénation qui ouvre à son profit le droit de chefâa serait d'une solution des plus délicates.

Aussi, pour couper court à toute difficulté d'interprétation, Sidi Khalil pose-t-il en principe que, si le copropriétaire affirme avoir ignoré l'existence de la vente, il doit être cru sur parole (1). Dans ces conditions, le délai de prescription du droit de chefâa peut s'allonger presque indéfiniment, à la volonté du retrayant, puisque, si le délai est d'une durée fixe, le point de départ n'en est pas fixe.

Il n'est pas besoin d'insister pour comprendre combien un pareil état de choses est de nature à compromettre la stabilité de la propriété et à entraver le développement du crédit. Nous verrons plus loin par quels moyens et dans quelle mesure la législation algérienne s'est appliquée à atténuer les fâcheuses conséquences qu'entraîne à ce double point de vue l'institution musulmane du chefâa.

Un autre obstacle à la libre transmission de la terre melk venait de l'extension considérable qu'avait reçue, dans les derniers temps de la domination turque, la pratique du *habous*.

---

(1) En ce sens, SAUTAYRA et CHERBONNEAU, *Droit musulman*. Paris, 1874, II, p. 299.

On sait qu'à l'origine le *habous* ou *wakf* avait un caractère essentiellement religieux : c'était une œuvre pie, emportant le dessaisissement immédiat du propriétaire au profit d'un établissement charitable, d'une mosquée, de la *kobba* (tombeau) d'un marabout, d'une *zaouïa* (école), ou des villes saintes de Médine et la Mecque. Mais, avec le temps, cette institution dévia de sa destination primitive et prit un nouveau caractère. En vue d'accroître le nombre des fondations charitables, les docteurs de l'Islam autorisèrent le constituant à désigner, avant l'établissement religieux, bénéficiaire suprême du wakf, des dévolutaires intermédiaires, et à régler l'ordre dans lequel chacun d'eux serait appelé.

C'était reconnaître en somme à l'auteur du habous le droit de fixer un ordre de succession spécial, différent de celui que la loi détermine. Aussi, à partir de ce moment, eut-on principalement recours à la mise en wakf pour déroger au droit successoral du Coran et maintenir, par l'exhérédation des femmes, les biens patrimoniaux dans la descendance mâle du chef de famille. Cependant, l'institution du habous n'a pas, dans tous les rites, nous le verrons tout à l'heure, pour but exclusif d'empêcher que les filles participent à la jouissance des biens habousés. Il n'est pas rare, au contraire, de rencontrer des wakfs qui consacrent le partage égal sans distinction de sexe, corrigeant ainsi l'injustice de la loi musulmane, aux termes de laquelle le fils prend deux parts et la fille une seule. Ajoutons que le habous, par cela même qu'il rendait les biens affectés inaliénables et imprescriptibles, les mettait à l'abri des confiscations et des convoitises du bey. Il y a tout lieu de penser que cette dernière conséquence du wakf fut particulièrement appréciée des indigènes algériens, trop souvent victimes de l'arbitraire et des exactions des gouverneurs turcs, et qu'elle contribua, plus puissamment que toute autre cause, au développement de la pratique du habous.

En principe, le fondateur doit affirmer le caractère pieux du habous, en désignant comme bénéficiaire définitif un établissement charitable, les villes de la Mecque et Médine, les pauvres d'une localité, ou, pour nous servir de la formule islamique, tout autre « corps dont l'âme ne puisse jamais s'éteindre ». En fait, la plupart des habous constitués en Algérie. lors de la conquête, indiquaient les villes saintes comme dévolutaires au dernier degré. Quant aux dévolutaires intermédiaires, le constituant peut les prendre. soit dans sa famille, soit même au dehors. Toutefois, ce droit, chez les Malékites, ne va pas jusqu'à autoriser le fondateur à dépouiller ses filles au profit des enfants mâles. Le texte de Sidi Khalil est formel : « Est illicite la mise en wakf en faveur des fils à l'exclusion des filles ». Mais les Hanéfites accordent sur ce point au disposant une liberté beaucoup plus grande que les disciples de l'iman Malek. D'après la doctrine d'Abou-Hanifa, il est permis d'exclure du habous ses descendants du premier degré, ou quelques-uns d'entre eux, *ou les filles* seulement, tant qu'elles sont mariées ou qu'elles ne sont pas indigentes. Notons que les Hanéfites, à la différence des Malékites, interdisent les constitutions temporaires de habous : chez eux, dès que le fondateur a disposé de ses biens, « la propriété appartient à Dieu, et la jouissance aux hommes » ; ni lui, ni sa postérité, ne conservent plus aucun droit sur le *dominium* ; la constitution est à jamais irrévocable, à moins cependant que le fondateur ne se soit expressément réservé le droit de modifier le habous, dans l'acte d'institution.

La mise en wakf produit un double effet. D'une part. elle soustrait les biens habousés à la dévolution successorale, telle qu'elle est réglée par le Coran ; d'autre part, elle les rend inaliénables et imprescriptibles. Le principe de l'inaliénabilité du wakf ne souffre exception que dans certains cas limitativement spécifiés, par exemple, lorsqu'un dévolutaire, tombé dans l'indigence, ne trouve plus dans les produits du habous des moyens d'existence suffisants ; ou bien encore, lorsque l'établissement ou l'œuvre appelée à bénéficier de la constitution a cessé d'exister. Dans ces diverses hypothèses, l'aliénation du habous peut avoir lieu avec l'autorisation du cadi.

L'inaliénabilité de l'immeuble habousé ne met pas obstacle d'ailleurs à ce que le dévolutaire le donne en location ; mais, en règle générale, le bail ne peut être que de courte durée, pour deux ou trois ans. Une location à long terme n'est autorisée que lorsque le loyer doit être affecté à la reconstruction ou à la réparation de l'immeuble. Il a même été jugé que, dans ce cas, le bail peut être fait à perpétuité, moyennant une rente annuelle : c'est ce qu'on appelle convertir le wakf en ana (1). Mais cette interprétation est discutée (2).

L'institution du habous s'était fortement développée en Algérie, sous l'influence des causes diverses que nous venons de signaler, mais surtout parce que la mise en wakf servait, suivant l'expression de MM. Hanoteau et Letourneux, « de machine de guerre pour démolir le système d'hérédité du Coran (3) ». Elle disparut en Kabylie, du jour où la coutume berbère, réagissant ouvertement contre la doctrine islamique, eut restauré le principe de l'exhérédation des femmes. Mais elle se maintint victorieusement dans les usages du reste de l'Algérie, mettant hors du commerce les terres qui en étaient l'objet et constituant, par le fait, une sorte de domaine de mainmorte.

Lors de la conquête, les affectations à titre de wakf s'étaient multipliées à un tel point qu'elles comprenaient la plus grande partie des maisons et des jardins et s'étendaient déjà au loin dans la campagne. Nous n'irons pas jusqu'à affirmer avec M. Zeys que les cinq dixièmes du sol de la Régence fussent, à cette époque, immobilisés par l'effet des mises en wakf (4) ; ce qui est certain, c'est que les terres frappées de habous devenaient impropres à toute transaction et que les immigrants européens, dans l'ignorance bien naturelle où ils étaient alors de la législation musulmane, risquaient d'acheter comme melk des immeubles inaliénables.

Comment auraient-ils pu se prémunir contre ce danger ? Malgré toute son importance, la constitution de habous n'est soumise à aucune solennité, à aucune publicité qui puisse

(1) Le prix de location du habous s'appelait *ana* en Algérie, *enzel* en Tunisie. L'enzel tunisien est une propriété foncière grevée d'une rente perpétuelle. L'enzel des immeubles habous ne peut être constitué que par voie d'enchères publiques (Décr. 22 juin 1888, art. 1er).

(2) SAUTAYRA et CHERBONNEAU, *op. cit.*, no 932.

(3) *La Kabylie et les coutumes kabyles*, II, p. 341.

(4) *Op. cit.*, II, p. 181.

avertir les tiers. Il suffit, pour sa validité, d'une simple déclaration devant témoins. Dira-t-on que le habous se manifeste par la prise de possession effective du dévolutaire ? Mais la loi n'exige pas que cette formalité ait lieu dans un délai de rigueur ; elle peut intervenir valablement jusqu'au jour du décès du constituant, et, par conséquent, le habous reste occulte pendant une période de temps souvent très longue. Il est d'ailleurs à remarquer que la prise de possession n'est imposée, en matière de wakf, que par l'école de l'iman Malek, et qu'elle fait défaut chez les Hanéfites. De sorte qu'en dernière analyse, le tiers qui croit acheter un melk n'est jamais assuré, quelle que soit sa prudence, de ne pas acquérir un immeuble habous.

Nous analysons plus loin les mesures que la législation algérienne a successivement édictées pour remédier à cette situation et faire rentrer dans la circulation les immeubles grevés de wakf.

Il n'est pas besoin d'insister sur cet exposé pour se rendre compte de l'état de précarité et d'incertitude dans lequel se trouvait la propriété melk, à notre arrivée en Algérie. Le morcellement des patrimoines, la prompte et libre circulation des biens sont choses tellement étrangères aux conceptions du monde musulman, que le législateur islamique, lorsqu'il se voit forcé de reconnaître le droit de l'individu, se hâte de multiplier les obstacles autour de ce droit et d'en paralyser l'exercice. Aussi la terre melk ne justifie-t-elle son nom de propriété libre et franche qu'en théorie. Quand elle n'est pas immobilisée dans les liens du habous, elle est le plus souvent dominée par le droit de chefâa, cette attestation significative du droit supérieur de la collectivité.

L'indivision a, en effet, chez les Musulmans, nous ne saurions trop le répéter, toute la valeur d'un dogme juridique. Sans doute, les copropriétaires, les cohéritiers sont libres de provoquer le partage, mais il est rare qu'ils songent à user de cette faculté, car, pour eux, le plus souvent, un partage serait la ruine. De là, comme l'a très bien dit M. Zeys, « une vie commune, qui ne cesse que lorsqu'un membre de la famille s'établit au dehors, par le mariage, par l'exercice d'une profession, ou lorsque ses prodigalités l'obligent à réaliser sa part (1) ». Il y a plus : la loi refuse l'action en partage à certaines catégories de propriétaires. Ainsi, qu'un étranger acquière une fraction d'immeuble, dans un but avéré de spéculation : il lui est interdit d'intenter contre les autres communistes, soit l'action en partage, soit l'action en licitation. Il est indispensable que ses copropriétaires, s'ils ne l'ont pas évincé par voie de chefàa, consentent à la vente ou au partage en nature.

L'esprit d'association et de solidarité, qui oppose, chez les Musulmans, un si grand obstacle aux transactions immobilières, a, par contre, donné naissance à de nombreuses combinaisons tendant à organiser l'exploitation en commun des jardins et vergers, des arbres et du sol arable. A ce groupe de contrats se rattachent notamment : le bail à complant (*mour'araça* en arabe, *thamr'arsith* en langue kabyle), aux termes duquel un propriétaire s'engage à livrer son terrain à un tiers, qui s'oblige, de son côté, à le planter de figuiers ou d'oliviers, à la condition que, au bout d'un certain nombre d'années, la propriété du sol et des arbres sera partagée entre les contractants, dans une proportion déterminée par le contrat ; — l'*amriri* kabyle, convention par laquelle deux ou plusieurs propriétaires mettent en commun, pour la culture, les terres, les bœufs, la semence et le travail, en vue de se partager les produits du sol au prorata de leurs apports respectifs ; — le *khedia*, suivant lequel le propriétaire fournit la terre et la moitié de la semence, tandis que l'autre associé fournit les bœufs, la charrue et la main-d'œuvre ; — enfin, le bail à colonage partiaire (*akhammas* ou *mousaka*), par lequel le propriétaire apporte la terre, les bœufs, la semence et les instruments aratoires, le colon (*khammès*) ne donnant que son travail, en échange du cinquième de la récolte.

(1) *Op. cit.*, I, p. 260.

§ 3. — *Transactions relatives aux biens melk.*

Nous ne saurions nous éloigner du sujet que nous explorons en ce moment, sans dire un mot des principales conditions du transfert de la terre melk et des opérations de crédit auxquelles elle peut servir de base.

Chez les Arabes comme chez les Kabyles, la vente est un contrat purement consensuel; elle est parfaite, dès qu'on est convenu de la chose et du prix, quoique la chose n'ait pas encore été livrée, ni le prix payé. En d'autres termes, la propriété est transmise du vendeur à l'acheteur par la seule force du consentement. Le contrat n'est d'ailleurs obligatoire qu'autant que les parties contractantes sont affranchies de la tutelle chrématique (1) qui les privait de la libre disposition de leurs biens. Ainsi, la vente consentie par l'impubère est juridiquement inexistante. Quant au mâle pubère, il jouit de plein droit de la liberté contractuelle, lorsque la tutelle est exercée par son père; mais si la tutelle est dévolue à un tuteur testamentaire ou judiciaire, la puberté ne libère le pupille que quant à sa personne: pour disposer valablement de ses biens, il doit, au préalable, obtenir du tuteur la mainlevée de l'interdiction.

Il n'est pas inutile de rappeler que la femme non mariée, même pubère, reste soumise à la *hadana* (2) et se trouve, par suite, frappée d'une incapacité légale absolue. Elle n'est affranchie de la tutelle et ne devient apte à disposer de ses biens qu'après la consommation du mariage, lorsque deux témoins ont attesté sa capacité intellectuelle et que son tuteur a accordé la mainlevée de l'interdiction; ou bien encore, lorsque, n'ayant pas de tuteur, elle a séjourné un an au domicile de son mari.

En principe, la chose vendue doit être déterminée. Mais la loi islamique a réduit cette règle à l'état de lettre morte, en organisant la singulière théorie de la *vente en bloc*. Dans ce mode de vente, qui est employé presque exclusivement pour les immeubles, il suffit d'une indication approximative de

---

(1) Tutelle chrématique signifie tutelle quant aux biens.
(2) V. sur la *hadana*, *suprà* p. 101.

l'objet aliéné. Ainsi, la contenance de l'immeuble vendu n'est jamais spécifiée autrement que par *sikka* (soc de charrue), *jebda* (joug) ou *zouidja* (paire de bœufs). Ces trois expressions signifient l'espace qu'une charrue attelée d'une paire de bœufs laboure en une saison. Elles correspondent donc à une étendue très variable, qui dépend de la force des animaux et de la configuration du sol. Ainsi, en pays de plaine, la sikka peut représenter une superficie de 10 hectares, tandis qu'en montagne la contenance qu'elle exprime excède rarement 5 à 6 hectares. Cette mesure agraire est, malgré son défaut de précision, usitée de temps immémorial, dans les transactions entre les indigènes algériens. Et, comme elle ne peut s'appliquer qu'aux terres de culture d'une certaine étendue, il en résulte que les ventes de petites parcelles ont lieu sans indication de contenance. Il arrive cependant quelquefois en Kabylie que les ventes de terrains à bâtir ou de jardins maraîchers font connaître la longueur en coudées des divers côtés de l'immeuble.

En droit musulman, la vente des immeubles est affranchie de toute publicité; elle est parfaite, au regard des tiers comme entre les parties contractantes, par le seul effet du consentement. Au cas de conflit entre deux acheteurs du même bien, c'est le premier en date qui a la préférence, bien que son titre d'acquisition ait été ignoré du second acquéreur. Le vendeur est obligé, il est vrai, de délivrer l'immeuble vendu; mais cette délivrance ne se manifeste par aucune formalité extérieure de nature à prévenir les tiers; elle résulte de tout fait impliquant le dessaisissement de l'ancien possesseur, tel que la remise des clefs, ou même d'une simple stipulation. D'ailleurs, la prise de possession ne joue, comme on vient de le dire, aucun rôle dans l'opération juridique du transfert. Cela est si vrai que l'acheteur peut valablement revendre son immeuble, avant d'en avoir obtenu la délivrance; c'est là une solution qu'admettent sans difficulté tous les docteurs de l'école de l'iman Malek (1).

Pas plus en Kabylie que chez les Arabes, la perfection des

____
(1) ZEYS, *op. cit.*, I, p. 169.

transferts immobiliers n'est subordonnée à une tradition effective ou symbolique. Mais le principe de solidarité qui unit si étroitement les membres de la famille et du village kabyle s'oppose à ce que la terre puisse changer de mains sans l'assentiment de la communauté. Aussi est-il de règle, dans la généralité des coutumes, que toute vente immobilière doit avoir lieu, à peine de nullité, soit devant la djemâa, soit en présence des *ak'al* (1) de la tribu. Le transfert de la propriété s'accomplit donc au vu et au su de tout le monde, à la face de la communauté tout entière, afin que celle-ci puisse y acquiescer ou s'y opposer.

Il y a là un acte essentiellement public, qui nous reporte, par son cérémonial archaïque, à cette période lointaine de notre propre histoire, où la propriété foncière, dominée par le droit de la collectivité, ne pouvait se transférer que *in mallo*, dans l'assemblée populaire du district. Si l'ancien et le nouveau possesseur comparaissent devant la djemâa kabyle, ce n'est point pour garantir la stabilité des acquisitions et prévenir la fraude, c'est pour mettre la collectivité en demeure d'accorder ou de refuser son consentement à l'aliénation. Et, comme si cette solennité ne suffisait pas à attester le droit de suprématie de la communauté villageoise à l'égard de l'individu, la coutume kabyle soumet au droit de chefâa toute vente immobilière. Ce droit de retrait appartient, nous l'avons vu, non seulement aux copropriétaires et aux membres de la famille, mais encore aux habitants du village et de la confédération.

D'autres moyens ont été organisés par la coutume, pour conserver la terre dans le patrimoine commun des associés, des parents et des membres de la kharouba. A cet ordre d'idées correspond notamment la vente double ou *thounaïa*, dans laquelle le vendeur se réserve, pour le cas où l'acheteur voudrait revendre, le droit de racheter l'immeuble, au prix qui en serait offert par le sous-acquéreur. Cette vente prend le nom d'*akhteur*, lorsque le droit de rachat est stipulé au profit de l'aliénateur et de ses héritiers.

(1) Les ák'al sont les anciens du village, les chefs de famille les plus considérés.

L'hypothèque n'existe pas chez les Arabes. Chez eux, comme chez tous les peuples primitifs, le législateur ne conçoit pas que, par un simple pacte et sans déplacement de possession, le débiteur puisse transférer une sûreté réelle au créancier. Ils en sont restés aux deux formes originelles du gage : la vente à réméré (*tsénia*) et le nantissement (1).

Le nantissement (*rahnia*), qui embrasse à la fois le gage et l'antichrèse, s'applique aux meubles comme aux immeubles ; il transfère au créancier, non pas la propriété du gage, comme cela a lieu dans la vente à réméré, mais la simple possession de la chose engagée, avec le droit de la vendre en cas de non-paiement à l'échéance. La livraison de l'objet donné en gage est le complément nécessaire du contrat, mais il n'est pas indispensable qu'elle soit faite au créancier en personne : le débiteur a le droit d'en exiger la consignation entre les mains d'un tiers qui, à défaut d'accord des parties, est désigné par le cadi. Le créancier peut jouir des fruits de la chose engagée, lorsque la dette principale consiste en un prix de vente et lorsque, d'autre part, ce droit de jouissance résulte d'une stipulation expresse insérée dans l'acte même d'aliénation. Mais, en dehors de ces cas et spécialement en matière de prêt de consommation, il est absolument interdit d'accorder au créancier la jouissance du gage. Une telle stipulation altérerait, en effet, le caractère du *mutuum*, qui est d'être essentiellement gratuit, et procurerait au gagiste un avantage usuraire, au sens attaché à ces derniers mots par le Coran. A l'échéance de sa créance, et faute par le débiteur de se libérer, le créancier peut vendre le gage, après s'y être fait autoriser par le juge. Il n'est besoin d'aucune permission du cadi, si l'autorisation de vendre est contenue dans le contrat principal. Notons que le pacte commissoire est interdit en droit musulman.

Le nantissement immobilier existe aussi en Kabylie, sous la forme que nous venons de décrire. Mais, parallèlement à la rahnia islamique, se rencontre chez les Kabyles un autre

<hr>

(1) Un autre moyen de crédit est la vente à livrer (*selam*), dans laquelle le prix est payé immédiatement, tandis que la chose vendue ne doit être livrée qu'à terme. Ici l'objet vendu est toujours une chose fongible. Un immeuble ne peut pas faire l'objet du selam.

mode de gage, qui confine de très près et même, dans certains cas, se confond absolument avec l'hypothèque. Dans la coutume kabyle, la mise en possession du créancier n'a plus qu'un caractère temporaire ; elle ne dure que quelques jours, afin de consacrer aux yeux de tous le droit réel du créancier. Cette mainmise simulée du créancier est même inutile, lorsque la sûreté réelle résulte d'un acte écrit, rédigé par un *âlem* en présence de la djemâa : dans cette dernière hypothèse, l'immeuble se trouve affecté à la créance du prêteur, par la seule force du contrat. Ici, nous sommes bien en présence d'un véritable pacte hypothécaire ; le gage par voie d'antichrèse a fait place à l'hypothèque, au sens moderne du mot.

L'hypothèque kabyle (*thimersiouth-en-temourth*) ne reçoit d'ailleurs d'autre publicité que celle qui résulte de la rédaction du contrat en présence de l'assemblée de village. Par conséquent, c'est la date de l'acte qui fixe le rang des créanciers. Le propriétaire de l'immeuble affecté en conserve la jouissance ; mais son droit de disposition subit une restriction notable : il ne peut vendre son immeuble que s'il s'est libéré ou si l'acheteur s'oblige au remboursement immédiat des créances garanties ; la purge n'existe pas en droit kabyle. D'un autre côté, s'il veut contracter un nouvel emprunt sur le même bien, il doit obtenir le consentement du premier créancier hypothécaire (1). Enfin, l'hypothèque est indivisible ; elle ne peut être consentie que sur les biens présents du débiteur.

En somme, la *thimersiouth* de la coutume kabyle tient le milieu entre la rahnia islamique et l'hypothèque proprement dite. Mieux que ne sauraient le faire de longues explications, cette institution berbère nous montre comment la transition a pu s'opérer entre l'ancien système du nantissement et la conception plus avancée du pacte hypothécaire. Elle nous prouverait, de plus, s'il en était besoin, que le progrès juridique, loin d'être le produit d'une improvisation législative, ne se réalise que par une série de transformations graduelles,

(1) Comp. avec l'ancienne coutume grecque, du temps des ὅροι. qui excluait la possibilité de prêter deux fois sur le même fonds, quelle qu'en fût la valeur. (BESSON, *Les livres fonciers et la réforme hypothécaire*, Paris, 1891, p. 25.)

qui se lient les unes aux autres comme les anneaux d'une longue chaîne. C'est surtout à ce point de vue que cette création du droit indigène méritait de retenir un instant notre attention.

CHAPITRE IV

Régime des ordonnances.

§ 1er. — *La question foncière au lendemain de la conquête.*

On vient de voir quel était l'état de la propriété, lors de notre arrivée en Algérie. Ni les administrateurs français, ni les immigrants européens qui suivirent la conquête ne possédaient les premiers éléments d'une organisation foncière si complexe et, à tant d'égards, si différente de la nôtre. On s'imagina que les prescriptions de nos Codes s'adapteraient sans trop de peine à cette propriété indigène, dont l'origine est des plus obscures, dont la détermination matérielle n'est qu'approximative et qui, tour à tour, se présente sous l'aspect de communautés agraires de tribus, de biens melk de particuliers, de habous inaliénables, de terres grevées d'anas, de maghzen, d'azels, de biens des zaouïas et de terres du beylick.

Il était cependant à prévoir que des transactions engagées sur une base aussi mal définie ne créeraient au profit des Européens qu'une propriété précaire et instable. Aussi, le Gouvernement dut-il intervenir à plusieurs reprises, soit pour régulariser les titres d'acquisition des immigrants, soit même pour prémunir les acheteurs contre leurs propres entrainements et modérer les ardeurs de la spéculation. Mais il arriva plus d'une fois que ces mesures réglementaires, élaborées à la hâte, sous la pression des circonstances, par des agents peu familiarisés avec les principes du droit musulman, allèrent au delà du but à atteindre et ajoutèrent aux embarras de la situation.

Après avoir, par l'acte de la capitulation, garanti aux Musulmans le respect de leurs propriétés, le premier soin du commandant de l'armée d'occupation fut de faire la part du domaine de l'État. Un arrêté du 8 septembre 1830 attribua à ce domaine les biens du Beylick, les biens séquestrés sur les ennemis et ceux des corporations religieuses. Mais il ne suffisait pas de formuler cette déclaration de principe. Autant pour prévenir toute usurpation des biens de l'État que pour assurer la certitude des transactions, il était nécessaire de reconnaître la consistance, la situation et l'origine de propriété des nombreux immeubles, maisons, magasins, boutiques, jardins, terrains, locaux et établissements quelconques occupés précédemment par le dey et les beys turcs, ou affectés aux corporations religieuses.

Cette vérification rencontrait les plus graves difficultés, les Turcs n'ayant laissé, après eux, aucun registre ou document authentique de nature à éclairer l'Administration sur la nature et l'importance des biens incorporés par la conquête au domaine de la Nation. On crut sortir d'embarras, en interdisant toute aliénation d'immeubles dépendant du domaine public (1), et en instituant une commission de vérification de tous les titres de propriété de la Régence.

Aux termes de l'arrêté du 1er mars 1833, qui nommait cette commission, les propriétaires, détenteurs ou tenanciers, les corporations religieuses, devaient, dans les trois jours de l'avertissement qui leur serait donné à cet effet, produire leurs titres de possession sous peine de voir réunir leurs biens au domaine, conformément à l'article 713 du Code civil. Mais ces prescriptions, d'ailleurs excessives, ne furent pas appliquées. Elles furent abrogées implicitement, dès l'année suivante, par un autre arrêté, autorisant simplement l'Administration à requérir la communication des titres de possession, au cas où il y aurait juste motif de craindre que des propriétés domaniales fussent usurpées par des particuliers (2).

(1) Arr. 8 novembre 1839.
(2) Arrêté de l'intendant civil du 26 juillet 1834. DE MÉSERVILLE, op. cit., p. 290.

Les Européens amenés par la conquête n'attendirent pas la fin du travail de recensement entrepris par l'Administration des domaines pour s'aboucher avec les Musulmans indigènes et se livrer à la spéculation sur l'achat et la revente des terres. Dans leur impatience de faire fortune, les acheteurs se mirent peu en peine d'entourer leurs acquisitions de toutes les garanties de stabilité désirables. N'ayant d'autre souci que d'acquérir à vil prix pour revendre avec bénéfice, dans le plus court délai possible, peu leur importait la solidité de leurs contrats.

La plupart des opérations immobilières réalisées à cette époque eurent lieu, pour ainsi dire, sur de simples conjectures, sans justifications, ni visite préalable des lieux. Les immeubles n'étaient jamais spécifiés dans les actes, par leur situation, ni par leur contenance, quelquefois même ils n'existaient que sur le papier. On ne se préoccupait d'ailleurs nullement de savoir si le vendeur indigène avait bien, au regard de la loi musulmane, la capacité voulue pour aliéner.

Ainsi, rien n'était plus ordinaire que d'acheter au chef de famille l'immeuble appartenant à sa femme, alors qu'en droit islamique, la femme mariée a le droit de disposer librement de ses biens dotaux. Point de vérification sérieuse de l'origine de la propriété et des droits du cédant : l'acheteur se contentait, le plus souvent, d'un simple acte de notoriété, à moins qu'il n'accueillît, sans le soumettre au plus léger examen, un semblant de titre, fabriqué par le cadi. Aussi qu'arriva-t-il ? c'est que les transactions ainsi conclues à la légère entre indigènes et Européens ne firent passer aux mains de ceux-ci que des immeubles grevés de cause de résolution occultes, souvent même frappés d'une inaliénabilité absolue. Profitant de l'ignorance des Français en matière de droit musulman, espérant que notre domination ne serait qu'éphémère, les Arabes vendaient indifféremment tout ce qu'on leur demandait : biens du beylick, immeubles séquestrés, melk sujets au droit de chefâa, biens des corporations religieuses, jusqu'aux immeubles habousés. De là de nombreux procès, soit pour fausse indication de contenance, soit pour défaut de qualité des vendeurs, soit pour inaliénabilité de l'immeuble vendu.

Aux dangers déjà si grands de cette situation s'ajoutait l'incertitude naissant du caractère équivoque et mal défini de certains titres d'acquisition. Un grand nombre d'immeubles de l'Algérie étaient grevés d'*ana* ou d'un cens perpétuel. On a discuté beaucoup sur l'origine et la nature de ces tenures à titre d'ana. Suivant l'interprétation administrative, l'ana n'aurait été qu'une rente annuelle provenant de la vente d'un bien habous tombé en ruines. D'après ce système, qui se fait jour dans la plupart des documents officiels et auquel se rallie la majorité des commentateurs, on suppose un immeuble habous dépérissant entre les mains de l'usufruitier, sans que celui-ci puisse faire les dépenses d'entretien nécessaires : l'aliénation est alors autorisée par une délibération du *midjelès* et le contrat de vente qui, dans ces conditions, intervient au profit d'un tiers, porte le nom d'ana ; il implique pour l'acquéreur l'obligation de réparer l'immeuble et de servir à perpétuité une rente annuelle qui prend la place de l'immeuble habous, dans toutes les transmissions successives dont il pourra devenir l'objet, et continue de grever la propriété en quelques mains qu'elle réside.

Cette théorie a cependant rencontré des contradicteurs autorisés. Elle a été combattue notamment par Worms, qui rattache l'ana algérien au *malikiana* turc, sorte de bail emphytéotique qui consistait à donner certains territoires en ferme viagère et héréditaire dans la ligne mâle, sous les conditions d'un prix d'entrée au moment de la prise de possession et d'une redevance annuelle (1).

Quoi qu'il en soit du mode de génération de l'ana, l'usage prévalut, en ce qui concerne les immeubles grevés de ce cens, de les aliéner à charge de rente perpétuelle : les indigènes cédèrent aux Européens les immeubles qu'ils possédaient à titre d'ana, sur le même pied que celui de leur concession, en stipulant un denier d'entrée ou pot-de-vin et une redevance

(1) WORMS. Propriété territoriale dans les pays musulmans. *Revue de législation*, 1844, p. 395.

annuelle. De proche en proche, ce mode d'aliénation fut étendu aux biens des mosquées, à ceux du beylick, en un mot à toute la série des immeubles détenus par bail précaire ou à charge de redevance. Puis, on y eut recours pour la vente des biens-fonds de toute espèce.

L'extension de cette pratique suscita de nombreux conflits. Les acheteurs à rente perpétuelle se virent contester leurs titres et, lorsqu'ils appelèrent en garantie les vendeurs musulmans, ceux-ci alléguèrent n'avoir vendu que ce qui était à eux, à savoir le droit qu'ils tenaient de leur concession. En d'autres termes, l'Arabe répondait qu'il avait seulement entendu donner à bail ce que l'Européen prétendait avoir voulu acheter. Au fond, la difficulté était de caractériser juridiquement le bail à rente perpétuelle. Il ne pouvait être question de chercher la raison de décider dans les principes du droit français, ni dans la loi musulmane, puisque les docteurs du droit islamique n'ont rien prévu au sujet de ce contrat immobilier. Nous allons voir tout à l'heure dans quel sens la controverse fut tranchée par la législation algérienne.

Ainsi constituée sur des apparences de titres, indéterminée quant à son assiette matérielle, exposée de toutes parts à des revendications et à des actions en nullité dont les acquéreurs primitifs n'avaient pu soupçonner l'existence, la propriété européenne tomba dans une véritable anarchie. Il n'y eut pour ainsi dire aucun acheteur qui ne fût sous le coup d'un risque de dépossession. Mais ces menaçantes éventualités n'effrayèrent point les spéculateurs. La terre donna lieu à un agio effréné auquel, chose plus grave, ne craignirent pas de participer indirectement certains fonctionnaires de l'Administration.

Non contents d'exercer leur trafic sur les immeubles des villes et des banlieues, les spéculateurs cherchèrent à étendre leurs opérations aux terres de grande culture occupées par les tribus arabes. Des indigènes, se mettant à la solde d'Israélites ou de colons, se rendaient dans l'intérieur des douars où ils croyaient trouver des terres à vendre et achetaient à vil prix les biens des mineurs ou des individus besogneux et à court d'argent. Mais lorsque l'acheteur voulait, soit par lui-même, soit même par l'intermédiaire d'un khammès étranger à la tribu, prendre possession de son immeuble et en assurer la mise en valeur, la communauté indigène prenait ombrage de cette immixtion qu'elle considérait comme une atteinte à l'intégrité de son territoire et n'épargnait aucune vexation au nouveau venu. De là d'incessantes réclamations qui obligeaient l'autorité à intervenir, au grand mécontentement des tribus, jalouses de leur autonomie et encore travaillées par l'esprit de révolte.

Le Gouvernement comprit qu'il était d'une bonne politique de mettre un terme à ces errements. Il devenait d'ailleurs nécessaire d'imposer un frein aux marchands de terre et de défendre les indigènes contre la spéculation. Les intérêts du Domaine étaient eux-mêmes engagés dans la question, car, dans les territoires où l'Administration n'avait pu faire encore aucun travail de recensement, les propriétés revenant à l'État, en sa qualité de successeur du beylick, étaient en quelque sorte naturellement désignées aux entreprises des agioteurs. Pour toutes ces causes et aussi pour protéger le bon renom de l'Administration civile contre tout soupçon de vénalité, le Gouvernement fut conduit à prohiber successivement dans diverses parties de l'Algérie toute transaction immobilière entre indigènes et Européens.

On commença par interdire aux militaires et aux fonctionnaires publics la faculté d'acquérir des immeubles en Algérie(1). Puis, il intervint, le 12 mars 1844, un arrêté stipulant qu'aucune transmission de propriété immobilière ne pourrait désormais avoir lieu entre indigènes et Européens ou entre Européens, au delà des limites assignées depuis lors aux territoires civils. Les transactions restaient libres, dans la province d'Alger, à Oran et à Bône, dans toute l'étendue du territoire soumis à la juridiction des tribunaux de première instance, ainsi qu'à Cherchell, Mostaganem et Philippeville. En dehors de cette zone, elles étaient prohibées, à peine de nullité des contrats et d'une amende de 500 à 2,000 francs contre les

(1) *Instruction minist.*, 17 mars 1834.

officiers publics ou ministériels qui auraient prêté leur concours à ces actes. Toutefois, de notables exceptions ne tardèrent pas à être introduites dans l'application de cette règle. C'est ainsi que la prohibition d'acquérir fut levée pour les villes de Médéah, Milianah, Mascara, Tlemcen et leurs territoires [1]. C'est ainsi encore qu'à Constantine et dans sa banlieue, les ventes entre indigènes et Européens furent autorisées dans le quartier européen et prohibées dans le quartier indigène [2].

Ces restrictions à la libre disposition des propriétés n'avaient en somme d'autre effet que de limiter le champ d'action des spéculateurs; il n'en résultait aucune amélioration dans le régime de la propriété européenne et la même incertitude continuait à peser sur les droits acquis des immigrants.

Ce n'est point que le Gouvernement n'eût pris déjà certaines mesures, en vue de prévenir la fraude et d'assurer la sincérité des conventions. Dès le lendemain de la conquête, un arrêté du général Berthezène [3] avait statué que toute convention sous seing privé entre Européens et indigènes ne serait valable qu'autant qu'elle aurait été écrite dans les langues des contractants, placées en regard l'une de l'autre. Dans le même ordre d'idées, un autre arrêté du 2 février 1835, reproduit sur ce point par une ordonnance du 19 mai 1846, avait décidé que tout acte reçu par les notaires, cadis ou autres officiers publics de l'Algérie et passé entre parties ne parlant pas la même langue, nécessiterait, à peine de nullité, l'entremise d'un interprète-traducteur assermenté, qui signerait comme témoin additionnel. D'autre part, le baron Pichon, aux termes d'un arrêté du 28 mai 1832, avait institué au greffe des tribunaux d'Alger, d'Oran et de Bône, des conservations hypothécaires, à l'effet de pourvoir à la publicité, non seulement des hypothèques, mais encore des titres de transfert immobiliers. L'article 3 de cet arrêté portait, que « les aliénations d'immeubles et les transmissions équivalentes à l'aliénation, tout bail à loyer ou à rente excédant neuf années, devront, indépen-

---

(1) Arrêté du 8 avril 1844, DE MÉNERVILLE, *op. cit.*, 1, p. 645.
(2) Ordonnance du 9 juin 1844, DE MÉNERVILLE, 1, p. 645-646.
(3) Arrêté du 9 juin 1831.

damment de l'enregistrement, être transcrits par extraits »
dans le registre de la conservation. Ce n'est pas tout. Les
titres translatifs recevaient, en vertu d'une autre disposition
du même arrêté, outre la publicité obtenue par leur transcription sur le registre du conservateur, une publicité
de fait par la voie de l'affichage et de la presse. Tout acte
d'aliénation devait, dans la huitaine de sa date, être publié,
savoir : pour la province d'Alger, par le *Moniteur algérien*;
pour les deux autres provinces, par des affiches apposées à la
porte des tribunaux.

C'était là, nous ne saurions en disconvenir, une très louable
mesure, d'autant plus méritoire qu'à l'époque où elle fut introduite en Algérie, la publicité des transmissions immobilières
ne jouait en France qu'un rôle des plus effacés, celui de préparer la purge et de faire courir le délai de quinzaine après
lequel les créanciers hypothécaires du vendeur sont déchus
du droit de requérir inscription. Il est bon de noter ici que
notre colonie algérienne, à qui l'avenir réserve peut-être de
nous initier par son exemple aux pratiques de l'*Act Torrens*,
semble nous avoir également devancés même dans l'expérience
du régime de publicité restreint actuellement en vigueur.
Considéré dans sa structure extérieure, le système de transcription organisé par l'arrêté de 1832, n'est pas sans nous
offrir quelques traits de ressemblance avec le mode de publicité
dont le législateur de 1855 dotera, vingt-trois ans plus tard, la
métropole.

Malheureusement, la réforme ébauchée par l'arrêté de 1832
était incomplète. Après avoir posé en principe que tout acte
de transfert et tout bail excédant neuf années serait assujetti
à la transcription, il fallait assurer le respect de cette règle
par une sanction civile suffisamment énergique; il importait
de définir les effets attachés à la publicité, sous le rapport de
la consolidation du droit de l'acquéreur. C'est ce que l'arrêté
ne fait pas. Il se borne à expliquer que les hypothèques du
chef du vendeur pourront être utilement inscrites pendant le
délai de quinzaine, après la transcription de l'acte translatif,
et il omet de nous dire si la publicité qu'il organise avec tant

de largeur est requise pour rendre opposables aux tiers les titres d'acquisition. Il est évident que si la transcription ne doit avoir, comme il semble résulter de l'arrêté, d'autre fonction que d'arrêter le cours des inscriptions d'hypothèque et de conduire à la purge, la règle de publicité formulée par le texte en termes si impératifs risquera de n'être pas obéie et de rester lettre morte.

Aussi bien, à supposer que la transcription des titres de transfert eût été appelée à jouer d'ores et déjà, en Algérie, le rôle qui lui avait été assigné en France par la loi du 11 brumaire an VII et qui lui a été restitué par la loi du 23 mars 1855, cela n'aurait point suffi pour dissiper l'incertitude et la confusion qui pesaient sur la propriété européenne. La transcription n'eût, en effet, rien ajouté à la valeur des titres ; elle eût été impuissante à liquider le passé, à barrer la route aux revendications et aux actions en nullité qui affectent le titre primitif et les transactions auxquelles il a pu servir de base.

§ 2. — *Ordonnance de 1844.*

Le législateur dut intervenir. En 1842, le Gouvernement institua une commission à l'effet d'élaborer les mesures que réclamait si instamment le régime de la propriété en Algérie. Cette commission, qui comptait parmi ses membres MM. Macarel, Romiguière, Laplagne-Barris, Dumon, envisagea avec une rare hauteur de vues la tâche qui lui était confiée. Dans sa pensée, les réformes dont elle proposait l'adoption au Gouvernement ne devaient pas avoir pour seul but de pourvoir aux nécessités du moment ; elles constituaient le préliminaire d'une organisation plus générale, d'une tout autre envergure, dont la commission indiquait les grandes lignes en ces termes : « Pour dissiper la confusion qui règne dans la propriété indigène et dans la propriété européenne, il y a lieu de faire une vérification générale des titres et un mesurage qui servirait à dresser *le livre général de la propriété algérienne.* » Par cette allusion à l'établissement d'un livre foncier de l'Algérie, la commission de 1842 devançait singulièrement les idées de son époque.

C'est des travaux de cette commission qu'est issue l'ordonnance du 1er octobre 1844. Cette ordonnance, qui forme la première charte de la propriété algérienne, se proposait ostensiblement un double but : liquider le passé et assurer l'avenir; en d'autres termes, valider les acquisitions faites par les Européens antérieurement à sa promulgation et, d'autre part, prévenir le retour des difficultés qui s'étaient produites dans le passé et qui avaient si gravement compromis les intérêts de la colonisation. Mais nous verrons tout à l'heure que les intérêts du Domaine étaient entrés, pour une large part, dans les préoccupations des auteurs de cet acte législatif.

Pour remplir la première partie de ce vaste programme, l'ordonnance commence par protéger les acquéreurs européens contre les revendications qui ont leur source dans les dispositions du statut familial des Musulmans. Sont déclarées inattaquables les ventes consenties au nom de propriétaires indigènes à des Européens et qui, dans les principes du droit musulman, pourraient être arguées de nullité à raison de l'insuffisance des pouvoirs des cadis, maris, pères et chefs de famille ayant, sans pouvoir spécial, stipulé pour des mineurs ou des absents, pour des femmes mariées, des enfants, des frères, sœurs ou alliés au même degré. L'institution du habous est respectée ; elle conserve son caractère propre qui est de déterminer un ordre successoral distinct de celui du Coran et réglé par la volonté du fondateur ; mais, pour le passé comme pour l'avenir, l'inaliénabilité qui constitue, en droit islamique, un des attributs essentiels du habous, ne pourra jamais préjudicier aux acquéreurs européens. En un mot, les immeubles habousés deviennent transmissibles d'indigènes à Européens (1) et ils ne conservent provisoirement leur inaliénabilité qu'entre Musulmans : nous disons provisoirement, car on verra plus loin qu'un décret du 30 octobre 1858 a étendu, même aux transactions entre indigènes, la grave réforme

____

(1) Art. 3 de l'ordonnance de 1844.

introduite dans la matière des habous par l'ordonnance de 1844.

Quant aux actions en nullité ou en rescision et aux revendications fondées sur des causes autres que celles dont elle prononce la suppression, l'ordonnance dispose qu'elles devront, sous peine de déchéance, être intentées dans les deux ans de sa promulgation. Enfin, l'ordonnance dissipe toute incertitude quant au caractère et aux effets du bail à rente, en décidant que ce contrat emporte transmission définitive et irrévocable des immeubles qui en font l'objet, et en autorisant le rachat de toute rente perpétuelle stipulée comme prix de l'aliénation d'un bien-fonds (1).

En même temps qu'elle régularisait le passé, l'ordonnance organisait, en vue des transactions à venir, certaines mesures de prévoyance, sans doute bien insuffisantes, mais dont on ne peut que louer l'esprit. C'est ainsi que, dans le but de donner à la propriété une assiette plus stable, elle autorisait les acquéreurs européens à actionner, en production de titres, leurs auteurs médiats ou immédiats. À cette même fin, elle frappait d'une nullité de plein droit toute transmission immobilière à titre onéreux dans les territoires situés en dehors des limites qui seraient successivement assignées aux établissements européens et à la colonisation par des arrêtés du ministre de la guerre. Par là se trouvaient confirmées expressément les prohibitions de l'arrêté du 12 mars 1844. N'étaient exceptées de cette défense que les acquisitions réalisées par l'État pour ses services publics, ou par les particuliers pour des établissements commerciaux ou industriels autorisés par le Gouvernement. L'ordonnance renouvelait, en outre, l'interdiction faite précédemment, par voie d'instructions ministérielles, aux officiers et aux fonctionnaires d'acheter des propriétés, pendant la durée de leur service en Algérie.

Une autre disposition de l'ordonnance, qui statue également

(1) Art. 2 et 11 *id.* — Mentionnons aussi pour mémoire la disposition portant que, dans les ventes de biens ruraux, non effectuées à raison de tant la mesure, l'indication de la contenance ne donnerait lieu à une diminution ou à un supplément de prix qu'au cas de différence de plus du tiers.

pour l'avenir et qui mérite, dès lors, d'être signalée, est celle qui stipule que toutes les ventes faites par les indigènes à des Européens seront soumises aux dispositions du Code civil. La question de savoir quelle loi régirait les conventions de l'espèce n'avait point été résolue par la législation antérieure avec toute la précision désirable. On tranchait le doute en faveur de la loi française, par interprétation de l'article 37 de l'ordonnance du 26 septembre 1842, suivant lequel, « dans les contestations entre Français ou étrangers et indigènes, la loi française ou celle du pays est appliquée, selon la nature de l'objet en litige, la teneur de la convention, et, à défaut de convention, selon les circonstances ou l'intention présumée des parties ». Désormais, il n'y aura plus d'incertitude sur ce point ; toutes les fois qu'un Musulman vendra un immeuble à des Européens, les parties contractantes seront légalement présumées avoir entendu se référer au Code français pour le règlement de leurs obligations réciproques. Nous préciserons la portée de cette règle, quand le moment sera venu de parler de la loi du 16 juin 1851, où elle se trouve reproduite.

L'ordonnance de 1844 ne se bornait pas à consolider, dans la mesure et par les moyens qui viennent d'être indiqués, les acquisitions antérieures et à régler, pour l'avenir, le mode de transmission des biens. Elle instituait, de plus, en ce qui concerne les terres de culture, une procédure particulière tendant à la vérification des titres de propriété et à la détermination physique de chaque immeuble.

Dans les trois mois de la publication de l'arrêté ministériel fixant, autour de chaque ville, village ou hameau, le périmètre des territoires à mettre en culture, tout indigène ou Européen prétendant à la propriété de *terrains incultes* compris dans ce périmètre était tenu de signifier ses titres de propriété au directeur des finances. Pour être recevables, les titres du demandeur devaient remonter, avec date certaine, à une époque antérieure à la conquête et constater, avec le droit de propriété, la situation, la contenance et les limites de l'immeuble. Les terres incultes dont la propriété n'aurait pas été réclamée conformément à ces prescriptions, devaient être réputées vacantes et incorporées au domaine de l'État. Dans le cas de production tardive de titres satisfaisant d'ailleurs aux autres conditions de fond et de forme prévues par l'ordonnance, le propriétaire était réintégré dans la possession de ses biens ; mais il restait définitivement exproprié de ceux dont le Domaine s'était dessaisi dans l'intervalle par voie de concession.

C'est à l'autorité judiciaire que l'ordonnance attribuait le soin de procéder à la vérification des titres de propriété signifiés ou produits, comme il vient d'être dit, à la direction des finances. Dans l'année de cette production, l'Administration des Domaines était tenue d'assigner devant le tribunal de la situation des immeubles, le propriétaire dont elle entendait contester les droits. Passé ce délai le titre était tenu pour valable et à l'abri de toute discussion de la part du Domaine. Le tribunal appelé à vérifier les titres statuait comme en matière sommaire, en spécifiant dans son jugement, la contenance, la situation et les limites respectives des immeubles. Les propriétaires dont les titres n'avaient pas été contestés ou avaient reçu l'homologation du tribunal devaient faire procéder, contradictoirement avec leurs voisins, au bornage de leurs propriétés.

Voilà pour les terres incultes. Quant aux terrains cultivés, sur lesquels le propriétaire ou ses auteurs auraient fait « des plantations, des travaux de desséchement ou d'irrigation » ou des constructions, l'ordonnance n'exigeait en principe aucune production ni vérification de titres. Les détenteurs de ces immeubles étaient réputés, de plein droit, légitimes propriétaires au regard du Domaine et sous réserve des droits des tiers, par le seul fait de leur possession, à condition toutefois de faire signifier à l'Administration un plan des biens, avec indication de la contenance, des tenants et aboutissants, et description sommaire des travaux exécutés (1).

Enfin, comme complément des mesures dont le résumé précède, l'ordonnance frappait d'un impôt spécial et annuel de 5 francs par hectare les terres laissées incultes par les propriétaires dont les titres auraient été maintenus ; elle

____

(1) Art. 80 à 92 de l'ordonnance de 1844.

allait même jusqu'à attacher à l'*inculture* « une cause suffisante d'expropriation pour utilité publique (1) ».

Telle était, en substance, l'économie de l'ordonnance du
1ᵉʳ octobre 1844. Comme on peut le voir par cette courte analyse, cet acte législatif, tout en inscrivant à son frontispice ces
mots pleins de promesses « *constitution de la propriété* (3) »,
ne tendait en dernière analyse qu'à exproprier au profit de
l'État la plus grande partie des immeubles ruraux. C'était là,
il faut en convenir, faire payer un peu cher aux indigènes et
aux colons le bénéfice des réformes introduites dans le régime
foncier de l'Algérie.

Sans doute, cette ordonnance améliorait, dans une très
appréciable mesure, la situation des acquéreurs européens, en
supprimant à leur égard le principe de l'inaliénabilité des
habous, en introduisant en leur faveur une action en production des titres des vendeurs indigènes et en soumettant au
Code civil français les transactions immobilières entre Musulmans et Européens. Il n'en est pas moins vrai que le problème de la constitution de la propriété foncière restait bien en
deçà du but à atteindre. La propriété n'est fortement assise,
elle n'a un titre d'établissement indiscutable qu'à la condition
d'abolir tous les titres rétrospectifs dont l'autorité était discutée, pour leur substituer un nouveau titre, prouvant, par
lui-même et à toute époque, la légitimité du droit dont il est
le signe, et traversant, sans jamais épuiser sa valeur originelle, toute la série des mutations à venir. En un mot, pour
constituer la propriété foncière, il ne suffit pas de liquider une
fois pour toutes la situation juridique de l'immeuble, il faut
de plus garantir la sécurité des transactions ultérieures et
aviser aux moyens nécessaires pour que la propriété, une
fois dégagée du passé, ne retombe pas dans le chaos d'où on
l'a fait sortir.

Or, il est facile de voir que l'ordonnance ne réalisait que
très superficiellement ce double desideratum d'une bonne loi
foncière. Il est tout d'abord à remarquer qu'elle ne prévoyait

(1) Art. 206, id.
(2) C'est là l'intitulé du titre 1ᵉʳ.

rien quant au droit de chefâa qui pesait alors si lourdement
sur la grande généralité des acquisitions immobilières et qui
constituait, nous l'avons précédemment établi (1), la plus dangereuse comme la plus fréquente des causes d'éviction. D'un
autre côté, ce n'était pas assez de valider pour le passé
les ventes opérées sans mandat spécial par des pères pour
leurs enfants pubères, par des maris pour leurs femmes, par
des copropriétaires pour leurs coassociés. En accordant sa
sanction aux actes irréguliers qui s'étaient consommés antérieurement à sa promulgation, l'ordonnance aurait dû s'attacher à en rendre le retour impossible pour l'avenir. En résumé,
le résultat à obtenir n'était pas seulement de régler tant bien
que mal la situation actuelle des propriétaires français ; c'était
aussi et surtout d'organiser la propriété foncière dans toute
l'étendue du territoire algérien, et ce n'était pas en supprimant l'inaliénabilité des habous ou en capitalisant les ana
qu'on pouvait arriver à donner une base solide à cette propriété.

Il est vrai qu'en prescrivant la vérification des titres de la
propriété rurale dans les territoires où la culture serait
déclarée obligatoire, sans distinguer entre les propriétaires
européens et les propriétaires indigènes, l'ordonnance de 1844
semblait poser comme la pierre d'attente de la réforme générale que réclamaient les possesseurs du sol algérien. Mais il
n'y avait là qu'une apparence assez trompeuse. Au fond, nous
venons d'en faire la remarque, le système d'homologation des
titres imaginé par les auteurs de l'ordonnance aboutissait,
sous prétexte de consolider la propriété privée, à des conséquences destructives de ce droit. On se préoccupait moins des
intérêts des particuliers que de ceux du domaine de l'État.

D'ailleurs, quelles qu'en fussent les tendances, cette partie
si caractéristique de l'ordonnance n'était pas viable et ne
pouvait entrer dans le domaine des faits. Attribuer aux tribunaux le soin de vérifier les titres, c'était introduire, dans une
opération qu'il importait de conduire rapidement et à peu de
frais, le pesant appareil de la procédure judiciaire, en même

____

(1) V. nos observations sur le chefâa. p. 213 et suiv.

temps qu'ouvrir la porte à des contestations ruineuses et sans fin. Les tribunaux algériens, qui avaient déjà tant de peine à remplir leur tâche ordinaire, ne pouvaient suffire à ce surcroît de travail ; s'il leur avait fallu coopérer effectivement à l'application des mesures prescrites par l'ordonnance, le cours de la justice en aurait été interrompu.

Aussi, dès le début des travaux de vérification prévus par l'ordonnance, on se heurta à des impossibilités d'exécution presque absolues. Des procès surgirent de tous côtés. De la part des Européens comme des indigènes, ce fut une protestation unanime. Obligé de se rendre à l'évidence, le Gouvernement dut renoncer à poursuivre l'application du système institué par l'ordonnance de 1844. Il reconnut la nécessité de dessaisir la juridiction civile de la compétence qui lui avait été attribuée en cette matière et de donner à la revision des titres de propriété un caractère purement administratif. Tel fut l'objet de l'ordonnance du 21 juillet 1846 et des arrêtés ministériels du 17 septembre et du 2 novembre de la même année, qui en réglementent l'exécution.

§ 3. — *Ordonnance de 1846.*

L'idée fondamentale de l'ordonnance de 1846 était de procéder, par les voies rapides de la procédure administrative, à un recensement général de toutes les propriétés rurales comprises dans le territoire civil de l'Algérie. Il ne s'agissait plus seulement de dégager du passé le droit de propriété des colons européens. La réforme avait une tout autre portée ; elle mettait en cause les indigènes comme les Européens ; aux uns et aux autres elle imposait la double formalité de l'homologation des titres et de l'application de ces titres au terrain.

La vérification prescrite par l'ordonnance de 1846 se restreint, l'observation vient d'en être faite, au territoire civil de notre possession algérienne. Mais, dans cette limite, elle doit embrasser graduellement, et de proche en proche, toutes les propriétés rurales, sous la seule exception de celles qui, étant situées dans la banlieue des villes, sont déjà délimitées par des haies ou tout autre mode de clôture (1). C'est au ministre de la guerre qu'il appartient de déterminer, par des arrêtés spéciaux, le périmètre des districts qui seront successivement soumis aux opérations de recensement des titres de propriété.

La procédure instituée par l'ordonnance comprend deux phases distinctes : la vérification des titres et la délimitation des terrains. Détermination juridique et matérielle de la propriété, tel est en somme le double résultat auquel tendent les dispositions que nous allons brièvement analyser.

Chaque arrêté ministériel portant détermination des territoires où la propriété doit être constituée est porté à la connaissance du public par des affiches et par la voie de la presse. Dans les trois mois de cette publication, tout propriétaire, européen ou musulman, de terres comprises dans le périmètre fixé par l'arrêté, doit déposer ses titres entre les mains du directeur des finances ou du receveur des domaines. A cette obligation, l'ordonnance de 1846, non moins rigoureuse en ceci que l'acte de 1844, attache une sanction excessive : elle décide que les immeubles dont les titres n'auront pas été produits dans le délai imparti seront, comme bien vacants et sans maître, dévolus au Domaine et susceptibles d'être concédés à des tiers par l'Administration. Et cette déchéance n'est pas comminatoire, elle est absolue et définitive. On verra plus loin à l'aide de quels expédients l'Administration essaya d'atténuer le caractère odieux de cette prescription.

La vérification des titres déposés est effectuée administrativement, en Conseil du contentieux (aujourd'hui le conseil de Préfecture). Les titres soumis à l'examen du Conseil doivent être appuyés d'un plan de la propriété et d'une déclaration indicative du nom, de la situation, de la contenance et des

(1) L'ordonnance détermine elle-même les territoires dans lesquels les propriétés rurales seront dispensées de vérification ; ce sont : 1º pour le district d'Alger, les communes d'Alger, d'El-Biar, de Mustapha-Pacha, de Birmandraïs, de Draria, de Birkhadem, de Kouba, de Dely-Ibrahim, de Bouzaréah, de Pointe-Pescade et une partie de la commune d'Hussein-Dey ; — 2º la commune de Blidah ; — 3º la commune d'Oran ; — 4º la commune de Mostaganem ; — 5º la commune de Bône.

tenants et aboutissants de l'immeuble (1). Il faut, de plus, que les titres remontent, avec date certaine, à une époque antérieure au 5 juillet 1830, ou, s'ils ont été passés depuis la conquête, qu'ils contiennent l'énonciation des titres originaires dressés avant 1830. Le Conseil s'assure que toutes ces conditions de forme sont remplies, sans rien préjuger d'ailleurs quant à la question de savoir quel est le véritable propriétaire de l'immeuble. Il se borne, pour le moment, à une vérification purement matérielle. Si la production lui paraît régulière, il prescrit la délimitation de l'immeuble et délègue un de ses membres pour se transporter sur le terrain et y faire l'application des titres, avec l'assistance d'un ou de plusieurs experts.

Le jour et l'heure de la descente sur les lieux sont notifiés, en la forme administrative, au propriétaire, au receveur des domaines, ou au directeur des finances dans la province d'Alger, aux experts et aux propriétaires riverains. Au jour fixé, il est procédé par les experts, en présence des parties et des intéressés, à la délimitation et au bornage de l'immeuble. Un plan et un procès-verbal constatent le résultat de cette double opération. Toute personne a le droit d'intervenir et de requérir l'insertion de son opposition au procès-verbal. S'agit-il d'un simple désaccord sur les limites du terrain, le Conseil est compétent pour statuer. Si, au contraire, la réclamation soulève une question de propriété, le Conseil doit renvoyer les parties à se pourvoir devant la juridiction civile. C'est seulement lorsque toutes les oppositions ont été écartées, ou s'il ne s'en est produit aucune, que le Conseil du contentieux homologue le titre de propriété.

Quels sont les effets de cette homologation ? La réponse à cette question se trouve dans l'article 16 de l'ordonnance : la décision du Conseil, porte ce texte, « vaudra titre au propriétaire et ne pourra être attaquée, pour quelque cause que ce soit, par les tiers qui n'auront pas réclamé antérieurement ». Ainsi, par l'effet de l'homologation, le propriétaire a désormais en mains un titre incommutable, en ce sens qu'il est à l'abri de toute discussion de la part des tiers dont les

(1) Arrêté du 17 septembre 1846, art. 1er ; — Arrêté du 2 novembre 1846, art. 2.

prétentions ne se sont pas révélées en temps utile. A la vérité, la propriété n'est pas purgée des charges réelles qui grèvent l'immeuble du chef de son possesseur actuel; nul doute, par exemple, que le propriétaire européen ne soit tenu, après comme avant l'homologation, de respecter les hypothèques qu'il a pu constituer antérieurement sur son immeuble; mais, au regard des tiers, l'homologation produit des effets définitifs et irrévocables et, à ce point de vue, il est vrai de dire qu'elle fait table rase du passé. A partir de ce moment, aucune incertitude ne saurait s'élever ni sur les limites de l'héritage, ni sur la solidité du droit du propriétaire désigné dans la sentence d'homologation.

Tel est, dans ses grandes lignes, le système de constitution de la propriété foncière inauguré en Algérie par l'ordonnance du 21 juillet 1846. Les opérations prescrites par cette ordonnance se poursuivirent régulièrement, mais non sans soulever de nombreuses récriminations. Par la sévérité outrée de ses sanctions, par son formalisme exagéré, elle comportait à peu de chose près les critiques qu'avait suscitées l'ordonnance de 1844. Il faut bien le dire, l'idée dominante de ces deux actes législatifs est moins de fonder la propriété privée sur une base indestructible que d'agrandir le domaine de l'État, coûte que coûte, au risque de méconnaître le respect dû au droit de l'individu. Toutes leurs dispositions sont très habilement organisées à cette fin. Les auteurs de l'ordonnance de 1846 savaient très bien, à coup sûr, que chez les Mulsumans, la propriété privée est généralement dépourvue de titres écrits et n'a d'autre fondement que la possession. Imposer aux indigènes, comme le faisait l'article 3, l'obligation de produire, sous peine de se voir évincer par l'État, des titres qui d'ordinaire leur faisaient défaut, c'était autoriser à mots couverts la spoliation du plus grand nombre des cultivateurs arabes ou kabyles.

Nous répondra-t-on que l'ordonnance prenait soin de tempérer la rigueur de ses exigences, en disposant que le possesseur, dépourvu de titres réguliers, qui aurait mis sa terre en valeur, recevrait la concession de la partie cultivée ? Mais

il est bon de voir à quelles conditions était subordonnée cette
faveur. Ces conditions, l'article 20 les énumère : le concessionnaire doit construire, dans un délai de cinq ans, une maison
d'une valeur minimum de 5,000 francs et entretenir trente
arbres par hectare. Il est évident qu'à ce compte-là, bien des
petits propriétaires, qui n'avaient ni titres, ni argent, ne pouvaient bénéficier de l'exception et subissaient l'expropriation.
Il s'écoula près de vingt ans, avant que la jurisprudence vînt,
par une sorte d'interprétation prétorienne, atténuer les conséquences extrêmes de l'ordonnance, en admettant les propriétaires, indigènes ou européens, à invoquer, en l'absence de
titres, la prescription de droit commun (1).

Pour ceux mêmes qui avaient des titres en forme, ce n'était
point chose facile que de se mettre en règle avec l'ordonnance.
Indépendamment du titre de propriété, le demandeur devait
déposer « une déclaration de contenance en ares et en hectares »
et un plan à l'échelle de 1 demi-millimètre (2). Les indigènes
qui n'ont connu, de temps immémorial, d'autre unité agraire
que la zouïdja ou paire de bœufs, étaient naturellement peu
portés à recourir aux bons offices des géomètres, et leurs
titres, n'étant plus appuyés de toutes les justifications réglementaires, risquaient fort d'être annulés par le Conseil du
contentieux.

Enfin l'ordonnance de 1846, à l'exemple de celle de 1844,
consacrait la singulière théorie de l'expropriation pour cause
d'inculture. Partant de cet axiome que le travail est un titre,
le meilleur peut-être à la possession du sol, les auteurs de
l'ordonnance en étaient venus, de déduction en déduction, à
conclure que le propriétaire qui ne travaille pas doit être
dépossédé. « Une telle logique, dirons-nous avec le rapporteur de la loi de 1851, offense la conscience de toute société
civilisée ; elle est contraire à nos mœurs non moins qu'aux
premiers éléments de notre droit. »

Il convient d'ailleurs d'ajouter, à la décharge de l'Adminis-

___

(1) Aix, 21 décembre 1865, et sur pourvoi, Cass. civ., 20 mai 1868, D. P. 68,
1re partie.
(2) Arrêté du 17 septembre 1846, art. 1er.

tration, qu'elle chercha et réussit, dans une certaine mesure, à corriger ce qu'il y avait d'excessif dans les dispositions de l'ordonnance de 1846. Ainsi, dans la province d'Alger, où sur les 168,000 hectares soumis à la délimitation, 60,000 environ étaient frappés de déchéance et faisaient retour au Domaine, l'autorité supérieure ne voulut point que les deux mille familles atteintes par cette mesure fussent arrachées au sol qu'elles cultivaient. Une commission, dite des *transactions et partages*, fut chargée, en 1852, de préparer le partage des biens indivis entre l'État et les particuliers et, en outre, de proposer des concessions, à titre de dédommagement, en faveur des indigènes dépossédés par suite de la mise à exécution de l'ordonnance de 1846. Dans l'espace de six années, cette commission régla, par voie de transactions, la propriété de 110,000 hectares. La part du Domaine fut fixée à 78,000 hectares. Le reste fut laissé aux indigènes qui avaient encouru l'éviction faute d'avoir produit les justifications exigées par l'ordonnance.

Si l'on peut reprocher, à bon droit, à l'ordonnance du 21 juillet 1846 la rigueur de son formalisme et le zèle excessif qu'elle témoigne pour les intérêts du Domaine, en revanche on ne saurait lui dénier le mérite d'avoir, sinon complètement résolu, tout au moins envisagé la question foncière sous son véritable aspect. Somme toute, cette ordonnance améliora sensiblement la situation générale de la propriété, et, s'il faut en croire le rapporteur de la loi du 16 juin 1851, les opérations qu'elle réglemente restituèrent « la mobilité et la vie à des territoires considérables, jusque-là frappés d'une sorte de mort ».

Au point de vue de notre sujet, ce qu'il y a de particulièrement remarquable dans cet acte législatif, c'est la procédure qu'il organise pour arriver à l'homologation des titres de propriété. On y retrouve, en effet, quelques-uns des traits typiques de l'un des systèmes fonciers les plus renommés de notre temps : nous voulons parler de l'*Act Torrens*. Publications préalables au moyen d'affiches et d'annonces dans les journaux ; délimitation et levé du plan de l'immeuble ; mise en demeure pour les tiers de produire leurs oppositions dans un délai déterminé, sous peine de déchéance : consécration par l'autorité compétente du titre de propriété qui, dès cet instant, devient inattaquable : il n'est pas une de ces particularités signalétiques de l'ordonnance de 1846 dont l'équivalent ne nous soit offert par l'*Act Torrens* ou, mieux encore, par la loi tunisienne du 1er juillet 1885, qui est dérivée, comme on le sait, *du Real Property Act.*

Cette analogie ne saurait surprendre, si l'on considère que, dans la pensée des auteurs de l'ordonnance de 1846, la vérification des titres de propriété devait conduire, dans un avenir plus ou moins proche, à l'établissement d'un Livre général de la propriété foncière algérienne. Malheureusement, cette seconde partie de leur programme est restée en suspens. A la différence de l'Act Torrens qui assure, par la publicité d'un registre foncier constamment tenu à jour, la conservation des titres de propriété, l'ordonnance du 21 juillet 1846 a cru assez faire en liquidant la situation de chaque immeuble pour le passé et ne s'est nullement mise en peine de garantir la sécurité des transactions ultérieures. Si elle a conféré à la propriété soumise aux opérations de vérification une assiette certaine par la délivrance aux intéressés de titres indiscutables, toujours est-il qu'elle n'a pas avisé aux moyens nécessaires pour que ces titres conservent, dans l'avenir, la valeur et la certitude que leur a conférées l'homologation administrative. C'est là le côté le plus vulnérable de l'ordonnance de 1846 ; c'est par là aussi qu'elle dément la ressemblance qui, au premier abord, semble exister entre son système et celui du Torrens Act.

CHAPITRE V

Loi du 16 juin 1851.

Le régime foncier institué par les ordonnances de 1844 et de 1846 n'embrassait que le territoire civil de l'Algérie. Quant au territoire militaire, l'accès en était, pour ainsi dire, fermé aux immigrants, puisque toute transaction immobilière entre indigènes et Européens y était sévèrement interdite. Cette prohibition avait sa raison d'être à l'époque où elle fut édictée. Dans la période difficile de nos débuts en Algérie, il pouvait être d'une sage politique de n'avancer qu'avec lenteur et de réserver à l'État le soin de fournir à la colonisation les terrains nécessaires. Alors que nous étions occupés à réprimer l'insurrection des tribus, il eût été de la plus grande imprudence d'autoriser, dans l'intérieur du pays, des établissements agricoles qui, une fois créés « se seraient cru le droit d'invoquer la protection de l'armée et auraient gêné la liberté d'action des commandants militaires » (1). Mais, depuis le jour où Abd-el-Kader s'était constitué notre prisonnier, les tribus étaient rentrées dans l'obéissance. La pacification était un fait accompli et il devenait, dès lors, possible, sinon d'octroyer immédiatement aux transactions une liberté pleine et entière, tout au moins de renoncer aux mesures d'exception dont les circonstances n'exigeaient plus le maintien.

On commença par relever les militaires et les fonctionnaires publics de l'incapacité d'acquérir dont ils se trouvaient frappés par l'ordonnance du 1er octobre 1844. Cette prohibition, qui mettait en état de suspicion les agents du pouvoir et qui enle-

---

(1) *Tableau officiel des Établissements français en Algérie*, I, 1838, 1, p. 263.

vait à toute une catégorie de personnes la possibilité de se fixer en Algérie sans esprit de retour entraînait plus d'inconvénients que d'avantages : aussi fut-elle supprimée par un arrêté du 5 mai 1848 (1). D'autre part, une décision ministérielle du 10 mai 1850 reconnut, par interprétation des articles 47 à 50 de l'ordonnance du 21 juillet 1846, que la défense d'acquérir édictée par ces textes ne concernait ni les concessions définitives, ni les aliénations consenties par l'Administration des Domaines en territoire militaire. Le moment semblait donc venu de faire un pas de plus et de donner à la propriété foncière, dans toute l'étendue du territoire algérien, avec les garanties résultant d'une plus large application du droit commun, la mobilité dont elle a besoin pour remplir pleinement sa fonction économique.

C'est dans ce but que la commission spéciale instituée par l'Assemblée nationale pour la préparation des lois de l'Algérie présenta, le 16 juillet 1850, un projet de loi sur la constitution de la propriété dans cette colonie. L'idée dominante de ce projet, celle qui revient à toutes les lignes du rapport de M. Henri Didier (2), était d'assimiler la propriété foncière algérienne à celle de la métropole, d'étendre à cette propriété « les principes généraux de la législation qui régit en France le domaine public et le domaine de l'État ». « L'Algérie, déclarait M. Didier, c'est encore la France : il est de toute raison que la règle soit la même des deux côtés de la Méditerranée et que cette règle soit la loi française. » En conséquence, la commission, après avoir inscrit en tête de son projet de réforme le grand principe de l'inviolabilité de la propriété en Algérie, sans distinction entre les Européens et les indigènes, proclamait la liberté des transactions sur tout le territoire, sous la seule réserve des territoires occupés par les tribus, « l'humanité, non moins que la politique exigeant qu'ils demeurent provisoirement soumis à une législation exceptionnelle ».

Parallèlement à la commission parlementaire, le Gouver-

(1) DE MÉCERVILLE, I, p. 648.
(2) Rapport déposé le 6 juillet 1850, *Moniteur* de 1850, II, p. 2410, col. 2.

nement avait, de son côté, élaboré un projet de loi ayant trait
également à l'organisation de la propriété domaniale et privée
en Algérie. Ce projet, approuvé par le Conseil d'État, fut
présenté à l'Assemblée nationale, le 24 mars 1850, par le
ministre de la guerre, le général Randon (1). Sur nombre de
points, il différait notablement de celui de la commission.

Tout en appelant notre Code civil à intervenir dans les
transmissions entre indigènes et Européens, le projet du Gouvernement se montrait beaucoup plus circonspect que celui
de la commission dans l'application des règles de la métropole. Ainsi, il restreignait la liberté des transactions aux
territoires civils ou aux zones ouvertes à la colonisation par
des arrêtés ministériels ; même dans les limites du territoire
civil, il interdisait l'aliénation des terres occupées par les
tribus. Il assujettissait, de plus, les transmissions d'indigènes
à Européens à des formalités spéciales, étrangères aux prescriptions du droit commun : d'une part, en effet, il imposait à
ces transmissions la forme notariée, à peine de nullité ; d'un
autre côté, il en ordonnait la transcription, sous la sanction
d'une amende de 100 francs. Enfin, le projet du Gouvernement stipulait qu'entre parties, la propriété d'un immeuble
acquis avec juste titre serait prescrite par cinq ans, à compter de la transcription.

En somme, le projet du Gouvernement, malgré certains
points de contact avec celui de la commission, tendait moins
à asseoir la propriété algérienne sur la base du droit métropolitain qu'à la placer sous un régime spécial. C'est de la fusion
de ces deux projets qu'est issue la loi du 16 juin 1851, dont
nous allons étudier l'économie et apprécier les résultats.

Après avoir, dans ses deux premiers titres, énuméré les
biens dont se composent, en Algérie, le domaine national et
le domaine des départements et des communes, la loi de 1851
détermine, dans le titre suivant, la condition juridique de la
propriété privée. Inviolabilité de la propriété, liberté des transactions, référence au droit commun des Musulmans pour les
transmissions immobilières entre indigènes, et au droit com-

(1) *Moniteur* de 1851, I, p. 912, col. 2.

mun de la métropole pour les transactions de même nature entre Musulmans et Européens : telles sont les trois idées maîtresses de la loi de 1851 ; elles constituent en quelque sorte les lignes directrices de cette œuvre législative et en expliquent les diverses dispositions.

La loi proclame tout d'abord le principe, plus d'une fois méconnu sous le régime des ordonnances, de l'inviolabilité absolue de la propriété individuelle. Plus d'exceptions tirées de la nationalité des possesseurs du sol. La propriété indigène sera donc respectée au même titre que la propriété française. L'État ne pourra plus en exiger le sacrifice que pour cause d'utilité publique légalement constatée, moyennant une préalable indemnité. Quant à l'étrange théorie de l'expropriation pour cause d'inculture, elle est la négation même de la règle d'inviolabilité posée par la nouvelle loi : aussi, est-elle formellement abrogée (1). La seule exception, spéciale à l'Algérie, que souffre désormais ce principe consiste dans le droit qui appartient à l'État de séquestrer les biens des indigènes révoltés ou passés à l'ennemi. Le séquestre, justifié par les nécessités de la guerre, présente, dans l'état actuel de la législation algérienne, le seul cas où il soit porté atteinte, pour en faire profiter le domaine de l'État, à la propriété individuelle.

Par une application directe du principe de l'inviolabilité de la propriété, la loi de 1851 reconnaît, « tels qu'ils existaient au moment de la conquête ou tels qu'ils ont été maintenus, réglés ou constitués postérieurement par le Gouvernement français, les droits de propriété et les droits de jouissance appartenant aux particuliers, aux tribus et aux fractions de tribus ». A vrai dire, il n'y a, dans cette déclaration, autre chose que la consécration légale de l'engagement pris par la France, aux termes de la capitulation du 5 juillet 1830, de « respecter les propriétés des indigènes ».

Mais, en ajoutant sa sanction aux droits existants, le législateur s'abstenait de les définir et de marquer à quels caractères on devait les reconnaître. Le projet primitif du Gouvernement s'était montré à cet égard plus explicite : il exigeait

(1) Art. 23.

que la propriété individuelle fût prouvée par titres ou par une possession continue de dix années. Quant aux tribus, il stipulait qu'elles n'auraient sur leurs terres, à défaut de titre, qu'un simple droit de jouissance ou d'usufruit, la nue propriété appartenant à l'État. En réduisant ainsi la plupart des tribus à un droit de jouissance, le Gouvernement tranchait, par quelques lignes de texte, une des questions les plus ardues du droit algérien; par là il donnait raison aux jurisconsultes suivant lesquels le sol algérien, spécialement le territoire des tribus, ne serait pas susceptible de propriété privée et serait soumis au domaine éminent du souverain.

Nous examinerons, dans le chapitre suivant, quelle est au juste la valeur de cette thèse et nous aurons à signaler en même temps les conséquences qu'elle entraîna dans la pratique. Mais, sans anticiper sur cette discussion, nous pouvons, sans plus tarder, poser en fait que la théorie proposée par le Gouvernement à la sanction du Conseil d'État est extrêmement controversable et qu'elle a divisé les meilleurs esprits. On conçoit dès lors l'hésitation du Conseil d'État et de l'Assemblée nationale à suivre les rédacteurs du projet de loi sur ce terrain brûlant. Tout en avouant, à mots couverts, ses préférences pour la doctrine gouvernementale, M. Henri Didier reconnut, dans son rapport, qu'il y avait de graves inconvénients à définir des droits imparfaitement connus. De là la formule un peu équivoque du texte, qui se borne à maintenir les droits existants, quels qu'ils soient, laissant aux tribunaux le soin de juger les contestations qui pourront surgir sur la nature de ces droits.

Il ne suffit pas que la propriété individuelle soit mise au-dessus de toute atteinte; il faut, de plus, qu'elle puisse circuler librement, de manière à arriver le plus promptement possible aux mains des colons européens. C'est pourquoi la loi de 1851, s'appropriant le principe déposé dans l'article 544 du Code civil, décide que chacun a le droit de jouir et de disposer de la manière la plus absolue de sa propriété, en se conformant à la loi. Toutes les restrictions apportées par la législation antérieure à la liberté des transactions immobilières s'évanouissent donc par l'effet de cette disposition. Toutefois, le législateur de 1851 fait exception pour les territoires occupés par les tribus, estimant avec raison qu'admettre la spéculation à pénétrer au milieu de ces communautés guerrières, dont la religion et les coutumes tendent à empêcher tout contact de l'étranger avec la famille, « ce serait semer parmi elles le trouble et la défiance et provoquer des révoltes (1) ». A l'État seul est réservée la faculté d'acheter des immeubles dans ces territoires et d'en enrichir la colonisation, quand il verra la possibilité de le faire avec avantage pour tout le monde. Les acquisitions faites par les parties, au mépris de cette défense, la loi les déclare nulles de plein droit, même entre les contractants.

La liberté des transmissions rencontre, nous l'avons vu, de sérieux obstacles dans les principes du droit islamique, notamment dans les institutions du habous et du chefâa. En ce qui concerne les immeubles mis en wakf, l'ordonnance du 1er octobre 1844 les avait déjà rendus au commerce; aussi, la loi de 1851 se borne-t-elle, sur ce point, à confirmer purement et simplement l'ordonnance de 1844. Mais les ordonnances n'avaient pas touché à ce droit de retrait que la législation islamique organise, sous le nom de chefâa, au profit des copropriétaires et des voisins et auquel les coutumes kabyles ont donné une extension si exagérée. La loi de 1851 comble cette lacune. Se conformant aux errements de la jurisprudence antérieure, elle donne aux tribunaux français un pouvoir discrétionnaire pour admettre ou rejeter, suivant les circonstances, l'exercice du droit de chefâa.

Enfin, le législateur de 1851 formule, avec une grande netteté, les règles relatives à la transmission de la propriété immobilière en Algérie. Pour déterminer le régime légal de ces contrats, il ne s'attache point à l'origine de la propriété ou à la nature du titre sur lequel elle se fonde; il n'envisage que le statut personnel de l'acquéreur. Entre Musulmans, les transmissions sont régies par le droit islamique ou par la coutume kabyle; entre Européens, ou entre Musulmans et

(1) Rapport de M. DIDIER, *Moniteur*, 1850, II, p. 2312, col 1.

Européens, c'est le Code civil qui sera applicable. En un mot, dans le système de la loi de 1851, la condition de l'immeuble se trouve subordonnée à la condition du propriétaire, sans distinguer entre le cas où la propriété repose sur un titre français et celui où elle a pour base un titre musulman. On indiquera tout à l'heure les inconvénients qui naissent de cette théorie.

Il faut ajouter que, lorsque le législateur de 1851 déclare soumettre au Code civil les transmissions faites par des Musulmans à des Européens, cette règle doit être entendue en ce sens que la validité de l'acte sera appréciée d'après les principes de la loi française, pour tout ce qui touche le consentement des parties, la nature et les effets du contrat, l'obligation de délivrer et de garantir la chose vendue, le paiement du prix, l'action résolutoire. Mais il est bien entendu que c'est conformément au droit musulman ou à la coutume indigène que seront réglées les questions relatives à la capacité de l'aliénateur musulman. N'oublions pas qu'en vertu d'une disposition législative antérieure (1), les indigènes sont libres de placer leurs contrats sous l'empire de la loi française, et rappelons, d'autre part, que la loi de 1851 ne touche, en aucune façon, au droit successoral des Musulmans.

De cette analyse, il ressort à première vue que la loi du 16 juin 1851 se borne, en quelque sorte, à codifier les règles relatives à la transmission de la propriété; elle élargit, sans doute, le cercle d'application de la loi française, elle favorise dans une appréciable mesure la circulation des biens, et proclame hautement l'inviolabilité de la propriété individuelle; mais on ne peut pas dire qu'elle introduise, dans le régime foncier de l'Algérie, une réforme profonde. Rien de mieux, assurément, que de réunir en un seul corps, de mettre en harmonie les prescriptions éparses et souvent disparates des ordonnances et des arrêtés; mais il eût été encore plus méritoire de ne pas s'en tenir à la codification des principes anciens, et de reprendre, en l'améliorant, l'œuvre commencée par l'ordonnance du 21 juillet 1846.

(1) Ordonn. 26 septembre 1842, art. 37; V. *suprà*, p. 72.

Puisque, de l'aveu du rapporteur de la commission, la vérification générale et administrative des titres de la propriété rurale n'avait donné « que de bons résultats », il dépendait du législateur de 1851 de s'engager à son tour dans cette voie et de faire, pour le territoire militaire, ce que les auteurs de l'ordonnance de 1846 avaient fait pour le territoire civil. Il lui appartenait de poursuivre, pour toute l'étendue du territoire susceptible d'appropriation privative, la vaste enquête que l'Administration avait ouverte, dès 1846, sur l'état matériel et juridique de la propriété foncière, sauf à user de sanctions moins rigoureuses, et à la condition d'organiser un système de conservation tel, que les titres homologués fussent, dans l'avenir comme dans le présent, au-dessus de tout soupçon.

Même en se plaçant au point de vue restreint de la loi de 1851, il eût été nécessaire, pour assurer la certitude des transactions immobilières et offrir une base solide aux opérations du crédit, de pourvoir, par la publicité des transferts immobiliers, à la conservation des droits de propriété.

C'est ce que le Gouvernement avait parfaitement compris. Il avait proposé d'assujettir à la formalité de la transcription au bureau des hypothèques tout acte ou jugement transférant la propriété d'un immeuble, de Musulman à Européen (1). La commission de l'Assemblée repoussa cette innovation, en se fondant sur ce motif assez fragile, qu'il suffit, en droit français comme en droit musulman, du consentement des parties pour opérer la transmission de la propriété : « Pourquoi donc, disait le rapporteur, substituer à l'autorité toute spiritualiste de ce système, si bien en accord avec l'état de notre société, celle de la matérialité de certaines formes solennelles que la loi commune n'exige pas? » La loi métropolitaine n'imposait pas, en effet, à cette époque, la publicité par la transcription comme condition de l'efficacité du transfert vis-à-vis des tiers; mais on nous accordera que la commission parlementaire, en invoquant cette raison pour refuser à l'Algérie une mesure dont ne bénéficiait pas encore la mère-patrie,

____

(1) Art. 18 du projet de loi, *Moniteur* de 1851, I, p. 913, col. 2.

poussait un peu loin le souci de l'assimilation et le respect du droit commun.

C'est seulement quatre ans après le vote de la loi de 1851, que la transcription fut appliquée en Algérie, comme moyen de consolider les titres de transfert, en vertu d'un décret du 4 juillet 1855, promulguant la loi générale du 23 mars précédent. La publicité des titres de transfert, telle que l'avait organisée, en Algérie, un arrêté du 28 mai 1832 dont nous avons déjà donné l'analyse, n'avait d'autre utilité que d'arrêter le cours des inscriptions d'hypothèques et de préparer la purge. Du jour où la loi du 23 mars 1855 eut été rendue exécutoire en Algérie, la transcription intervint dans l'acte juridique du transfert, en tant que condition du dessaisissement de l'aliénateur au regard des tiers.

Mais les garanties que les acquéreurs européens étaient en droit d'attendre de l'application de la loi de 1855 furent singulièrement compromises par le conflit des deux législations immobilières, française et musulmane. La loi du 16 juin 1851, on vient de le voir, laisse les transactions entre indigènes sous l'empire de leur loi personnelle. Or, en droit islamique, ainsi que dans la coutume kabyle, la propriété foncière se transmet au regard des tiers, comme entre le vendeur et l'acheteur, par la seule force du contrat, indépendamment de toute condition de publicité. Ne doit-on pas en conclure qu'au cas de conflit entre deux acquéreurs du même immeuble, l'un indigène, l'autre européen, la priorité se règle, non par la transcription, mais par la date des titres de transfert? Ne faut-il pas, dès lors, décider, par voie de conséquence, que si l'acquéreur musulman est le premier en date, il aura, par ce seul fait et sans le secours de la publicité, la préférence sur l'acheteur européen, quand bien même celui-ci aurait fait transcrire?

Telle est, en effet, la solution qui prévalut tout d'abord devant la Cour d'Alger (1). Elle se fondait sur ce motif que, la transcription du droit français restant étrangère aux trans-

(1) C. Alger, 19 mars 1862 et 21 octobre 1862, DALLOZ, *Jur. gén.*, v° *Organisation de l'Algérie*, n° 1210.

missions entre Musulmans, l'acheteur indigène n'a aucune formalité à remplir pour que son titre de propriété soit opposable aux tiers et, par suite, l'emporte sur l'acquéreur européen du même immeuble. Disons tout de suite que la jurisprudence des tribunaux algériens se prononce aujourd'hui en sens contraire (1) et tranche le conflit qui nous occupe en faveur de l'acheteur européen qui a fortifié son titre par la transcription. Il n'en est pas moins vrai qu'antérieurement à ce revirement de jurisprudence, la transcription n'a joué qu'un rôle très effacé au point de vue de la consolidation de la propriété européenne en Algérie. Jusqu'à ces dernières années, il a été admis que la transcription ne protégeait les titres d'acquisition qu'à l'encontre des tiers européens et n'opposait aucun obstacle juridique aux Musulmans ayant acquis des droits réels sur l'immeuble conformément à la loi islamique ou à la coutume indigène. Et, comme les transmissions de propriété entre Musulmans sont essentiellement clandestines, il en résulte que l'acheteur ou le prêteur européen n'était jamais à même de s'assurer, lors de son contrat, si l'immeuble faisant l'objet de la vente ou de l'affectation hypothécaire, n'était pas déjà sorti des mains du propriétaire apparent, par l'effet d'une aliénation antérieure. Il n'est pas besoin d'insister pour voir combien une telle situation rendait incertaines les transactions relatives aux immeubles appartenant à des Musulmans. Nous expliquons plus loin comment et dans quelle mesure la loi du 26 juillet 1873, secondée par la nouvelle jurisprudence de la Cour d'Alger, a remédié à ce grave inconvénient.

Enfin, la théorie du législateur de 1851 sur la détermination du régime légal des transmissions immobilières entraîne des résultats diamétralement opposés au but qu'il se propose d'atteindre. Quel est l'objectif de la loi de 1851, lorsqu'elle soumet au Code civil les transactions conclues entre Musulmans et Européens? C'est évidemment de franciser graduellement le sol algérien; d'étendre, au fur et à mesure des mutations, l'autorité de nos lois à la terre indigène, de manière à donner à l'établissement de la propriété la clarté et la certitude que

(1) C. Alger, 23 juin 1891, D. P. 92, 2, 442.

ne saurait lui conférer le droit islamique. Mais le législateur n'a pas pris garde qu'en solidarisant, comme il l'a fait, le statut de l'immeuble et la loi personnelle du propriétaire, il ruine son système par la base. Qu'importe que la terre indigène soit, au moment où elle est transférée à un Européen, soumise à la loi française, si elle risque de rentrer, ultérieurement, sous l'empire du droit musulman! Elle n'aura jamais, dans ces conditions, qu'un régime légal des plus instables. Il suffira qu'elle passe des mains de son propriétaire européen à celles d'un indigène, pour retomber sous l'application du statut islamique. Pour prévenir cette éventualité, il aurait fallu subordonner la condition de l'immeuble, non pas à la loi personnelle de son possesseur, mais à l'origine française ou musulmane du titre de propriété. C'est ce que le législateur de 1851 n'a pas fait, et c'est notamment sur ce point que son œuvre a dû être retouchée par la loi du 26 juillet 1873.

CHAPITRE VI

Reconnaissance de la propriété des tribus. Le sénatus-consulte de 1863.

§ 1er. — *La théorie de la terre arch et le cantonnement.*

Le régime foncier issu de l'ordonnance de 1846 et de la loi organique de 1851 a spécialement en vue la propriété individuelle, la propriété melk, telle qu'elle existe dans les villes et dans les territoires ouverts à la colonisation. Elle laisse pour ainsi dire en dehors de son objet les vastes territoires détenus par les tribus indigènes. Elle ne s'en occupe que pour y interdire toute transaction immobilière d'indigène à Européen, et pour reconnaître, par une formule qui n'engage à rien, le droit de propriété ou de *jouissance* des tribus sur leurs territoires. Nulle part, elle n'essaye de définir le droit des tribus, de rechercher si ces collectivités ont sur le sol un véritable droit de propriété ou, au contraire, un simple droit de jouissance. C'était là cependant une question préjudicielle qu'il importait de résoudre, si l'on voulait un jour permettre aux Européens l'accès des territoires indigènes et poursuivre, au cœur des tribus, les opérations de vérification et de délimitation achevées en territoire melk.

Nous avons exposé, dans un chapitre précédent, l'organisation foncière des tribus indigènes. De l'étude comparative à laquelle nous nous sommes livré, il résulte que le régime immobilier de la tribu est, à peu de chose près, celui des communautés de village ou de familles de l'Inde contemporaine et des Slaves méridionaux. Nous n'avons pas à revenir sur ces explications. Mais il nous reste à examiner quel est, en droit et en fait, le caractère de la possession collective de la tribu.

Les communautés familiales entre lesquelles le sol de la tribu est réparti, détiennent-elles leur lot à titre de propriétaires ? N'ont-elles, à l'inverse, sur le territoire qu'elles exploitent collectivement qu'un droit de jouissance précaire, révocable en principe au gré de l'État, qui en retient le domaine éminent ?

On aperçoit immédiatement l'importance pratique de la question. Si l'on décide que les indigènes ne sont que de simples usufruitiers, rien n'empêcherait l'État, investi de la nue propriété, d'imposer ses conditions aux possesseurs du sol, de les soumettre à une redevance, de prélever même sur leurs territoires les portions nécessaires au développement de la colonisation.

La théorie du domaine éminent de l'État a eu des partisans convaincus, non seulement dans les milieux administratifs, mais encore dans le monde des jurisconsultes. Elle a été présentée, d'une manière fort spécieuse, à la veille même de l'ordonnance de 1844, par M. Worms, dans un brillant article sur la constitution de la propriété territoriale en pays musulman (1). Plus tard, elle a été reprise par M. Baude et par le général Duvivier (2). On en retrouve l'expression dans le rapport de M. Henri Didier sur le projet de loi qui est devenu la loi du 16 juin 1851. Enfin, même à notre époque, alors que la question semble avoir été définitivement tranchée en faveur des tribus par le sénatus-consulte de 1863, on rencontre encore, chez nombre de publicistes, comme une adhésion rétrospective au système qui réduit les possesseurs indigènes de la terre *arch* (terre de tribu) à la condition de simples usufruitiers.

Pour justifier cette thèse, on a invoqué le passage du Coran dans lequel il est écrit que toute la terre appartient à Dieu et au Sultan, son vicaire. Puis, comme on sentait qu'une ques-

(1) WORMS, *Recherches sur la constitution de la propriété territoriale dans les pays musulmans*, *Journal Asiatique*, 1842 à 1844, et *Revue de législation et de jurisprudence*, 1844, p. 860 et suiv.

(2) BAUDE, *L'Algérie*, II, p. 391 ; général DUVIVIER, *Solution de la question de l'Algérie*, p. 828.

tion aussi grave que celle de la dépossession des tribus ou de la consécration de leurs droits ne pouvait être tranchée sur la seule autorité d'une sentence mystique, on a cherché à déterminer la constitution du sol algérien d'après la nature des impôts dont les Musulmans frappaient la terre au moment de la conquête.

En droit musulman, toute terre est nécessairement terre de dîme (*aschr*) ou terre de tribut (*kharadji*). La terre de dîme est celle qui est considérée comme originairement musulmane; elle ne supporte d'autre impôt que la dîme, le *zekkat*, qui a, dans la pureté des principes, plutôt le caractère d'une aumône au bénéfice de la communauté des fidèles, que celui d'une taxe fiscale; aussi, la terre de dîme, la terre du croyant est-elle affranchie de toute sujétion; elle est susceptible de propriété, au sens absolu de ce mot. Mais, pour la terre de tribut, la situation est toute différente. La redevance dont elle est grevée, le kharadji, ne représente plus un don volontaire à titre de devoir religieux, mais un tribut véritable, imposé au possesseur du sol par le conquérant. Or, toute terre de tribut est frappée de wakf au profit de la communauté musulmane; ce wakf a pour résultat de la rendre inaliénable, de n'en permettre à personne la possession qu'à titre d'usufruit : « En ce qui touche les régions conquises par l'Islamisme les armes à la main, nous dit un commentateur de Sidi Khalil, le prince n'est autorisé à les concéder qu'à titre d'usufruit, limité comme durée, soit à la vie du concessionnaire, soit à la vie du concessionnaire et de sa postérité, et moyennant une redevance due au Trésor public (1). » Mais l'Algérie a été agrégée par la conquête au domaine de l'Islam. Par conséquent, le territoire algérien est forcément tributaire, c'est-à-dire inaliénable et tenu par les indigènes, non à titre de propriété, mais seulement à titre d'usufruit.

Tel est le raisonnement sur lequel on se fondait, de 1844 à 1863, pour attribuer à l'État le domaine éminent, c'est-à-dire la nue propriété du territoire des tribus algériennes. Il n'est rien moins que concluant.

(1) ZEYS, *op. cit.*, II, p. 174.

Et d'abord, on s'exagère singulièrement la portée des textes de la loi musulmane lorsqu'on pose en règle absolue qu'un terrain n'est pas la propriété du détenteur, mais bien celle de l'État, par cela seul qu'il est soumis au kharadji. Les docteurs les plus considérables de l'Islam, entre autres Mawerdi, admettent très bien que toute terre grevée du kharadji n'est pas nécessairement pour cela frappée de wakf au profit de l'État : « La capitulation a pour résultat, dit Mawerdi, de leur maintenir (aux vaincus) *la propriété* de leur terre, pour laquelle ils doivent alors le kharadji. » Le *multéqua* (1) et le *hidaya* (2) ne sont pas moins catégoriques : « Les terres de l'Irak, lit-on dans le hidaya, sont kharadji ; il faut observer, néanmoins, qu'*elles sont la propriété* de leurs habitants, qui peuvent légalement *les vendre ou en disposer à leur gré.* » La même conclusion se dégage du livre qu'un savant orientaliste anglais, M. Baillie, a écrit sur la théorie de la vente selon le rite hanéfite (3).

Quant au témoignage de Sidi Khalil, il n'a nullement la signification qu'on pourrait être tenté de lui prêter, à s'en tenir à un examen superficiel. Sans doute, Sidi Khalil enseigne que le territoire conquis par les armes est, en principe, grevé de wakf au profit de la communauté musulmane. Mais, comme le fait observer judicieusement M. Dareste, après avoir formulé cette règle, le docteur musulman en limite notablement l'étendue, en excluant de son application « les terres partagées entre les Musulmans vainqueurs et les biens des vaincus qui ont embrassé l'Islamisme ou qui ont capitulé (4) ».

Rien donc de moins exact que de voir dans le kharadji la conséquence nécessaire et la sanction du droit éminent du vainqueur sur la terre du vaincu. A supposer que les tribus

(1) Le *Multéqua-el-abouhr* (confluent des mers), Codification du droit islamique par IBRAHIM HALEBI.

(2) Le *Hidaya*, œuvre d'ÉBOU HASSAN.

(3) BAILLIE, *The muhometan Law of sale, according to the hanéfite Code*, I, ch. IX, p. 153, *ad notam.*

(4) DARESTE, *De la propriété en Algérie*, p. 78, Paris, 1864 ; Conf. ROBE, *op. cit.*, p. 100 et suiv. — V. aussi GATTESCHI, *Etude sur la propriété foncière en Égypte*, Alexandrie, 1877, p. 12 et 13.

de l'Algérie eussent jamais été assujetties à ce tribut, il ne s'ensuivrait nullement qu'elles se fussent trouvées réduites à la condition de simples usufruitiers, n'ayant sur le sol qu'un droit précaire de possession.

En fait, il n'apparaît point que le kharadji ait été imposé aux indigènes, soit lors de l'invasion arabe, soit à l'époque de la conquête turque. Comme on a pu le voir par nos explications précédentes, les hordes de l'invasion hilalienne n'ont point occupé le Maghreb au nom d'un gouvernement régulièrement établi ; elles se sont approprié le sol algérien de leur propre autorité, en dehors de toute intervention d'un pouvoir politique quelconque, et, dans ces conditions, on n'aperçoit pas comment la conquête arabe aurait entraîné, au profit du souverain, la mise en wakf du territoire envahi. D'un autre côté, cette situation n'a point été modifiée par l'entrée en scène des Ottomans. Les beys turcs ont pu, sans doute, punir les tribus révoltées par la confiscation de leurs territoires ; mais il n'y avait là que des mesures isolées, d'où l'on ne saurait logiquement conclure à l'établissement d'un wakf général des terres de la Régence. Une telle mesure n'aurait eu aucune base juridique, car, d'après la doctrine islamique, les seuls territoires qui puissent tomber sous le séquestre du Sultan sont ceux qui ont été conquis sur un peuple infidèle, et, au moment de l'arrivée des Turcs à Alger, la Régence était tout entière rangée, depuis des siècles, sous la loi de l'Islam.

Le système formulé par M. Worms ne se justifie donc à nos yeux, ni en droit, ni en fait. Il ne concorde ni avec la théorie juridique ni avec la réalité des choses. Qu'importe que certaines tribus aient reçu du souverain leur territoire à titre de fief ou en aient perdu le domaine éminent par suite d'une confiscation. Les mêmes faits se sont produits autrefois en France « et n'ont pas empêché les détenteurs du sol d'être, en fin de compte, reconnus propriétaires (1) ».

L'histoire de l'Afrique romaine nous fournit d'ailleurs sur ce point une constatation encore plus significative. Sous la

(1) DARESTE, *Préface* du livre déjà cité de M. ROBE, p. 8.

domination romaine, les terres laissées aux mains des Numides étaient, dans la rigueur des principes, soumises en tant que fonds provinciaux au droit éminent de l'État. Théoriquement, les détenteurs de ces terres n'avaient qu'un droit de possession et de jouissance et ne pouvaient prétendre à la propriété quiritaire. Mais, comme nous croyons l'avoir établi (1), la distinction entre le domaine quiritaire et la possession du détenteur n'eut jamais une grande portée pratique et s'effaça peu à peu sous l'influence du droit prétorien. Malgré leur qualité de fonds tributaires, les terres de l'Afrique romaine n'en étaient pas moins cessibles entre vifs et transmissibles par décès, et il est certain que leurs possesseurs jouissaient de tous les avantages inhérents au droit de propriété. Que conclure de ces faits, sinon que le droit éminent de l'État à l'égard des tribus qui tenaient leurs terres d'un acte de concession, est devenu à la longue une fiction juridique, qui ne saurait ni limiter le droit de la communauté, ni en altérer la nature ?

Quoi qu'il en soit, la doctrine du domaine éminent de l'État sur les terres des tribus devait marquer, dans l'histoire de la colonisation algérienne, une empreinte profonde. Après avoir servi de texte aux controverses désintéressées de la science, elle finit par descendre des hauteurs de la pure spéculation, pour se mettre au service des intérêts du Domaine. Déjà, cette théorie s'accuse distinctement dans une circulaire du 15 juin 1849. On y laisse entendre que l'État a le droit et le devoir d'opérer, pour le profit de la colonisation, de larges prélèvements sur les terres possédées à titre collectif par les tribus et, plus particulièrement, sur celles qu'elles occupent, à titre d'usufruit, depuis une époque antérieure à la conquête.

C'est surtout à partir de la mise en vigueur de la loi du 16 juin 1851 que s'accentua la tendance de l'Administration algérienne à considérer le sol des tribus comme un bien de l'État que les indigènes occuperaient, à titre d'usufruit, comme de simples tenanciers. Cette prétention trouvait, en effet, un

(1) V. *suprà*, p. 187.

appui inespéré, sinon dans le texte assez énigmatique de la loi nouvelle, tout au moins dans les déclarations du rapporteur de la Commission législative. M. Didier avait écrit que « si les indigènes qui habitent les villes et les territoires environnants sont propriétaires à titre privé des immeubles qu'ils détiennent, il en est tout autrement dans les tribus. La propriété n'est là qu'exceptionnellement individuelle dans les mains de quelques chefs qui l'ont reçue en apanage de la munificence des deys : et, le plus ordinairement, elle est collective ou même elle appartient à l'État, et les tribus n'en ont que l'usufruit (1). »

Bien que cette déclaration de M. Henri Didier, formulée d'une manière incidente et en termes assez évasifs, n'eût que la valeur d'une opinion personnelle, on n'hésita pas à en prendre texte pour soutenir que la loi de 1851, du moment où elle constatait le droit de propriété et « de jouissance » des tribus, consacrait du même coup le droit de l'État à la nue propriété des territoires que les tribus détiennent sans titre, en vertu d'une possession immémoriale. Et, pour donner une apparence de réalité à cette interprétation, on imagina de désigner, par la dénomination équivoque de *arch* ou *sabéga*, les terres sur lesquelles les tribus étaient censées, aux yeux de l'Administration, n'avoir conservé qu'un droit de jouissance précaire, subordonné au droit éminent de l'État.

Les terres indigènes se trouvèrent dès lors, dans la pratique administrative, classées en trois grandes catégories : les melk, faisant l'objet d'une véritable propriété au profit d'individus ou de groupes de population et dont les possesseurs peuvent jouir et disposer à leur gré ; — les terres arch, qui sont possédées collectivement par les tribus, mais en jouissance seulement, la nue propriété revenant au Domaine, et qui, frappées d'inaliénabilité, font, en cas de mort ou de disparition des détenteurs, retour à la communauté ; — enfin, les terres maghzen occupées par les tribus qui en avaient obtenu la concession du Gouvernement turc, à charge de service militaire. Nous ne parlons pas des terres azels qui, appartenant

(1) *Moniteur* de 1850, II, p. 2411, col. 3.

incontestablement à l'État, étaient simplement affermées aux tribus.

Le Gouvernement n'éleva point de prétentions à l'égard des territoires que les tribus occupaient manifestement à titre de melk. Mais, en ce qui concerne les terres maghzen et les terres árch, il lui parut que le moment était venu d'affirmer hautement le prétendu droit éminent de l'État.

Les territoires maghzen furent inscrits sur les sommiers du Domaine. Pour colorer cette mesure d'un semblant de justification, on allégua que les terres maghzen, ayant été concédées à charge de service militaire, devaient faire retour à l'État français, successeur du beylick, dès lors que, par suite de la disparition du Gouvernement ture, les tribus militaires étaient dans l'impossibilité de remplir la condition stipulée dans l'acte de concession. En conséquence, les territoires maghzen, où cependant les droits de jouissance affectaient toutes les formes de la propriété, où chaque famille disposait librement de ses terrains, furent divisés en deux groupes par le service des Domaines : l'un, sous le nom de réserve domaniale, devint le fonds disponible pour la colonisation officielle et la vente aux enchères ; l'autre fut affecté aux populations maghzen, sous le nom de cantonnement provisoire. Mais cette affectation ne fut consentie que sous la plus expresse réserve du droit de propriété de l'État. Les tribus ainsi maintenues en possession d'une partie de leur ancien domaine furent soumises à une redevance annuelle de 50 centimes par hectare de terres labourables, et de 25 centimes par hectare de parcours.

Quant aux territoires árch ou sabéga, l'Administration ne se crut pas sans doute assez sûre de son bon droit, pour les incorporer purement et simplement au domaine de l'État et les assujettir à une redevance. A l'égard de cette catégorie de terres, il lui parut préférable d'arriver à ses fins, d'une façon moins brutale, au moyen d'un système transactionnel qui a reçu le nom de cantonnement. On sait en quoi consiste cette opération. Elle repose sur cette idée que, les terrains occupés par les tribus étant disproportionnés avec leurs besoins, il est juste de ne leur laisser en propriété que les surfaces nécessaires à leur subsistance, l'État s'attribuant le surplus dans l'intérêt de la colonisation. Par cette sorte de transaction, la tribu abandonnait tous ses droits sur une fraction déterminée de son territoire et, en revanche, obtenait la propriété incommutable du surplus. En dernière analyse, l'opération avait pour résultat juridique de convertir en droit de pleine propriété l'usufruit de la tribu et la nue propriété de l'État : de là le nom de cantonnement qui lui fut donné, par analogie avec ce qui a lieu en matière forestière.

Ce système ne fut d'abord pratiqué qu'à titre d'essai, dans les conditions réglées par une circulaire du Gouverneur général, en date du 20 mai 1858 (1). Tout en représentant l'importance qui s'attachait à la question du cantonnement, le Gouverneur général reconnaissait que cette opération, « œuvre délicate et de longue haleine, ne pouvait ni ne devait être entreprise sur tous les points à la fois ». Le cantonnement disait-il, « devra s'opérer annuellement et progressivement, en procédant de proche en proche, dans la proportion des besoins du peuplement européen ». Un certain nombre de tribus furent ainsi cantonnées. Les commissions instituées à cette fin dans les trois provinces arrivèrent à cantonner seize tribus, d'une population totale de 56,489 âmes, occupant un territoire de 343,000 hectares. La superficie affectée aux tribus ayant été réduite à 282,000 hectares, l'État se trouva bénéficier d'une étendue de 60,000 hectares, représentant le cinquième environ du territoire primitivement possédé par les tribus.

Cette expérience ayant paru satisfaisante à l'Administration, on s'occupa de substituer une réglementation définitive aux prescriptions éparses dans les instructions du Gouverneur général et du ministre de la guerre. Le 29 mai 1861, le maréchal Pélissier institua une commission, en vue d'élaborer un projet de décret fixant les principes et la procédure à suivre en matière de cantonnement. Un texte fut préparé en ce sens et vint en discussion devant le Conseil d'État ; il y

(1) DE MÉNERVILLE, *op. cit.*, I, p. 190.

souleva de telles objections, que le Gouvernement en ordonna le retrait.

La théorie du cantonnement était d'ailleurs condamnée dans les hautes sphères gouvernementales. Au retour de son voyage en Algérie, l'Empereur avait cru devoir adresser au Gouverneur général de cette colonie une lettre, restée célèbre, où, reléguant au second plan l'idée de la colonisation européenne, il insistait, non sans éloquence, sur la nécessité de « mettre un terme aux inquiétudes excitées par tant de discussions sur la propriété arabe » et de consolider entre les mains des indigènes la propriété de leurs territoires : « Le moment est venu, écrivait-il, de sortir de cette situation précaire. Le territoire des tribus, une fois reconnu, on le divisera par douars, ce qui permettra plus tard à l'initiative prudente de l'Administration d'arriver à la propriété individuelle. Maîtres incommutables du sol, les indigènes pourront en disposer à leur gré, et de la multiplicité des transactions naîtront, entre eux et les colons, des rapports journaliers plus efficaces pour les amener à notre civilisation, que toutes les mesures coercitives. » Et l'Empereur terminait son message par ces mots dont la critique s'est plu, depuis lors, à amplifier la signification : « L'Algérie n'est pas une colonie proprement dite, mais un royaume arabe... Je suis aussi bien l'empereur des Arabes que l'empereur des Français. »

Nous ferions volontiers bon marché de la conception du royaume arabe, à supposer qu'elle eût jamais occupé dans les rêveries de Napoléon III une place aussi importante qu'on s'est plu à l'imaginer. Les partisans des doctrines du docteur Worms, les adeptes de la théorie de la terre Arch, avaient le droit de s'affliger de l'éclatant démenti que la lettre impériale infligeait à leur thèse au nom de la justice et de l'humanité. Nous ne saurions, quant à nous, nous faire l'écho de ces récriminations. Les intérêts du droit doivent passer avant ceux de l'économie politique et de la colonisation.

§ 2. — *Le sénatus-consulte de 1863.*

Les mesures de réparation que laissait pressentir la lettre impériale du 6 février 1863 furent mises immédiatement à l'étude. Un projet de sénatus-consulte, élaboré par ordre de l'Empereur, en Conseil d'État, fut présenté au Sénat, dans la séance du 9 mars 1863. A la suite du rapport fait, au nom de la Commission sénatoriale, par M. Casabianca, ce projet fut adopté, puis promulgué à la date du 22 avril 1863. Enfin, un décret du 23 mai et une instruction ministérielle du 11 juin de la même année déterminèrent la procédure à suivre pour l'application du sénatus-consulte. Mais il convient de remarquer, dès à présent, que la réglementation issue du décret de 1863 a été, sur plusieurs points, profondément modifiée par un décret ultérieur du 22 septembre 1887, relatif à l'exécution de la loi du 28 avril précédent, qui a prescrit la reprise des opérations du sénatus-consulte, interrompues depuis 1870.

Le sénatus-consulte du 22 avril 1863, qui constitue sans contredit le monument le plus remarquable de la législation foncière algérienne, réalise de point en point le programme tracé avec tant de largeur par la lettre de Napoléon. L'idée fondamentale de cet acte, celle qui va ruiner irrémédiablement le système administratif de la terre Arch, c'est la transformation de la possession jusque-là discutée des tribus en propriété incommutable. Désormais, plus d'incertitude ni d'équivoque sur le droit territorial des tribus : elles sont déclarées propriétaires des territoires dont elles ont la jouissance permanente et traditionnelle à quelque titre que ce soit. C'est la disposition expresse du sénatus-consulte (1).

La question du droit éminent de l'État ne pourra donc plus se poser dans l'avenir; elle est irrévocablement décidée dans le sens de la négative. Les territoires Arch ou sabéga appartiennent aux tribus, et rien qu'aux tribus, quel que soit d'ailleurs le mode d'appropriation de la terre par la communauté

______

(1) V. pour le texte du sénatus-consulte, l'exposé des motifs et le rapport de la commission, DE MÉNERVILLE, *op. cit.*, II, p. 187 et suiv.

indigène, sans distinguer entre les tribus où la terre est
possédée privativement et à titre de melk par les familles, et
celles où le sol forme le patrimoine indivisible et inaliénable
de la collectivité. En toute hypothèse, la tribu est propriétaire
de son territoire, au sens absolu de ce mot. La seule réserve
qui soit stipulée par le sénatus-consulte en faveur de l'État
est relative aux biens du beylick et aux autres terres
d'origine domaniale qui pourraient se trouver enclavées dans
le territoire des tribus. Il est également entendu que la consécration du droit de propriété des tribus ne saurait porter
aucune atteinte aux droits individuels de ceux de ses membres
qui posséderaient des melk dans l'étendue du territoire de
la collectivité.

Mais si la consolidation de la propriété des tribus apparaît
au premier plan du sénatus-consulte, si elle forme, pour ainsi
dire, l'assise fondamentale de cette construction législative,
elle n'est pas cependant la fin exclusive, le but suprême de la
réforme inaugurée. Sans doute, le législateur, en reconnaissant
la propriété arabe, s'est proposé de mettre un terme, dans
les tribus et dans les douars, aux incertitudes qui ont régné
jusqu'ici sur leur véritable situation, et de rendre aux familles
indigènes la sécurité qu'elles avaient perdue. Mais, en même
temps qu'il accorde cette satisfaction à la justice, il ne ferme
point les yeux sur les intérêts de la colonisation. Il comprend
parfaitement que la constitution de la propriété individuelle
chez les Arabes sera le plus puissant moyen de civilisation,
de fusion des deux races et de progrès. Et c'est pour arriver
plus sûrement à ce résultat si désirable qu'il commence par
constituer la propriété collective de la tribu. Il serait, en effet,
illusoire d'espérer que la propriété individuelle pût succéder
brusquement, sans transition, au communisme agraire de la
tribu. On ne pourra approcher de ce but que par étapes, au
moyen d'une série d'opérations ayant pour effet de fractionner
tout d'abord le territoire collectif du groupe en un certain
nombre de parts, puis de subdiviser ces parts elles-mêmes
entre les familles ou les individus.

En conséquence, le sénatus-consulte du 22 avril 1863

prévoyait trois opérations distinctes à exécuter, l'une après l'autre, en territoire de tribus : délimitation du territoire de chaque tribu ; répartition du territoire ainsi délimité entre les douars de la tribu ; enfin, constitution de la propriété individuelle et délivrance des titres de propriété. Il importe de caractériser succinctement ces diverses opérations et d'en indiquer les résultats juridiques. Pour ne pas être obligé de revenir ultérieurement sur ce sujet, nous allons, dans les explications qui vont suivre, tenir compte des modifications importantes qui ont été introduites dans la réglementation antérieure par un décret du 22 septembre 1887, rendu en exécution de la loi du 28 avril précédent.

Sous l'empire du règlement du 23 mai 1863, les tribus à délimiter étaient successivement désignées par décrets. Aujourd'hui, cette désignation est faite par des arrêtés du Gouverneur général de l'Algérie, rendus sur les propositions du préfet du département et du général commandant la division, pour les territoires du commandement. Ces arrêtés sont insérés dans le bulletin officiel des actes du Gouvernement et dans le *Mobacher*. Ils sont affichés dans le chef-lieu de la commune, et, en outre, publiés dans les marchés indigènes, dans la tribu intéressée ainsi que dans la tribu des douars limitrophes. Cette publication est constatée par des procès-verbaux de l'autorité locale et constitue pour tous les ayants droit une première mise en demeure de prendre les mesures conservatoires de leurs droits.

Les opérations de délimitation des tribus et de répartition de leurs territoires entre les douars sont effectuées, dans chaque département, par des commissaires délimitateurs désignés par le Gouverneur général et placés sous la direction d'une commission administrative siégeant au chef-lieu du département. Chaque commissaire délimitateur est assisté d'un géomètre de la topographie, ainsi que d'un interprète quand besoin est.

La commission administrative est ainsi composée : le préfet du département, et, pour les opérations en territoire de commandement, le général, commandant la division, président ; le directeur des domaines ; le conservateur des forêts ; le géomètre en chef de la topographie ; l'inspecteur du service de la propriété indigène ; un sous-inspecteur des domaines désigné par le Gouverneur général est attaché à la commission en qualité de secrétaire avec voix consultative.

La commission dirige et centralise les travaux exécutés par les commissaires délimitateurs, statue sur les contestations et soumet le résultat de ses travaux à la sanction du Gouverneur général. Elle doit se réunir tous les quinze jours au moins et plus souvent, si c'est nécessaire.

Avant le commencement des opérations, un arrêté du préfet ou du général, suivant le territoire, constitue, pour chaque tribu à délimiter, une djemâa composée de douze membres, y compris l'adjoint indigène président, chargé de représenter la collectivité et d'assister le commissaire délimitateur. Les djemâas sont constituées également pour les collectivités limitrophes qui n'en sont pas déjà pourvues. Une djemâa spéciale composée de huit membres, y compris le président, est constituée pour chaque douar, en vue des opérations de répartition du territoire de la tribu entre les douars.

Il n'est pas indifférent de noter ici que le douar, tel que l'entendent le sénatus-consulte et les décrets réglementaires, n'est point à proprement parler une fraction de tribu, correspondant à la *ferka* arabe. Le douar est un véritable groupe administratif, le germe de la commune arabe : dans la pensée des auteurs du sénatus-consulte, il doit constituer la forme nouvelle que prendra l'agglomération indigène se dégageant de l'état de tribu. En dernière analyse, le douar n'est autre chose qu'une section de commune, ayant une individualité propre et un patrimoine distinct, et qui a pour organe son conseil de notables, la djemâa. Mandataire légal du douar et de la tribu, la djemâa n'a pas pour unique mission de représenter la collectivité auprès du commissaire délimitateur; elle seule a qualité pour former opposition et pour ester en justice au nom du groupe qu'elle personnifie ; c'est à elle qu'il appartient aujourd'hui de consentir l'aliénation de tout ou partie des biens de la communauté (1).

. (1) Décret du 23 mai 1863, art. 4, 9, 10, 11 et 12; — Décret du 22 septembre 1887, art. 4; — Cass. req. 5 août 1874, Sir., 74, 1, 248.

En présence de la djemâa de la tribu et des djemâas des tribus ou douars limitrophes, le commissaire délimitateur procède sur les lieux à la reconnaissance des limites périmétriques du territoire. Des bornes sont placées sur les points où les limites ne sont pas suffisamment indiquées. Enfin, la délimitation et le bornage sont constatés par un procès-verbal relatant les réclamations survenues, appuyé du plan périmétrique de la tribu et de tous autres plans ou croquis utiles. Ce procès-verbal est signé par le président et deux membres délégués de la djemâa, et revêtu de l'avis du commissaire délimitateur sur la solution à donner aux contestations. Au vu de ce procès-verbal, la commission administrative statue provisoirement sur l'opération de délimitation de la tribu, sur les contestations des limites, sur le caractère melk ou collectif de la propriété; si tout est régulier, elle ordonne la répartition du territoire de la tribu entre les douars.

C'est ici que s'ouvre la seconde phase des travaux prévus par le sénatus-consulte de 1863. Conformément aux décisions de la commission et en présence des djemâas intéressées, le commissaire procède au partage entre les douars du territoire de la tribu délimitée. Cette opération n'est pas seulement destinée, dans l'esprit du sénatus-consulte, à constituer la propriété de chaque douar et à en délimiter le périmètre; elle a, en outre, pour but de dégager les immeubles domaniaux et les biens melk des particuliers qui peuvent être enclavés dans le territoire de la collectivité. C'est pourquoi le décret de 1887 prescrit au commissaire d'effectuer, aussitôt après la délimitation du douar, le classement des diverses natures de propriétés, en distinguant entre les cinq catégories suivantes : 1° immeubles domaniaux autres que les biens vacants; 2° immeubles affectés à des services communaux; 3° terres occupées à titre de propriété privée; 4° terres possédées collectivement; 5° immeubles dépendant du domaine public.

Le commissaire délimitateur doit comprendre notamment, dans le groupe des immeubles domaniaux, les massifs forestiers, dont la loi du 16 juin 1851 attribue la propriété à l'État; les terres azels provenant de l'ancien beylick; les immeubles d'origine religieuse, habous, biens affectés à la Mecque et Médine, biens des mosquées, des zaouïas et autres établissements religieux musulmans dont le Domaine a été constitué propriétaire par les arrêtés du 8 septembre 1830 et du 3 octobre 1858. Quant aux immeubles susceptibles d'être revendiqués par l'État à titre de biens vacants ou en déshérence, ils sont provisoirement exclus du travail de délimitation (1). Ils restent confondus dans la masse des terres de propriété privée ou de propriété collective, jusqu'au jour où la délivrance des titres individuels permettra de reconnaître d'une manière précise l'étendue des droits de l'État. Cette réserve s'applique spécialement aux territoires connus sous le nom de *Bled-el-baroud*, qui, avant la conquête, étaient souvent le théâtre de luttes sanglantes entre les tribus et qui, pendant longtemps, n'ont fait l'objet d'aucune occupation durable.

Dans la deuxième catégorie, celle des immeubles affectés aux services communaux, le délimitateur ne doit faire entrer que ceux dont l'affectation communale est précise, permanente, et circonscrite dans des limites bien déterminées. De ce nombre sont : les emplacements de marchés, les cimetières ; les terrains, connus sous le nom de *mechtas*, où les indigènes dressent leurs tentes, à moins qu'il ne s'agisse d'une installation individuelle révélée par la mise en culture de la terre où s'élève la tente ; les lieux réservés au stationnement des troupeaux, les emplacements des silos ; en un mot, toutes les terres affectées à un usage communal bien défini. En ce qui concerne les mosquées, marabouts, koubas, l'Administration algérienne admet que ces constructions peuvent, malgré leur origine religieuse, être classées parmi les immeubles communaux du douar, lorsqu'ils sont de peu d'importance et à l'usage des seuls habitants du douar (2).

Indépendamment des terres de culture et des immeubles affectés aux services communaux, le périmètre du douar comprend ordinairement des terr , de parcours d'une étendue

____

(1) Décret du 22 septembre 1887, art. 8. Nous renvoyons pour plus de détails à l'*Instruction* du Gouverneur général de l'Algérie, du 1ᵉʳ février 1888, Alger, 1888.

(2) *Instruction* du Gouverneur général, du 1ᵉʳ février 1888, n° 105, p. 60.

variable. Les terrains de cette nature, de même que les terres inoccupées et vacantes, restent en dehors des constatations du commissaire délimitateur.

Comme biens ressortissant au domaine public, il suffira de citer les routes et chemins publics, les sources et cours d'eau de toutes sortes, les puits à l'usage du public, le rivage de la mer dans les tribus situées sur le littoral : la délimitation de ces immeubles peut être ajournée jusqu'à l'époque de la délivrance des titres individuels, dernière opération prévue par le sénatus-consulte de 1863 (1).

Enfin, le groupe des propriétés privées et celui des terres de propriété collective, embrassent, comme l'expliquent les instructions administratives (2), « l'ensemble du territoire du douar, diminué des terrains domaniaux ou communaux ». Le délimitateur n'a pas à s'occuper de la reconnaissance des immeubles soumis à la loi française que peut renfermer le périmètre du douar : nous entendons ici les terres dont la propriété repose sur un titre français, notarié, administratif ou judiciaire, ou qui appartiennent à des individus non régis par le statut indigène.

Le décret réglementaire du 23 mai 1863 obligeait les « propriétaires de bien melk et le service des Domaines, pour les biens de l'État, à formuler leur revendication, dès le début des opérations et dans le délai de deux mois à peine de déchéance. La reconnaissance du territoire et les délimitations de groupes de propriétés n'avaient lieu qu'ultérieurement, et aucune voie n'était ouverte aux intéressés pour contester les résultats de ces délimitations. Le décret du 22 septembre 1887 procède autrement. Les opérations de classement et de délimitation des groupes de propriétés doivent être exécutées, comme on vient de l'expliquer, par le commissaire délimitateur en présence des gens du douar et à l'aide de leurs renseignements. Le procès-verbal et un plan constatent les résultats de ces opérations et sont déposés, plus tard, chez le juge de paix ou le maire, ainsi que chez le président de la

(1) Décret du 22 septembre 1887, art. 8.
(2) *Instruction* du 1ᵉʳ février 1888, p. 76.

djemâa ou l'adjoint indigène ou le cadi, et les intéressés, avertis par des publications et affiches, sont admis, pendant un mois, à les consulter et à formuler telles réclamations qu'ils jugent utiles, s'ils considèrent leurs droits comme lésés par les opérations. Ils sont ainsi mis à même de produire leurs griefs en complète connaissance de cause, ce qui n'avait pas lieu autrefois (1) ». Les réclamations ne peuvent porter, en principe, que sur la délimitation et le classement des immeubles, toutes questions de propriété entre indigènes demeurant réservées.

Supposons, par exemple, qu'un indigène, propriétaire d'une parcelle melk, réclame tardivement contre le classement qui a compris son immeuble dans le groupe des cultures collectives : il a, sans doute, encouru la déchéance, en ce sens qu'il ne peut plus faire rectifier le travail du commissaire délimitateur ; mais il n'est pas pour cela dépossédé de son immeuble au profit de la communauté du douar ; il en conserve la propriété, sauf à faire régulariser sa possession, lors de la délivrance ultérieure des titres individuels. La déchéance qui frappe les réclamations tardives n'emporte extinction définitive du droit revendiqué par le demandeur que si cette revendication affecte un immeuble domanial ou communal.

Les réclamations produites dans le délai réglementaire sont inscrites sur un registre spécial et communiquées aux intéressés, qui sont tenus de former opposition dans le délai d'un mois ; faute de quoi, l'immeuble reçoit, d'une manière définitive, le classement résultant de la déclaration. Ces oppositions doivent émaner du directeur des Domaines pour les immeubles domaniaux ; des détenteurs des terrains pour les terrains melk ; de l'adjoint indigène, du président de la djemâa du douar ou de la tribu, pour les réclamations relatives aux biens communaux ou aux terrains de propriété collective. Elles sont reçues par le juge de paix, le maire, ou l'administrateur qui est dépositaire du procès-verbal de délimitation, et notifiées, en la forme administrative, au réclamant, qui est obligé, à peine de nullité, d'introduire sa demande en justice

____

(1) *Instruction* précitée, p. 9 ; — Décret du 22 septembre 1887, art. 10.

contre qui de droit, dans le mois qui suit cette notification. A l'expiration du même délai, le commissaire délimitateur clôture l'ensemble de son travail de délimitation et de répartition et le transmet à la commission qui en arrête le résultat.

La délimitation et la répartition du territoire de la tribu entre les douars ne devient définitive qu'en vertu de l'homologation de l'autorité supérieure. Antérieurement à 1887, cette homologation ne pouvait résulter que d'un décret. Elle est prononcée aujourd'hui par le Gouverneur général statuant en Conseil de Gouvernement. Réserve est faite, dans l'arrêté d'homologation, des immeubles au sujet desquels des litiges ont été engagés devant les tribunaux.

Le décret du 23 mai 1863 exigeait la transcription, au bureau des hypothèques, du décret de délimitation et de répartition. Mais, dans l'état actuel des choses, cette mesure de publicité, à laquelle le décret de 1863 n'attachait, d'ailleurs, aucun des effets juridiques qui découlent de la transcription ordinaire, est tombée en désuétude et a paru pouvoir être suppléée sans inconvénients par l'insertion des arrêtés de délimitation dans la collection du bulletin des actes du Gouvernement général.

Telle est, dans son ensemble, la procédure actuellement suivie pour l'exécution des deux premières opérations prévues par le sénatus-consulte de 1863. Elle ne se restreint pas aux tribus dont le territoire est árch ou sabéga ; elle s'applique aussi aux territoires où la propriété a un caractère essentiellement melk. Il en est de même des tribus maghzen. Une instruction ministérielle du 11 juin 1863 (1) a formellement reconnu qu'à l'égard de ces dernières tribus, « le sénatus-consulte doit recevoir son application pleine et entière, attendu qu'elles réunissent à titre égal les conditions de jouissance permanente et traditionnelle sur lesquelles est basée la déclaration de propriété ». En fait, plusieurs tribus maghzen, entre autres celle des Abid Cheraga (2), de la

____

(1) *Instruction* du 11 juin 1863, DE MÉNERVILLE, II, p. 196.
(2) Décret de délimitation des Abid Cheraga, du 25 octobre 1865, DE MÉNERVILLE, II, p. 229.

province d'Oran, ont été confirmées dans leurs possessions, lors des opérations effectuées sur leurs territoires.

Il semble cependant que l'Administration songerait aujourd'hui à se départir de cette jurisprudence libérale, puisque, dans ses instructions relatives au décret réglementaire du 22 septembre 1887, elle classe parmi les biens domaniaux, à attribuer à l'État, « les terres provenant d'anciennes possessions des agents de commandement, appelées biens maghzen sous le gouvernement turc, biens d'apanage sous l'administration française (1) ». Cette interprétation restrictive nous semble difficilement conciliable avec le décret de 1863 et les déclarations contenues dans l'exposé des motifs du sénatus-consulte. Il est, en effet, expliqué dans ce dernier document que les opérations de délimitation prévues par le législateur s'exerceront « sur les tribus maghzen » comme sur les tribus de terre âreh (2).

Quant aux tribus des azels, elles ne sont, dans la rigueur du droit, que des locataires du Domaine, et, par conséquent, la propriété de leurs territoires se trouve réservée en principe au profit de l'État. Mais il est dans l'esprit du sénatus-consulte de constituer en faveur de ces tribus, dans certains cas et dans certaines limites, des droits définitifs sur une partie du sol dont elles n'ont, en droit, que la jouissance. Aussi, une circulaire du 1er mars 1865 (3) a-t-elle admis qu'à défaut de compensation possible sur d'autres points, les populations indigènes établies à demeure fixe sur les azels pourraient, par faveur, être maintenues en possession du sol qu'elles occupent. Plusieurs décrets ont été rendus en ce sens (4).

La tribu est délimitée. Son territoire est réparti entre les douars dont elle se compose. Nous arrivons à la troisième des opérations définies par le sénatus-consulte de 1863, celle qui a trait à la constitution de la propriété individuelle. C'est là le but final de la réforme dont l'économie vient d'être expli-

(1) *Instruction* du 1er février 1888, p. 56, n° 98.
(2) Rapport au Sénat par le général Allard, DE MÉNERVILLE, II, p. 189, *ad notam*.
(3) DE MÉNERVILLE, II, p. 203.
(4) Voir ces décrets dans le recueil de M. DE MÉNERVILLE, II, p. 230 et suiv.

quée. Mais les auteurs du sénatus-consulte avaient parfaitement compris qu'une réforme aussi considérable, qui atteint à sa base même la constitution de la société arabe, n'est pas une de celles qu'il est possible de réaliser par la seule force d'un texte législatif : « L'indivision, lit-on dans l'exposé des motifs, est dans les mœurs des indigènes, et nous ne pouvons avoir la prétention de changer ces mœurs par notre seule volonté. Il faudra attendre que le temps et l'exemple aient fait comprendre le bienfait de la loi nouvelle et déterminé les tribus à le solliciter. »

C'est pourquoi le sénatus-consulte avait très sagement réservé à l'autorité supérieure le soin d'apprécier à quel moment et dans quels territoires il serait opportun de substituer des droits individuels incommutables au droit collectif du douar.

Il est à remarquer que, d'après l'interprétation administrative, telle qu'elle ressort des règlements et des circulaires publiés au lendemain de la mise en vigueur du sénatus-consulte, la délivrance des titres individuels devait se restreindre aux territoires árch, et que, pour les tribus où la propriété est melk, la répartition du territoire entre les douars marquait la limite extrême de l'application du sénatus-consulte. Pour en décider ainsi, on considérait que la troisième opération du sénatus-consulte, ayant pour objet exclusif de *constituer* la propriété individuelle, de créer le droit privatif de l'individu ou de la famille, restait par là même étrangère aux territoires où la terre est déjà melk et où, par conséquent, la propriété privée se trouve déjà constituée.

Cette distinction n'est pas, à notre sens, des plus plausibles, car enfin, que la terre attribuée au douar soit melk ou soit árch, il est certain que, dans un cas comme dans l'autre, le droit de l'individu n'est pas isolé de celui de la collectivité et qu'il y aurait, dès lors, le même intérêt à le déterminer. Le melk de douar, nous l'accordons, est susceptible d'aliénation, tandis que la terre árch ne l'est pas ; mais il n'en est pas moins vrai que ce melk, affecté au groupe tout entier, n'est pas une propriété individuelle, ce n'est pas même une propriété indivise entre les membres du douar, c'est, comme l'a reconnu un arrêt de la Cour de cassation du 5 août 1874 (1), un melk collectif appartenant à l'agrégation et qui a le caractère transitoire de domaine communal. Cela étant, la délivrance des titres individuels semble s'imposer au même degré pour tous les douars constitués en vertu du sénatus-consulte, sans distinguer entre ceux dont le territoire est melk et ceux où la terre est arch. Et nous en concluons qu'en excluant de l'opération finale du sénatus-consulte les melk collectifs de douars, on se méprendrait sur les intentions du législateur.

La question n'offre du reste qu'un intérêt théorique, puisque, en fait, pendant la période comprise de 1863 à 1870, l'administration algérienne n'aborda nulle part la dernière opération, à savoir la fixation des propriétés revenant à titre privatif à chaque membre du douar. Ce n'est point qu'on eût perdu de vue cette importante partie du programme tracé par le sénatus-consulte; mais, dans l'intérêt même d'une expérience aussi délicate, on voulait ne rien livrer au hasard et ne progresser vers le but que dans la mesure du possible et de l'opportun. Il y aurait quelque mauvaise grâce à critiquer ce système de temporisation, en présence de l'insuccès des essais législatifs renouvelés, depuis lors, en vue d'une prompte constitution de la propriété individuelle.

D'ailleurs, le Gouvernement impérial se disposait, en 1870, à commencer les opérations relatives à la délivrance des titres de propriété. Déjà, à cette époque, sur 643 tribus désignées par les décrets, 376, comptant une population de 1,037,000 âmes et occupant une superficie de 6,970,000 hectares, avaient été délimitées et fractionnées en 676 douars dont les terres melk ou arch se trouvaient définitivement séparées des biens

---

(1) Voici le sommaire de cet arrêt : « Dans le système du sénatus-consulte de 1863, les melk collectifs, qui sont la propriété du douar, ou qui sont revendiqués par lui comme étant sa propriété à titre de terre de parcours *ou même de terres de culture*, ne peuvent être assimilés à des propriétés particulières et indivises; ce n'est point aux membres de la ferka qu'ils appartiennent personnellement, mais à la communauté, au corps moral composé de l'agrégation ou généralité des habitants ; c'est la collectivité seule qui a le droit d'en disposer par le ministère de ses représentants légaux. » (Cass. req. 5 août 1874, Sir., 76, 1, 243.)

du Domaine. Dans le total de la contenance de 6,970,000 hectares répartie entre les douars, 2,840,000 hectares s'appliquaient aux terres melk, la part des terres Arch étant de 1,600,000 hectares environ, celle des communaux de 1,340,000 hectares, et le surplus revenant au domaine public ou au domaine de l'État. Ces résultats considérables offraient une base suffisamment large aux opérations tendant à la répartition du sol entre les membres des douars. Un décret du 31 mai 1870 détermina, en conséquence, les conditions suivant lesquelles il devait être procédé, en exécution du sénatus-consulte, à l'établissement de la propriété individuelle en territoire Arch ou sabéga (1). Mais, par suite des événements de 1870, les mesures prévues par ce décret ne reçurent aucune exécution.

Nous avons dit plus haut que le sénatus-consulte du 22 avril 1863, en reconnaissant le droit des tribus à la propriété de leur territoire, n'avait rien ajouté à leurs droits ; il s'était borné à les consolider. Ainsi que le dit très bien M. Robe, la déclaration de propriété, qui est l'essence de cet acte législatif, « ne constituait pas une innovation, comme beaucoup l'ont pensé, elle ne faisait que consacrer le fait préexistant (2) ». Cependant, le sénatus-consulte a, sous un certain rapport, modifié notablement l'organisation foncière des tribus. Pour celles qui n'ont pas encore été délimitées, la situation reste ce qu'elle était auparavant. Mais, dans les territoires soumis à l'application du sénatus-consulte, la répartition consécutive à la délimitation a eu pour effet de dessaisir la tribu de son droit au profit des douars entre lesquels s'est fractionné le territoire. Une nouvelle propriété collective, exclusive de celle de la tribu, se trouve dès lors constituée, la propriété du douar, et cette propriété, il n'y a que le douar, représenté par sa djemâa, qui puisse en disposer au nom de la communauté, dans les cas et aux conditions stipulés par le décret du 23 mai 1863 (3).

Ici une question se présente. Quelle est la nature de la propriété constituée au profit des douars en exécution du sénatus-consulte ?

(1) DE MÉNERVILLE, *op. cit.*, III, p. 256, col. 2.
(2) *Op. cit.*, p. 109.
(3) Décret du 23 mai 1863, Tit. IV, art. 16.

Les terres attribuées à chaque douar présentent deux caractères bien tranchés. Les unes, telles que les emplacements de marchés, les terrains de parcours, les cimetières, les terrains de campement, sont affectées d'une manière permanente et régulière à l'usage de la communauté du douar ; elles ont une destination communale nettement définie et constituent, dans leur ensemble, des biens communaux, au sens propre du mot. Il n'en est pas de même des terres de la seconde catégorie, c'est-à-dire des terres de culture. La propriété de ces terres a été consacrée collectivement, il est vrai, au profit du douar ; mais, comme nous l'avons déjà établi, loin d'être communes à tous les membres du groupe, elles sont, sous forme de lots distincts, possédées par les mêmes familles qui se les transmettent héréditairement. Ces terrains de culture, qui doivent être convertis ultérieurement en propriétés individuelles, n'appartiennent au douar que transitoirement. On ne saurait sans doute les considérer comme une propriété indivise à laquelle les habitants du douar auraient droit à présent, chacun pour sa part, en son propre et privé nom (1) ; mais il ne serait pas exact, non plus, de les confondre avec les biens du domaine communal proprement dit. En ce qui les concerne, le douar n'est investi que d'un droit de propriété temporaire et résoluble, qui est destiné à s'effacer tôt ou tard devant la propriété individuelle, but suprême du législateur.

La distinction que nous proposons ici entre les biens communaux des douars et leurs terrains de culture est, au surplus, admise par le décret réglementaire du 23 mai 1863. Ce décret établit, entre les deux groupes de biens collectifs, une ligne de démarcation très apparente, en autorisant les djemâas de douars à aliéner leurs immeubles communaux, alors qu'il leur refuse expressément le droit de disposer de leurs terrains de culture (2).

Du moment où il avait pour principal objectif d'arriver graduellement à créer la propriété individuelle en territoire indigène, le législateur de 1863 devait aviser aux moyens

____

(1) En ce sens, Cass. req., 5 août 1874, Sir., 76, 1, 243.
(2) Décret du 23 mai 1863, art. 16 et 23.

nécessaires pour que cette propriété, une fois constituée, pût circuler librement de mains en mains. C'est dans ce but que le sénatus-consulte a affranchi, en principe, les transmissions immobilières en territoire de tribus de la prohibition dont les frappait la législation antérieure.

On sait que, d'après la disposition formelle de la loi du 16 juin 1851, aucun droit de propriété ou de jouissance portant sur le sol d'une tribu ne pouvait être aliéné au profit de personnes étrangères à la tribu. Cette interdiction d'aliéner s'appliquait à toute terre de tribu, même aux terrains melk qui pouvaient y être enclavés. Les transactions n'étaient permises que dans les parties du territoire n'appartenant pas à des tribus, de sorte que la plus grande partie du sol était fermée aux entreprises de la colonisation. Il est vrai qu'un décret du 16 février 1859 avait autorisé l'acquisition des melk situés dans la circonscription des tribus; mais cette mesure fut presque aussitôt rapportée par un décret du 7 mai suivant. Quoi qu'il en soit, le sénatus-consulte de 1863 fait cesser toute équivoque : désormais, rien ne s'opposera à la vente des biens melk compris dans les territoires des tribus, même au profit d'Européens.

Mais la liberté des transactions ne profite qu'aux melk, c'est-à-dire aux immeubles qui font dès à présent l'objet d'un droit de propriété privatif. Quant aux terres árch, possédées collectivement par la tribu et par le douar, elles ne deviendront transmissibles qu'au fur et à mesure des opérations à la suite desquelles la propriété individuelle sera définitivement constituée. Jusque-là, elles restent provisoirement inaliénables. En formulant cette restriction, le législateur de 1863 a voulu, suivant les expressions du rapporteur du sénatus-consulte, prévenir « le trafic prématuré des droits éventuels afférents aux Arabes sur les territoires à répartir ».

On a dit bien souvent que le sénatus-consulte de 1863 avait été une faute politique, un acte de générosité excessive, dont le plus clair résultat aurait été de déposséder le Domaine au profit des tribus, et de consolider l'indivision de la famille indigène, sans arriver à dégager la propriété individuelle.

Mais les explications qui précèdent ont réfuté d'avance cette critique. On ne saurait, de bonne foi, regarder comme un acte de munificence une mesure que la justice et l'humanité réclamaient impérieusement.

Sans doute, l'œuvre inaugurée en 1863 n'est pas à l'abri de tout reproche. On peut regretter notamment que le sénatus-consulte, en même temps qu'il pose les premiers fondements de la propriété individuelle des indigènes, n'ait pas cherché à assurer, mieux que ne l'a fait le législateur de 1851, la sécurité des transactions partout où la propriété privée se trouve déjà constituée. Mais, tout compte fait, cet acte législatif mérite d'occuper une place à part dans l'histoire si mouvementée de la propriété en Algérie. En dissipant les incertitudes théoriques qui pesaient sur la condition du sol en territoire indigène, en séparant les diverses natures de terres qui se trouvaient précédemment confondues dans la circonscription des tribus, le sénatus-consulte a pour ainsi dire déblayé le terrain et préparé les matériaux pour l'établissement de la propriété privée. La délimitation des tribus, la répartition de leur sol entre les douars, la liberté des transmissions octroyée aux biens melk des tribus, toutes ces mesures constituent, qu'on le veuille ou non, une transaction très heureusement ménagée entre le passé et l'avenir, entre l'ancien collectivisme agraire de la tribu et l'avènement de la propriété individuelle.

CHAPITRE VII

Lois de 1873 et de 1887.

L'exécution du sénatus-consulte de 1863 se poursuivit, jusqu'en 1870, dans les conditions qu'on vient de rappeler. Mais, après la chute de l'Empire et sous l'influence des idées dont Prévost-Paradol s'était fait l'éloquent interprète, il se produisit, dans les régions gouvernementales, un mouvement de réaction marqué contre le système du sénatus-consulte.

Le 19 décembre 1870, une circulaire du commissaire de la République en Algérie prescrivit, par ordre du Gouvernement, la suspension des deux premières opérations prévues par le sénatus-consulte, et la mise à l'étude des moyens propres à organiser, sans plus attendre, la propriété individuelle « des cultivateurs » indigènes (1).

Les travaux préparatoires ordonnés par cette circulaire furent momentanément ajournés par suite de l'insurrection des tribus kabyles. Mais, presque au lendemain de la pacification de l'Algérie, dès le 29 janvier 1872, le Gouvernement présentait à l'Assemblée nationale un projet de loi relatif à l'établissement et à la conservation de la propriété en Algérie, ainsi qu'à la transmission contractuelle des immeubles. La commission parlementaire chargée de l'examen de ce projet fut saisie, le 3 mars suivant, d'un projet de décret réglementant les mesures d'exécution de la loi projetée. Quelques-unes de ces dispositions réglementaires ayant paru rentrer dans la compétence du législateur, le projet de décret fut converti en un projet de loi, dont le dépôt sur le bureau de l'Assemblée eut lieu le 27 mars 1872.

(1) Circulaire du 19 décembre 1870, DE MÉNERVILLE, *op. cit.*, III, p. 257.

La Commission se trouvait donc en présence de deux projets distincts, l'un formulant les principes du nouveau régime foncier de l'Algérie, l'autre organisant la procédure des opérations prévues dans le premier projet. Elle crut devoir les fondre en un texte unique et elle en confia le rapport au Dr Warnier, député du département d'Alger. C'est à la suite et en conformité des conclusions de ce rapport, que fut votée la loi du 26 juillet 1873.

La loi du 26 juillet 1873 est conçue dans un esprit différent de celui qui avait dicté le sénatus-consulte de 1863. Partant de ce principe que la richesse algérienne réside tout entière dans le sol de cette colonie et qu'il y va des intérêts vitaux de notre établissement de mobiliser au plus vite la terre indigène, de l'affranchir des liens de l'indivision, pour l'offrir aux bras et aux capitaux des colons français, la nouvelle loi solidarise étroitement les deux questions de l'établissement de la propriété individuelle et de la liberté des transactions immobilières. Mais il ne suffit pas de faciliter les transactions, il faut de plus en assurer la stabilité, et la plus ferme des garanties c'est de soumettre tout le sol algérien au régime de la propriété française, de placer progressivement les indigènes sous l'empire de notre statut réel. Or, la première opération à faire, avant de rendre les lois françaises applicables à la propriété du sol, c'est de constituer la propriété individuelle partout où elle n'existe pas encore.

Pour se rendre compte de la complexité de la tâche assumée à cet égard par le législateur de 1873, il est bon de jeter un rapide coup d'œil sur la situation où se trouvait, à cette époque, la propriété foncière de notre colonie. Il y avait alors en Algérie des tribus, des familles et des individus propriétaires. En d'autres termes, on pouvait y distinguer trois catégories de propriétés : des propriétés collectives, communément désignées par la dénomination de *arch* ; des propriétés familiales indivises ou *melk collectifs*, et des propriétés individuelles. Pour les premières, les transactions entre indigènes et Européens étaient absolument prohibées ; pour les secondes, l'aliénation, permise en principe, était presque toujours impossible en fait, par suite du communisme familial qui domine et annihile en quelque sorte le droit de disposition de l'individu ; quant aux melk individuels, les transactions auxquelles ils pouvaient servir de base n'offraient aucune sécurité, parce que leurs titres étaient d'ordinaire vagues et suspects dans leurs énonciations, incomplets quant à la contenance, aux limites et à la désignation des ayants droit.

Telle était la situation à laquelle la loi du 26 juillet 1873 a entrepris de remédier. Elle s'est proposé trois objets principaux :

1° Soumettre la propriété immobilière en Algérie, sa conservation et sa transmission contractuelle au régime de la loi française, notamment en ce qui concerne la transcription ;

2° Constituer la propriété individuelle dans les territoires où le sol est possédé collectivement ;

3° Reconnaître et constater dans les territoires de propriété privée, les droits individuels et, en attendant la fin de cette opération d'ensemble, instituer une procédure spéciale permettant à l'acquéreur européen d'obtenir immédiatement un titre définitif de propriété.

Nous allons examiner successivement, à chacun de ces points de vue, l'économie des dispositions de la loi de 1873, et rechercher, aussi impartialement que possible, si les résultats obtenus répondent aux prévisions de ses auteurs.

On a vu que, sous l'empire de la loi du 16 juin 1851 et du sénatus-consulte de 1863, le sol algérien suivait la condition de son possesseur. La propriété était régie, tantôt par la loi française, tantôt par la loi musulmane, suivant qu'il s'agissait d'actes où intervenait un Européen ou d'actes passés entre indigènes seulement. Il s'ensuivait qu'un immeuble, après avoir été soumis au code français, retombait sous l'empire du droit musulman, s'il était vendu par son propriétaire européen à un indigène. De cette dualité de législation immobilière résultaient, principalement sous le rapport de la transcription et de la publicité hypothécaire, de graves difficultés que nous avons déjà signalées. Les indigènes, n'étant pas justiciables de notre loi sur la transcription, pouvaient céder le même immeuble à deux personnes différentes, sans que rien décelât cette fraude; ils constituaient souvent des droits réels inconnus de la loi française. L'Européen qui traitait avec eux n'était donc jamais sûr, en dépit de ses précautions, de ne pas se voir évincer, en tout ou en partie, de l'objet de son acquisition.

Pour couper court à ces inconvénients, la loi de 1873 s'est proposé de soumettre tout le sol de l'Algérie au régime de la propriété française, notamment à la publicité organisée par notre loi du 23 mars 1855. Répudiant l'ancienne distinction, suivant laquelle le statut de l'immeuble se déterminait d'après la condition du propriétaire, elle veut que la propriété algérienne, une fois rangée sous le statut de la métropole, y soit irrévocablement assujettie, sans pouvoir en aucun cas revenir sous l'action du droit islamique ou de la coutume kabyle.

Mais c'est là une transformation qui ne saurait s'accomplir que graduellement. Aussi la loi de 1873 distingue-t-elle, à cet égard, trois classes de transactions immobilières. Les deux premières comprennent les conventions entre individus régis par des statuts différents et les transactions entre Musulmans relatives à des immeubles situés dans les territoires où la propriété se trouve déjà constituée en exécution de l'ordonnance du 21 juillet 1846 ou par voie de cantonnement : toutes ces conventions, la loi les déclare dès maintenant soumises au régime de la loi française au même titre que les conventions entre Français. Restent les transactions immobilières conclues entre Musulmans, en dehors des territoires où l'ordonnance de 1846 et les opérations de cantonnement ont déjà créé la propriété individuelle : la loi dispose que le statut français régira ces transactions au fur et à mesure de la délivrance des titres de propriété. La première opération à faire, en effet, avant de rendre les lois françaises applicables à la propriété du sol, c'est de constituer cette propriété.

Ainsi, dans l'état actuel des choses, la loi française laisse provisoirement en dehors de sa sphère, les transactions entre Musulmans, concernant des immeubles situés dans des territoires où la propriété n'a été établie, ni par l'effet d'un cantonnement, ni conformément à l'ordonnance de 1846 ou à la loi de 1873. Les immeubles de cette catégorie restent quant à présent sous la dépendance du droit musulman. Ils ne rentreront dans le droit commun de la métropole que du jour où ils auront été soumis aux opérations réglementées par la loi du 26 juillet 1873, à moins cependant que, d'ici là, ils ne donnent lieu à une transmission au profit d'un Européen, cas auquel la loi française leur serait, sans plus attendre, applicable.

Ici une question se présente. Doit-on considérer comme étant régies d'ores et déjà par le code français, bien qu'elles ne soient comprises dans aucune des catégories d'immeubles émumérées par la loi de 1873, les propriétés urbaines de l'Algérie ? Nous voulons parler des immeubles situés dans les communes d'Alger, de Blidah, d'Oran et des autres districts qui ont été affranchis de la vérification de titres prescrite par l'ordonnance du 21 juillet 1846. La loi du 26 juillet 1873 ne fait aucune allusion à ces territoires et, dès lors, on pourrait se demander si, en ce qui les concerne, les transactions entre indigènes sont gouvernées par la loi française, ou, au contraire, restent soumises au droit musulman.

Il a été admis par la jurisprudence que ces immeubles doivent, malgré le silence gardé à leur égard par le législateur de 1873, être assimilés à ceux qui ont été soumis aux opérations de l'ordonnance de 1846 et, par conséquent, bénéficient du statut français (1). Cette interprétation semble plausible, car si la loi de 1873 a cru devoir soumettre immédiatement au code français les propriétés rurales dont les titres ont été vérifiés en exécution de l'ordonnance de 1846, à plus forte raison a-t-il dû entrer dans son esprit d'assujettir à notre loi les immeubles dispensés de la vérification prescrite par l'ordonnance de 1846, puisque cette exception se fondait précisément sur ce que la propriété, dans la banlieue des villes, était, dès cette époque, parfaitement constituée.

Du moment où il plaçait la propriété foncière de l'Algérie, sa conservation et sa transmission contractuelle sous le régime de la loi française, le législateur était logiquement conduit à

____

(1) C. Alger, 14 et 20 avril 1874, SAUTAYRA et CHERBONNEAU, *op. cit.*, II, p. 312.

abolir les droits réels, servitudes et causes de résolution fondés sur le droit musulman ou kabyle, qui sont contraires au droit français. C'est, en effet, ce que la loi décide expressément. Dans le même ordre d'idées, elle transforme le chefâa en un simple droit de retrait. Désormais, les copropriétaires, les voisins, le prêteur du sol, ne seront plus recevables à exercer la faculté que leur attribuait la loi musulmane. Le chefâa ne peut plus être opposé que dans les termes de l'article 841 du Code civil, c'est-à-dire par des héritiers, à ceux qui ont acheté des droits successifs et se présentent à la succession en vertu de l'acte de cession consenti à leur profit.

Nous aurons à revenir sur la question du chefâa quand le moment sera venu de traiter du conflit des lois française et indigène relativement au régime des biens. Nous nous demanderons en même temps quelle influence a pu exercer sur l'institution du habous, la proscription dont la loi de 1873 frappe tous les droits réels qui ont leur source dans les dispositions du Coran.

La loi du 26 juillet 1873 ne déroge pas aux règles des successions des indigènes entre eux. Il n'était guère possible, en effet, de plier aux prescriptions de notre code une matière qui touche de si près au statut personnel des indigènes et qui, aux yeux des docteurs de l'Islam, constitue la pierre angulaire du droit musulman. Mais, en respectant la théorie islamique des successions, on n'avait pas prévu que les titres de propriété délivrés conformément à la loi française risquaient, à la première mutation par décès suivie de partage ou de licitation, d'être remplacés par des titres dressés par les cadis. C'était là une grave éventualité. Il ne servirait de rien de délivrer administrativement des titres de propriété inattaquables, si, par le jeu des successions, la propriété pouvait retomber dans l'incertitude d'où on a eu tant de peine à la faire sortir. Pour compléter, sur ce point, l'œuvre du législateur de 1873, une loi ultérieure du 28 avril 1887 a statué qu'il ne pourrait être procédé que dans les conditions et les formes de la loi française, aux cessions, licitations et partages de droits successifs portant sur des immeubles soumis à la loi de 1873. Dans le même sens, le décret du 17 avril 1889 a désigné les notaires français, à l'exclusion des cadis, pour procéder aux partages des successions comprenant à la fois des meubles ou des immeubles ou des immeubles seulement (1).

Après avoir posé les principes qui doivent gouverner désormais la transmission et la conservation de la propriété foncière en Algérie, la loi de 1873 a tracé les règles à suivre pour la délivrance des titres nouveaux qui soumettront les immeubles privés et individuels au statut français. Elle a prescrit la reconnaissance de la propriété et la délivrance de titres par l'Administration, aussi bien dans les territoires de propriété privée, que le sénatus-consulte qualifiait de *melk* et avait affranchis de la troisième opération, que dans les territoires collectifs, communément appelés *arch* ou *sabéga*.

En effet, ainsi que l'expliquent les instructions du Gouvernement général de l'Algérie, « il avait été constaté que les groupes de terres classées comme melk lors des opérations du sénatus-consulte avaient été reconnus par les commissions d'exécution, non point par parcelle et par individu ou par famille, mais par grandes masses ; et, dans toutes les tribus où l'ensemble de la possession territoriale avait paru avoir un caractère privatif suffisamment accusé, les commissions avaient été amenées à dispenser les propriétaires de la revendication prescrite par le décret du 23 mai 1863 et à classer, d'office et en bloc, dans les propriétés melk affranchies de la troisième opération, les terres qu'ils occupaient. Or, ce mode de constatation, tout en ayant pour effet de placer les immeubles sous le régime du droit commun et sous la juridiction de l'autorité judiciaire, n'avait pu donner aux droits individuels la précision qui leur manquait précédemment et que réclamait la sécurité des transactions entre indigènes et Européens. C'est pourquoi le législateur de 1873 a voulu que les opérations de reconnaissance et de délivrance des titres administratifs portassent, aussi bien sur les territoires de propriété privée, que sur les territoires de propriété collective (2). »

(1) Décret du 17 avril 1889, sur la justice musulmane, art. 52.
(2) *Instruction* du 1er février 1888, p. 3, n° 5.

Une distinction a été faite toutefois par la loi, quant à la procédure applicable à l'une ou à l'autre de ces deux catégories de territoires.

En territoire de propriété privée, il doit être procédé par voie de *constatation*. Ici, la propriété a son origine antérieure à la loi de 1873 ; le Gouvernement peut la reconnaître, la confirmer, mais non la créer. Et, pour ne pas blesser le droit de propriété, il ne devra accorder sa consécration aux droits individuels, délivrer des titres nouveaux qu'au vu d'un titre antérieur ou d'une possession dûment établie. L'Administration devra, par la même raison, s'arrêter devant les conflits que cette constatation peut faire surgir, et ce n'est que lorsque les tribunaux auront statué qu'elle délivrera aux ayants droit les titres destinés à mettre leur propriété au-dessus de tout soupçon. Telle est l'idée dominante des dispositions du titre II de la loi sur la constatation de la propriété individuelle en territoire melk. La procédure qui y est décrite n'est pas sans offrir certains points de contact avec celle de l'ordonnance de 1846 ; nous allons la résumer à grands traits.

Un arrêté du Gouverneur général désigne les circonscriptions territoriales devant être soumises aux opérations de constatation de la propriété. Il est nommé un commissaire enquêteur, qui se rend sur les lieux, consulte tous les titres et documents, tant ceux qu'on lui présente que ceux qu'il trouve dans les dépôt publics, et dresse un procès-verbal de ses opérations. Trois mois sont accordés aux intéressés pour prendre connaissance du procès-verbal et fournir leurs observations. Ce délai expiré, le commissaire enquêteur retourne sur les lieux, vérifie les réclamations et arrête ses conclusions. Sur le vu de ces conclusions et pour tout ce qui se rapporte à la constatation, à la reconnaissance et à la confirmation de la propriété possédée à titre privatif et non constatée par un acte administratif, le service des Domaines établit des titres provisoires de propriété au nom des individus dont les droits ne sont pas contestés. Ces titres indiquent, avec un plan à l'appui, la nature, la situation et deux au moins des tenants de chaque immeuble. Si l'immeuble est indivis, ce qui est le cas le plus fréquent, le titre énonce les noms de tous les copropriétaires, ainsi que la quote-part indivise à laquelle chacun d'eux a droit. Un nouveau délai de trois mois est imparti aux intéressés pour contester les attributions faites par le service des Domaines, mais cette fois à peine de forclusion. A l'expiration du délai, les titres non contredits deviennent définitifs; ils sont immédiatement enregistrés et transcrits aux frais des titulaires par les soins du service des Domaines. Ils forment, à dater du jour de leur transcription, le point de départ unique de la propriété, à l'exclusion de tous droits réels antérieurs, comme il est dit à l'article 3. Ajoutons que les contestations de propriété et les oppositions à la délivrance des titres sont déférées à l'autorité judiciaire; l'autorité administrative n'a pas à en connaître.

En somme, il y a, dans la procédure relative à la constatation de la propriété privée, autre chose qu'une opération purement administrative. Ce qui caractérise cette réglementation, c'est pour nous servir des expressions d'un arrêt de la cour régulatrice (1), une discussion contradictoire des titres de propriété; c'est seulement lorsque ces titres ont été reconnus sans contestation, ou débattus, en cas de conflit, devant les tribunaux, que le Gouvernement les consacre et leur confère une nouvelle sanction.

Tout autre est le caractère de la procédure tendant à *constituer* la propriété individuelle en territoire collectif. Il s'agit ici de créer la propriété de l'individu ou de l'unité familiale, en la dégageant du domaine collectif des tribus et des douars. De là vient que le législateur laisse à l'Administration seule le soin de pourvoir à cette opération. La raison en est facile à comprendre. La propriété individuelle est un état nouveau à créer, il faut faire sortir cette propriété de la propriété collective de la tribu et du douar, et c'est l'autorité qui peut, seule, lui tracer son étendue et ses limites, c'est d'elle que l'*individu* va tenir le droit propre *constitué* sur les ruines du droit collectif. L'autorité judiciaire n'a plus à intervenir : les prétentions qui peuvent surgir sont du ressort du Conseil de Gouvernement.

(1) Cass. req., 6 novembre 1882, *Rev. algér.*, 1887, 2, 329.

Qu'il s'agisse de constituer la propriété privée en territoire ârch ou simplement de la constater en territoire melk, l'opération aboutit, dans l'un et l'autre cas, à la délivrance, aux divers ayants droit, de titres de propriété « formant, à dater du jour de leur transcription, le point de départ unique de la propriété, à l'exclusion de tous les droits réels antérieurs ». C'est, à peu de chose près la formule dont s'était servie l'ordonnance de 1846, pour définir les effets attachés à l'homologation des titres de la propriété rurale. La transcription dont il est question à ce sujet n'est pas la transcription ordinaire, telle que l'entend la loi du 23 mars 1855; c'est, en quelque sorte, une immatriculation de la propriété, opérant une liquidation complète du passé, dégageant le droit du titulaire de toutes les incertitudes qui l'affectaient antérieurement. En un mot, le but de la loi de 1873 est de donner à la propriété qu'elle reconnaît ou qu'elle constitue une origine indiscutable, en même temps qu'une base sûre aux transactions de l'avenir. Nous aurons bientôt à nous demander si ce but a été atteint.

Pour permettre aux Européens, acquéreurs d'immeubles indigènes situés en territoire melk, de ne pas attendre l'achèvement des opérations de vérification qu'elle prescrit, et d'obtenir immédiatement un titre définitif de propriété, la loi de 1873 organise à leur profit une procédure particulière.

Voici, en tenant compte des modifications qui y ont été introduites par la loi du 28 avril 1887, comment on procède en pareil cas. Le contrat est reçu par un notaire; il est accompagné d'un plan de l'immeuble vendu. Un extrait de l'acte et une copie du plan sont remis à l'Administration des Domaines non seulement en vue de l'obtention ultérieure du titre français, mais encore pour la mettre à même de s'opposer à la vente, si elle est illégale ou faite au mépris des droits de l'État. Pareils documents sont déposés au greffe de la justice de paix aux fins du bornage de l'immeuble. La date fixée pour l'opération est annoncée au moins vingt jours à l'avance par voie d'insertion dans les journaux, d'affiches et de publications dans les marchés de la tribu. Le bornage est effectué par le juge de paix, qui consigne sur le procès-verbal les réclamations des tiers. Toute nouvelle réclamation ou revendication doit, sous peine de déchéance, être formée entre les mains du greffier dans les quarante-cinq jours de la publication de la clôture du procès-verbal de bornage. La vente est résiliée, si, dans le délai d'un mois, le vendeur n'a pas introduit en justice une action tendant à faire décider que la réclamation est mal fondée. A défaut de contestation, l'Administration des Domaines délivre, au vu d'un certificat négatif du juge de paix, un titre de propriété « lequel formera le point de départ unique de la propriété, à l'exclusion de tous droits antérieurs (1) ».

Comme on le voit, la faculté de purge partielle, telle que la réglemente la loi de 1873, n'a qu'une sphère d'application assez restreinte; elle est réservée aux seuls Européens, et encore ne vise-t-elle pas tous les Européens indistinctement. Le bénéfice n'en est offert qu'aux Européens qui ont acquis d'un indigène; les transmissions où les deux contractants sont l'un et l'autre Européens ne peuvent y prétendre (2). D'autre part, cette procédure ne concerne que les terres possédées à titre privé, les immeubles de territoire melk ; elle est inapplicable aux terres arch, situées en territoires de propriété collective.

Sous l'empire de la loi de 1873, comme sous le régime législatif antérieur, le sol arch ou sabéga faisant partie d'une propriété collective de tribu, reste inaliénable entre indigènes et Européens, jusqu'à la délivrance du titre individuel de propriété. La loi du 26 juillet 1873 n'a point abrogé, à cet égard, la prohibition maintenue par le sénatus-consulte de 1863. Ainsi que le déclare un arrêt de la Cour d'Alger du 2 février 1880, les auteurs de cette loi, pas plus que le législateur de 1863, n'avaient le souci de voir les Européens s'engager imprudemment au milieu des tribus insoumises ; ils

(1) Art. 80, L. 26 juillet 1873.
(2) C. Alger, 30 mars 1886, Sir., 92, 1, 580. — Toutefois, il est permis à un Européen, acheteur d'un autre Européen, qui tient lui-même la propriété d'un indigène, de procéder à la purge spéciale, comme ayant cause de son vendeur, en soumettant le titre d'acquisition de celui-ci aux publications et formalités prescrites par la loi de 1873 (même arrêt).

avaient, comme lui et autant que lui, juste sujet de craindre des spéculations dont le nombre pouvait s'accroître en raison de la sécurité plus grande (1). Ce que possède chaque chef de famille, dans les territoires ârch détenus collectivement par les tribus ou par les douars, c'est l'éventualité d'une attribution à titre privatif, et cette attribution est essentiellement subordonnée à la détermination du droit des autres communistes. Voilà pourquoi les auteurs de la loi de 1873 n'ont pas cru devoir faire participer la terre ârch au bénéfice du système de purge institué en faveur de la terre melk.

Il a paru, depuis lors, qu'on pouvait, sans compromettre aucun intérêt, atténuer les rigueurs de cette prohibition d'aliéner en territoire collectif. On vient d'indiquer les motifs de cette interdiction. Pour nous servir des expressions d'un document officiel (2), elle se justifie par l'incertitude et la précarité des droits des occupants et par la nécessité de protéger les droits des tiers au détriment desquels des ventes pourraient être trop facilement consenties. Parmi ces ayants droit se trouvent le douar pour les communaux, et le domaine de l'État pour les terrains vacants, biens dont l'existence doit être révélée par l'accomplissement des opérations de constitution de la propriété individuelle. Or, ces divers intérêts, dont la procédure instituée par la loi de 1873 est destinée à assurer la protection, ont semblé pouvoir, à un égal degré, être sauvegardés par des opérations partielles exécutées par anticipation sur le territoire ârch, en ce qui touche seulement les immeubles faisant l'objet de projets d'acquisition de la part d'Européens.

C'est dans cet ordre d'idées que la loi du 28 avril 1887 a, par ses articles 7 à 10, organisé un système d'enquêtes partielles permettant de déroger au principe de l'inaliénabilité de la terre ârch. Elle dispose que les immeubles dépendant des territoires de propriété collective, où les opérations d'ensemble de la loi de 1873 n'ont pas été entamées, « pourront donner lieu à des promesses de vente au profit d'Européens,

(1) Alger, 2 février 1880, Sir., 81, 2, 65.
(2) *Instruction* du 1er décembre 1887, p. 1 et 2.

à charge par l'un des contractants de se mettre en instance, dans le délai de trois mois, pour obtenir de l'Administration la délivrance d'un titre de propriété (1) ».

La procédure préalable à la délivrance de ce titre diffère, sur deux points principaux, de celle qui est suivie dans la purge partielle faite en territoire melk. Premièrement, le bornage est précédé d'une enquête administrative dans la tribu ou dans le douar; en second lieu, le titre de propriété n'est délivré par l'Administration des Domaines qu'après homologation de l'enquête par un arrêté du Gouverneur général. Le titre est établi en deux minutes, dont l'une est déposée à la conservation des hypothèques pour valoir transcription, et l'autre est remise au requérant.

A ce point de notre analyse, nous pouvons facilement distinguer, dans le système issu de la combinaison des lois de 1873 et de 1887, les parties vulnérables de celles qui sont destinées à survivre et, peut-être, à servir de point de départ à une réforme plus large en même temps que mieux appropriée aux exigences de l'Algérie.

Tout d'abord, on ne peut que louer le législateur de 1873 d'avoir, en ce qui concerne la détermination du statut du sol algérien, rompu avec les errements antérieurs, en supprimant la dualité de législation dont nous avons signalé les inconvénients. Il se peut qu'au début de la mise en vigueur de la loi, cette réforme ait jeté quelque trouble dans les habitudes des indigènes et entraîné la nullité d'un certain nombre d'actes passés, de bonne foi, devant les cadis, alors que, relatifs à des immeubles régis par la loi française, ils auraient dû être dressés par un notaire français. Mais ces méprises deviendront de plus en plus rares, à mesure que se poursuivra l'application de la loi de 1873. D'ailleurs, les inconvénients qui peuvent se produire à ce sujet ne sont rien en comparaison de ceux dont la loi a tari la source en assujettissant le territoire de l'Algérie à un régime uniforme.

Si nous avions, sur ce point, à adresser un reproche au législateur, ce serait plutôt de ne pas s'être montré assez

____

(1) *Instruction* du 1er décembre 1887, p. 2.

radical et de s'être abstenu d'étendre la transcription de la loi de 1855 aux contrats de transfert même entre Musulmans. Nous avons suffisamment fait ressortir, dans une autre partie de cette Étude, le danger que le défaut de publicité des transmissions immobilières d'indigène à indigène fait courir aux acquéreurs. Il n'est pas rare, avons-nous dit, qu'un Musulman, après avoir vendu ses terres à un de ses coreligionnaires, par acte de cadi, aliène ensuite ce même immeuble à un Européen qui fait transcrire. Qui doit l'emporter dans ce conflit entre l'acheteur au titre arabe et l'acquéreur européen qui a pourvu à la transcription de son contrat? La jurisprudence algérienne, après avoir longtemps tranché le différend en faveur de l'acquéreur indigène, vient, par un revirement que rien ne faisait prévoir, de décider que le titre indigène doit, malgré l'antériorité et la certitude de sa date, céder le pas au titre transcrit (1).

Nous nous réservons d'examiner plus loin quelle est, de ces deux solutions contradictoires, celle qui doit être retenue. Pour le moment, constatons qu'elles entraînent l'une et l'autre des inconvénients de même nature, la première au préjudice des acheteurs européens, la seconde au détriment des acquéreurs indigènes. Si l'on accorde la préférence au titre arabe, c'est l'Européen qui est évincé. Si l'on se prononce en faveur du titre transcrit, c'est l'acheteur musulman qui risque d'être dépossédé, à son insu, de l'objet de son acquisition. Dans ce dernier système, l'indigène qui aura cédé son immeuble à un autre indigène, pourra toujours évincer celui-ci, au moyen d'une revente frauduleusement consentie à un Européen et consolidée par la transcription. Le seul moyen de barrer la route à ces risques de spoliation serait d'imposer ou, tout au moins, d'étendre aux transferts immobiliers entre indigènes, la formalité de la transcription.

Quoi qu'il en soit, il y aurait mauvaise grâce à en disconvenir, les principes nouveaux établis par la loi de 1873, en ce qui concerne le statut des immeubles algériens et le régime des transmissions, réalise un indéniable progrès sur la légis-

(1) Alger, 23 juin 1891, *Rev. algér.*, 1891, 2, 461 ; D. P. 92, 2, 442. V. *sup.*, p. 259.

lation antérieure. Par contre, **nous** sommes forcé de reconnaître que les mesures organisées par cette loi en vue de la constatation et de la constitution de la propriété individuelle en territoire indigène ont manqué à peu près complètement leur but.

Une première méprise du législateur de 1873 fut d'avoir cru, de bonne foi, qu'il était possible d'arriver directement, au moyen d'une procédure d'ensemble, à la constitution de la propriété individuelle, dans les territoires où le sénatus-consulte de 1863 n'avait reçu encore aucune exécution. Les opérations prévues par la loi de 1873 s'accomplirent, tant bien que mal, dans les territoires où la délimitation de la tribu et la répartition du sol entre les douars avaient préalablement fixé le caractère melk ou árch de la propriété. Mais il n'en fut pas de même pour les territoires où, ces deux opérations préliminaires n'ayant pas été exécutées, le caractère de la possession privative ou collective n'était pas juridiquement défini, et où, par conséquent, la question demeurait incertaine de savoir à laquelle des deux procédures de constatation ou de constitution il convenait de recourir. Reconnaissant, mais un peu tard, qu'elle avait fait fausse route, l'Administration dut suspendre les travaux en cours sur les territoires qui n'avaient pas été soumis au sénatus-consulte, et renoncer à y constituer la propriété individuelle, jusqu'au moment où une nouvelle loi aurait tracé la marche à suivre.

C'est pour combler cette lacune que la loi du 28 avril 1887 a prescrit la reprise des deux premières opérations du sénatus-consulte dans tous les territoires où elles avaient été si malencontreusement interrompues.

Mais, après avoir surmonté ce premier obstacle, l'Administration eut à compter avec une autre difficulté, celle-ci d'ordre juridique, et qui atteignait dans ses œuvres vives tout le système de la loi de 1873. Nous avons vu, par l'analyse de ses dispositions, que la loi du 26 juillet 1873 décide que les tiers intéressés qui n'auront pas attaqué les attributions réglées par le commissaire enquêteur dans les délais impartis seront déchus de leurs droits. Cette déchéance s'applique-t-elle, sans distinction, à tous les réclamants, même à ceux qui appuient leurs prétentions sur un titre français, notarié ou administratif ? La Cour d'Alger s'était prononcée affirmativement. Mais sa jurisprudence a été réformée par un arrêt de la Cour de cassation du 13 novembre 1888 (1). Se fondant sur ce que la loi de 1873 ne prescrit pas la délivrance de nouveaux titres de propriété à ceux qui ont déjà un titre français, la Cour de cassation a jugé que le propriétaire, pourvu d'un acte notarié ou administratif (2) qui constate son droit privatif à un immeuble déterminé, n'est pas soumis aux prescriptions de la loi ; qu'il peut, dès lors, rester dans l'inaction sans encourir la moindre déchéance ; que, par suite, s'il subit un préjudice quelconque du fait des opérations du commissaire-délimitateur, si, par exemple, son bien a été attribué indûment à un tiers, il est recevable, à toute époque, à faire valoir ses droits et à attaquer cette attribution devant les tribunaux.

Nous n'avons pas à prendre parti pour ou contre cette doctrine, à laquelle la Cour d'Alger a dû acquiescer et qui sert actuellement de règle. Tout a été dit sur la question et une discussion rétrospective n'offrirait plus qu'un médiocre intérêt. Mais, si l'on se place au point de vue du législateur de 1873, on est bien forcé de reconnaître que son œuvre a reçu, de la jurisprudence inaugurée par l'arrêt de 1888, une atteinte pour ainsi dire irréparable. Quel a été le but de la loi de 1873 en organisant, dans les conditions que nous avons déjà décrites, la double procédure de constatation et de constitution de la propriété individuelle ? C'est de garantir d'une manière absolue la certitude du droit de propriété, c'est de fournir une base inébranlable aux transactions immobilières. Or, si l'on admet avec la Cour de cassation que les titres de propriété délivrés en exécution de la loi de 1873 peuvent céder à un titre notarié ou administratif dont rien ne révélait l'existence, la sécurité des transactions devient un trompe-l'œil et la loi de 1873 fait faillite à ses promesses. L'Administration ne délivrera jamais qu'un titre précaire, puisque ce titre risque de se trouver en

(1) *Revue algérienne*, janvier 1889, 2, 1.
(2) Ou judiciaire.

conflit avec un acte antérieur, notarié, administratif ou judiciaire, inconnu du commissaire enquêteur, et puisque celui-ci n'a pas le droit d'en exiger la production.

On voit par là combien le législateur de 1873 s'est montré imprévoyant en n'imposant pas, comme il aurait dû le faire, la délivrance de titres de propriété à ceux dont la propriété repose déjà sur un titre français. C'est là, pour nous servir de l'expression de M. Dain, le « vice capital » de la procédure d'ensemble. L'exception ainsi établie pour les titres français, outre qu'elle rend illusoires les garanties attachées par la loi à la délivrance des titres de propriété, fausse le jeu de la procédure d'ensemble, et ôte toute précision au travail du commissaire enquêteur. Comment ce délégué de l'Administration arriverait-il à distinguer et à délimiter les immeubles possédés au titre français, s'il ne peut réclamer la représentation de ce titre ? Et cette vérification est cependant indispensable dans nombre de cas, spécialement dans l'hypothèse assez fréquente où des droits de propriété, fondés les uns sur un titre français, les autres sur un acte musulman, coexistent sur un même immeuble. L'intérêt bien entendu des détenteurs de titres français exige d'ailleurs en cette matière l'application d'une règle uniforme. Il ne leur importe pas moins qu'aux propriétaires munis de titres arabes de voir leur propriété solidement assise sur un titre désormais inattaquable, formant au regard de tous, ainsi que l'exprime la loi de 1873, « le point de départ unique de leur droit. »

Le législateur s'est donc manifestement trompé, lorsqu'il a cru devoir laisser les titres français en dehors des vérifications et des déchéances qu'il édicte. Par elle-même, et surtout par les conséquences que la Cour de cassation y a attachées, cette exception à la règle oppose un obstacle invincible à l'accomplissement de l'une des deux opérations définies par la loi, celle qui tend à la constatation de la propriété privée partout où elle existe déjà.

Impuissante à constater la propriété individuelle, la loi de 1873 n'a pas mieux réussi à constituer cette propriété en territoire arch. Et l'insuccès provient ici, moins encore peut-être du vice de la loi que des méthodes d'exécution défectueuses employées par l'Administration. Le législateur de 1873, quel que fût son désir d'arriver à dégager les droits de l'individu, n'avait pu concevoir la pensée de modifier instantanément, par un simple article de loi, les mœurs et les traditions séculaires des indigènes. Il avait reconnu la nécessité de respecter l'indivision familiale, qui est souvent un mode de culture plus économique, espérant que, par le libre jeu des partages et des transactions, cette indivision se restreindrait à des groupes de moins en moins étendus et finirait par se désagréger pour faire place aux droits de l'individu. Dans cette pensée, il avait prescrit qu'en cas d'indivision constatée au cours de l'enquête, « les titres de propriété exprimeraient en regard du nom de chaque propriétaire, la quote-part à laquelle il aurait droit, sans appliquer cette quote-part à aucune des parties de l'immeuble (1) ». Ainsi, dans l'esprit de la loi, le commissaire enquêteur n'avait à procéder à aucun partage effectif, soit entre les membres du douar, soit même entre les chefs de famille ; il devait se borner à constater, sur les titres, en regard du nom de chaque ayant droit, la part idéale revenant à celui-ci dans le fonds exploité en commun.

Pour répondre à ces intentions du législateur, la première condition à remplir était de prendre pour base la possession de fait, de ne considérer comme copropriétaires indivis que les membres du même groupe familial et de régler leurs droits respectifs, d'après la jouissance effective et non d'après une généalogie plus ou moins imaginaire. Mais, au lieu de procéder ainsi, les commissaires enquêteurs créèrent des indivisions factices qui n'existaient que sur le papier. Sous prétexte de dégager la quote-part de chaque indivisaire, on crut devoir établir préalablement les arbres généalogiques de toutes les familles du douar, en remontant jusqu'à l'auteur commun, c'est-à-dire à plusieurs siècles parfois. Aussi qu'arrivait-il ? C'est qu'en suivant à la lettre les indications de ces généalogies, presque toujours en désaccord avec la réalité des choses, on faisait revivre des droits prescrits ou éteints, on élargissait

(1) Art. 20.

outre mesure le cercle de l'indivision familiale, en y comprenant « des parents éloignés ou disparus, ayant renoncé en fait à la propriété (1) ». Délivrés dans ces conditions, les titres de propriété remis aux indigènes réduisaient souvent la part de chaque ayant droit à une fraction infinitésimale du même immeuble. Lors de l'enquête ouverte, en 1891, par la commission sénatoriale nommée pour l'étude des questions algériennes, le directeur des Domaines à Alger, M. Perrioud, a dû reconnaître qu'il avait délivré plus d'une fois, des titres où la valeur des parts, exprimée en dix-millionièmes ne dépassait pas 20, 40 ou 50 centimes. Rien de plus ordinaire, d'après lui, que de voir des parcelles de 6 à 8 hectares, indivis entre 58, 73 et même 171 copropriétaires. Cette façon de procéder, qui rendait impossible pour l'avenir tout partage en nature, était un sujet d'étonnement pour les indigènes. Il arrivait même — c'est encore M. Perrioud qui en témoigne — que des indigènes venaient à la direction des Domaines protester « contre ces attributions fantaisistes de parcelles qui leur étaient inconnues (2) ».

Un autre inconvénient de ce système, celui qui lui a été le plus vivement reproché, était de provoquer, à la faveur d'acquisitions de parts indivises minimes, des licitations ruineuses pour les indigènes. C'était chose ordinaire que de voir, au lendemain de la délivrance du titre de propriété, survenir un spéculateur qui achetait à l'un des communistes son droit indivis pour un prix infime ou qui lui prêtait sur cette part. Muni de son titre d'acquisition ou armé d'une hypothèque judiciaire, le cessionnaire ou le créancier assignait tous les communistes en licitation et partage. Étant donnés le grand nombre des parties en cause et l'application des règles de la procédure française, ces licitations aboutissaient à des résultats désastreux. On a vu « certaines licitations, dans lesquelles étaient intéressés 100, 200 et jusqu'à 441 ayants droit, coûter 5,000, 6,000 et jusqu'à 12,000 francs (3) ». M. Dain,

(1) *Instruction* du 10 novembre 1887, p. 2.
(2) Sénat, *Commission d'études sur les questions algériennes*, Paris, 1891, p. 307.
(3) Rapport de M. Franck-Chauveau, au nom de la commission sénatoriale

dans son intéressante déposition devant la commission d'études du Sénat, a cité des exemples encore plus significatifs (1).

Pour rompre avec les anciens errements et prévenir le retour des abus qui en avaient été la suite, la loi du 28 avril 1887 a modifié heureusement la loi de 1873, d'une part, en s'efforçant, de restreindre l'indivision à des groupes moins nombreux, d'autre part, en allégeant la procédure des licitations et partages.

Sur le premier point, la loi de 1887 dispose qu'en cas d'indivision entre plusieurs familles, constatée au cours des opérations du commissaire enquêteur, il sera procédé à la répartition entre ces familles des immeubles commodément partageables. Ainsi, désormais l'Administration ne doit plus se borner à déterminer graphiquement la quote-part indivise de chaque communiste ; elle doit, toutes les fois qu'il y a possibilité de le faire, délimiter sur le terrain la fraction revenant à chaque groupe familial. Cette mesure repose sur une idée très juste. Le partage du sol entre les unités familiales est une transition tout indiquée entre le communisme du douar et la propriété de l'individu. C'est une étape à laquelle nous devons nous arrêter un temps plus ou moins long, jusqu'au jour où, sous l'action du progrès économique, l'indivision aura cessé de répondre aux besoins et aux mœurs de la population indigène.

On peut toutefois se demander si le législateur n'a pas accordé une latitude trop grande à l'autorité administrative chargée de répartir le sol entre les familles. Que faut-il entendre par famille ? La loi garde le silence à cet égard et laisse le champ libre aux conjectures. D'après le projet de loi, la famille indigène comprendrait tous les successibles du sixième degré, c'est-à-dire tous les parents, jusqu'à la limite de successibilité établie par le code malékite. La commission de la Chambre des députés donne à ce mot une acception moins étendue : à ses yeux, la famille indigène est le groupe

chargée d'examiner les modifications à introduire dans la législation de l'Algérie, annexe nº 121, séance du 29 mars 1893, p. 22 et suiv. ; — Conf. Exposé des motifs de la loi du 28 avril 1887 ; — Rapport de la commission parlementaire du Sénat, 24 novembre 1885, *J. off.*, mai 1886, Doc. parlem., p. 4, col. 1.

(1) P. 276-277 ; — V. aussi BURDEAU, *op. cit.*, p. 126.

formé par le majeur, maître de ses droits, avec les femmes, les incapables qui suivent sa fortune : « C'est au profit de ce groupe, de ce feu, ajoute le rapporteur de la commission, que l'indivision doit être brisée. » C'est cette dernière définition de la famille qui a été adoptée par l'Administration et qui doit servir de base aux opérations du commissaire-enquêteur (1).

Quant à l'opération du partage entre les diverses unités familiales, elle est pour ainsi dire abandonnée à la discrétion du commissaire-enquêteur. Aussi est-il arrivé que ce représentant de l'Administration, pour simplifier les difficultés de sa tâche, établissait, au mépris des arrangements antérieurs des indigènes, des groupements de parcelles arbitraires, attribuant à Mohammed la terre qui était possédée par Ali, semant ainsi dans la tribu des causes de trouble et de discorde (2). Du reste, l'Administration avait si bien la conscience des difficultés qui l'attendaient à cet égard, qu'elle recommandait instamment aux commissaires de n'opérer eux-mêmes les partages qu'à la dernière extrémité, et sur le refus des intéressés d'y procéder eux-mêmes (3). C'était se faire une étrange illusion sur l'empressement des Arabes à rompre avec leurs usages et à renoncer à un mode de possession qui répond à leurs besoins.

Aussi bien, la répartition du sol entre les familles atténue, sans le faire disparaître, l'inconvénient capital auquel le législateur de 1887 s'est proposé de remédier. Après comme avant la loi de 1887, les calculs du commissaire-enquêteur ont abouti, plus d'une fois, à l'attribution de parts infinitésimales au profit de certains ayants droit. Cela est si vrai que le Gouverneur général de l'Algérie prescrivit aux commissaires de « supprimer et de répartir sur la masse toute part dont la valeur serait inférieure à 5 francs en capital, et pour laquelle l'ayant droit n'aurait pas la jouissance effective (4) ».

(1) *Instruction* du gouverneur général de l'Algérie, du 10 novembre 1887, Alger, 1887, p. 3 et 4.

(2) C'est ce qui ressort très explicitement de la déposition d'un fonctionnaire algérien, M. Thiébault, devant la Commission d'enquête instituée par le Sénat (*op. cit.*, p. 11).

(3 et 4) *Ibid.*, p. 8 et 11.

C'est surtout dans la région kabyle que ces opérations de répartition, si difficiles partout ailleurs, se heurtaient à des obstacles pratiques pour ainsi dire insurmontables. Qu'on nous permette d'en appeler encore sur ce point au témoignage si autorisé de M. l'inspecteur Thiébault. Voici en quels termes ce distingué fonctionnaire a déposé tout récemment devant la commission d'enquête du Sénat :

« Dans les territoires kabyles, où les jardins tiennent une place plus grande que les terres de labour, la richesse des indigènes consiste surtout dans les oliviers et les arbres fruitiers. Or, la possession de ces arbres, la plupart du temps plantés sur le terrain d'autrui, se présente dans les conditions de complication telles, qu'il n'est pas possible de les constater par un titre. Non seulement les arbres n'appartiennent pas au propriétaire du sol, mais les plantations d'une famille sont éparses dans un grand nombre de lots possédés de façons différentes. Souvent un même arbre appartient à plusieurs groupes. Enfin, les *rahnias* (sortes d'antichrèses) et les *tsenias* (ventes à réméré sans fixation de terme pour l'exercice du droit de rachat), compliquent encore la situation. Pour la simplifier, il a fallu opérer des échanges d'arbres et créer de nouveaux lots, et l'on est arrivé ainsi à un morcellement du sol dont les inconvénients ne sont pas moindres, s'ils ne sont plus grands encore, que ceux résultant de l'ancienne indivision (1). »

On le voit, de l'aveu même d'un fonctionnaire dont la compétence ne saurait être récusée, la loi du 28 avril 1887, bien qu'elle réalise un notable progrès sur la loi de 1873, n'a pas réussi, beaucoup mieux que celle-ci, à éviter l'écueil des attributions de parts infinitésimales. Eu égard à la faible étendue des propriétés détenues collectivement par chaque groupe familial, on peut affirmer sans crainte d'exagération que les opérations de partage prévues par le législateur aboutiraient, non pas à la constitution de la propriété, mais à l'émiettement des exploitations, à la pulvérisation du sol. Ceci revient à dire que le système de la loi de 1887, pas plus que celui

(1) THIÉBAULT, *op. cit.*, p. 11.

de la loi de 1873, ne barre la route aux licitations ruineuses. Il est vrai que cette loi a allégé la procédure des licitations et des partages judiciaires, en admettant les défendeurs à nommer un mandataire unique, à l'encontre duquel la procédure est valablement suivie. Ce représentant ne peut lui-même constituer qu'un seul défenseur ou avoué, à moins qu'au cours de l'instance, il ne se révèle des oppositions d'intérêt qui nécessitent la désignation de mandataires distincts, ayant chacun leur défenseur ou avoué. Mais il paraît que cette innovation, dont le principe est d'ailleurs excellent, n'est pas sans rencontrer certaines difficultés d'application. Les intéressés, vu leur grand nombre, s'entendent rarement pour le choix du mandataire unique, et le but de la loi est manqué. En somme, comme le dit très bien M. le sénateur Franck-Chauveau, la loi de 1887 « n'a pas coupé le mal dans sa racine; elle n'a pas supprimé le fléau des licitations... en atténuant le mal, elle l'a laissé subsister (1) ».

On se ferait d'ailleurs singulièrement illusion, si l'on croyait que la délivrance des titres constatant la propriété de chaque famille a laissé une empreinte durable sur la propriété indigène. Les communistes se sont généralement empressés de retomber dans l'indivision, après le départ du commissaire-enquêteur. C'est ce qui ressort de la déposition faite, dans l'enquête sénatoriale par le directeur des Domaines à Alger (2). Suivant la remarque de M. Burdeau, « chacun est revenu à l'état antérieur, sauf quelques mauvais sujets qui se croient avantagés par le nouveau partage et qui essayent de pêcher en eau trouble (3) ». Tant il est vrai que la grande erreur du législateur de 1873 est d'avoir voulu imposer aux indigènes nos conceptions modernes sur la propriété, avant que les mœurs des Arabes aient été assez profondément modifiées au contact de notre civilisation.

Les difficultés qui viennent d'être signalées ne sont pas les seules qui aient déterminé l'insuccès de la législation fon-

(1) *Op. cit.*, p. 35 et 36.
(2) *Loc. cit.*, p. 207.
(3) *Op. cit.*, p. 120.

cière actuelle. Ainsi que nous l'avons déjà expliqué, l'absence
d'un état civil régulier entrava considérablement la marche
des opérations entreprises en territoire de tribus. Les indigènes n'avaient point de noms patronymiques, et, malgré
l'expédient imaginé par la loi de 1873 en vue de suppléer aux
noms de famille, la plus grande confusion était à craindre dans
la délivrance des titres de propriété. D'un autre côté, les
travaux des commissaires-enquêteurs ne progressaient qu'avec
une lenteur désespérante. Le premier président de la Cour
d'appel d'Alger, M. Zeys, a déclaré devant la commission
sénatoriale de 1891 que, d'après l'opinion courante, il faudrait cent cinquante ans pour que la loi de 1873 fût appliquée à tout le territoire algérien.

Enfin, aux yeux des hommes d'État qui ont pour mission
d'équilibrer le budget, l'expérience engagée en Algérie a le
tort grave d'imposer à l'État aussi bien qu'aux indigènes une
charge exagérée, hors de toute proportion avec les résultats
obtenus. D'après les calculs de M. Burdeau, la dépense revenait à 7 francs par hectare et l'on pouvait, à la fin de 1892,
évaluer à 16 millions le coût des opérations terminées ou en
cours d'exécution à cette époque. Et si l'on considère que les
titres de propriété délivrés en vertu de la loi de 1873 ne portent que sur 2,200,000 hectares environ, il faudrait, pour les
12 millions d'hectares du Tell qui restent à constituer une
somme de soixante millions au bas mot. A raison de 200,000
hectares et d'un million de francs par an, ajoute M. Burdeau,
« l'opération durerait jusqu'après le milieu du vingtième
siècle (1). »

Ainsi condamnée par ses résultats, l'œuvre du législateur
de 1873 a dû être interrompue. Le Gouvernement a prescrit
à l'Administration algérienne de suspendre l'application de la
loi de 1873, jusqu'au jour où il serait possible de la reprendre
dans de meilleures conditions. Les seules opérations qui se
poursuivent actuellement sont les travaux de délimitation et
de répartition prévus par le sénatus-consulte de 1863 et par
la loi du 22 avril 1887. On continue à délimiter le territoire

(1) *Op. cit.*, p. 118.

des tribus et des douars, dans les conditions que nous avons décrites plus haut (1), et ces opérations qui doivent embrasser, indépendamment du Tell, la région des Hauts-Plateaux et le Sahara algérien (2), progressent régulièrement, avec une activité suffisante, préparant les éléments d'un véritable cadastre. Au commencement de l'année 1893, il ne restait plus, en territoire civil, à soumettre à l'application du sénatus-consulte de 1863, que 81 territoires, d'une contenance totale de 967,910 hectares. Il est donc vrai de dire que, en ce qui concerne la région du Tell, l'œuvre considérable inaugurée par le sénatus-consulte touche presque à sa fin (3).

(1) V. *suprà*, p. 273 et suiv.

(2) C'est là, du moins, l'interprétation administrative. (*Instruction* du 1ᵉʳ juillet, 1888, p. 42, nᵒ 69.)

(3) Voici, d'après les statistiques citées dans le rapport de M. Franck-Chauveau (p. 27, note 1), comment se répartissent les résultats des opérations exécutées en vertu du sénatus-consulte de 1863, et des lois de 1873 et de 1887 :

Au 30 septembre 1892, les délimitations effectuées par application du sénatus-consulte embrassaient 416 tribus, 754 douars et 7.703,605 hectares. Sur cette superficie, 5,906,488 hectares sont dans le régime du Tell ; 1,601,647, dans celui des Hauts-Plateaux ; 195,470 dans le Sahara.

A la même date, la propriété avait été constituée ou constatée : en territoire arch, dans 115 douars, d'une superficie de 818,879 hectares : en territoire melk, dans 176 douars, d'une superficie de 1,352,054 hectares ; soit, au total, 291 douars et 2,170,933 hectares. En outre, le travail était achevé, mais non encore homologué dans 21 douars, occupant un domaine de 223,324 hectares ; il était interrompu, dans 14 douars, d'une superficie de 148.666 hectares.

Quant aux opérations de purge spéciale autorisées par le titre III de la loi de 1873, elles ne portaient, au 31 décembre 1891, que sur une contenance totale de 198,241 hectares, d'une valeur de 7,480,000 francs, dont 146,586 hectares aux mains des colons français. Plus faible encore est le bilan des enquêtes partielles homologué en exécution de la loi du 28 avril 1887 : il n'y avait, à la fin de l'année 1891, que 80 enquêtes de cette nature, s'appliquant à une superficie de 5,363 hectares.

CHAPITRE VIII

Conflits de lois relatifs aux biens.

Nous avons essayé, dans les chapitres précédents, d'esquisser l'histoire de la propriété foncière en Algérie, de mesurer la distance parcourue depuis le commencement de cette laborieuse évolution législative jusqu'au point d'arrivée actuel. Par nos explications, on a pu se rendre compte de la nature et de l'importance des résultats obtenus, du nombre et de la gravité des obstacles qui ont retardé jusqu'à présent et qui ralentissent encore la conquête pacifique de la terre indigène par la colonisation française. Dès maintenant nous savons que de nouveaux et patients efforts devront être tentés, si nous voulons arriver enfin à asseoir sur des bases stables la propriété foncière et le crédit.

Pour épuiser le sujet, il nous reste à rechercher, comme nous l'avons fait à propos de la condition juridique des personnes, quelle est, relativement au régime des biens, la sphère d'action respective de la loi française et du statut indigène. A quels critérium convient-il de rattacher la solution des conflits légilatifs qui peuvent s'élever en cette matière ? Telle est la question que nous allons examiner. Nous n'avons d'ailleurs à nous occuper ici que de l'antagonisme des lois française et indigène, le seul qui soit spécial à l'Algérie et qui, dès lors, rentre dans l'objet de cette Étude. Quant aux conflits qui éclatent entre notre loi territoriale et la loi personnelle des étrangers, ils relèvent entièrement des principes du droit commun international et, pour cette raison, nous paraissent devoir être éliminés du cadre de cet Essai.

L'Algérie, terre française, est à ce titre soumise à la disposition générale de l'article 3 du Code civil. Tous les immeubles compris dans son territoire sont donc, en principe, régis par la loi française. Mais, comme on l'a vu plus haut, il ne pouvait être question, dans la période de transition qui a suivi notre conquête, d'appliquer à la lettre cette règle fondamentale de notre code. Avant de franciser la terre algérienne, avant de la plier au régime général de la métropole, il fallait essayer de rapprocher de nous les races indigènes. Les considérations d'ordre supérieur qui, au lendemain de la capitulation d'Alger, justifiaient le maintien du statut personnel des Musulmans, pour ne pas s'imposer avec la même force en matière de statut réel, nous faisaient cependant un devoir de ne réaliser l'annexion juridique du sol algérien que graduellement, dans la mesure permise par les circonstances ou commandée par les besoins de la colonisation.

Voilà pourquoi, de 1834 à 1873, le principe inscrit dans l'article 3 du Code civil n'a reçu en Algérie qu'une satisfaction en quelque sorte théorique. Pendant ce long intervalle, le régime de la terre, lié à la condition juridique de son possesseur, n'a eu qu'une assiette flottante et instable. La détermination du statut réel ne reconnaissait alors d'autre critérium que l'origine musulmane ou européenne des contractants. Tandis que la loi française gouvernait les transactions immobilières entre indigènes et Européens, la loi musulmane restait maîtresse des conventions de toute nature conclues entre Mahométans. Aussi qu'arrivait-il ? C'est qu'un immeuble, après avoir été soumis plus ou moins longtemps au régime du Code civil, revenait sous l'empire du statut indigène, à la première mutation qui le faisait passer, des mains de son possesseur français ou étranger, dans les mains d'un Musulman algérien.

Il n'en est plus de même aujourd'hui. Rompant avec les errements de la législation antérieure, la loi du 26 juillet 1873 a proclamé la souveraineté de la loi territoriale française en matière immobilière. Elle pose en règle que l'établissement de la propriété foncière en Algérie, la conservation et la transmission contractuelle des immeubles et droits immobiliers, quels que soient les propriétaires, sont régis par la loi française (1). Par l'effet de cette disposition, l'article 3 du Code civil reprend toute son efficacité. Désormais, c'est le droit français qui servira de base au régime foncier de notre colonie ; c'est cette loi qui constitue la règle générale ; elle doit donc être obéie partout où il n'y a pas été expressément dérogé en faveur du droit musulman. Or, la seule exception que souffre la règle, la loi foncière de 1873 l'indique elle-même en termes non équivoques : c'est lorsqu'il s'agit d'un immeuble possédé par un indigène et non pourvu d'un titre français. La loi musulmane est alors applicable. Mais, en dehors de ce cas limitativement spécifié, c'est la loi française qui détermine le statut des immeubles de l'Algérie, et ce statut, elle le fixe d'une manière indélébile. Une fois rangé sous l'autorité du droit français par l'un quelconque des procédés énumérés dans la loi de 1873 (2), l'immeuble garde à jamais l'empreinte de notre loi et, quels que soient les événements, il ne peut retomber sous le joug du droit musulman.

Mais si le statut réel français, une fois imprimé à l'immeuble, devient immuable et s'attache à cet immeuble dans les diverses phases de son existence juridique, il ne s'ensuit pas cependant que toute éventualité de conflit entre la loi française territoriale et la loi personnelle indigène soit, de ce fait, définitivement écartée. Il existe, au contraire, nombre de cas où, à propos d'un bien-fonds soumis au statut français, les deux législations rivales entrent en contact et se disputent le terrain.

Examinons d'abord l'hypothèse où un immeuble pourvu d'un titre français est vendu par son possesseur européen à un indigène musulman. Nul doute que cette aliénation est, en principe, régie par la loi française. Ainsi, c'est d'après les principes du Code civil que se règlent la nature et les effets du contrat de transfert, le consentement des parties, l'obliga-

(1) Art. 1er.

(2) On a vu plus haut que les titres qui emportent attribution du statut réel français sont les actes notariés rédigés par des officiers publics français, les actes judiciaires émanés de nos tribunaux, les actes de concession, les titres de propriété délivrés en exécution de l'ordonnance de 1846 ou à la suite des opérations de cantonnement ; enfin, les titres de propriété créés en vertu de la loi de 1873 (art. 2, L. 26 juillet 1873).

tion pour le vendeur de délivrer et de garantir, pour l'acheteur celle de payer le prix, l'action résolutoire, la clause de réméré, la rescision pour cause de lésion. Il est non moins certain que, pour consolider sa propriété au regard des tiers et pour arrêter le cours des inscriptions hypothécaires du chef du vendeur, l'acquéreur musulman est obligé de se mettre en règle avec la formalité de la transcription, conformément aux prescriptions de la loi du 23 mars 1855. Il va sans dire qu'au point de vue des formes extérieures de l'acte, les contractants doivent satisfaire aux conditions spéciales exigées par la loi algérienne pour la validité des conventions entre Musulmans et Européens (1).

Toutefois, la loi française laisse en dehors de son atteinte un des éléments intrinsèques de la vente, à savoir la capacité du Musulman acheteur. Les questions de capacité font partie intégrante du statut personnel, elles sont du domaine des lois et coutumes dont nous avons garanti le libre exercice à nos sujets indigènes. Par conséquent, c'est bien d'après la coutume musulmane et non d'après le Code civil que devra être appréciée, dans le cas qui nous occupe, la capacité contractuelle de l'indigène acquéreur. Sur ce point, mais sur ce point seulement, la loi française est tenue en respect par le droit islamique.

Ce que nous décidons ici de la vente, entre Européen et indigène, d'un immeuble soumis au statut français s'applique par identité de motifs, aux transmissions ultérieures dont le même bien peut faire l'objet entre Musulmans. La loi française accompagne l'immeuble dans le cours de ses mutations successives. Telle n'a pas toujours été la solution. Ainsi qu'on l'a vu plus haut, antérieurement à la loi du 26 juillet 1873, le statut de l'immeuble se trouvait subordonné à celui du propriétaire, de telle sorte qu'une fois revenu aux mains d'un possesseur indigène, l'immeuble pourvu originairement d'un titre français retombait sous l'autorité de la loi musulmane et redevenait susceptible de transmission selon les règles de

(1) V. *suprà*, p. 28.

cette loi (1). Mais, on le sait, l'un des principaux effets de la loi de 1873 est précisément d'empêcher qu'en passant d'un propriétaire européen à un propriétaire indigène, les immeubles régis par la loi française ne perdent le bénéfice de ce statut. Il en résulte qu'aujourd'hui et dans toute l'étendue du Tell, les immeubles dont la propriété repose sur un titre français ne peuvent plus être transmis contractuellement, même entre indigènes, qu'en conformité des lois françaises (2). La forme, la preuve et les effets de la convention translative sont régis uniquement par le Code civil et par les lois qui lui font cortège, notamment par la loi du 23 mars 1855 sur la transcription. Seule, la capacité des parties contractantes, étant du ressort du statut personnel, reste soumise au droit musulman.

Il n'y a pas, d'ailleurs, à distinguer à ce point de vue entre les mutations immobilières à titre onéreux et celles qui ont lieu entre vifs à titre gratuit. La transmission, par donation, d'immeubles dont le disposant est propriétaire en vertu de titres français est également régie par la loi française. C'est d'après les principes du Code civil que la validité doit en être appréciée, soit quant aux formalités extérieures destinées à lui conférer l'authenticité, soit quant aux conditions de liberté du consentement et aux autres éléments essentiels du contrat. Ainsi, une telle donation, bien qu'intervenue entre Musulmans, ne pourrait être déclarée nulle, par le motif, tiré de la loi islamique, qu'elle n'aurait pas été accompagnée de tradition et qu'elle aurait été consentie pendant la dernière maladie du donateur (3).

Ce n'est pas seulement en matière d'acquisitions contractuelles que l'établissement d'un titre de propriété français entraîne nécessairement, pour l'immeuble qui en a fait l'objet, l'application de la loi réelle française, même dans les rapports de Musulman à Musulman. Le même principe gouverne la prescription acquisitive. A ce point de vue, tous les immeubles

(1) En ce sens, C. Alger, 28 mars 1892, D. P. 92, 2, 584.
(2) Cass., 6 novembre 1882, Sir., 85, 1, 70 ; *Rev. Alg.*, 1887, I, p. 124, *ad notam*.
(3) Cass., req. 11 décembre 1889; J. P. 91, 973 ; — Conf. Cass. civ., 4 mars 1857; J. P. 57, 1143.

qui sont pourvus en Algérie d'un titre français sont régis par le Code civil, même quand leur propriétaire ou leur possesseur est de religion musulmane. A la loi française il appartient de décider si ces biens sont ou non susceptibles d'être acquis par usucapion, et quels doivent être les caractères et la durée de cette possession. Par exemple, le possesseur arabe de mauvaise foi ne prescrira, même à l'encontre d'un coreligionnaire musulman, la propriété d'un immeuble ayant une origine française que par trente ans, conformément au Code civil, bien que la loi musulmane n'exige qu'une possession de dix ans, sans juste titre ni bonne foi (1).

Le principe suivant lequel la transmission, même entre Musulmans, d'un immeuble soumis au statut français, est réglée par la loi territoriale française, reçoit une limitation importante en matière de mutations à cause de mort. Respectueuse de la tradition législative, la loi du 26 juillet 1873 laisse les successions des indigènes, aussi bien pour les immeubles que pour les objets mobiliers, sous l'empire de leurs lois et coutumes personnelles. Lors donc que la succession d'un Musulman comprend des immeubles au titre français, deux lois sont en lutte : d'une part, la loi territoriale française qui s'attache à l'immeuble dont elle a fixé le statut d'une façon indélébile, d'autre part, la loi personnelle du *de cujus* musulman et de ses héritiers. Qui doit l'emporter dans ce conflit ? Ou plus exactement, quelle part d'application convient-il de faire respectivement à chacune des législations en présence ?

La question doit être résolue par une distinction. Pour le fond du droit, c'est-à-dire pour toutes les questions que soulève la dévolution héréditaire, il n'y a d'autres règles à suivre que celles du droit musulman, même en ce qui concerne l'immeuble français compris dans la succession. S'agit-il, au contraire, de dégager de l'indivision les droits individuels

(1) V. les arrêts cités par M. Robe, 1880, p. 192; 1882, p. 32, § 1er; 1884, p. 84, §§ 4 et 5, et 1886, p. 65,§ 2. — En droit musulman, l'acquisition des immeubles par la prescription ne requiert ni juste titre, ni bonne foi; mais elle nécessite une possession de dix ans entre étrangers et de quarante ans entre parents. (Cass. 14 mai 1888. Sir., 89, 1, 221).

des héritiers, au moyen d'un partage ou d'une licitation, la loi territoriale française entre en scène et exclut, à son tour, le droit musulman.

Ainsi, la loi ou la coutume indigène doit être uniquement consultée, lorsqu'il s'agit de déterminer le moment de l'ouverture de la succession musulmane et d'apprécier la capacité du successible. N'oublions pas toutefois qu'en cette matière nos tribunaux peuvent profiter du silence ou de l'incertitude de la loi musulmane, pour interposer leur pouvoir modérateur et corriger ce qu'il y a d'excessif ou de contraire à l'ordre public dans certaines théories du droit indigène. Nous n'en voulons d'autre exemple que la jurisprudence adoptée par la Cour d'Alger au sujet de la fiction de *l'enfant endormi*. Ainsi que nous l'avons déjà expliqué, la veuve qui s'est déclarée enceinte d'un enfant endormi peut rester en état de gestation pendant une période de quatre, cinq ou sept ans, à partir du décès de son mari. L'enfant qui naît d'elle dans cet intervalle, bien que non conçu lors de l'ouverture de la succession du *de cujus*, n'en a pas moins tous les droits d'un enfant légitime et hérite régulièrement des biens laissés par le défunt. Nous ne reviendrons pas sur les développements que nous avons accordés à l'examen de cette originale création du droit musulman (1). Il suffira de rappeler que la théorie de l'enfant endormi, ne s'appuyant sur aucun texte et n'ayant pour elle que l'opinion souvent contradictoire des jurisconsultes islamiques, est depuis longtemps proscrite par la jurisprudence des tribunaux algériens.

C'est encore la loi musulmane ou la coutume kabyle qui désignera, parmi les membres de la famille du défunt, ceux qui recueilleront ses biens, dans quel ordre et jusqu'à quel degré ils seront appelés à les recueillir. Il faudra donc appliquer, même à l'égard des immeubles héréditaires ayant eu un titre français, les règles complexes qui déterminent, en droit islamique, la double hiérarchie successorale des réservataires et des açeb, le calcul des réserves et la répartition de l'as héréditaire entre les ayants droit. Le droit indigène

(1) V. *suprà*, p. 109.

devra, seul, être interrogé pour reconnaître dans quel cas et dans quelle mesure l'État français, substitué aux droits de la kharouba, du thaddart et du beït-el-mâl, peut se prévaloir de sa qualité de successeur irrégulier et venir au partage de l'hérédité.

Il en est d'ailleurs, à cet égard, de la succession testamentaire comme de la dévolution *ab intestat*. La capacité du testateur et celle du légataire musulmans se mesurent d'après les prescriptions de leur statut personnel, alors même que la disposition à cause de mort aurait pour objet un immeuble français par son origine. Ici, comme en matière de succession légitime, la loi française n'a pas à intervenir; elle cède le pas au droit musulman.

Mais où la loi territoriale reprend ses prérogatives et affirme sa suprématie, c'est lorsqu'il s'agit de fixer, par voie de partage ou de licitation, la part virile de chaque cohéritier dans la masse de la succession. On se trouve alors en présence d'une opération juridique tendant à constituer la propriété individuelle, à la dégager de l'indivision dans laquelle elle n'existe qu'à l'état latent. Or, la loi du 26 juillet 1873 pose en principe (1) que « l'établissement de la propriété immobilière en Algérie » est, abstraction faite des personnes, régi par la loi française. Si donc une succession musulmane est purement immobilière ou comprend des meubles et des immeubles, le partage auquel elle donne lieu échappe au statut musulman et relève de la loi française, puisque cet acte a pour but et pour effet « d'établir » au profit de chaque attributaire de biens-fonds un droit de propriété immobilière. Du moment où l'établissement de la propriété foncière est en jeu, c'en est assez pour justifier l'application de nos codes.

Cette solution, qui découle des principes généraux de la loi du 26 juillet 1873, a été consacrée explicitement par la loi du 28 avril 1887 et par le décret du 17 avril 1889. Les dispositions de ces deux actes législatifs se résument en peu de mots. Si la succession musulmane est purement mobilière, la loi indigène est seule applicable, et c'est le cadi qui est

(1) Art. 1er.

appelé à procéder aux opérations de compte, liquidation et partage. Si, au contraire, l'hérédité comprend des immeubles, le partage en est opéré dans les formes de la loi française, par le ministère d'un notaire français. Nous supposons, bien entendu, que les héritiers sont d'accord et capables de contracter. Lorsqu'ils ne s'entendent pas pour un partage amiable, il y est procédé par autorité de justice, conformément à l'article 966 du Code de procédure civile. Dans ce cas encore, c'est la loi française qui gouverne le partage ou la licitation (1).

Quand nous disons que le partage entre Musulmans d'une succession immobilière est régi par le droit français, nous ne prétendons point que le notaire liquidateur doive, dans son travail, faire abstraction de la loi musulmane et ne s'inspirer que des principes de notre Code. Ce qui, dans le partage, relève des principes du Code français, c'est la forme et le résultat juridique du contrat. Ainsi, au point de vue de la garantie que les héritiers se doivent respectivement, de la rescision du partage en cas de lésion, c'est la loi territoriale qui devra être consultée (2). Mais, pour l'établissement des droits successoraux, le notaire français n'a pas à demander conseil au Code civil ; il ne peut que prendre pour base les proportions déterminées par la loi islamique ou la coutume kabyle. En un mot, la loi française ne s'empare que de l'élément contractuel du partage ; quant au fond du droit successoral, il résiste à l'action de notre Code et reste sous la dépendance exclusive du statut musulman.

Dans les diverses hypothèses que nous venons de parcourir, nous avons eu principalement en vue les conflits de lois qui se produisent lorsqu'un immeuble, déjà pourvu d'un titre français et soumis comme tel au régime de notre Code, retourne par le jeu des mutations entre les mains d'un pro-

---

(1) Loi 28 avril 1887, art. 12 à 18 ; — Décret 17 avril 1889, art. 52.

(2) L'article 18 de la loi du 28 avril 1887 porte en ce sens : « Les partages et licitations (entre indigènes) accomplis suivant les formes qui précèdent (devant notaire ou en justice) produiront les effets déterminés par les articles 883 et suivants du Code civil et ne pourront être attaqués que pour les causes et dans les conditions prévues par l'article 887 du même code. »

priétaire musulman. Envisageons maintenant la situation inverse, où un immeuble, dont la propriété n'a pas encore été établie conformément à la loi française, passe de la tête de son possesseur indigène sur celle d'un acheteur européen.

Tant que l'immeuble non francisé reste dans le patrimoine de son propriétaire musulman ou ne donne lieu qu'à des transactions entre indigènes, il ne saurait être question de faire à ce bien-fonds l'application des principes du droit français relatifs au régime et à l'exercice du droit de propriété, à son acquisition et à sa transmission. Dans cette période de transition et jusqu'au moment où un des actes ou faits juridiques prévus par la législation existante le fait entrer dans la circulation européenne, l'immeuble musulman demeure sous l'empire du statut indigène. Ainsi, c'est par la loi indigène que seront réglées toutes les questions susceptibles de s'élever, entre Musulmans, relativement à la possession et à la prescription acquisitive. De même encore, au cas de transmission d'indigène à indigène, le droit islamique sera seul à considérer pour tout ce qui a trait aux conditions de fond et de forme requises pour la validité de la convention translative, et à ses effets, soit entre les parties, soit au regard des tiers. Par exemple, nul besoin pour l'acheteur indigène de recourir à la transcription en vue de consolider son acquisition : la publicité des transferts de propriété est, en effet, une institution étrangère à la loi musulmane ; dans les principes de cette loi, la vente a, par elle-même et indépendamment de toute formalité extérieure, la force translative, même vis-à-vis des tiers. Il faut reconnaître pareillement que l'existence de la convention immobilière pourra être établie entre Musulmans d'après les règles du droit indigène, notamment par la preuve testimoniale. En un mot, pour tous les actes juridiques dont un immeuble non francisé peut faire l'objet entre indigènes musulmans non naturalisés, la loi française n'a pas à intervenir, et c'est à leur loi ou coutume personnelle que les contractants doivent se référer.

Mais le droit musulman se retire devant la loi territoriale au moment où l'immeuble d'origine indigène est transmis par son possesseur arabe ou kabyle à un Français ou à tout autre Européen. La loi du 26 juillet 1873 (1) soumet, en effet, expressément à la loi française toute convention immobilière intervenue entre individus de statut différent. Donc, par le fait même de la cession qui en est faite à un Européen, l'immeuble musulman passe sous l'autorité du statut réel français, et l'acte qui réalise ce changement de situation constitue un titre français, dont le caractère, la forme et les effets relèvent exclusivement des règles de notre Code. Sans doute, la capacité du Musulman aliénateur (2) devra se juger d'après la loi indigène, ainsi que la justification de son droit de propriété et la nature des servitudes ou charges réelles qui, du chef de ce vendeur, peuvent grever l'immeuble transmis. Mais à tous les autres égards, notamment au point de vue de la nature de la convention translative, de ses éléments substantiels, de ses formalités extrinsèques, de l'étendue et du caractère des obligations qui incombent respectivement au cédant et au cessionnaire, des effets du contrat *inter partes* et au regard des tiers, des risques et de la garantie, la loi française devient prépondérante et n'admet aucun partage avec la loi personnelle de l'aliénateur musulman.

Ainsi que l'exprime l'article 2 de la loi du 26 juillet 1873, l'application du statut réel français à un immeuble de provenance musulmane le rend justiciable, non seulement des principes généraux du Code civil, mais encore des dispositions législatives particulières qui, dans l'intérêt du crédit public, soumettent à certaines conditions de publicité à l'égard des tiers, l'effet translatif de la convention. La transmission immobilière d'indigène à Européen doit donc, sans contredit, satisfaire aux exigences de la loi du 23 mars 1855 sur la transcription. L'acheteur européen qui veut rendre opposable aux tiers son titre d'acquisition est tenu de le faire transcrire à la conservation des hypothèques. A cette condition seulement,

---

(1) Art. 2.

(2) Rappelons ici qu'en droit musulman, la vente des immeubles d'un mineur peut être faite, sans l'observation d'aucune forme légale, tant par les tuteurs du mineur que par le cadi. (Cass., 14 mai 1868, Sir., 89, 1, 221.)

il aura la priorité sur les tiers acquéreurs ou créanciers qui, du chef des précédents propriétaires, revendiqueraient des droits réels sur l'immeuble objet du contrat.

A la matière de la transcription se lie une question très intéressante, que nous avons déjà signalée, celle de savoir si la transcription d'une vente immobilière consentie de Musulman à Européen a pour effet de consolider la propriété de l'acheteur, même à l'égard des tiers indigènes qui n'ont pas fait transcrire. Résumons, en deux mots, les circonstances dans lesquelles peut se produire cette difficulté. Un Musulman cède à un de ses coreligionnaires un immeuble non pourvu d'un titre français : l'acheteur n'a pas à se mettre en peine de la transcription, puisque tout se passe entre Musulmans, sous l'empire d'une loi qui ne fait aucune place à nos formalités de publicité. Ultérieurement, le même aliénateur revend le même immeuble à un acheteur européen, qui pourvoit à la transcription de son titre. Qui l'emportera de ces deux acquéreurs rivaux ? Donnerons-nous la préférence à l'acheteur musulman, dont le titre est le premier en date et que sa loi personnelle déclare propriétaire au regard de tous par la seule force de la convention et indépendamment de toute publicité ? Décidera-t-on, au contraire, que l'acquéreur européen ayant, selon le vœu de la loi de 1855, requis la transcription de son contrat, doit recueillir tous les avantages que le droit français attache à l'accomplissement de cette formalité, et, par conséquent, écarter le précédent acquéreur dont le titre est resté occulte ?

Comme on le voit par ce simple exposé, la collision qui s'élève ici entre le titre indigène, affranchi de toute publicité, et le titre français, soumis à la transcription, implique un véritable conflit législatif. En dernière analyse, tout se réduit au point de savoir à qui le dernier mot doit appartenir, de la loi musulmane qui ne subordonne l'efficacité des transferts immobiliers à aucune formalité extérieure, ou de la loi française qui exige la transcription du contrat. Or, la question, ainsi posée, ne peut qu'être résolue en faveur de la loi territoriale. C'est un principe constant du droit international privé que, lorsque la loi personnelle d'un étranger et la loi territoriale française entrent en lutte sur le terrain de la transcription, c'est aux dispositions de notre droit qu'il appartient de trancher le différend (1). La règle de publicité prescrite par la loi du 23 mars 1855 intéresse, en effet, directement le régime économique du pays et les intérêts généraux de l'État : c'est là une raison juridiquement suffisante pour que l'étranger ne puisse s'y soustraire. A plus forte raison, cette solution s'impose-t-elle, lorsque notre loi territoriale se trouve en présence, non plus de la loi nationale d'un étranger, mais d'un statut indigène qui n'est maintenu qu'à titre d'exception, et dont les dispositions ne sauraient dès lors limiter ou paralyser, en dehors des cas spécialement prévus, l'application de la règle commune, la souveraineté du droit territorial français. C'est en ce sens que la jurisprudence algérienne, après avoir longtemps hésité sur la question, a fini par se prononcer. Il résulte de ses décisions les plus récentes (2) que le contrat de vente immobilière passé entre Musulmans conformément à la loi indigène et, par suite, non transcrit, n'est pas opposable au tiers européen qui, ultérieurement, achète le même immeuble du même vendeur en ayant soin de consolider par la transcription son titre de propriété.

Qu'advient-il des charges réelles et des servitudes dont l'immeuble indigène se trouve grevé en vertu de la coutume musulmane, au moment où il entre dans le statut français par l'effet de la vente qui en est faite à un Européen? L'acquéreur est-il obligé de les respecter? L'affirmation nous paraît certaine. A la vérité, l'article 1er de la loi du 26 juillet 1873 prononce expressément l'abolition de « tous droits réels, servitudes ou causes de résolution quelconques, fondées sur le droit musulman ou kabyle, qui seraient contraires à la loi française ». Mais cette prohibition ne s'applique aux immeubles d'origine musulmane qu'à partir du jour où ils passent sous l'empire du statut français. Une fois soumis au régime de la loi française,

<hr>

(1) Weiss, *op. cit.*, p. 765 ; Laurent, *op. cit.*, VII, p. 858 ; Fœlix, *op. cit.*, II, p. 32.
(2) C. Alger, 23 j .in 1891, D. P. 92, 2, 442.

l'immeuble conserve ce statut d'une manière permanente et ineffaçable, et, par conséquent, il ne peut désormais, même entre les mains d'un possesseur musulman, être assujetti à des servitudes ou à des charges foncières que la loi française ne reconnaît pas. Quant aux droits réels existant sur l'immeuble à la date de l'acte qui lui imprime le statut français, ils restent intacts et suivent l'immeuble entre les mains de son nouveau possesseur. En d'autres termes, lorsqu'elle abroge les restrictions et charges foncières fondées sur les principes de la coutume musulmane, la loi de 1873 ne statue que pour l'avenir; avec juste raison, elle décide que lorsqu'un immeuble algérien s'est rangé sous l'égide du Code civil, il ne saurait dorénavant être question de constituer sur cet immeuble des droits réels étrangers aux données de notre droit. Mais elle ne porte aucune atteinte aux affectations qui ont pu être consenties à l'époque où l'immeuble, non encore justiciable du droit français, relevait exclusivement de la coutume indigène.

Par application de ces principes, il faut reconnaître avec la jurisprudence que, au cas d'adjudication d'un immeuble indivis entre deux indigènes au profit d'un Européen, cet immeuble n'entre dans le statut français que sous réserve des charges dont il a été grevé du chef des précédents propriétaires, sous le régime du droit musulman. Spécialement, le contrat d'antichrèse (rahnia) qui frappait cet immeuble antérieurement à l'adjudication, doit être maintenu à l'encontre de l'adjudicataire (1).

Les charges et droits réels d'origine musulmane qui grèvent l'immeuble du chef des précédents possesseurs, ne sont d'ailleurs opposables à l'acheteur européen qu'autant qu'il en est dûment justifié. Mais d'après quelle loi cette justification sera-t-elle établie ? Le bénéficiaire du contrat de rahnia sera-t-il recevable à se prévaloir des modes de preuve propres à la coutume musulmane et, par conséquent, à prouver par témoins, l'existence de cette affectation ? Sous le régime législatif antérieur aux décrets de 1886 et de 1889, l'affirmative aurait pu être sérieusement soutenue. En effet, les tribunaux

(1) C. Alger, 28 janvier 1892, D. P. 93, 2, 103.

puisaient alors, dans l'article 37 de l'ordonnance du 26 septembre 1842, la faculté d'appliquer à leur choix la loi française ou la coutume musulmane au règlement des litiges entre Français et indigènes, et, par suite, d'admettre en toute matière la preuve testimoniale. Mais, cette disposition de l'ordonnance de 1842 ayant été abrogée par l'article 77 du décret du 17 avril 1889, la preuve des conventions entre Musulmans et Européens ne peut, en principe, avoir lieu que conformément à la loi française. Par exception, en matière personnelle et mobilière, il est permis à nos tribunaux de recourir aux modes de preuve du droit musulman. En dehors de ce cas, et spécialement en matière immobilière, la preuve testimoniale n'est admise que dans la mesure et aux conditions réglées par le Code civil. Ceci revient à dire qu'un indigène ne saurait prouver par témoins à l'encontre de l'acquéreur européen, l'existence de la rahnia dont il cherche à se prévaloir, puisque, d'après l'article 2085 de notre Code, l'antichrèse ne s'établit que par écrit (1).

Nous ne pouvons nous éloigner du sujet que nous étudions en ce moment, sans nous expliquer au sujet des conflits législatifs qui peuvent naître, soit de l'exercice du droit de chefâa, soit d'une constitution de habous sur un immeuble soumis au statut réel français.

La nature et les effets du chefâa nous sont déjà connus : c'est un droit de retrait organisé par la loi ou la coutume indigène, au profit des copropriétaires à un titre quelconque et même des simples voisins, pour leur permettre d'exclure le tiers acquéreur d'une part indivise immobilière et de garantir par là même l'intégrité du patrimoine commun. Renchérissant à cet égard sur les prescriptions du droit islamique, les kanouns berbères ont donné à ce droit de reprise une exten-

---

(1) C. Alger, 28 janvier 1892, D. P. 93, 2, 103. Le même arrêt décide, en outre, que la rahnia procédant de causes antérieures à l'adjudication est primée par l'hypothèque régulièrement inscrite au profit d'un tiers. C'est là une application directe de l'article 2089 du Code civil. Cette solution découle d'ailleurs des principes généraux qui nous ont conduit à décider en faveur de la loi française le conflit du titre d'acquisition musulman non transcrit avec le titre français soumis à la transcription. V. sur ce point, p. 824.

sion immodérée : en Kabylie, le chefâa peut être opposé au tiers acquéreur, non seulement par le copropriétaire ou le voisin, mais encore par un des membres quelconques de la communauté villageoise.

L'application de ce droit de chefâa ne rencontre pas d'obstacle juridique lorsqu'elle affecte un immeuble non soumis au statut français, vendu par un Musulman à un de ses coreligionnaires. Du moment, en effet, où une telle vente ne met en cause que les principes du droit indigène, rien ne s'oppose à ce que le chefâa s'exerce librement, d'après les règles de la coutume musulmane. Mais il en est tout autrement, lorsque la question du chefâa se pose à propos d'un immeuble régi par la loi française. Peut-on admettre que cet immeuble, dont toutes les transmissions, même entre indigènes, relèvent exclusivement du statut français, soit grevé d'un droit de résolution dont le Coran est la source et qui, par ses conséquences exorbitantes, contredit si ouvertement la théorie de notre Code ? Jusqu'en 1873, la législation algérienne n'a fourni aucun critérium pour la solution de ce conflit, et les tribunaux français ont eu un pouvoir discrétionnaire pour admettre ou repousser, suivant la nature de l'immeuble et les circonstances, le droit de chefâa.

Ce système transactionnel avait sa raison d'être à une époque où le régime du sol, lié à la condition de ses possesseurs, était flottant et variable ; mais il ne pouvait évidemment prendre place dans l'organisation foncière issue de la loi de 1873, puisque la caractéristique de cette loi est d'assujettir irrévocablement à l'autorité de notre Code tout immeuble qui est entré dans la sphère du statut français, soit en vertu d'une vente d'indigène à Européen, soit par le résultat d'une délivrance de titre. Aussi, la loi du 26 juillet 1873 n'a-t-elle point hésité à dépouiller le chefâa de son caractère islamique, pour le faire dégénérer en un simple droit de retrait successoral (1). Désormais le chefâa, transformé dans son but et dans ses effets, ne peut plus être opposé aux acquéreurs que par les parents successibles du vendeur, dans la mesure et

(1) Art. 1er.

sous les conditions prescrites par l'article 841 du Code civil (1). Ainsi se trouve définitivement tranché en faveur de notre droit le conflit législatif que suscitait, en matière de ventes immobilières, l'exercice du chefâa. Ajoutons que la règle posée à cet égard par la loi de 1873 intervient dans toute vente d'immeuble francisé, abstraction faite de l'origine européenne ou musulmane du cessionnaire : en toute hypothèse et dès l'instant où la vente porte sur un immeuble soumis au statut français, la loi de 1873 doit recevoir son application.

Bien qu'annexée au domaine de notre droit par la modification radicale que lui a fait subir la loi du 26 juillet 1873, l'institution juridique du chefâa n'a point cependant rompu toute attache avec la législation musulmane. S'il est vrai que l'exercice du chefâa ne doit désormais avoir d'autre régulateur que l'article 841 du Code civil, il est également certain que, pour savoir si le demandeur est un parent successible du vendeur et, comme tel, a qualité pour intenter l'action en retrait, c'est aux règles de la loi islamique, toujours souveraine en matière de successions, qu'il convient de se reporter.

En prononçant l'abolition des droits réels fondés sur le droit indigène, qui seraient en conflit avec les principes de notre loi, le législateur de 1873 a-t-il virtuellement supprimé l'institution du habous? On a soutenu l'affirmative. Le habous, a-t-on dit, est un droit réel contraire à la loi française; il est donc compris dans la disposition de la loi de 1873 et, par suite, aboli. Mais ce raisonnement ne nous paraît pas très convaincant.

La législation antérieure à la loi de 1873 a, nous l'avons vu précédemment, modifié considérablement la nature du habous. C'est d'abord l'ordonnance du 1er octobre 1844 qui dispose qu'aucune transmission immobilière d'indigène à Européen ne pourra être attaquée pour cause d'inaliénabilité du wakf. L'article 17 de la loi du 16 juin 1851 confirme cette disposition et le décret du 30 octobre 1858 l'étend aux tran-

(1) Ch. des app. musulm., 1er juin 1880 et 27 juin 1881, ROBE, 1881 ; p. 76 et 194, § 2 ; C. Alger, 22 mai 1886; ROBE, 1886, p. 457.

sactions entre indigènes. Au moment où est intervenue la loi du 26 juillet 1873, les immeubles habousés étaient donc rendus au commerce ; ils pouvaient circuler librement, sans que les tiers acquéreurs ou créanciers eussent à courir le moindre risque d'éviction, du chef de la constitution du wakf. A cette époque, le habous n'avait plus qu'un seul effet, celui de régler un ordre successoral particulier, distinct de celui du Coran. Cela étant, on ne peut plus dire que le habous constitue un de ces droits réels ou causes de résolution dont parle la loi de 1873 ; par conséquent, il échappe à l'abrogation qu'elle prononce.

La loi du 26 juillet 1873 n'a porté aucune atteinte au droit successoral des indigènes ; elle le maintient formellement, sans distinguer entre les successions dévolues par la loi et celles dont la dévolution s'opère par la volonté de l'homme. L'institution du habous, ayant aujourd'hui, comme par le passé, le caractère d'une transmission à titre successoral, demeure donc régie par le droit musulman, sauf la dérogation apportée par les actes législatifs antérieurs à 1873 au principe de l'inaliénabilité des biens frappés de wakf (1).

Le maintien du habous, en tant que mode spécial de dévolution héréditaire, entraîne une conséquence qu'il n'est pas indifférent de noter. Les biens des corporations religieuses en Algérie ont été réunis au Domaine, soit par les arrêtés du gouverneur général des 7 et 8 décembre 1830, soit par la loi du 16 juin 1851. Il suit de là que l'État a été investi, non seulement de la propriété des habous que ces corporations possédaient déjà, mais encore du droit de recueillir ceux dont elles étaient éventuellement propriétaires. La raison en a été indiquée tout à l'heure : c'est que le habous, en devenant aliénable, n'a point perdu pour cela son caractère d'ordre successoral réglé par la volonté du constituant. Les biens grevés de wakf ont conservé, pour leur transmission non contractuelle, l'ordre de successibilité fixé par le fondateur. Par conséquent, lorsque le wakf a été établi en faveur d'une œuvre pie, c'est à l'État que les immeubles habousés reviennent à titre de

(1) Cass., 9 juillet 1878, Sir., 79, 1, 312 ; 4 avril 1882, Sir.. 84, 1,360 ; ROBE, 1882, p. 184.

dévolution définitive, si toutefois ils n'ont pas été aliénés dans l'intervalle (1).

Somme toute, malgré les empiétements si considérables de la loi française sur le terrain du habous, cette institution conserve son caractère islamique au point de vue de l'ordre de succession que détermine la mise en wakf. Sous ce rapport, mais dans cette mesure seulement, la loi musulmane triomphe du droit français. S'agit-il, au contraire, de la transmission contractuelle d'un bien habousé, la loi française intervient et efface tous les effets que la constitution de habous entraîne à l'encontre de l'acquéreur, dans les principes du droit musulman (2).

Signalons, en terminant, le très intéressant conflit législatif auquel donne lieu, en matière de succession, la naturalisation des indigènes algériens. Supposons, par exemple, qu'un Arabe malékite décède, à la survivance de deux frères, l'un germain, l'autre consanguin. Le frère consanguin se fait naturaliser citoyen français postérieurement à l'ouverture de la succession. Comment se réglera la dévolution de l'hérédité ? Appliquera-t-on la loi musulmane, d'après laquelle le frère germain exclut le frère consanguin ? Déciderons-nous, au contraire, que ce dernier peut, en sa qualité de naturalisé, réclamer la part que notre Code reconnaît au frère consanguin ? Un magistrat de la Cour d'appel d'Alger, M. le conseiller Eyssautier, a produit à l'appui de la seconde solution, des raisons très fermement déduites. Se fondant sur ce que la loi du 26 juillet 1873 ne laisse sous l'empire du droit islamique que les successions des « indigènes entre eux », il estime que les règles de ce droit sont applicables entre Musulmans exclusivement. D'où il suit que, si un Français figure parmi les cohéritiers, il lui est permis de se réclamer de la loi française et de prendre dans la succession la part que lui confère notre Code (3).

<hr>

(1) Cass. req., 9 juillet 1878, Sir., 79, 1, 312.

(2) L'aliénation de l'immeuble habousé est opposable à tous les dévolutaires éventuels, même aux femmes que le constituant aurait appelées comme bénéficiaires en cas de viduité ou d'indigence. (C. Alger, 29 novembre 1876 ; ROBE, 1876, p. 221.)

(3) *Revue algérienne*, Étude de M. EYSSAUTIER, p. 1887, I, p. 151, n° 58.

Mais nous avons le regret de ne pouvoir nous rendre à cette argumentation. Elle serait probante, s'il s'agissait d'apprécier la capacité du successible naturalisé français; il est, en effet, de principe que la capacité de l'héritier est toujours régie par sa propre loi personnelle (1). Mais, comme l'enseigne un distingué jurisconsulte, « dès que la capacité de l'héritier à acquérir ou à conserver la succession n'est plus en jeu, c'est la loi personnelle du *de cujus* qui redevient applicable. Elle détermine quelles sont, parmi les personnes de sa famille, celles qui recueilleront ses biens, et dans quel ordre et jusqu'à quel degré elles seront appelées à les recueillir (2). »

De là nous concluons que la loi ou la coutume indigène doit seule régler la dévolution de l'hérédité d'un Musulman, même à l'égard du successible qui aurait acquis droit de cité par l'effet d'une naturalisation obtenue depuis l'ouverture de la succession. Donc, pour reprendre l'espèce que nous venons de supposer, le frère consanguin du *de cujus*, bien que naturalisé, sera, conformément au droit coranique, exclu par le frère germain. Nous pourrions multiplier les hypothèses, elles comporteraient toutes la même solution. Ainsi, un indigène kabyle laisse, à son décès, son père et un enfant mâle. Le père du *de cujus* acquiert, postérieurement au décès, le bénéfice de la naturalisation. Pourra-t-il, nonobstant sa qualité de citoyen français, réclamer dans l'hérédité, concurremment avec l'enfant mâle du défunt, la quotité du sixième que la coutume kabyle attribue, dans ce cas, à l'ascendant du *de cujus?* Nous n'hésitons pas à nous prononcer affirmativement. C'est par la loi personnelle de l'auteur de la succession que se détermine la vocation des héritiers; c'est donc la coutume kabyle qui est seule à envisager pour savoir si le père du défunt peut ou non prendre une part dans l'hérédité. Ici encore le conflit se dénoue à l'avantage du droit musulman.

S'il s'agissait d'une succession testamentaire, il est sans difficulté que la capacité du légataire naturalisé français se réglerait d'après le Code civil. Quant à la capacité du testateur, elle relèverait uniquement de son statut personnel.

(1) LAURENT, VI, p. 314; FIORE, p. 608; WEISS, *op. cit.*, p. 847.
(2) WEISS, *op. cit.*, p. 849; conf. Cass., 18 juillet 1859, Sir., 59, 1, 822.

TROISIÈME PARTIE

PROGRAMME DE RÉFORMES

A ce point de notre analyse, nous sommes à même de discerner les causes générales de l'insuccès de notre politique algérienne. On a voulu marcher trop vite. Ne considérant que le but à atteindre, le législateur et l'Administration ont trop souvent négligé de se demander si les réformes qu'ils méditaient d'introduire en Algérie y trouveraient un terrain bien approprié. Ils ont oublié que la fusion de deux races séparées par leurs mœurs, leur religion, leurs besoins économiques et moraux, ne saurait se réaliser que par des transitions sagement ménagées, par un imperceptible travail d'alluvion, et non par la toute-puissance d'un texte.

Si l'on veut que les réformes tentées en faveur de notre colonie algérienne aient une base solide et portent des fruits, il faut qu'une harmonie constante règne entre les diverses mesures qui, par des voies différentes, mais parallèles, tendent à consolider notre influence en Algérie et à y faire rayonner notre civilisation.

Ce serait vainement que la théorie s'attarderait à la recherche de ce système foncier, jusqu'à présent resté introuvable, qui doit transformer la terre indigène en un instrument de production et de crédit toujours actif, si l'on ne s'efforçait, en même temps, de diminuer la distance qui nous sépare des Musulmans, au point de vue de l'organisation de la famille et de la condition juridique des personnes. C'est pour n'avoir envisagé que l'un ou l'autre de ces deux aspects de la question algérienne, que nous avons si misérablement échoué dans nos tentatives d'assimilation. Si les auteurs de la loi de 1873 avaient observé plus attentivement, dans la loi islamique et dans la réalité des choses, les caractères si fortement accusés de la société arabe, s'ils avaient eu la patience d'explorer la coutume de ces peuplades grossières de pasteurs et de laboureurs, ils auraient renoncé à l'espoir de leur imposer le bienfait de la propriété individuelle. Ils auraient compris qu'avant d'organiser à l'européenne le sol indigène, il était nécessaire de façonner les indigènes eux-mêmes à nos institutions.

Telle est l'idée générale qui se dégage, si nous ne nous trompons, du travail analytique auquel nous venons de nous livrer. Et, c'est en nous inspirant de ce principe, que nous allons essayer nous-même d'indiquer, à grands traits, dans quelle mesure et par quels moyens il serait possible de reprendre, au nom de la civilisation et des intérêts de la patrie, l'œuvre réformatrice à laquelle tout bon Français se doit d'apporter son concours.

CHAPITRE PREMIER

Réformes concernant l'état des personnes.

Nous l'avons dit, au commencement de cet Essai, l'un des plus sûrs moyens de hâter l'accession des indigènes algériens à la patrie française, de les imprégner graduellement de nos usages et de nos mœurs, c'est de favoriser l'immigration européenne, c'est de mélanger l'élément indigène à une proportion grandissante de colons. Mais, en même temps qu'on dérive vers la colonie le trop plein de la population européenne, il est essentiel d'assurer à la nationalité française la prépondérance ou tout au moins l'égalité du nombre. Notre œuvre se retournerait contre nous, si, dans le but de civiliser la race indigène, nous livrions l'Algérie à l'invasion pacifique de l'étranger ; si nos nationaux ne formaient pas une population assez compacte pour faire contrepoids aux groupes espagnol, italien et anglo-maltais qui se sont constitués et qui se renforcent de jour en jour, sous la protection de nos lois.

La loi du 26 juin 1889, sur la nationalité, coopérera vraisemblablement à ce résultat si désirable. Cette loi, qui est applicable en Algérie, a donné, nous l'avons vu, une notable extension à la doctrine du *jus soli*, d'une part, en retirant aux individus nés en Algérie d'un père qui lui-même y est né, la faculté d'option que respectait la législation antérieure ; d'autre part, en décidant que l'enfant né sur notre territoire d'un étranger qui lui-même n'y a pas vu le jour, est Français de plein droit s'il y est domicilié lors de sa majorité, à moins qu'il ne réclame sa nationalité d'origine. Tout porte à penser que cette innovation a fortement contribué à déterminer la progression sensible de l'élément français, dont témoignent les plus récentes statistiques, et qu'elle continuera à produire ses effets dans l'avenir.

Il n'y a pas lieu de craindre, selon nous, que cette agrégation forcée des étrangers à notre nationalité ait pour résultat de les rendre maîtres de nos administrations communales et de faire tomber entre leurs mains la direction des intérêts locaux de l'Algérie. L'expérience ne semble pas, du moins, avoir confirmé jusqu'ici les prévisions pessimistes émises à ce sujet. Si, contre notre attente, l'avenir venait à démontrer la nécessité de réagir, il serait facile d'obvier aux inconvénients dont on se préoccupe, soit en stipulant des conditions plus rigoureuses pour l'acquisition de la qualité de Français, soit en subordonnant l'éligibilité aux assemblées municipales à certaines restrictions ayant pour effet d'exclure l'élément d'origine étrangère.

Il serait assurément préférable, au point de vue des garanties dont il convient d'entourer l'acquisition de la qualité de Français, que l'accession des étrangers algériens à notre nationalité, au lieu d'être attachée au fait de la naissance sur notre territoire, fût le résultat d'un choix spontané. Malheureusement, les étrangers de l'Algérie, malgré toutes les facilités mises à leur portée par la législation actuelle, se montrent peu empressés à abdiquer leur patrie d'origine et à solliciter leur naturalisation. Nous avons cherché à démêler les causes complexes de cette situation et notre conclusion a été que l'indifférence montrée, en Algérie, par les étrangers à l'égard de la nationalité française s'explique surtout par le peu d'intérêt qu'offre, en général, à l'immigrant l'acquisition de la qualité de Français. Pourquoi l'Espagnol d'Oran ou l'Italien de Constantine se mettrait-il en peine de réclamer le bienfait de la naturalisation, alors que, par le seul fait de son établissement sur le sol algérien, il jouit de presque tous nos droits civils, sans avoir à subir aucune des charges inhérentes à la qualité de Français ?

Il semble que, sans se départir de l'esprit libéral de la législation algérienne, il serait d'une bonne politique d'accentuer quelque peu les inégalités qui existent actuellement, quant aux droits civils, entre le Français et le colon étranger. Rien ne serait plus juste, par exemple, que de réserver aux seuls Français le droit d'obtenir des concessions domaniales, sans distinguer entre celles qui sont gratuites et celles qui ont lieu par voie d'adjudication.

On pourrait aussi soumettre à certaines restrictions l'exercice des avantages exceptionnels que les ordonnances ont octroyés à la population étrangère de notre colonie. Un premier pas vient d'être fait dans cette voie. En vue d'activer le mouvement de naturalisation, la loi générale du 26 juin 1889 déclare que le bénéfice de l'admission à domicile cesse de plein droit si, dans un délai de cinq ans, l'étranger n'a pas formé sa demande en naturalisation ou si elle a été rejetée. Cette modification, qui est applicable en Algérie comme en France, est sans doute de nature à exercer une heureuse influence sur le progrès de la naturalisation. Mais il semble qu'on pourrait, sans inconvénients, aller plus loin dans le même ordre d'idées.

Les étrangers résidant en Algérie, jouissent, nous l'avons vu, de certains privilèges refusés aux étrangers de la métropole. La simple résidence les affranchit de la caution *judicatum solvi* et leur donne le droit de l'exiger des étrangers non résidants ; elle les rend admissibles au bénéfice de la cession de biens. Pourquoi ne pas décider que ces avantages exceptionnels, dont les étrangers profitent aujourd'hui sans aucune limitation de durée, leur seront retirés si, dans un délai à déterminer, ils n'ont pas obtenu leur admission à domicile ? Il n'y aurait là qu'une extension logique du système inauguré par la loi du 26 juin 1889 à l'égard des étrangers domiciliés avec l'autorisation du Gouvernement. Du jour où les étrangers se verraient menacés de perdre les privilèges qui leur sont acquis par la seule résidence ; du jour où la dispense de la caution *judicatum solvi* et le bénéfice de la cession de biens seraient considérés comme le préliminaire de l'admission à domicile, le nombre des étrangers domiciliés se relèverait dans une appréciable mesure ; et le progrès des admissions à domicile aurait, lui-même, pour conséquence d'accroître le mouvement des naturalisations.

La mesure que nous proposons ici n'exercerait d'ailleurs aucune influence restrictive sur le courant de l'immigration européenne. L'étranger, nouveau venu en Algérie, y jouirait immédiatement comme aujourd'hui de l'exemption de la caution *judicatum solvi* et des autres privilèges attachés à la simple résidence. Seulement cette faveur, au lieu de se prolonger indéfiniment, prendrait fin à l'expiration d'une certaine période, trois ou cinq ans par exemple, à moins que, dans l'intervalle, l'étranger n'eût sollicité et obtenu l'autorisation de fixer son domicile en Algérie. Ce n'est pas cette éventualité qui pourrait fermer aux étrangers la route de notre colonie.

Si tous nos efforts doivent tendre à activer la naturalisation des étrangers, par contre, nous sommes fermement convaincu que, en ce qui concerne la population indigène, ce moyen d'assimilation ne saurait être employé, de longtemps encore, qu'avec une extrême réserve. Il existe, nous croyons l'avoir démontré, un contraste trop violent entre la société arabe et notre civilisation, pour qu'il soit possible ou même désirable de vaincre la répugnance que les indigènes témoignent à l'idée de se faire naturaliser Français. Accordons, sans doute, à qui en est digne, dès qu'il le demande, le titre de citoyen français ; mais n'oublions pas que la naturalisation n'est qu'une étiquette trompeuse, si elle n'implique pas, de la part de celui qui l'obtient, une adhésion libre et entière à nos usages et à nos institutions.

Certes, nous ne désespérons pas du rapprochement définitif des deux races. Mais ce sera une œuvre de longue haleine. La constitution intime de la famille musulmane, la polygamie, le mariage par achat, la répudiation, la tutelle perpétuelle de la femme, l'exploitation collective du sol, toutes ces institutions, religieuses autant que civiles, puisqu'elles ont pour fondement la parole même du Prophète, résisteront longtemps encore à notre action civilisatrice. Comment veut-on que, du jour au lendemain, la fusion s'accomplisse entre une société raffinée et brillante, définitivement affranchie du joug théocratique, n'ayant désormais d'autre religion que les lois de la science, d'autre morale que les préceptes de l'économie politique, et des peuplades pauvres et grossières, immobilisées depuis des siècles dans leur fanatisme, qui n'éprouvent que du mépris pour les progrès dont nous sommes si fiers, et que travaille sourdement la haine du vaincu contre le vainqueur? Qu'on le veuille ou non, l'Arabe moderne, en dépit de sa déchéance morale, malgré la licence de ses mœurs, garde un attachement inébranlable à sa religion et aux coutumes des ancêtres. Tout Musulman est un apôtre, qui n'attend que l'heure propice pour prêcher, par le fer et par le feu, le *djehad*, la guerre sainte dont le Coran lui fait un devoir. C'est un mystique, un croyant, qui ne se laissera pas entamer de sitôt par notre prosélytisme utilitaire, par notre propagande économique. M. le colonel Villot ne s'y est point mépris : « L'unité de religion et l'unité de langage, dit-il, ont donné au monde musulman une puissance qu'on croit éteinte, mais qu'il serait bien imprudent de réveiller par des mesures radicales et incohérentes, qui ne se rattacheraient pas à un plan d'assimilation raisonné (1). »

Cependant, des esprits généreux ont conçu le dessein de réaliser l'assimilation des indigènes, en leur imposant, d'un seul coup, la qualité de Français, par une naturalisation collective, comme on l'a fait, en 1870, pour les Israélites algériens. Une proposition de loi en ce sens a même été présentée à la Chambre des députés par MM. Michelin et Gaulier, au cours d'une des dernières législatures. Mais nous croyons, avec M. Burdeau, qu'une telle entreprise est une pure chimère. Contre la naturalisation en masse tous nos sujets algériens protesteraient avec la dernière énergie, parce qu'elle les astreindrait au service militaire, et, surtout, parce qu'elle leur enlèverait leur statut personnel.

Les dépositions recueillies dans l'enquête sénatoriale de 1891 ne nous laissent aucune illusion à cet égard. Toute la législation islamique, répétons-le, vient de Dieu, elle se confond avec le dogme. Le Coran, ce livre des livres, embrasse toutes les relations de la vie politique, civile et religieuse : les Musulmans professent pour le livre sacré la plus ardente

(1) *Mœurs, coutumes et institutions des indigènes de l'Algérie*, p. 491. Alger, 1888, 3e édit.

vénération ; c'est l'inspirateur de toutes leurs actions, le guide de toute leur vie. Subir la naturalisation, renoncer à leur statut personnel, ce serait à leurs yeux fouler aux pieds le Coran et consommer une véritable apostasie. Dans l'état actuel des choses, le plus clair résultat d'une tentative de naturalisation collective serait de déchaîner contre nous une formidable insurrection. Le peu d'empressement des indigènes algériens à recourir à la naturalisation individuelle nous démontre surabondamment que le moment d'une naturalisation en masse n'est pas encore venu.

Les partisans de la naturalisation forcée nous répondront peut-être qu'il suffirait, pour calmer les appréhensions des indigènes, de les laisser, tout en les naturalisant, sous l'empire de leur statut personnel. Mais c'est là un expédient auquel ni le jurisconsulte, ni le moraliste, ne sauraient se résigner. Il ne doit pas y avoir sur le sol français des citoyens ayant des droits contradictoires. Nous ne pouvons nous faire à l'idée qu'il fût permis à un Français, par cela seul qu'il serait de race arabe ou kabyle, d'épouser légalement quatre femmes ou de vendre sa fille impubère. Ce serait vraiment avilir le titre de citoyen français.

Renonçons donc à assimiler, de force, l'indigène. Ainsi que l'a fait remarquer un judicieux observateur, tous les efforts que nous ferions en ce sens ne feraient « qu'accroître l'opiniâtreté de la résistance » (1). Est-ce à dire que nous devions nous renfermer dans une abstention absolue ? Loin de là. Nous ne devons rien épargner pour réformer, en l'améliorant, la constitution politique et sociale de nos sujets algériens ; mais la justice, l'intérêt même que nous portons à notre œuvre, nous commandent de ne marcher que lentement et en pleine lumière dans la voie des réformes.

Déjà des améliorations importantes ont été réalisées ou sont en voie de s'accomplir. En dépit de la résistance qu'elle oppose à la pénétration des idées européennes, la société musulmane commence à se désagréger ; son organisation séculaire présente visiblement des symptômes de décadence.

(1) CHARVÉRIAT, *op. cit.*, p. 282.

Le fractionnement de la tribu, la transformation des douars en unités administratives, l'établissement de l'état civil des indigènes, la substitution graduelle de la juridiction française à celle des cadis ; toutes ces mesures, dont l'expérience se poursuit actuellement sous nos yeux, ne peuvent manquer d'avancer l'heure, impatiemment attendue, où l'individu, affranchi de la solidarité familiale et libre de choisir sa route, n'hésitera plus à entrer dans l'orbite de notre civilisation.

Nous devons surtout nous attacher à inculquer aux populations musulmanes la véritable notion du droit. Nous avons le devoir de prévoir et de hâter le jour où notre législation pénétrera largement dans les masses indigènes et où nos sujets musulmans en réclameront eux-mêmes le bienfait.

Dans cet ordre d'idées, on a pensé que le mieux que nous puissions faire serait de codifier, en la revisant, la législation islamique : « Il n'y a, suivant nous, écrivait récemment le savant directeur de l'École de droit d'Alger, qu'un moyen vraiment efficace et rapide : c'est une codification officielle du droit musulman et des coutumes. Cette œuvre s'impose, et elle pourrait être aisément réalisée sans heurter les croyances, ni les mœurs des indigènes (1). » Mais on peut se demander si ce travail de revision n'entraînerait pas plus d'inconvénients que de profits.

Sans parler de la difficulté qu'il y aurait à faire accepter par les croyants un code élaboré par nos magistrats ou par nos jurisconsultes, il ne serait peut-être pas bien à propos d'accorder notre consécration officielle à des institutions civiles qui, pour la plupart, sont en contradiction flagrante avec les principes de notre droit. Si nous transformions en lois positives les usages variables et flottants des populations indigènes ; si, en d'autres termes, nous consolidions la coutume sous prétexte de la codifier, nous serions liés désormais par des textes formels. Au lieu de simples opinions entre lesquelles il peut le plus souvent choisir, le juge se trouverait en présence d'une loi promulguée. Limitée par la lettre d'un texte, la jurisprudence de nos tribunaux serait impuissante à vivifier

(1) BURDEAU, *op. cit.*, p. 118.

la loi musulmane par les principes supérieurs du droit naturel. Et nous nous serions privés par là même du moyen d'action le plus efficace qu'il nous soit donné d'employer pour introduire graduellement dans les institutions musulmanes l'esprit de notre droit.

C'est, en effet, par la substitution progressive des magistrats français aux juges indigènes, c'est par un contact de plus en plus fréquent des Arabes avec la juridiction de nos tribunaux, que nous pourrons tenter avec quelques chances de succès l'éducation civile de nos sujets algériens. Le meilleur moyen de multiplier les liens entre l'élément indigène et l'élément national, n'est-il pas d'accorder aux populations musulmanes la faculté d'en appeler à notre justice et de les mettre ainsi à même d'apprécier la supériorité de nos lois?

Nous avons fait un grand pas dans cette direction, en transférant aux juges de paix la plupart des attributions des cadis et en ne conservant à ceux-ci que la connaissance des litiges entre Musulmans, relatifs au statut personnel, aux successions et aux immeubles non régis par la loi française (1). Il serait prématuré de supprimer complétement la juridiction des cadis, comme on l'a fait pour les djemâas kabyles (2). Les cadis connaissent la langue, les mœurs et les coutumes indigènes, toutes choses qu'ignorent en général les magistrats français appelés à débuter dans le service des justices de paix en Algérie. Mais rien ne s'opposerait à ce qu'on réservât ces justices de paix à des candidats possédant au moins les premières notions du droit qu'ils auront à appliquer. Du jour où l'on aurait amélioré à cet égard le recrutement de ces magistrats, la substitution du juge français au juge indigène serait réalisable et constituerait, au point de vue de la civilisation, un progrès marqué. En constatant chaque jour la supériorité du juge français, l'indigène finirait par comprendre la prééminence de notre droit. C'est ainsi que pourrait s'élaborer, sans aucune transformation violente, la fusion de deux sociétés

(1) V. à cet égard nos explications, *suprà*, p. 173.
(2) Décret du 27 août 1874.

qu'il faut réconcilier et réunir, si l'on veut assurer l'avenir de notre établissement algérien.

En même temps que s'étendra l'autorité de notre justice, nous devrons arriver insensiblement, par l'action continue de notre jurisprudence, à éliminer de la loi islamique les dispositions qui blessent l'équité et qui outragent la morale. Déjà, la Cour d'Alger, s'inspirant de cette pensée, a refusé sa sanction à la singulière théorie de l'enfant endormi, qui ne porte pas moins atteinte à la simple raison qu'aux bonnes mœurs. La liste des exclusions pourrait, il semble, être augmentée, sans que la foi religieuse des Musulmans eût à en souffrir. Qui empêcherait, par exemple, de réagir, plus ouvertement qu'on ne l'a fait jusqu'à ce jour, contre la pratique du *djebr*, qui permet au père ou au plus proche parent d'une vierge impubère de la vendre en mariage ?

C'est ainsi que nos tribunaux, en dégageant le droit musulman de ses parties les plus impures, pourraient utilement coopérer à l'émancipation intellectuelle et morale de la race indigène. Nous ne prétendons point que l'œuvre de régénération de la loi islamique doive être le produit des subterfuges du préteur. Ce que nous attendons de nos tribunaux, c'est d'interpréter, d'après les principes de l'équité naturelle, les règles obscures et disparates du droit indigène. En s'arrogeant ce pouvoir régulateur, nos magistrats n'empiéteront point sur le domaine propre du statut musulman, nous l'avons démontré plus haut, dans le chapitre relatif au conflit des lois (1). Sous l'action répétée de cette jurisprudence, la société arabe se modifiera. Une évolution s'accomplira à la longue dans les idées, puis dans les croyances. Un jour viendra où le progrès de la pensée ébranlera les vieilles conceptions du monde musulman et où l'antique alliance du droit et de la religion ne tiendra plus que par de faibles liens. Et nous serons alors bien près d'avoir résolu le difficile problème de l'assimilation.

(1) V. *suprà*, p. 146 et 147.

CHAPITRE II

Réformes concernant le régime des biens.

Ouvrir l'Algérie aux capitaux et au travail français, donner aux immigrants toute sécurité sans mécontenter les populations indigènes, solidariser des intérêts si divers et les diriger vers le développement économique de la colonie, préparer ainsi un champ d'expansion plus vaste à l'activité de notre pays, tel est l'objectif qu'une bonne loi foncière doit se proposer. L'organisation de la propriété immobilière est une partie essentielle de l'œuvre entreprise en Algérie. C'est d'elle que dépend l'essor économique de notre empire africain.

La question de la propriété foncière en Algérie se présente à notre examen sous un double aspect.

Il importe, en premier lieu, de donner à la propriété possédée par les Européens une constitution de nature à satisfaire aux exigences du crédit et aux besoins économiques de la colonie. L'Algérie, nous l'avons dit au début de cette Étude, est une contrée essentiellement agricole; elle offre à la colonisation un vaste champ d'expérience. Mais, si l'on veut qu'elle puisse devenir, aux mains des colons européens, un instrument de production toujours actif, il est nécessaire de lui fournir les capitaux qui lui manquent. Or, pour réaliser cette alliance féconde du capital et de la terre, il faut avant tout garantir les acquéreurs européens contre les revendications imprévues et, en même temps, assurer la libre transmission de la propriété.

Cette sécurité et cette liberté des transactions existent-elles actuellement en Algérie? A cette question nous avons déjà répondu négativement. Ainsi qu'on a pu le voir par ne explications précédentes, la loi du 26 juillet 1873, malgré le pesant formalisme dont elle s'est entourée, n'a point réussi à asseoir la propriété européenne sur une base certaine. Sans doute, l'Administration est arrivée péniblement, après de laborieux efforts, à délivrer des titres de propriété pour deux millions d'hectares environ. Il est vrai encore que ces titres doivent, d'après la lettre des textes, « former le point de départ unique de la propriété, à l'exclusion de tous autres droits ». Mais nous savons ce qu'il convient de penser de cette assurance formelle de la loi ; nous savons que les titres revêtus de cette formule trompeuse, loin d'être incommutables, ne sauraient résister à l'action en revendication fondée sur un titre français ; qu'ils sont, dès lors, toujours plus ou moins menacés par la révélation de quelque droit réel occulte. D'un autre côté, ces titres de propriété, alors même qu'ils auraient été indiscutables à l'origine, n'auraient plus aujourd'hui qu'une valeur douteuse, la loi de 1873 ayant négligé d'assurer, par la publicité absolue de transactions immobilières, la perpétuité de ces titres. Elle s'est référée sur ce point essentiel au droit commun de la loi du 23 mars 1855, et nous n'avons pas à rappeler ici combien le système de publicité organisé par cette dernière loi est impuissant à garantir aux acquéreurs la stabilité de leurs acquisitions.

L'œuvre de la loi de 1873 — en ce qui touche la constatation de la propriété privée — est donc restée inachevée et stérile. Il devient nécessaire de la reprendre sur de nouvelles bases, si l'on veut que les Européens, nantis des titres délivrés en exécution de cette loi, soient à l'abri des mécomptes qui ont ralenti et paralysé si longtemps l'essor de la colonisation.

On peut, à la rigueur, se contenter de la publicité restreinte de notre loi générale, dans un pays où la propriété repose sur des actes publics, dressés par des officiers publics expérimentés, qui ont l'habitude de dégager avec le plus grand soin les origines de la propriété. Mais, dans une colonie où il s'agit d'attirer les capitaux par des transactions promptes et sûres, il est indispensable que, par son organisation même, le système de la publicité immobilière permette aux acquéreurs ou aux prêteurs sur hypothèque la vérification immédiate et complète de l'état juridique et physique de la propriété.

Ainsi, un des premiers objectifs de la réforme du régime foncier de l'Algérie doit être de restituer aux titres de propriété délivrés en vertu de la loi de 1873 la solidité à toute épreuve que cette loi a voulu mais n'a pas su leur conférer; puis, d'assurer dans l'avenir la conservation de ces titres par un système de publicité plus complet et moins imparfait que celui de la loi métropolitaine du 23 mars 1855.

Mais ce n'est pas seulement sur ce point que doit se porter notre attention. La question foncière de l'Algérie ne serait pas complètement résolue, si l'on se bornait à fixer l'assiette de la propriété européenne. Il faut, de plus, amener graduellement les indigènes à la pratique de la propriété individuelle; il faut mettre à leur disposition une procédure simple, peu coûteuse, leur permettant d'abandonner les formes primitives de possession en commun et de culture collective, pour adopter la propriété privée.

Nous avons, dès lors, deux questions distinctes à résoudre: d'une part, constituer la propriété individuelle en territoire indigène; d'autre part, fixer l'origine et la condition de la propriété privée, partout où elle existe actuellement, avec une certitude telle que les transactions ultérieures soient au-dessus de tout soupçon.

Pour arriver à constituer la propriété individuelle chez les indigènes, il ne saurait être question, à notre avis, de recourir à une procédure d'ensemble, embrassant toute la circonscription de la tribu ou du douar. Ce serait revenir, en effet, à des errements que l'expérience a définitivement condamnés. Nous verrions se reproduire toutes les difficultés que les lois de 1873 et de 1887 n'ont pas réussi à surmonter. Sans parler des frais, des lenteurs et de l'incertitude qu'entraînerait avec elle une pareille entreprise, nous risquerions de semer dans les tribus l'inquiétude et le trouble, d'éveiller les susceptibilités et les défiances des populations indigènes, qui ne comprendraient ni la nature, ni le but d'une aussi vaste opération.

D'un autre côté, l'insuccès éclatant de la loi de 1873 nous

avertit suffisamment de l'inutilité des efforts qui seraient tentés de nouveau, en vue d'imposer aux Arabes le bienfait de la propriété individuelle. Ce bienfait, ils ne sont pas à même d'en comprendre le prix. Nous avons longuement insisté sur ce point, le communisme agraire des tribus indigènes se lie, de la façon la plus intime, à l'organisation même de la famille. Comme l'a très bien dit M. le colonel Villot, les avantages de ce système sont « l'association des intérêts agricoles, l'organisation et la conservation d'un régime familial qui assure à la race arabe son étonnante vitalité. Le propriétaire indigène n'est jamais isolé, jamais abandonné; et c'est ce qui explique son attachement à la terre (1) » familiale sur laquelle il naît et meurt.

Ces considérations ne nous toucheraient guère, si nous n'envisagions que l'intérêt des acheteurs européens. Mais le dernier mot de notre politique coloniale ne saurait être l'expropriation de l'indigène par le colon français. Puisqu'il n'entre dans nos vues ni de détruire ni de refouler la race indigène, ne la privons pas de ses moyens d'existence, n'essayons pas de lui interdire un mode de possession qui répond à ses traditions et qui est commandé par ses besoins.

L'idée d'une opération d'ensemble étant ainsi écartée, il nous reste à trouver une combinaison juridique qui permette à l'individu de sortir librement de l'indivision du douar, de la tribu ou de la famille, et de convertir son droit de possession sur la chose commune en un droit de propriété privatif, représenté par un titre individuel, susceptible d'entrer dans les transactions, soit comme objet d'échange, soit comme moyen de crédit.

Pour discerner les conditions générales auxquelles devrait satisfaire cette procédure, nous ne saurions mieux faire que de prendre conseil de l'*Act Torrens* australien et d'interroger la législation foncière dont les lois du 1ᵉʳ juillet 1885, du 16 mai 1886 et du 15 mars 1892 ont doté la Tunisie.

Ce qui caractérise essentiellement les systèmes fonciers issus de l'*Act Torrens*, c'est la création de livres fonciers, sur

____
(1) *Op. cit.*, p. 274.

lesquels sont immatriculés les immeubles, et la délivrance au propriétaire d'un titre de propriété, qui est la copie exacte du feuillet correspondant du livre foncier, et qui est inattaquable, à l'abri de tout droit réel ou de toute cause d'éviction non inscrite sur le registre public.

Ce régime est facultatif. Le propriétaire qui veut y soumettre sa terre doit se pourvoir en immatriculation auprès de l'autorité administrative préposée à cet effet. Cette demande reçoit la plus large publicité, afin que les tiers puissent faire valoir leurs droits en temps utile. Si des oppositions surgissent, elles sont jugées par les tribunaux de droit commun. Puis, à la suite de ces formalités, il est procédé à la délivrance du titre de propriété et à son enregistrement au livre foncier. A partir de ce moment, aucune revendication de droits réels ne peut être formée contre l'immeuble. Le point de départ de la propriété se trouve dès lors irrévocablement établi. Et, pour que rien, dans l'avenir, ne vienne altérer la valeur de l'immeuble, il est de principe qu'aucune transmission de la propriété immatriculée, aucune constitution de droits réels ne peut produire d'effets au regard des tiers, ou même entre les parties (1) que par son inscription au livre foncier.

On voit immédiatement, sans qu'il soit nécessaire de pousser plus avant cette analyse, que la procédure de l'*Act Torrens* et de la loi tunisienne existe, pour ainsi dire, à l'état d'ébauche, dans les dispositions que la loi du 26 juillet 1873 avait organisées pour permettre à l'acquéreur européen de ne pas attendre les opérations d'ensemble, et d'obtenir dès à présent un titre définitif de propriété. Nous savons, d'autre part, que la loi du 28 avril 1887, généralisant l'application de cette mesure, a autorisé la délivrance de titres de propriété au profit des Européens bénéficiaires d'une promesse de vente affectant des immeubles situés en territoire de propriété collective (2).

(1) La règle diffère suivant les pays. En Australie, comme en Allemagne, c'est l'inscription qui a la force translative, même *inter partes*. En Tunisie, elle n'a d'autre effet que de rendre le transfert « opposable » aux tiers (art. 843 de la loi).

(2) V. *suprà*, p. 298.

Le système de purge spéciale et d'enquête partielle institué par ces deux lois, offre, dans son ensemble, une sensible analogie avec la procédure préalable à l'immatriculation du *Torrens Act* et de la loi tunisienne. Mais il en diffère sur un point essentiel : le livre foncier, qui est la pierre angulaire du régime de publicité australien ou tunisien, n'existe ni dans la loi de 1873 ni dans celle de 1887.

Quoi qu'il en soit, la combinaison adoptée par la loi du 28 avril 1887, pour autoriser au profit des acquéreurs européens la délivrance d'un titre de propriété relatif à un bien situé en territoire árch, nous offre, sinon la formule définitive, tout au moins le type des dispositions à élaborer pour parvenir à la constitution de la propriété individuelle en territoire collectif. Généralisée dans une certaine mesure et complétée par l'adjonction d'un livre foncier, elle nous permettrait d'obtenir progressivement, en Algérie, la constitution spontanée de la propriété, par la libre initiative des intéressés.

L'économie de notre projet ne réclame pas une bien longue analyse.

Tout d'abord, nous n'entendons nullement obliger les indigènes à se pourvoir en délivrance de titres. Nous leur en donnons simplement la faculté. C'est à eux d'apprécier s'il est de leur intérêt de sortir de l'indivision et de réclamer un titre de propriété individuel. Ce système a l'avantage de ne point modifier brusquement les coutumes et les traditions des indigènes. Il laisse au temps et à l'expérience le soin de leur démontrer l'avantage de la propriété individuelle. Comme l'a dit excellemment M. Franck-Chauveau, dans son très intéressant rapport au nom de la commission du Sénat (1), « quoique par bien des côtés, l'immatriculation touche à l'intérêt général, nous ne voulons pas l'imposer, continuer les errements de la loi de 1873, et instituer, contre la volonté des intéressés, des procédures coûteuses qui risqueraient de rester sans effet. C'est l'intérêt privé qui en décidera ».

(1) Rapport au nom de la commission sénatoriale chargée d'examiner les modifications à introduire dans la législation de l'Algérie; Sénat, séance du 29 mars 1893, annexes n° 121, p. 47.

La faculté de requérir l'immatriculation et de provoquer la délivrance d'un titre de propriété serait d'ailleurs affranchie de toutes les restrictions que la loi de 1873 et celle de 1887 ont accumulées comme à plaisir. Elle serait accessible à tous les intéressés, au propriétaire comme à l'acquéreur, sans aucune distinction de race ni de nationalité. Elle devrait aussi, dans notre pensée, être étendue aux territoires de propriété collective, comme aux territoires de propriété privée.

Les raisons de prudence qui, jusqu'à ce jour, ont conduit le législateur à frapper les terres arch d'une sorte d'interdit et à prohiber les transactions immobilières ne sont plus si pressantes qu'autrefois. Actuellement, en effet, suivant la juste remarque de M. l'inspecteur Thiébault, « les territoires des tribus sont enveloppés dans un réseau de centres européens dont l'existence a transformé, non seulement la situation géographique du pays, mais encore l'état économique des populations indigènes. En même temps que de nouvelles extensions territoriales sont recherchées chaque jour par les colons, les indigènes se sentent et vont se sentir de plus en plus incités à améliorer leurs coutumes traditionnelles, à mieux mettre en valeur le sol sur lequel ils sont installés, à faire œuvre productive avec toutes les ressources qu'ils possèdent (1) ».

Il dépend de nous de favoriser ce travail de transformation si désirable, en faisant tomber un à un les obstacles juridiques qui ferment aux transactions les territoires de propriété arch. Ce n'est pas à dire que l'on doive ouvrir la porte toute grande aux entreprises de la spéculation, en autorisant du jour au lendemain les indigènes de ces territoires à disposer librement de leurs terrains au profit de personnes étrangères à la tribu ou au douar. Il importe de n'avancer vers le but que progressivement, par étapes successives. Or, c'est précisément pour ménager la transition de l'ancien au nouvel ordre de choses, que nous sommes d'avis de permettre la délivrance des titres de propriété, même en territoi... arch. Grâce à l'application de ce régime facultatif, la propriété privée arrivera, peu à

____

(1) *Propriété indigène*, p. 18.

peu, sous la pression du progrès économique, et sans qu'il soit fait violence aux habitudes des indigènes, à se dégager de la propriété collective du douar ou de la tribu, d'abord sous la forme de propriété familiale, puis à la longue par la délivrance de titres individuels.

Ainsi disparaîtra, de proche en proche, par le jeu même de l'immatriculation facultative, la distinction surannée entre la terre arch et la terre melk (1), dualité assez artificielle, puisqu'elle a pour point de départ une théorie dont nous avons démontré l'erreur et que le sénatus-consulte de 1863 a positivement condamnée. Nous croyons même qu'il n'y aurait aucun danger à autoriser, au fur et à mesure des demandes qui pourraient se produire, la constitution de la propriété individuelle dans les tribus dont le territoire n'a pas encore été soumis aux opérations de délimitation et de répartition prévues par le sénatus-consulte. La publicité qui accompagnera la requête en délivrance de titre sera suffisamment large pour que le Domaine et les autres tiers intéressés puissent, le cas échéant, se défendre contre les empiétements et pourvoir à la conservation de leurs droits.

Toutefois, nous excluons provisoirement du bénéfice de la mesure les indigènes qui ne sont pas encore pourvus d'un nom patronymique, en conformité de la loi du 23 mars 1882. On nous dira peut-être que cette restriction est inutile dans un système foncier qui, à l'exemple du *Torrens Act*, aura pour base le sol lui-même, abstraction faite de son possesseur. Mais l'objection ne serait guère concluante. Sans doute, c'est une des caractéristiques de tous les régimes de publicité apparentés

(1) Depuis l'époque où ces lignes ont été écrites, le Sénat a voté, dans sa séance du 16 février 1894, sur le rapport de M. Franck-Chauveau, un ensemble de textes supprimant les procédures instituées par les lois du 26 juillet 1873 et du 28 avril 1887, et autorisant toute personne, les *propriétaires* comme les acquéreurs, sans distinction de nationalité ni d'origine, à provoquer, par voie d'enquête partielle, la délivrance de titres de propriété, dans toute la région du Tell algérien, en territoire arch aussi bien qu'en territoire melk (V. *J. off*. du 17 février 1894. Débats parlem., Sénat, p. 136 et suiv.). La loi nouvelle aurait donc pour effet de supprimer, du moins sous le rapport de la procédure qu'elle organise, la classification du sol algérien en terres arch et en terres melk. A cet égard, les mesures votées par le Sénat répondraient entièrement au desideratum que nous venons d'exprimer.

à l'*Act Torrens*, de placer l'immeuble au premier plan, d'individualiser en quelque sorte chaque unité foncière, par l'affectation à cette unité d'un feuillet distinct où viennent se refléter fidèlement tous les actes et faits qui entrent dans la vie juridique de l'immeuble. Mais, il ne suffit pas, on le conçoit, pour atteindre le but de la publicité réelle, de fixer sur le titre de propriété et sur le feuillet correspondant du livre foncier l'image matérielle du bien-fonds ; il faut, de plus, rendre tangible le lien de droit qui existe entre l'unité foncière immatriculée et la personne de son propriétaire. En d'autres termes, la détermination juridique de l'immeuble doit s'ajouter à sa détermination physique.

Mais, comment arriverons-nous à cette détermination juridique, si nous avons des doutes sur l'identité du propriétaire ? Il est bien évident que, s'il peut se produire la moindre confusion au sujet de la personne au nom de laquelle la propriété est immatriculée, la publicité du Livre foncier n'est qu'un trompe-l'œil et, loin d'assurer la sécurité des transactions immobilières, devient un piège des plus dangereux, où risquent de se prendre les tiers acquéreurs ou créanciers de bonne foi. C'est pour cela qu'il nous paraît indispensable de fermer momentanément l'accès du livre foncier aux indigènes musulmans dont l'identité ne résulte pas d'un état civil régulièrement établi. Admettre au bénéfice de l'immatriculation des individus non pourvus de noms patronymiques, ce serait jeter le discrédit sur les titres de propriété délivrés en exécution de la nouvelle loi et, par suite, compromettre l'avenir de la réforme.

Autant pour protéger les indigènes contre les suggestions intéressées des spéculateurs européens, que pour obvier au danger des immatriculations frauduleuses, il importe que l'opération de la délivrance des titres de propriété ne puisse être accomplie à la légère. L'immatriculation pourrait devenir un instrument de spoliation, si elle n'était précédée d'une procédure destinée à avertir les tiers et à prévenir toute collusion à l'encontre du véritable propriétaire. En conséquence, la demande en immatriculation et en délivrance de titre, adressée au conservateur de la propriété foncière de la situation des biens, serait portée à la connaissance du public par voie d'annonces dans les journaux et de publications dans les marchés indigènes. Deux mois après ces publications, il serait procédé au bornage de l'immeuble par le juge de paix, en présence du caïd ou du cheik, du requérant et des voisins convoqués pour la circonstance. Ce bornage aurait le double avantage d'éveiller l'attention des tiers et de satisfaire à l'une des conditions essentielles du livre foncier, en procurant la détermination matérielle de l'immeuble à immatriculer.

La clôture de ces opérations préalables serait annoncée au public par une seconde insertion au *Mobacher* et par de nouvelles publications dans les marchés indigènes. A partir de ces insertions et annonces, les tiers auraient un certain délai pour s'opposer à la délivrance du titre. Une fois les oppositions levées, soit par un arrangement amiable, soit par un jugement passé en force de chose jugée, ou, à défaut d'opposition, le conservateur de la propriété foncière procéderait à l'immatriculation de l'immeuble et délivrerait le titre de propriété.

La procédure qui vient d'être décrite s'appliquerait, nous l'avons dit tout à l'heure, aux immeubles situés en territoire Arch comme à ceux des territoires melk. Toutefois, une précaution s'imposerait. Comme l'immatriculation aurait pour effet de soumettre l'immeuble à la loi française et que tout copropriétaire pourrait, dès ce moment, demander à sortir de l'indivision, il faudrait éviter qu'un spéculateur pût, par l'achat d'une fraction insignifiante, arriver à requérir l'immatriculation, puis à provoquer une licitation ruineuse pour ses copropriétaires. Le but de la réforme serait manqué, si, à la faveur de l'immatriculation facultative, la spéculation parvenait à prendre pied dans les territoires de propriété Arch et à jeter le trouble dans les tribus. On remédierait à ce grave inconvénient, soit en exigeant que, pour réclamer la licitation, le copropriétaire eût droit à plus de la moitié de l'immeuble en étendue, soit en reconnaissant aux tribunaux le droit d'attribuer en nature et après expertise, au propriétaire qui réclame l'immatriculation, la part qui lui revient dans l'immeuble commun (1).

Une conservation de la propriété foncière, établie dans chaque arrondissement ou dans toute autre circonscription territoriale à déterminer, centraliserait les diverses opérations relatives à l'immatriculation, à la délivrance des titres et à la tenue du livre foncier. Le livre foncier serait *réel*, en ce sens que chaque immeuble pour lequel la propriété individuelle aurait été constituée y figurerait sous un chapitre distinct. En l'absence d'un plan cadastral d'ensemble, il ne saurait être question de signaler chaque unité foncière par un numéro correspondant à sa situation topographique. On se bornerait donc, provisoirement, à classer les feuillets par ordre de dates. Des tables et des registres auxiliaires faciliteraient les recherches.

Le titre délivré au propriétaire immatriculé ne serait autre chose que le double du feuillet du livre foncier. A compter de la délivrance de ce titre, l'origine et le point de départ de la propriété de l'immeuble seraient fixés d'une manière définitive, à l'égard de tous. Dégagé absolument du passé, libre de tous droits ou charges occultes, l'immeuble immatriculé entrerait, pour ainsi dire, dans la circulation avec une vie nouvelle. Et, pour conserver au titre de propriété sa solidité originelle, nous poserions en règle absolue que toute transaction relative à l'immeuble immatriculé n'existerait, au regard des tiers, que du jour où elle aurait été inscrite, tant sur le livre foncier que sur le titre de propriété.

Le plus sûr moyen d'obtenir une application stricte de cette règle de publicité serait de subordonner à la formalité de l'inscription, l'efficacité du transfert de propriété, même entre les parties contractantes. Si l'on décidait, en effet, que l'inscription seule a la force translative *inter partes*, qu'elle constitue un des éléments essentiels du transfert, il est de toute évidence que la règle de l'inscription serait obéie et que tous les actes relatifs à un immeuble immatriculé viendraient for-

(1) La proposition de loi annexée au rapport précité de M. le sénateur Frank-Chauveau contient, dans son article 45, une disposition en ce sens.

cément se refléter sur le livre foncier et sur le titre de propriété. C'est pour cette raison que, dans la plupart des législations fondées sur les principes du livre foncier, il est de règle qu'aucune transmission contractuelle de la propriété immobilière n'existe juridiquement, même au regard des contractants, que par l'effet et à compter du jour de son inscription au livre foncier.

C'est là, nous le répétons, une sanction très énergique, dont nous proposerions volontiers l'adoption, si nous n'avions en vue que le bon fonctionnement du livre foncier et la stricte observation de la règle de publicité. Mais, si considérable qu'il soit, cet intérêt n'est pas tel qu'on doive lui sacrifier le principe fondamental du droit français, suivant lequel, entre parties, les droits réels immobiliers se transmettent et s'acquièrent par le seul effet des conventions, indépendamment de toute publicité. Avant de rompre avec une règle qui s'est lentement élaborée dans l'histoire de notre droit et qui a sa source dans l'idée très haute de la liberté des contrats, nous avons le devoir de nous demander si cette rupture avec notre Code civil est bien nécessaire. Or, cette nécessité ne nous paraît pas démontrée. Point n'est besoin, pour fortifier la règle de la publicité des transmissions immobilières, de faire de cette publicité la condition de l'existence du transfert entre parties. On peut arriver au même but par des sanctions qui laissent intacte la théorie de notre loi civile, par exemple, en subordonnant l'inscription de toute mutation nouvelle à celle de la mutation précédente.

Mais, s'il nous répugne d'attribuer à l'inscription la force de créer le droit entre parties, en revanche, nous n'hésitons pas à inscrire, au frontispice de la nouvelle organisation foncière de l'Algérie, le principe de la force probante des énonciations des registres publics au regard des tiers. Nous nous éloignons, sans doute, sur ce point, de la doctrine de notre Code, car, en droit strict, nul ne peut transmettre à autrui plus de droits qu'il n'en a lui-même. Mais à s'attacher trop servilement à cette maxime, on risque de ne créer, sur le sol algérien, qu'une propriété précaire et chancelante, qui retombera du jour au lendemain dans le chaos d'où on l'aura fait sortir. Comme l'a dit très bien un des rapporteurs les plus autorisés de la Commission extraparlementaire du cadastre (1), et ainsi que nous croyons l'avoir établi ailleurs (2), « l'intérêt que présente, au point de vue économique, la consolidation de la propriété est ici en cause ; c'est un intérêt d'ordre public, il prédomine et il exige que l'on donne aux énonciations du livre foncier une autorité qui protège les tiers contre les effets des causes d'annulation ou de résolution inhérentes au titre de leur auteur et qu'ils n'ont pas pu connaître ». Admettre que les causes de résolution occultes, dont le livre foncier ou le titre de propriété qui en est l'émanation, puissent réagir contre les tiers acquéreurs ou créanciers de bonne foi, ce serait ruiner par la base la réforme foncière qu'on se propose d'inaugurer. Vainement déclarerait-on, à l'exemple de la loi du 26 juillet 1873, que les titres délivrés par l'Administration après enquête partielle assureront à l'égard de tous la propriété entre les mains des titulaires et serviront de point de départ unique aux transactions de l'avenir. Cette déclaration de principe n'aura qu'une vertu purement platonique, si elle n'est pas complétée et corroborée par la règle de la force probante des inscriptions du livre foncier. Qu'importe, en effet, de faire table rase du passé, au moment de la création du titre, si ce titre doit, par la suite, perdre sa valeur originelle ? A quoi bon fermer la porte aux risques d'éviction antérieurs à la naissance du titre, si on l'ouvre toute grande aux éventualités de l'avenir (3) ?

(1) M. MASSIGLI, professeur à la Faculté de droit de Paris, *Rapport sur la publicité des droits réels*, séance de la sous-commission juridique du cadastre, du 2 juin 1892, annexe, p. 545.

(2) *Les livres fonciers et la réforme hypothécaire*, Paris, 1891, p. 402.

(3) Un des plus émérites rédacteurs du *Journal des économistes* (juillet 1893), M. J.-G. Henricet, a signalé avec beaucoup de finesse et de verve, les objections que peut soulever notre théorie de la force probante. En accentuant, par cette innovation, le caractère « quasi-révolutionnaire de la réforme » qu'on médite pour l'Algérie, on risquerait à son avis, d'en compromettre le succès auprès du Sénat. Mais cette crainte nous semble quelque peu exagérée. Rien ne nous autorise à penser que la haute Assemblée, qui a dans ses traditions d'envisager de haut et de loin les questions nouvelles, redoute de s'engager dans une voie dont la commission extraparlementaire du cadastre a, par ses remarquables travaux, déblayé les approches et jalonné la direction.

Nous n'insisterons pas autrement. Ce n'est pas au sujet de la réfection du régime foncier de l'Algérie qu'il serait à propos d'établir un parallèle entre notre système de publicité par la transcription, si décevant, si mal conçu, et la théorie du livre foncier. Nous avons étudié ailleurs sous tous ses aspects cette intéressante question (1). Il nous suffira d'avoir marqué ici, à grands traits, l'économie de notre projet, dont les particularités les plus saillantes sont empruntées, soit à la loi algérienne du 28 avril 1887, soit aux lois tunisiennes, soit même à l'*Act Torrens*.

La même organisation et la même procédure seraient adoptées, à peu de chose près, pour le renouvellement et la conservation des titres de propriété délivrés soit par application de la loi de 1873, soit en exécution de l'ordonnance de 1846, soit à la suite des concessions domaniales. Ces titres, en effet, n'ont plus, nous l'avons déjà fait remarquer, la solidité qu'ils avaient au moment de leur création. Aucune mesure de conservation n'ayant été prise par le législateur, ils peuvent se trouver, actuellement, grevés de charges ou de causes d'éviction occultes. Il est donc nécessaire de recourir à une opération de purge, précédée de publications et d'annonces, puis de leur affecter un compte spécial au livre foncier, dans les conditions qui viennent d'être indiquées tout à l'heure.

Mais, à la différence de l'immatriculation opérée en vue de *constituer* la propriété individuelle en territoire collectif, l'immatriculation des titres de propriété déjà existants serait obligatoire. On s'explique très bien que l'immatriculation ait un caractère facultatif pour les indigènes qui ne connaissent pas encore la propriété individuelle ; mais il n'y a plus de motif d'user de la même tolérance à l'égard de ceux qui, actuellement, possèdent des titres de propriété. Ils connaissent, ils pratiquent la propriété individuelle ; ce n'est donc point faire violence à leurs coutumes que de les assujettir à la formalité tutélaire de l'immatriculation.

Comment procédera-t-on pour immatriculer au livre foncier les titres de propriété actuellement existants ? Con-

(1) *Les livres fonciers et la réforme hypothécaire.*

viendra-t-il de recourir à une vaste opération d'ensemble s'appliquant à toute une circonscription ? Nous avons tout lieu de penser qu'une pareille entreprise ne donnerait pas de meilleurs résultats que la procédure collective instituée par la loi de 1873. Ne retombons pas dans la lourde faute que cette loi avait commise. Les opérations en bloc sont excellentes en théorie ; mais, dans la réalité des choses, elles risquent de n'aboutir, comme on l'a vu par l'exemple de la loi de 1873, qu'à des résultats douteux et incomplets.

Devant la commission sénatoriale de 1891, M. Dain a formulé un système très séduisant : « La loi de 1873, a-t-il dit, a prescrit la transcription des titres délivrés par l'Administration ; ultérieurement, une loi du 14 juillet 1879 a décidé que la transcription serait remplacée par le dépôt, chez le conservateur, du double de ces titres réunis en volume. Pour établir le Livre foncier, il suffit de décider que ces titres, ainsi déposés, seront classés par numéros d'ordre, correspondant au plan. »

Nous voudrions pouvoir faire notre profit de cette ingénieuse conception. Sa mise en œuvre simplifierait singulièrement les difficultés de l'organisation. Malheureusement, elle ne semble pas offrir les garanties désirables. Il est bien vrai, comme l'a fait remarquer M. Dain, que les titres délivrés en vertu de la loi de 1873 sont soigneusement classés dans les archives des conservations d'hypothèques. Mais, quelle est, au juste, la valeur de ces titres ? Sont-ils indiscutables ? Offrent-ils aux transactions une base solide ? Non, évidemment, puisque ces titres, précaires à l'époque même de leur création (conflit des titres notariés) n'ont pas été, depuis lors, tenus au courant des changements survenus dans la condition juridique et l'assiette matérielle de la propriété. Ce n'est pas au moyen d'un simple numérotage et d'un classement dans l'ordre du plan qu'on arrivera à conférer à ces titres la solidité qui leur fait défaut, et à les transformer en un livre foncier digne de ce nom. Pour obtenir ce résultat, il est nécessaire de les soumettre à une nouvelle procédure de purge ; c'est seulement au sortir de cette opération, qui leur donnera en quelque sorte une nouvelle frappe, qu'ils pourront jouer le rôle de feuillets fonciers.

En dernière analyse, le système proposé par M. Dain suppose une opération d'ensemble, et c'est pour ce motif que nous ne pouvons lui donner notre adhésion.

Il nous reste un troisième moyen de forcer les propriétaires fonciers de l'Algérie à faire immatriculer leurs titres, c'est de décider qu'à compter de la mise en vigueur de la loi organique du livre foncier algérien, aucune formalité de publicité intéressant un droit immobilier ne serait accomplie sans que l'immeuble, objet de ce droit, eût été préalablement immatriculé. L'immatriculation serait ainsi, lors d'un transfert quelconque, « la condition rigoureusement requise pour la régularisation du titre du nouvel ayant droit (1) », et tous les immeubles des particuliers qui sont actuellement nantis de titres de propriété, passeraient dans un temps plus ou moins long, au moins à l'époque de la mutation par décès, sous le nouveau régime foncier.

Ce système, qui est en vigueur dans l'Australie méridionale et dans plusieurs États de l'Europe, s'appliquerait, ce semble, sans difficulté en Algérie. Il consiste, en somme, à n'immatriculer la propriété que successivement, au fur et à mesure des mutations ou des concessions de droits réels dont elle fait l'objet. De cette manière, le livre foncier s'organiserait graduellement, de lui-même pour ainsi dire, par le simple jeu des transactions immobilières. On marcherait sans doute moins vite qu'avec le procédé de la purge collective ; mais, en revanche, on atteindrait le but avec moins d'efforts, sans être obligé de mobiliser une armée de géomètres et de commissaires-enquêteurs.

En résumé, le livre foncier algérien, loin d'être créé, en bloc, pour toute l'étendue du territoire ou d'une circonscription déterminée, ne serait établi que graduellement et de proche en proche. Facultative pour ceux des indigènes qui vivent dans le communisme et qui ignorent la propriété indi-

(1) Rapport de M. Massigli sur l'immatriculation ; séance de la sous-commission juridique du cadastre du 25 janvier 1891, p. 3.

viduelle, l'immatriculation serait obligatoire pour les propriétaires déjà détenteurs de titres individuels, qui voudraient, dans l'avenir, aliéner leur immeuble ou le grever d'un droit réel. C'est ainsi que, peu à peu, sans rien brusquer, nous arriverions à doter notre colonie de l'institution des livres fonciers.

Faudrait-il aller plus loin dans cette direction et, comme le demandent certains économistes, organiser, sur les bases du nouveau régime foncier, la mobilisation du crédit territorial, soit au moyen de bons hypothécaires transmissibles par endossement ou au porteur, soit par la mise en circulation de cédules foncières (hypothèque sur soi-même) également cessibles par les voies rapides de la négociation commerciale ?

Quelque séduisante qu'elle paraisse en théorie, une pareille expérience doit, selon nous, être ajournée. Il est bon sans doute que le propriétaire foncier puisse demander au crédit les ressources dont il a besoin pour amender sa terre, augmenter son capital d'exploitation agricole et appliquer de meilleurs procédés de culture. Mais, pour atteindre ce but, est-il bien nécessaire de mettre entre les mains des colons et des indigènes algériens l'arme dangereuse de l'hypothèque sur soi-même ou du bon hypothécaire cessible au porteur ? Certes, la facilité des emprunts serait chose excellente si elle avait pour corollaire la facilité des remboursements. Mais si, comme cela est à craindre, la mobilisation du crédit réel, la faculté de battre monnaie avec la terre, ne doivent entraîner d'autre résultat que de grossir la dette hypothécaire de l'Algérie et d'augmenter le nombre des expropriations, mieux vaut nous en tenir aux instruments de crédit actuels. Ils n'ont peut-être ni la puissance ni la souplesse désirables ; mais, en revanche, ils n'offrent pas l'inconvénient de pousser le propriétaire vers la pente dangereuse de l'emprunt à jet continu ; tels qu'ils sont, ils suffisent largement aux besoins actuels de la colonisation et ils feront face à toutes les exigences de l'avenir, du jour où la propriété algérienne reposera sur la base indestructible du livre foncier et où les transactions immobilières seront, par suite, à l'abri de tout soupçon.

Avant de décréter la mobilisation du crédit hypothécaire en Algérie, il sera bon d'examiner très attentivement si le plus clair résultat de la réforme ne serait pas d'entraîner, à brève échéance, l'expropriation en masse des indigènes et de favoriser l'accaparement des terres de culture par la spéculation. Ce serait là, en effet, une éventualité des plus redoutables. Les financiers et les agioteurs réaliseraient sans doute dans le trafic des bons fonciers des bénéfices considérables ; mais ils ne s'enrichiraient qu'au détriment des propriétaires. Le profit des uns serait la ruine des autres.

Voilà de bien grosses objections ; elles paraîtront peut-être empreintes de quelque pessimisme ; mais les nombreuses déconvenues que nous avons déjà éprouvées en Algérie sur le terrain des réformes foncières nous font un devoir de n'agir qu'à bon escient et de nous montrer circonspects dans le choix des expériences à organiser. Commençons par créer la propriété privée en territoire indigène avant de songer à la mobilisation du crédit réel. Lorsque, par notre exemple, nous aurons réussi à démontrer aux cultivateurs kabyles et arabes la supériorité de notre régime foncier ; lorsque, sur tous les points de l'immense région tellienne, le communisme agraire de la famille aura fait place au melk individuel, ce jour-là nous serons à même de reprendre plus utilement la délicate question des cédules hypothécaires au porteur, de peser les avantages et les inconvénients de cette spécieuse théorie, et de voir dans quelle mesure elle pourrait être appelée à prendre pied sur le sol algérien.

Gardons-nous d'imposer à nos sujets algériens des mesures dont la portée leur échappe et qui ne répondent d'ailleurs ni à leurs coutumes traditionnelles ni à leurs aspirations. De cette race ombrageuse et fière nous n'obtiendrions rien par surprise ou par violence ; des réformes prématurées, qui ne seraient pas l'expression du milieu social auquel on les destine, n'amèneraient aucun résultat durable. Dans cette lutte que se livrent, depuis un demi-siècle, la civilisation française et la barbarie africaine, le temps sera un de nos plus précieux auxiliaires. Mieux que tous les expédients législatifs, la diffusion de notre langue, de nos usages et de notre droit, fera la propagande en faveur de notre cause et aplanira les derniers obstacles. C'est ainsi que s'achèvera graduellement l'œuvre de pacification et de rapprochement sans laquelle notre conquête resterait stérile. Voilà comment il nous sera donné un jour de répondre au chaleureux appel qu'un notable musulman, convoqué devant la commission sénatoriale de 1891, nous adressait en ces termes au nom de ses coreligionnaires (1) :

« Dieu, disait-il, nous a faits vos sujets et vos enfants. Nos destinées sont entre vos mains. Pourquoi nous a-t-il placés sous votre égide et votre sauvegarde, sinon pour régénérer notre peuple et le ramener à la voie de la civilisation et du progrès qu'il a si longtemps et si brillamment parcourue ? Telle est notre conviction, tel est notre vœu le plus ardent, tel est notre espoir. Fasse sa bonté clairvoyante sortir de vos travaux des mesures équitables et sages qui puissent nous rallier à vous sans arrière-pensée et nous permettre, à nous, à qui le sort a ravi notre patrie, d'adopter librement et sans regrets, la patrie de tous les déshérités : la France. »

(1) Séance du 18 juillet 1891, p. 294 du compte rendu ; déposition de M'hamed-ben-Rahaal.

TABLE DES MATIÈRES

RED. :

17

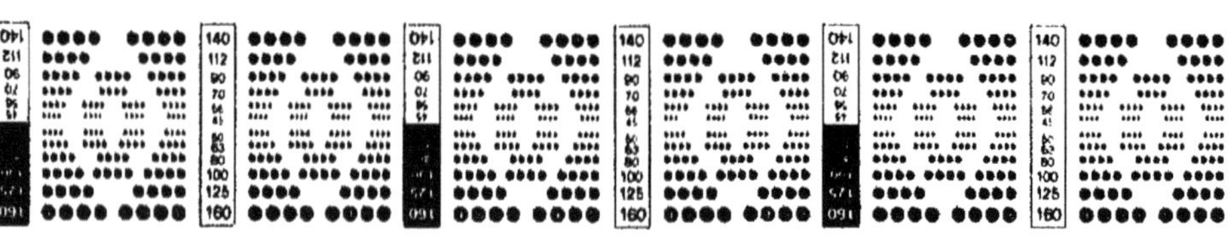

379.89 70
graphicom

0 1 2 3 4 5 6 7 8 9 10

www.ingramcontent.com/pod-product-compliance
Ingram Content Group UK Ltd.
Pitfield, Milton Keynes, MK11 3LW, UK
UKHW021846070726
13613UKWH00001B/33